D1828219

Konrad Hilpert (Hg.)

THEOLOGISCHE ETHIKER IM SPIEGEL IHRER BIOGRAFIE

Konrad Hilpert (Hg.)

THEOLOGISCHE ETHIKER IM SPIEGEL IHRER BIOGRAFIE

Stationen und Kontexte

Ferdinand Schöningh

Umschlagabbildung:
Concept of training. Wooden bookshelf full of books in form of man head on a bricks background. Science about human. Psychology. A human have more knowledge
© studioVin

Bibliografische Information der Deutschen Nationalbibliothek

Die Deutsche Nationalbibliothek verzeichnet diese Publikation in der Deutschen Nationalbibliografie; detaillierte bibliografische Daten sind im Internet über http://dnb.d-nb.de abrufbar.

Alle Rechte vorbehalten. Dieses Werk sowie einzelne Teile desselben sind urheberrechtlich geschützt. Jede Verwertung in anderen als den gesetzlich zugelassenen Fällen ist ohne vorherige schriftliche Zustimmung des Verlags nicht zulässig.

© 2016 Ferdinand Schöningh, Paderborn
(Verlag Ferdinand Schöningh GmbH & Co. KG, Jühenplatz 1, D-33098 Paderborn)

Internet: www.schoeningh.de

Einbandgestaltung: Anna Braungart, Tübingen
Printed in Germany
Herstellung: Ferdinand Schöningh GmbH & Co. KG, Paderborn

ISBN 978-3-506-78122-2

Inhaltsverzeichnis

Vorwort

Der Zugang zu einem wissenschaftlichen Gebiet, die wahrgenommenen Probleme und die Auseinandersetzung mit ihnen, schließlich auch der institutionelle und der persönliche Kontext, in dem einzelne Menschen diese Beschäftigung zu ihrem Beruf gemacht haben, lässt sich treffend an individuellen Lebensläufen ablesen und aus der Lebenssicht der betreffenden Persönlichkeiten verstehen.

Und exakt darum geht es im vorliegenden Band: Elf Autoren, die das Fach Theologische Ethik über Jahrzehnte hinweg vertreten, gelehrt und durch ihre Publikationen vorangebracht haben, stellen ihren Blick auf die Theologische Ethik – in der Klassifikation der klassischen Fächer an einer theologischen Fakultät näher spezifiziert als Moraltheologie bzw. als Sozialethik – sowie ihren beruflichen und existenziellen Weg damit vor.

Dieses Vorhaben schließt an die beiden Bände an, die 2007 (2. Auflage 2010) und 2009 unter dem Titel „Theologische Ethik – autobiografisch" ebenfalls im Schöningh-Verlag erschienen sind. Wie schon in den darin aufbewahrten Lebensgeschichten geht es auch in den Beiträgen des vorliegenden Bandes darum, etwas über das Ringen der einzelnen Autoren mit konkreten Fragen, theoretischen Konzeptionen und institutionellen Rahmenbedingungen zu erfahren, aber auch über die lebensgeschichtlichen Kontexte und sozialen Verwurzelungen, die sie haben. Übergeordnetes Ziel ist wiederum, Interessenten in Hochschule, in der Erwachsenenbildung und in der Kultur mittels der biographischen Erzählungen einzelner Fachvertreter einen Abschnitt der jüngeren Geschichte des Fachs Theologische Ethik zu erschließen.

Zur Typologie der Generation theologischer Ethiker, die für den vorliegenden Band ihre Biographie erzählt haben, gehört das Studium in der Nachkonzilszeit sowie die Ausweitung der Möglichkeiten, einen theologischen Beruf auszuüben. Auch wenn der Eintritt in ein Professorenamt für „Nichtpriester" im Zeitraum der letzten 25 Jahre konkret oft mit Hindernissen verbunden war, sind Laien als Lehrer und Lehrerinnen der Theologie inzwischen eine etablierte Realität.

Politisch gehören Massenarbeitslosigkeit, Streit um Abrüstung und Friedenssicherung, die Etablierung alternativer Szenen, Umweltkatastrophen, aber auch der Fall der Berliner Mauer, die Wiedervereinigung der beiden deutschen Staaten und die Integration Europas zu den prägenden Entwicklungen. Innerhalb der Universität und für die Lehrtätigkeit haben Internationalisierung, Interdisziplinarität und die Modularisierung entsprechend den Bologna-Reformen tiefe Veränderungen bewirkt. Auch verlangten neue Sachthemen nach Bearbeitung durch die theologische Ethik, insbesondere Fragen der Biomedizin, der Informationstechnologie und der Finanzwirtschaft. Globalisierung, Migration, Flucht und Armut waren und sind bis zur Stunde Probleme, die strukturell und menschlich konkret den theologischen Ethikern förmlich auf den Leib rücken. Schließlich sah sich die jetzige Generation theologischer Ethiker mehr als jede frühere auch von neuen Formen der ethischen Kommunikation in Gestalt von Beratungsgremien, Expertenkommissionen, Zentren, Einladungen in die Medien und ähnliches mehr gefordert. Was all das mit dem eigenen theologisch-ethischen Suchen im Spannungsfeld von Kirche, Wissenschaft und Gesellschaft angestellt hat, darüber gibt es einiges zu erzählen.

Noch eine nicht unbedeutende Veränderung im Fach hat sich angebahnt. Sie lässt sich vielleicht am besten erahnen aus den Bemerkungen einer Rezensentin des zweiten Bandes von „Theologische Ethik – autobiografisch“. Sie gab nämlich ihren eigenen Gefühlen von Fremdheit und Distanz Ausdruck und machte diese vor allem daran fest, dass die zu Wort gekommenen Fachvertreter allesamt Männer gewesen seien. Dafür kann am allerwenigsten der Herausgeber verantwortlich gemacht werden. Aber er kann mit dem vorliegenden Band Lesern und Leserinnen, die einen ähnlichen Eindruck hatten, versichern, dass sich die Situation der theologischen Ethik auch in dieser Hinsicht verändert hat, insofern die Fächer Moraltheologie und Christliche Sozialethik an den Hochschulen längst auch von Frauen vertreten werden. Diese veränderte Lage bildet sich auch im vorliegenden Buch ab.

Als Herausgeber habe ich vielfachen Dank abzustatten. In erster Linie den Kolleginnen und Kollegen, die bereit waren, sich dieser Zwischenbilanzierung auf ihrem Lebens- und Denkweg zu stellen.

Ferner danke ich meinem langjährigen tüchtigen Mitarbeiter und jetzigen Kollegen Jochen Sautermeister, der sich bereiterklärt hat, in einem abschließenden Rückblick die Entwicklung der theologischen Ethik als Fach der katholischen Theologie seit den 1990er Jahren darzustellen. Als Mitglied der jüngeren Generation theologischer Ethiker verfügt er gleichermaßen über den dazu notwendigen lebensgeschichtlichen Abstand als auch über die detaillierte fachliche Kenntnis.

Schließlich danke ich den Hilfskräften Viviane Keller und Maximilian Gigl. Sie haben mir für die drucktechnische Vorbereitung und die Herstellung eines Registers wertvolle Zuarbeit geleistet, ohne die ich manches Mal hilflos vor dem Computer, vor Dateien und vor Problemen der Vereinheitlichung gestanden hätte. Sie haben ein hohes Maß an Ausdauer, an Interesse und Engagement für das Projekt gezeigt.

Dankend möchte ich auch die Arbeitsgemeinschaft der Deutschen Moraltheologen erwähnen, der ich mich selbst seit vielen Jahren eng verbunden fühle; sie hat unter ihrem Vorsitzenden, Professor Dr. Christof Breitsameter, München, mit einem Zuschuss die Drucklegung ermöglicht.

München, im März 2015 Konrad Hilpert

ROBERT
DUDEN

Adrian Holderegger

Grenzüberschreitungen

Meine Heimat ist das idyllische Appenzell, eine liebliche Hügellandschaft, umrahmt vom nicht weniger beeindruckenden Alpsteingebirge mit dem alles überragenden Säntis. Appenzell Innerrhoden – genannt der „innere Landesteil“ – wurde 1597 vom „äußeren Landesteil“ getrennt, da der sich damals für die „neue Religion“ entschied, während sich der innere Landesteil weiterhin zur „katholischen Religion“ bekannte. Diese Gegensätzlichkeit, aus der sich manch eigenständige und manchmal auch eigenwillige Traditionen entwickelten, ist bis heute erhalten geblieben. Dieser Halbkanton, also der innere, katholische Landesteil mit seinen gut 15000 Einwohnern war und ist meine Heimat, die mich nicht bloß in der Jugendzeit geprägt hat, in die es mich auch jetzt noch immer wieder hinzieht. Das kleine Volk am Alpstein hat über die Jahrhunderte einen Willen zur Eigenständigkeit, Selbstbehauptung und Unabhängigkeit entwickelt, wie er in dieser Art nur selten anzutreffen ist. Daraus entstand eine traditionsreiche – vor allem vom barocken Katholizismus geprägte – Kultur, die nicht bloß gegen jede politische wie kirchliche Fremdherrschaft aufbegehrte, sondern in dieser steten Auseinandersetzung mit dem Fremden eine eigene Kreativität entfaltete. Wohl nur aus dieser Spannung von minoritärer Selbstbehauptung und notwendiger Auseinandersetzung mit dem „Ausländischen“ – und seien es nur schon die Nachbarkantone – ist es zu erklären, wie diese kleine Volksgemeinschaft verhältnismäßig viele profilierte Politiker, Künstler und Künstlerinnen, aber auch Wissenschaftler in unterschiedlichsten Disziplinen hervorgebracht hat. Nicht wenige haben es zu internationalem Ansehen gebracht. Einschlägiges kann im „Historischen Lexikon der Schweiz“ nachgelesen werden.[1]

Dies ist sozusagen der kulturelle und religiöse „Humus“, in dem ich meine ersten Wurzeln schlug und der fruchtbare Boden, der mich – wie ich jetzt rückblickend feststellen muss – bis in die letzten Denk- und Lebensformen hinein geprägt hat. Das Thema der „Autonomie“, das mich zeitlebens beschäftigt hat, wie auch das Thema der Lebensbehauptung – gerade auch in ihrer Grenzform der radikalen Beschädigung – haben wohl hier ihre Ursprünge, jedenfalls decken sie sich mit Grundkonstanten dieser bäuerlich-traditionellen wie offen-neugierigen Kultur.

1 S. die entsprechenden Namensartikel in: Historisches Lexikon der Schweiz, 13 Bände. Basel 2002-2014.

Jugend und Schulzeit

Zwar nicht in Appenzell geboren, aber doch Bürger von Appenzell, habe ich die Jugendzeit ab dem siebten Altersjahr im Kantonshauptort verbracht, bis zur Matura im Jahre 1965. Meine Eltern führten einen mittelständischen Betrieb, in dem wir Kinder nebst der Schule tatkräftig zupacken mussten, dies aus Notwendigkeit wie auch aus Selbstverständlichkeit, da die Erträge gerade in der Aufbauphase eher kärglich waren. In der Primarschulzeit zeichnete sich bald ab, dass ich nach Abschluss der sechsten Klasse ins Gymnasium wechseln sollte. Die treibende Kraft war der standesherrliche Pfarrer Anton Wild – die unumstrittene Autorität im Dorf –, der wohl in mir einen künftigen Kleriker sah und dies den Eltern gegenüber auch unmissverständlich deutlich machte. Der Wechsel ins Gymnasium im Jahr 1958, das von den Kapuzinern geführt wurde, bedeutete gleichzeitig auch den Abschied von manchen jugendlichen Freiheiten, da die Schulzeit von morgens bis abends stark durchstrukturiert war, nicht bloß durch die üblichen Fächer, ergänzt mit vielen sprachlichen Freifächern, sondern auch durch liturgische Feiern und religiöse Übungen. Sicherlich war der Unterricht exzellent – immerhin war es damals eines der führenden Gymnasien der Schweiz –, doch begannen einige unter uns, diese Institution als zu eng, zu korsetthaft zu empfinden. Seismographisch haben wir die Veränderungen in Gesellschaft und Kirche wahrgenommen, die sich um die frühen 60er-Jahren abzeichneten und die schließlich in den 68er-Jahren zu den „revolutionären Ereignissen" führten und etwas früher zum Abschluss des Zweiten Vatikanum. Wie wohltuend waren damals die Theaterbesuche im nahen St. Gallen – wofür man jeweils das Einverständnis des Rektors brauchte –, in dem die avantgardistischen Stücke etwa von Max Frisch („Andorra"), von Friedrich Dürrenmatt („Die Physiker") oder Jean-Paul Sartres Stück („Die Wörter") gegeben wurden. Der eine oder andere Lehrer hat uns bei diesen „petites fugues" (Y. Yersin: ein wunderschöner Film, der dies exakt beschreibt) unterstützt, nicht immer zum Wohlgefallen jener Lehrer, die das Fach „Religion" zu vertreten hatten. Zu diesen kleinen Fluchten gehörten auch die damit nicht ganz kompatiblen Hörgenüsse der radiophonen Direktübertragungen der Wagneropern aus Bayreuth, die ich jeweils mit einem Studienfreund mit großer Passion über Stunden hinweg andächtig hörte.

Es ist wohl Teil jener Sturm- und Drangperiode, die Romantisch-Archaisches mit Vorwärtsdrängendem-Revolutionärem Verband, ohne dass man sich der jeweiligen Tragweite voll bewusst wurde. War Wagner eine Art Religionsersatz? Denn diesem intensiven Hinhören ging wohl nicht ein besondere Weihe ab, vergleichbar den Liturgien, die wir im Gymnasium feierten. Die Figur des Parzival (des Gral-Suchers) und des Siegfrieds (des Kämpfers) haben mich damals besonders beeindruckt, auch wenn ich später eine deutliche Distanz zu Wagner und dessen Helden gewann. Die Frucht all dieser – man möchte fast sagen – außerschulischen und stürmischen Auseinandersetzungen war die Matura-Arbeit über Jean-Pauls Essay „Rede des toten Christus vom Weltgebäude herab". Der nihilistische Firn der Arbeit schuf verständlicherweise einige Irritationen bei der Jury, war aber für mich gleichzeitig das Ausloten denkerischer Möglichkeiten, diskrete Anfrage an gelebte Tradition und Ritual und Infragestellung von Weltanschauung und Religion. Um diesen Weg des Nachfragens weiter fortsetzen zu können, entschloss ich mich zum Theologiestudium und nicht zu dem Studium der Medizin, das eine Zeitlang stark im Vordergrund stand. Freilich sollte ich später beides in eigener Form miteinander verbinden können. Nach der Matura im Jahr 1965 trat ich in das Noviziat der Schweizer Kapuzinerprovinz ein. Dies lag sozusagen auf der Hand, da ich den Orden von meiner Gymnasialzeit her als offene, studienfreundliche Gemeinschaft kannte. Eine besondere Anziehung übte die Verbindung von franziskanischer Einfachheit und der großen Bereitschaft zur intellektuellen Auseinandersetzung aus, denn der Orden war damals bemüht, jedem, der die nötigen Voraussetzungen mit sich brachte, nebst der ordenseigenen Ausbildung eine universitäre Ausbildung zukommen zu lassen.

Studium und erste Erkundungen

Wie damals üblich, absolvierte ich in den Jahren 1966-1971 an der ordenseigenen Hochschule der Schweizer Kapuzinerprovinz, zuerst in Stans das „Philosophikum", dann in Solothurn meine theologischen Studien. Ohne Zweifel lässt sich sagen, dass damals das Studienkloster in Solothurn eine große theologische wie spirituelle Ausstrahlung besaß, das den durch das Konzil angestoßenen Aufbruch aufnahm und in einer Art „theologischem Labor" theologische Ansätze in der Auseinandersetzung mit bekannten Theologen und Intellektuellen aus Kunst und Politik ausprobierte. Das junge Team von Dozenten schuf diesen kreativen, theologischen Freiraum, der selbst Streitgespräche – durchaus in freundschaftlicher Art – mit dem wohl damals bekanntesten Schweizer Marxisten Konrad Farner wie auch Abendgespräche mit dem gesellschaftskritischen Schriftsteller Peter Bichsel ermöglichte. Obwohl das Studienkloster mit 40 Studenten im Vergleich zu einer Fakultät relativ klein war, wollten es sich einige der damals bekannten Theologen wie Hans U. v. Balthasar, Franz Böckle, Heinrich Ott, Joachim Jeremias wie auch Josef Pieper nicht nehmen lassen, mit Vorträgen und Diskussionen die theologische Auseinandersetzung zu bereichern.
Bestens gerüstet nahm ich im Wintersemester das Weiterstudium der Theologie an der Universität Fribourg auf. Gleichzeitig belegte ich an der philosophischen Fakultät einige Kurse in Psychologie bzw. Psychopathologie. Unvergesslich bleiben die meisterlichen Vorlesungen zur psychotherapeutischen Daseinsanalyse, die von Gion Condrau, einem der engsten Mitarbeiter des Begründers dieser Richtung, Medard Boss (1903-1990), gehalten wurden. Nicht bloß seine Traumanalysen faszinierten, sondern auch seine Behutsamkeit bei der Interpretation menschlicher Schicksale und Existenzweisen. Diese Einfüh-

rungen führten fast zwangsweise in die Welt der Heideggerschen Philosophie, da ja die anthropologischen Grundlagen der Daseinsanalyse in Anlehnung an „Sein und Zeit“ ausgestaltet waren, wiewohl das handwerkliche Instrumentarium an Freud orientiert blieb. Das war eine erfrischende Ergänzung zur thomistisch-dominikanischen Philosophie, wie sie damals an der Theologischen wie auch an Philosophischen Fakultät vorherrschte.

Die Theologische Fakultät wurde damals durch den sog. „Pfürtner-Skandal“ aufgeschreckt und einer schwierigen theologischen wie kirchenpolitischen Zerreißprobe ausgesetzt. Im Herbst 1971 hat der damalige Lehrstuhlinhaber für Moraltheologie, Stephan Pfürtner, in der Nachbarstadt Bern im Rahmen der vorbereitenden Gespräche zur „Synode 72“ einen öffentlichen Vortrag gehalten mit dem Titel: „Moral – was gilt heute noch? Das Beispiel der Sexualmoral“. Seine Thesen zu einer „offenen Sexualität“ – die im Übrigen auch heute noch als sehr lesenswert erscheinen – erregten ein unglaubliches öffentliches Interesse, aber auch sehr bald das Interesse des Lokalbischofs Pierre Mamie und schließlich der Glaubenskongregation mit dessen Präfekten Kardinal Franjo Seper.[2] Studentische Straßenproteste für Pfürtner, dem unmittelbar der Entzug der „Missio canonica“ drohte, Debatten der Thesen in den öffentlichen Medien, Statments der Theologischen Fakultät, Stellungnahmen der Bischofskonferenz folgten sich in rascher Folge in einem gespannten Klima, das unseren studentischen Alltag ganz wesentlich bestimmte und uns selbstverständlich nolens volens zur kritischen Auseinandersetzung mit Tradition und Moral herausforderte. Das fiebrige Klima weckte ungeahnte intellektuelle und reformerische Kräfte, ließ aber auch den Graben zwischen Traditionalisten – immerhin war Ecône mit dem Traditionalisten-Bischof Lefebvre zeitgleich ein weiterer Brennpunkt – und Reformwilligen nur deutlicher zutage treten.

Im April 1974 erreichte kirchenpolitisch der „Fall Pfürtner“, nach vielen Vermittlungsversuchen, mit der von römischer Seite erzwungenen Demission ihren Höhepunkt, aber auch einen gewissen Abschluss. Die staatskirchenrechtliche Diskussion hat erst 1985 mit dem neuen Fakultätsgesetzt, der sog. „tripartite“ – einer Vereinbarung zwischen Staat, Dominikanerorden und Bischofskonferenz – ihren Abschluss gefunden. Darin werden nicht zuletzt das Lehrbeanstandungsverfahren und der Lehrbefugnisentzug geregelt – und was vermutlich ein Unikum darstellt – mit einer völkerrechtlichen Absicherung, indem beispielsweise das Recht auf Anhörung und Verteidigung im Fall des Entzugs der Lehrerlaubnis garantiert wird. Immerhin hat die Fakultät noch im gleichen Jahr Dietmar Mieth (der bekanntermaßen auf der Seite von St. Pfürtner stand) auf diesen Lehrstuhl berufen, den er bis 1981 inne hatte. Freilich verlief diese Berufung nicht reibungslos; erst nach zusätzlichen Anstrengungen und klugen Absicherungen seinerseits bei der Bischofskonferenz und

2 Vgl. die 1200 Seiten umfassende Dokumentation von: Kaufmann, Ludwig: Ein ungelöster Kirchenkonflikt. Dokumente und zeitgeschichtliche Analysen. Der Fall Pfürtner. Freiburg 1987.

beim Lokalbischof Pierre Mamie kam die Erteilung der römischen Lehrerlaubnis schließlich zustande. Alle Seiten – nicht zuletzt auch der Staat Freiburg – wollten einen zweiten „Fall Pfürtner" tunlichst vermeiden.

Ich war nach Fribourg gekommen, um bei Stephan Pfürtner in Moraltheologie zu doktorieren. So war es auch der Wunsch der Ordensoberen. Pfürtner hatte die Absicht, einen Forschungs-Schwerpunkt in der Medizinethik aufzubauen, da er sich selbst in seiner frühen Studienzeit in der „Medizin" eingeschrieben hatte und von daher immer ein ausgeprägtes Interesse an medizinethischen Fragestellungen hatte. In einem Gespräch, das seinem Berner-Vortrag Monate vorausging, schlug er mir vor, das Thema „Suizid" unter Einbezug der Human- und Sozialwissenschaften zu bearbeiten im Sinne eines Paradigmas, wie empirische Fakten und humanwissenschaftliche Deutungen in die Normbildung miteinbezogen werden können. Das kam mir insofern entgegen, als ich seit meiner Gymnasialzeit verstehen wollte, wie es dazu kommt, dass mein Heimatkanton – obwohl sehr katholisch – eine der höchsten Suizidquoten europaweit aufweist. Dieses scheinbare, aber starke Paradox erschien mir Grund genug, der Frage nach der radikalen Lebensgefährdung, nicht bloss unter dem Aspekt der Religiosität, fundiert nachzugehen. Im Hinblick auf dieses Forschungsthema habe ich denn auch die Fächerkombination festgelegt. Da sich dann aber die Situation für meinen Doktorvater schon ab Herbst 71 zusehends zuspitzte und da bezüglich seines Verbleibens auf dem Lehrstuhl bereits dunkle Wolken aufzogen, legte ich auf seinen Wunsch hin innerhalb eines Jahres eine 120 seitige Lizenzarbeit zu diesem Thema vor. Es sollten quasi Vorarbeiten für die Dissertation sein. Völlig ungewiss, wer wohl einmal der Direktor meiner These sein sollte, wechselte ich im Frühjahr 1973 für ein Jahr an die Universität Basel. Aufgrund des „Summa cum laude" für die Lizenziatsarbeit erhielt ich vom Schweizerischen Nationalfonds umstandslos ein Förderstipendium zugesprochen. Immerhin hat der damalige, aufgeschlossene und theologisch unbeirrbare Pastoraltheologe Alois Müller signalisiert, dass er, wenn all Stricke rissen, bereit wäre, die Direktion der These zu übernehmen. Zuversichtlich wechselte ich nach Basel.

Basel – im Schatten von Erasmus, Karl Barth, Karl Jaspers und Co.

Ich schrieb mich damals an der Evangelisch-Theologischen Fakultät ein. Und mit einer Sondergenehmigung konnte ich auch einige Fächer an der Medizinischen Fakultät belegen. Beeindruckend war der evangelische Theologe Fritz Buri, der in einer ungewöhnlichen Weise die traditionelle Systematik sprengte. In seinen Vorlesungen zeichnet sich bereits sein Spätwerk ab „Buddha-Christus als Herr des wahren Selbst" (1982), in dem er einerseits existenzphilosophische „Brocken" seines einstigen Philosophen-Kollegen Karl Jaspers theologisch integrierte, andererseits – die Exklusivität des Christentums sprengend – Buddha und Christus zu gleichberechtigten Lehrmeistern und

Weisheitslehrern des Selbst machte. Walter Neidhardt, Professor für praktische Theologie, war dezidierter Freudianer, schickte alle theologischen Themen durch das Feuer der Psychologie, stieß damit aber stets zu Aporien vor, die es als gläubiger „Protestant“ dennoch im Handeln auszuhalten galt. Seine gesammelten Aufsätze von 1997 tragen denn auch den signifikanten Titel: „Aporien aushalten – und trotzdem handeln“. Als Student gewann man den Eindruck, dass sich die Basler Theologie zu dieser Zeit vom schwer lastenden Erbe Karl Barths befreien wollte; man suchte eigene, entgegengesetzte, liberale Wege im Dialog der Religionen und in der entschiedenen Integration der Human- und Sozialwissenschaften. Dies kam einem Wechselbad gleich, denn trotz aller Aufbrüche war der Fribourger theologische Kosmos weit geschlossener und durch das starke thomasisch-dominikanische Erbe zumindest an den Grenzen umklammert.

An der Medizinischen Fakultät fand ich sehr bald in Günter Hole, Professor für Psychiatrie, selbst auch ausgebildeter evangelischer Theologe, einen Ansprech- und Gesprächspartner, der mir nicht bloss die Türen zu den Universitätskliniken öffnete, sondern auch die Türen zu den Vorlesungssälen. Er war an meinem Thema sehr interessiert, da er selbst an einem verwandten Forschungsthema „Glaube in den Depressionen“ (später als Buch erschienen) arbeitete. Ich durfte nicht bloß mit ihm und den Assistenzärzten auf Patientenvisite gehen – selbstverständlich im weißen Arztkittel –, sondern er vertraute mir auch Patienten an, die unter starker „Suizidalität“, verbunden mit einer religiösen Problematik, litten. Gleichzeitig besuchte ich Vorlesungen in klinischer Psychologie, die normalerweise ein Arztstudium voraussetzen, zu denen ich aber als katholischer Theologe (!) als große Ausnahme Zugang hatte. Die klinische Psychologie (Psychiatrie, Psychoanalyse) Basels war damals geprägt von drei markanten Persönlichkeiten: von Raymond Battagey, Paul Kielholz und Gaetano Benedetti, die zu ihrem internationalen Ruf beitrugen. Ihre Depressionsforschung brachte manchen Durchbruch in Verständnis und Therapie und machte damals Basel zu einem Referenzzentrum für „Depressionen“. Selbstverständlich konnte ich an diesem Forschungsprozess teilhaben, wurde nicht bloß mit neuen, revolutionären Medikamenten vertraut gemacht, sondern auch mit neuen Therapiekonzepten; all dies war dann außerordentlich wichtig für meine „Suizid-Studie“. Noch ziemlich unklar war mir damals allerdings die Lösung der Frage, wie Empirie bzw. humanwissenschaftliche Konzepte mit normativ-theologischen Urteilen zu verbinden sind. Es musste ein Modell sein, das über den traditionellen Handbuchstandard mit seiner additiven Manier hinausging. Klärendes habe ich später in Tübingen in den gemeinsamen Doktoranden-Seminaren von Alfons Auer und Wilhelm Korff erfahren. Über die Studienzeit in Basel hinaus gab es später mit Kollegen – vor allem mit Professor Udo Rauchfleisch – manch gegenseitige Einladung und manche Freundschaft ist bis heute erhalten geblieben.

Assistenzzeit und Abschluss der Dissertation

Zum 1. Dez. 1974 nahm ich die Assistentenstelle am moraltheologischen Lehrstuhl von Professor Francesco Compagnoni an. Die Moraltheologie an der theologischen Fakultät war üppig ausgestaltet: es gab fünf Moraltheologen, in beiden Sprachen je einen für die Fundamentalmoral (Francesco Compagnoni OP, Italien, und Servais Pinckaers OP, Belgien) und je einen für den Lizentiatskurs (Carlos Josaphat Pinto de Oliveria OP, Brasilien, und Dietmar Mieth, Deutschland); dazu gab es in der französischen Abteilung noch einen für den „cursus minor" (Juan Artadi, Spanien), ein eher pastoral ausgerichteter Kurs, der für Kandidaten bestimmt war, die keinen akademischen und staatlich anerkannten Abschluss anzielten, sondern nur das „kirchliche Diplom". Die sprachliche Aufteilung war erforderlich geworden, nachdem man zwischen 1965 und 1968 das Latein als Unterrichtssprache sukzessive abgeschafft hatte, gleichzeitig aber wollte man die Aufteilung des Stoffes in Anlehnung der Summa des Thomas beibehalten: die Traktate der theologalen Tugenden entsprachen der Fundamentalmoral; die Kardinaltugenden der konkreten, angewandten Moraltheologie (wozu auch die Sozialethik gehört). Obwohl die formale Struktur in beiden Sprachsektionen beibehalten wurde – und dies übrigens bis heute –, entwickelt die deutschsprachige Abteilung sehr bald ein offenes System, das weitgehend vom deutschsprachigen Diskurs der postkonziliaren Zeit geprägt war, während die französisch-sprachige Abteilung stark der thomistisch-dominikanischen Tradition verhaftet blieb.
Trotz all der sprachlichen, theologischen und lebensweltlichen Unterschiede (Laien, Kleriker, Ordensleute) war es das moraltheologische Institut, in dem sich Dozenten und Mitarbeiter regelmäßig zu Austausch und Diskussion trafen. Als Vertreter des moraltheologischen Instituts nahm ich 1975/1976 am religionspädagogischen Arbeitskreis deutscher Universitäten teil, der unter der Leitung von Günter Stachel stand. Diese fruchtbare Zusammenarbeit von Religionspädagogen, Ethikern und Theologen sind in mehreren Bänden dokumentiert.[3]
In diese Zeit fällt auch die Gründung der doppelsprachigen Reihe der „Studien zur theologischen Ethik/Etudes d'Éthique Chrétienne", zu der die Gründer der Reihe, Pinto de Oliveira und Dietmar Mieth, die ersten Bände beisteuerten. Ab Band 10 durfte ich, später als Ordinarius, die Reihe übernehmen, die bis heute die stattliche Zahl von 143 Bänden aufweist. In den ersten Bänden findet sich beispielsweise die Autonomie-Debatte dokumentiert, wie sie im Institut und im Moraltheologenkongress von 1977, der in Fribourg abgehalten wurde, geführt wurde. Ohne Übertreibung darf man wohl sagen, dass die „gelbe Reihe"

3 Z.B. Stachel, Günter (Hg.): Bibelunterricht – dokumentiert und analysiert. Eine Untersuchung zur Praxis des Bibelunterrichts, hrsg. v. Günter Stachel. Zürich 1967; Ders. (Hg.): Sozialethischer Unterricht – dokumentiert und analysiert. Eine Untersuchung zur Praxis des problemorientierten Religionsunterrichts, hrsg. von Günter Stachel. Zürich 1977.

bis heute ein guter Seismograph für moraltheologische Themen wie auch ein ausgezeichneter Ort theologisch-ethischer Debatten geblieben ist. Später sind andere Reihen dazugekommen, die ich teils begründet und mit anderen mitherausgegeben habe, so im Rahmen des Instituts für Ethik und Menschenrechte die Reihe „Ethik und Politische Philosophie" (1997-2008) zusammen mit Jean-Claude Wolf und Beat Sitter-Liver; dort wurden immerhin 14 Bände verlegt; „Défis et dialogue/Herausforderung und Besinnung", erschienen im Universitätsverlag Freiburg i.Ue.; diese Rektoratsreihe durfte ich in den Jahren 1998-2003 betreuen; hier wurden insgesamt 20 Bände verlegt, zu denen ich selbst einige beisteuerte. Ein schönes Experiment war die eher populärwissenschaftliche Reihe „Ethik konkret" (1991-2000), die ich zusammen mit meinem evangelischen Kollegen Hermann Ringeling der Universität Bern betreute; sie war als ökumenisches Unternehmen erschienen im Theologischen Verlag Zürich, musste dann allerdings im Rahmen der Redimensionierung des Verlags und wohl auch im Rahmen neuerlicher konfessioneller Abgrenzung eingestellt werden.

Die zwei Jahre Assistenz waren prall gefüllt mit Forschung, Studienberatung, Redaktion, Vorlesungen, so dass ich mich heute frage, wie ich dies alles schaffte. Auf der einen Seite hatte ich eine zweistündige Vorlesung am ordenseigenen Studium in Solothurn zu halten, auf der andern Seite eine Spezialvorlesung zu „Moral und Psychologie", wie auch Einführungs-Seminare. Es kamen Seminare mit Dietmar Mieth hinzu, sein erstes und mir unvergessliches zu Dorothee Sölles „Die Hinreise. Religiöse Erfahrung", dann ein weiteres zu J. Rawls „Theorie der Gerechtigkeit". Hier herrschte ein frischer Wind, der intellektuell das aufnahm, was man im studentischen Protest verfocht. Gleichzeitig musste das Dissertationsthema vorangetrieben werden. Ende 1978 wurde mir vom Schweizerischen Nationalfonds ein weiteres Stipendium angeboten (das waren goldene Zeiten, wo Kandidaten noch angefragt wurden), das mich dann für ein Jahr nach Tübingen führte. Die Doktorandenseminare mit Alfons Auer und Wilhelm Korff schärften nicht bloß das Methodenbewusstsein, sondern bestärkten mich auch in der Absicht, den von Auer vorgezeichneten Dreischritt in der Normbegründung an einem konkreten Beispiel durchzuführen: Human- und sozialwissenschaftliche Grundlegung, anthropologische Interpretation, ethische Normierung/theologische Integration. So wurde der erste Teil meiner Arbeit zum kritischen Referat und zur Synopse der damaligen Kenntnisse der Suizidologie; der zweite Teil griff auf anthropologische Entwürfe einiger philosophisch engagierter Vertreter der Psychiatrie zurück, die ihrerseits von psychopathologischen Befunden her „Sinngestalten" menschlichen Daseins entwickelten. Dies machte es möglich, den Suizid als „Sinnkrise" zu verstehen. Der dritte Teil plädierte für eine Neuorientierung der ethischen Argumentation im Horizont einer teleologisch verstandenen Freiheit, wonach über ihre „richtige" Realisierung nicht bloß das Faktum „Leben" entscheidet, sondern immer auch der Wert, der dadurch verwirklicht werden soll. Für die unmittelbare Normbegründung bezüglich der Selbsttötung war

Bruno Schüllers Studie „Die Begründung sittlicher Urteile“[4] wegweisend, wiewohl dann dieser analytische Teil mit hermeneutischen Überlegungen zu Sinn- und Wertproblematik verknüpft wurde. Dies führte auf theologischer Ebene zur grundlegenden These, dass ethische Schuldhaftigkeit nicht einfach in der definitiven und irreversiblen Verfügung über das eigene Leben als solchem besteht, sondern vielmehr dort gegeben ist, wo „verantwortliches Verfügen in Willkür“ umschlägt. Alfons Auer sollte später in einer Besprechung festhalten „Holderegger hat nicht nur einen Weg gewiesen, um eine einzelne Norm plausibler zu begründen, sondern er hat modellhaft gezeigt, wie konkrete theologisch-ethische Probleme besser als bisher zu bewältigen sind“.

Im Januar 1978 lag der Theologischen Fakultät in Fribourg die sehr umfangreiche Dissertation von gegen achthundert Seiten vor; alle vier (sic!) Gutachter, insbesondere der Erstgutachter Dietmar Mieth, plädierten dafür, den ethisch-theologischen Teil der Verfügungsproblematik als Dissertation anzuerkennen, das Übrige mit dem ersten humanwissenschaftlichen und zweiten anthropologischen Teil als Habilitation. Die Fakultät folgte diesem ungewöhnlichen, aber offensichtlich durch die Qualität der Arbeit gerechtfertigten Antrag: die Dissertation ist in Italienisch erschienen[5], was sich später allerdings als Stolperstein erweisen sollte. Die Mühe einer italienischen Publikation habe ich ausschließlich aus finanziellen Gründen auf mich genommen, denn die Publikation kostete mich keinen Cent. Die Habilitation ist ebenfalls im selben Jahr erschienen.[6] Der unverhoffte Entscheid bzw. das großzügige Angebot der Fakultät nötigte mich, die Lebensplanung umzustellen, da in Basel in Zusammenarbeit mit der Psychiatrischen Poliklinik bereits eine „therapeutische Wohngemeinschaft“ in Planung war, in der ich für eine leitende Funktion vorgesehen war. Es war demnzufolge keine akademische Laufbahn vorgesehen. Ich entschied mich für den Habilitationsweg. Im Februar 1978 verteidigte ich den vorgeschlagenen Teil der Arbeit mit dem Titel „Verfügung über den eigenen Tod? Typen ethischer Argumentation“. Da mir aber die Aufteilung der Arbeit in Dissertation und Habilitation nicht so einfach erschien, denn der systematische Dreischritt sollte sichtbar bleiben, beantragte ich nochmals ein Förderstipendium, das mir denn auch umstandslos für einen weiteren, einjährigen Aufenthalt in Tübingen gewährt wurde.

Das „Berghaus Hügel“, ein Studienhaus der Diözese Rottenburg/Stuttgart, war ein idealer und inspirierender Ort, um die Publikation der Dissertation und die Habilitationsschrift vorzubereiten. Gleichzeitig blieben mir die Vorlesungsverpflichtungen in Solothurn und die regelmäßigen Seminare an der Uni in Zürich (zusammen mit Professor Hans Ruh). In bester Erinnerung bleiben die schwäbischen, manchmal tiefgründigen Mittagessen mit Professoren der

4 Schüller, Bruno: Direkte Tötung – indirekte Tötung. In: PhuTh 47 (1972) 41-57; Ders.: Die Begründung sittlicher Urteile. Düsseldorf ^{3}1987, 247ff.

5 Holderegger, Adrian: Il suicido. Risultati delle science umane e problematica etica. Assisi 1979.

6 Holderegger, Adrian: Suizid und Suizidgefährdung. Humanwissenschaftliche Ergebnisse – anthropologische Grundlagen. Freiburg i. Ue./Freiburg i. Br. 1979.

Fakultät, aber auch mit den Mithabilitanden Wilhelm Geerlings, Hubert Bours und Hans Wagenhammer. Die Konzentration des Ortes brachte mich nicht bloß in der Arbeit voran, sondern forderte wie nie zuvor zu einer subjektiven Klärung der Thematik heraus, die sich eigentlich so bislang nicht stellte. Es sollte sich die lebenskluge Einsicht von Erwin Ringel, dem großen Suizidforscher und Menschenfreund, bestätigen (sinngemäß): Wer nicht zuvor über Leben und Tod mit sich ins Reine gekommen ist, kann nichts vernünftig Menschliches über den Suizid sagen. Das heißt wohl ins Allgemeine gewendet: Bei jeder existenziellen Fragestellung muss eine Balance zwischen wissenschaftlicher Distanziertheit und existenzieller, aufgeklärter und „bereinigter" Empathie gefunden werden, wenn man dabei authentisch bleiben will.

Diese damalige Einsicht versuchte ich mir bei allen späteren Veröffentlichungen und Vorträgen zu vergegenwärtigen. Wie immer: Ende Juni 1979 wurde ich habilitiert mit der Suizidarbeit und mit dem programmatischen Vortrag „Moraltheologie als soziale Therapeutik", in dem inhaltlich das thematisiert wurde, was später unter dem Begriff „Befreiungsethik" artikuliert wurde. Es fiel mir später wie Schuppen von den Augen, als ich diesen Begriff erstmals im Zusammenhang der Befreiungstheologie bei E. Dussel las, denn damit war all das abgedeckt, was mit dem Begriff der „Therapeutik" intendiert war. In den psychologischen Wissenschaften in Verbindung mit der nicht-idealistischen Frankfurter Schule sah ich Sinnpotenziale, die zum gelingenden Leben beitragen sollten. Die Befreiungsethik war auch Befreiung zur Freiheit, aber teils mit anderen Mitteln und weniger individualistisch, aber nicht zuletzt mit dem Potential der Theologie selbst. Das war eine Dimension, die bereits in der Luft lag, aber begrifflich noch nicht richtig eingefangen werden konnte.

Das gleiche Thema, das ich wenig später an der Theologischen Fakultät in Tübingen vortrug, bewog den Fakultätsrat, mich für die Lehrstuhlvertretung von Wilhelm Korff, der inzwischen nach München übergesiedelt war, zu übernehmen. Und dies bereits zum Herbst 1979. Innerhalb von zwei Semestern versuchte ich das Programm „Sozialethik als soziale Therapeutik" zu entwickeln.[7] Dies stieß bei den Studierenden auf ein wachsendes Interesse, die sich dann auch nachdrücklich dafür eingesetzt hatten, dass mir der vakante Lehrstuhl baldmöglichst übertragen würde. Die Fakultät hat dann aber – wohl auch wegen meines jugendlichen Alters – anders entschieden. Zur gleichen Zeit hat mich die Katholisch-theologische Fakultät der Universität Mainz unter vierzehn Bewerbern für den sozialethischen Lehrstuhl an erste Stelle gesetzt, was für mich eher überraschend war, da ich damals mit dem Präsentationsvortrag „Gerechtigkeit und Liebe" im Anschluss an John Rawls in ungewohntes Terrain vorstieß. Offensichtlich war der Berufungsausschuss der Fakultät überzeugt von der Art und Weise des Einbezugs der Sozialphilosophie in die theologisch-ethische Reflexion. Die damalige Bildungsministerin Rena-

7 Eine Skizze dieses Vorlesungsprogamms ist veröffentlicht in: Holderegger, Adrian: Ethische Orientierung in der Politik. Grundsätzliches, Programme, Thesen. Freiburg i. Ue. 2002, 22-98, bes. 67ff.

te Laurin hat mich allerdings telefonisch dazu bewogen, die Kandidatur zurückzuziehen, da auf den Lehrstuhl „Kettelers" ein Ordinierter bzw. ein Priester gehöre, der ich nun mal nicht sei. Obwohl mir die Argumentation nicht schlüssig erschien, vermutlich war die Nähe zu Auers „Autonomie im christlichen Kontext" viel entscheidender, habe ich der Bitte nachgegeben und verzichtet.

Berufung nach Fribourg

Im Wintersemester 1980/81 erfolgte auf Fakultätsebene die Wahl als Professor für Fundamentalmoral und Ethik, zusammen mit Anselm Hertz OP, der zum Professor für Moraltheologie gewählt wurde. Dietmar Mieth war inzwischen nach Tübingen übergesiedelt, Francesco Compagnoni ans Angelicum in Rom. Daher konnten die beiden Lehrstühle „Moraltheologie" gleichzeitig besetzt werden. Wir hatten allerdings den Auftrag, aber auch selbst das feste Interesse, die vorlesungsrelevante Materie anders aufzuteilen, indem vom fundamentalethischen Lehrstuhl die individualethischen Themen, und vom andern Lehrstuhl die sozialethischen Themen übernommen werden sollten. Denn zu stark wirkte die alte Aufteilung der Materie im Sinne der „Summa" nach. Freilich blieb dies wegen Verzögerungen in der Erteilung des „nihil obstat" wie auch wegen der baldigen Ernennung von Anselm Hertz zum Studienbeauftagten des Ordens ein schwieriges Unterfangen. Obwohl ein positives Votum der Bischofskonferenz wie auch des Großkanzlers der Fakultät in der Person des Ordensmagisters der Dominikaner vorlag, tat sich die Glaubenskongregation schwer, das „nihil obstat" für mich zu erteilen. Nicht bloß, weil man nach all den Vorkommnissen ein besonders scharfes Auge auf die Fakultät in Fribourg warf, sondern weil inzwischen die „Autonomie im christlichen Kontext" (A. Auer)[8], deren Ansatz ich in den beiden akademischen Arbeiten vertrat, unter einen Generalverdacht einer partiellen Heterodoxie geraten war. In der italienisch publizierten Arbeit konnte dies besonders klar nachvollzogen werden.

Nach verschiedenen Interventionen von Seiten der Fakultät und des Großkanzlers wie auch nach verschiedenen Gutachten, die von der Kongregation in Auftrag gegeben wurden, soll schließlich ein positiven Votum von Bernhard Häring, das wohl einen Kompromiss vorschlug, zu einer Klärung geführt haben. An Pfingsten 1982 teilte die Glaubenskongregation dem Großkanzler der Fakultät mit, sie würde das „nihil obstat" sub conditione erteilen, d.h. unter der Bedingung, dass ich innerhalb eines Jahres eine für sie zufriedenstellende Vertiefung meiner Position vorlegen würde. Der Staatsrat ging allerdings auf

8 Zu dieser Thematik hat mein erster wissenschaftlicher Mitarbeiter, Hans Hirschi, unter meiner Leitung seine Dissertation verfasst: ders.: Moralbegründung und christlicher Sinnhorizont. Eine Auseinandersetzung mit Alfons Auers moraltheologischem Konzept. Freiburg i. Ue./Freiburg i. Br. 1992.

diese Formel nicht ein, denn eine Ernennung unter Bedingungen war von Seiten des Staates nicht vorgesehen; so ernannte er mich zum 15. Oktober 1982 zum außerordentlichen Professor für Moraltheologie, wie dies einem üblichen Verfahren entsprach, und fünf Jahre später zum ordentlichen Professor. Und von Rom kam nie eine entsprechende Anfrage. Freilich stand ich – wie andere Kollegen auch, die eine ähnliche Position vertraten –, unter scharfer Beobachtung. Jahre später gab es einmal einen Verweis aus Rom bezüglich einer Publikation zur Sexualethik, die in einer Hauszeitschrift einer Schwestergemeinschaft („Antoniushaus" in Solothurn) erschien. Das zeigte nur, dass in der Glaubenskongregation mit viel Fleiß und Aufwand alles Schriftliche gesammelt wurde, was irgendwie zugänglich war, selbst über die Nuntiaturen vor Ort.

Sehr bald wurde ich in verschiedene, zeitlich recht aufwendige Gremien berufen: Gleich zu Beginn meiner Lehrtätigkeit als Ethik-Experte in die bischöfliche Nationalkommission „Justitia et Pax" (1982-1989), die in verschiedenen thematischen Untergruppen arbeitete. In erster Linie hatte die Kommission Grundlagenpapiere zu aktuellen sozialethischen, gesellschaftspolitischen Fragen zu Händen der Bischofskonferenz zu erstellen. Die Kommission war damals unter der geschickten Leitung ihres Sekretärs, Pius Hafner, zu einem wichtigen, auch politisch geachteten Sprachrohr der Schweizerischen katholischen Kirche geworden. Ihre oftmals kritischen Stellungnahmen etwa zu „Sozialrechte und die Zukunft des Sozialstaates", zu „Südafrika und die Apartheit", zu „Wehrdienst und Zivildienst" etc. wurden einerseits in der politischen Öffentlichkeit stark wahrgenommen, erzeugten aber andererseits ein gespanntes Verhältnis zur Bischofskonferenz, da das gesellschaftliche und politische Establishment in der Arbeit der Kommission eine „links-kritische" Unterwanderung kirchlicher Positionen sah. 1989 erreichte diese Spannung einen Höhepunkt – z.B. wurden Finanzen gekürzt, Fachstellen wurden gestrichen –, so dass ich eine ernsthafte, sachliche und fundierte Arbeit gefährdet sah und deshalb meine Demission einreichte.[9]

Zudem war die Arbeitsbelastung enorm geworden: Denn während rund eines Jahrzehnts (1984-1997) war ich fast zeitgleich intensiv in die programmatische Arbeit der CVP (Christlich-soziale Volkspartei) eingebunden sei es als Mitglied der Programmkommission sei es als Sachberater in diversen Kommissionen (z. B. Ehe- und Familienpolitik, Energiepolitik, Lebensschutz), in denen es auch darum ging, den ethischen Anspruch aus christlicher Perspektive in Grundlagenreflexionen, Programmen, Postulaten, Empfehlungen zur Geltung zu bringen. Die beiden Parlamentsperioden 1987-1991 und 1991-1995, die innerhalb der Partei von den beiden Generalsekretären Iwan Ricken-

9 Vgl. Vonlanthen, Sabine: Justitia et Pax 1969-1993. Die Schweizerische Nationalkommission. Ein Spannungsfeld zwischen Kirche und Politik. Freiburg i. Ue. 2005. Eine Arbeit, angefertigt unter der Leitung von Professor Urs Altermatt, ein anerkannter Katholizismusforscher, gibt über diese Zeit genaueste Auskunft.

bacher (bis 1992) und von Raymond Loretan (bis 1997) wesentlich geprägt wurden, waren gekennzeichnet durch eine starke Selbstvergewisserung der Grundausrichtung – das „C“ im Parteiprogramm war nicht mehr selbstverständlich – und der damit verbundenen Zielsetzungen. Es ging um die Identitätssuche einer „christlichen“ Partei innerhalb einer Gesellschaft, in der sich die religiöse (katholische) Homogenität langsam auflöste. In diesem Kontext stellte sich die Frage nach dem Christlichen in der Politik für die CVP in einer expliziten Art und Weise wie später wohl nicht mehr. Es gab Seminare, Vorträge, Hearings hierzu, an denen ich häufig beteiligt war. Die zentrale Frage war: Wie ist Politik möglich aus einer christlichen Inspiration in Fragen des Lebensschutzes, der Sozial- und Umweltpolitik, der Alterspolitik, der Energiepolitik usw.? Zunehmend forderten die „CVP-Frauen“, die dem allgemeinen damaligen emanzipatorischen Aufbruch wie auch den kirchlichen Aufbruchprozessen sehr nahe standen, innerhalb der Partei, aber auch in der Gesellschaft Gleichberechtigung ein, nicht zuletzt im politischen Diskurs. Dies führte innerhalb der Partei zu erheblichen Spannungen in Fragen des Familienbildes, des Lebensschutzes („Schwangerschaftsabbruch“), der Gentechnologie. In diesen weltanschaulichen und moralischen Differenzen wurde eine vermittelnde Funktion einer theologischen Ethik erwartet, die vernünftig argumentierend und dennoch der christlichen – und nicht mehr bloß der konfessionellen Tradition verpflichtet –, einen Ausgleich in den divergierenden Positionen schafft. Dies waren selbstverständlich übertriebene Erwartungen an eine Ethik, die weder dogmatisch nur einen Standpunkt kennt, noch politische Rezepte und Anweisungen formulieren kann. Eine der Erfahrungen der politischen Akteure von damals bestand in der Erkenntnis, dass die Ethik in erster Linie die Regeln des politisch-ethischen Diskurses benennen, die Argumente zu einer Frage sichten und von einem bestimmten Standpunkt aus im Rahmen einer Tradition gewichten kann. Dies hieß denn auch in der Konsequenz, dass es – selbst wenn man sich auf den christlichen Humanismus beruft – einen wohlbegründeten Pluralismus geben kann, mit dem auch eine Partei konstruktiv umzugehen hat. In einem gewissen zeitlichen Abstand habe ich versucht, über diese Beratertätigkeit in einer Aufsatzsammlung Rechenschaft abzulegen; es ist eine Art Bericht aus der ethischen Werkstatt einer Partei geworden.[10]

Fundamentalmoral als Brückenfach – interdisziplinär

Eine verstärkten Nachfrage der Ethik in allen Lebensbereichen, aber auch zunehmend in den Sozial- und Humanwissenschaften (z.B. Medizin, Biologie, Ökonomie, Jurisprudenz, Kommunikationswissenschaften), führte dazu, dass in den 1980er und 1990er Jahren die Fundamentalmoral als normative Orientierungswissenschaft stark nachgefragt war, nachdem die praktische Philoso-

10 Vgl. Holderegger, Adrian: Ethische Orientierung in der Politik, a.a.O.

phie weit weniger ausgearbeitet war und sich erst allmählich mit ethischen Fragen konkreter Lebenswelten auseinanderzusetzen begann (Das Startzeichen gab Manfred Riedel mit seinem zweibändigen Werk: Rehabilitierung der praktischen Philosophie, 1972-74). Wenn bis dahin die Fundamentaltheologie über die vernünftige Plattform der Metaphysik prominent in die Auseinandersetzung über Weltanschauungsfragen eintrat, so wurde nun die Fundamentalmoral zu einem Brückenfach zwischen Theologie und den übrigen Wissenschaften, da sich aufgrund der wachsenden Möglichkeiten der technischen Wissenschaften, aber auch aufgrund der immer mehr offenbar werdenden Aporien ökonomischer, gesellschaftlicher Entwicklungen normative Klärungen immer gebieterischer aufdrängten. Dieser Kontext hat dazu geführt, dass ich über all die Jahre bis zur Emeritierung abwechselnd in allen Fakultäten der Universität einen Lehrauftrag innehatte, der ethisch fokussiert war auf das jeweilige Fachgebiet mit seinen exponierten ethischen Fragestellungen (Medizin, Biologie, Psychologie, Ökonomie und Umwelt, Jurisprudenz, Kommunikation und Journalismus etc.). Dies kam nicht bloß meiner tiefsten Überzeugung entgegen, dass die Theologie – und in diesem Fall über das Medium der Ethik – im „Haus der Wissenschaften" ihren Platz auf gleichem Niveau haben und verteidigen soll; es war aber auch eine Herausforderung, die nebst dem ordentlichen Vorlesungsbetrieb in der eigenen Fakultät viel abverlangte, da dies ein intensives Studium der jeweiligen Fachrichtung voraussetzte. Aus der interdisziplinären Tätigkeit sind etliche Projekte und Publikationen entstanden, die ich hier nur exemplarisch erwähnen möchte.

Von 1985 bis 1989 (bis zu meinem Gastsemester am Kennedy Institute of the Georgetown University, Washington D.C.) hatte ich als erstes einen zweistündigen Lehrauftrag an der Sozialwissenschaftlichen Fakultät für Kommunikations- und Journalismus-Ethik. Das war ein äußerst spannendes ethisches Labor, da es bis dahin kaum eine Medienethik gab, es sei denn Berufskodizes, die aus losen Ansammlungen von Imperativen, gewonnen aus dem alltäglichen Erfahrungswissen, bestanden. Der Anspruch bestand nun darin, fachspezifische und problematische Fragestellungen mit einem umfassenden ethischen Ansatz zu verbinden. Im Vorwort des damals von mir konzipierten und herausgegebenen und in drei Auflagen erschienen Sammelbandes schrieb ich:

> „Die Kommunikationswissenschaft und die Publizistik haben ihren Wandel von der Geistes- zur Sozialwissenschaft vollzogen. Solange sie zumindest in der Nähe der Geisteswissenschaften beheimatet waren, galten in ihnen – jeweils durch ihre weltanschauliche Herkunft bedingt – normative Vorgaben. Dies ist wohl an keinem anderen deutlicher geworden als bei Emil Dovifat, für den die Grundsätze einer Gesinnungsethik in der Publizistik von zentraler Bedeutung waren. Von den Medienschaffenden wurde Verantwortungsbewusstsein verlangt, das sich an den moralischen Üblichkeiten zu orientieren hatte. In dem Masse als sich aber Publizistik- und Kommunikationswissenschaft zur empirisch-analytischen Wissenschaft hinbewegt, werden ihre moralischen Gehalte marginalisiert. Damit wird noch deutlicher eine inhaltliche und methodische Differenz zur Ethik ge-

> setzt […], die einer anderen, eigentümlichen, aber dennoch rationalen Argumentation unterworfen ist“. [11]

In diesen akademischen Veranstaltungen zeigte es sich bald, dass eine Medienethik, wenn sie sich auf die konkrete Praxis beziehen will, nicht ohne eine intermediäre Gesellschaftstheorie auskommt, in der empirische Fakten geordnet, gedeutet und gewichtet werden, die sich aber auch mit den ethische Prinzipien der „Humanität“ konfrontieren lässt. Damals hat sich Jürgen Habermas´ „Theorie des kommunikativen Handelns“ (1981) geradezu angeboten, das schwierige Verhältnis von Faktizität und (gesellschaftlicher und moralischer) Geltung exemplarisch im Hinblick auf eine Kommunikationsethik vertieft zu reflektieren. Insbesondere die von Habermas ausgearbeiteten Kategorien der „Öffentlichkeit“ und des „kommunikativen Handelns“ erwiesen sich als sehr hilf- und ertragreich im Hinblick auf eine normative Rekonstruktion der traditionellen Themen der Kommunikationswissenschaften und der Publizistik. Damit besaß man ein frisches und unverbrauchtes Instrumentar, um die mediale Wirklichkeit neu dechiffrieren und der normativen Klärung unterwerfen zu können. Der erwähnte Sammelband spiegelt in einem gewissen Sinne diese damaligen interdisziplinären Suchbewegungen, an denen sich nicht bloß Vertreter der Ethik, sondern auch Vertreter der Kommunikationswissenschaften (etwa Bernhard Debatin, Ulrich Saxer, Rüdiger Funiok) beteiligten.

Ein weiteres Feld der interdisziplinären Zusammenarbeit war die „Ökologie“. Von 1992 bis 2001 lief in der Schweiz ein groß angelegtes nationales Schwerpunktprogramm mit dem Titel „Umwelt“, das über 240 Forschungsprojekte umfasste. Der sozialwissenschaftliche Anteil war beträchtlich, wobei aber auch das Modul „Ethische Grundlagen“ einen angemessenen Platz zugewiesen erhielt. Ich war Sprecher und Koordinator dieses Moduls. Es galt hier in erster Linie die Funktion der Ethik bezüglich der Umweltwissenschaften zu klären.[12] Was in der heutigen Ethik-Diskussion selbstverständlich ist, musste damals erst erarbeitet werden. Im Vorwort des Themenbandes schrieb ich damals:

> „Aus erkenntnistheoretischen und methodologischen Überlegungen legt sich ein differenzierteres Modell der ‚ökologischen Ethik‘ nahe. Wenn die Rede von ‚angewandter Ethik‘ ist, muss das mit diesem missverständlichen Begriff Insinuierte zurechtgerückt werden. Ökologische Ethik lässt sich nicht (mehr) konzipieren als ‚Anwendungswissenschaft‘ in dem Sinne, als selbstevidente Prinzipien sich einfach anwenden lassen auf die Empirie, um so zu Praxisnormen zu gelangen. […]. Wenn die Umweltethik in die konkreten Handlungs- und Anwendungsbereiche vorstoßen will, muss sie transdisziplinär konzipiert werden, indem nicht nach der Ethik *für* die umweltrelevanten Wissenschaften (wie Technik, Ökono-

---

11 Holderegger, Adrian (Hg.): Kommunikations-und Medienethik. Interdisziplinäre Perspektiven. Freiburg i. Ue./Freiburg i. Br. [3]2004 (orig.: 1992), 12. Die mehrfache Auflage ist darauf zurückzuführen, dass der Band als Lektüreband in Seminaren und Vorlesungen verwendet wurde.

12 Hierzu ist ein Sammelband entstanden: Holderegger, Adrian (Hg.): Ökologische Ethik als Orientierungswissenschaft. Von der Illusion zur Realität, Freiburg i. Ue. 1997.

mie und Sozialwissenschaften) gefragt wird, sondern *nach* der Ethik in den jeweiligen Wissenschaften".[13]

Damit war das nicht minder anspruchsvolle Leitziel formuliert, insofern es nun galt, das „umweltverantwortliche Handeln" in den anderen Wissenschaften (z.B. Technik, Sozialwissenschaften, Biowissenschaften) mit zu reflektieren. Dabei war natürlich nicht zu übersehen, dass nicht bloß die Ethik, sondern in anderer und teils effizienterer Weise weitere, auf die Umwelt bezogene Wissenschaften Orientierung vermitteln. Das führte dazu, dass wir damals im Leitungsgremium die ökologische Ethik als Orientierungswissenschaft (allerdings in einem spezifischen Sinne) bezeichneten; ein Begriff, der sich aus verständlichen Gründen nicht durchsetzte, da der Anspruch der Ethik weit über die Funktion der Handlungsorientierung hinausgeht. Die Fokussierung auf diesen Begriff macht im Letzten deutlich, welche Erwartungen damals an die Ethik herangetragen wurden, die sich im Laufe der Diskussion aber als überzogen herausstellten und differenziert werden mussten. Beispielsweise waren übergeordnete Regeln für den ethisch-ökologischen Diskurs noch nicht im Blickfeld wie auch die zugespitzte Frage nach einer Naturphilosophie bzw. einer Naturtheologie. Doch die Fragestellung, welche Orientierungsfunktion die Ethik in jenen Bereichen übernehmen kann, die von anderen Instanzen wie Recht, Technik, Biologie etc. bereits normativ gesteuert werden, erwies sich als fruchtbar.[14] Nicht zuletzt auch in der Hinsicht, dass in der Mathematisch-Naturwissenschaftlichen Fakultät auch auf meine Initiative hin, ein Studiengang „Umweltwissenschaften" – unter Einbezug der (theologischen) Ethik – eingerichtet wurde, der sich bis heute im universitären Lehrangebot bestens entwickelt hat.

Im Vorwort zur „Ökologischen Ethik" (1997) hieß es noch, dass die ökologische Ethik zu *dem* Paradigma angewandter und interdisziplinärer Ethik geworden sei, und nur annäherungsweise fänden sich ähnliche Vorgänge in der Medizin-Ethik. Das Verhältnis sollte sich sehr rasch umkehren. Die biomedizinische Ethik wurde zum Paradigma einer bereichsspezifischen Ethik, zumal die Entwicklungen in der Medizintechnik wie in der Gentechnologie enorm voranschritten, welche immer drängender die einfache, aber doch zentrale Frage aufwarf: Soll man das tun, was man de facto kann? Im Rahmen dieses Aufbruchs in den medizinischen Wissenschaften, erhielt ich von der Mathematisch-naturwissenschaftlichen Fakultät einen Lehrauftrag in Medizin-Ethik, der zwar an dieser Fakultät schon eine längere Tradition hatte – und typischerweise vom Pastoraltheologen im Sinne der ‚spiritual care' wahrgenommen wurde –, nun aber eine andere Ausrichtung erhielt. Der zweistündige

13 Ebd., 11.

14 Im Rahmen dieses Projektes gab es von Mitarbeitern am Lehrstuhl weitere Studien: Lesch, Walter: Theologie und ästhetische Erfahrung. Darmstadt 1994; Flügel, Martin: Umweltethik und Umweltpolitik. Eine Analyse der schweizerischen Umweltpolitik aus umweltethischer Perspektive. Freiburg i. Ue. 2000.

Lehrauftrag für die Medizinstudenten, den ich von 1995 bis zur Dekanatsübernahme im Jahre 2000 inne hatte, wurde jeweils von einem Mediziner und mir gestaltet; der Mediziner (Chefarzt Dr. Charles Chappuis) trug jeweils einen Fall aus dem Klinikalltag oder der Klinikforschung vor, auf den ich dann aus ethischer Perspektive zu reagieren hatte. Auch diese fächer-dialogische Lehrveranstaltung glich einem Labor, da es zu jener Zeit noch kaum brauchbare Modelle praxisbezogener Medizinethik gab. Die Lehrerfahrungen, die wir im regen Austausch mit den Studierenden machen durften, konnte ich schließlich als Mitglied der Arbeitsgruppe „Medizin/Ethik" der „Eidgenössischen Kommission für die Reform der Ausbildung für die akademischen Medizinalberufe" einbringen. Die Revision des Ausbildungsgesetzes führte zur Etablierung der Medizin-Ethik als begleitendes, transdisziplinäres Fach, das jeweils auf den Ausbildungsstand Rücksicht nimmt, an allen medizinischen Fakultäten der Schweiz.[15]

Es gehörte zur wissenschaftlichen Erfahrung jener Zeit, dass sich neuartige Fragestellungen (Stammzellenforschung, Gentherapie, Fortpflanzungsmedizin, Allokation etc.) erst vage abzuzeichnen begannen; man musste feststellen, dass der kombinatorische Fortschritt von Biologie, Medizin und Technik in seiner moralischen Dimension nicht bloß durch die Exploration gängiger moralischer Standards zu bewältigen war, sondern nur durch die Extension von grundlegenden, neu reflektierten Vorstellungen von Mensch, Natur und Welt. Dies hieß, dass der biomedizinische Diskurs nicht mehr bloß Methoden- und Begründungsfragen betraf, sondern weit in jenen Bereich hineinreicht, wo grundlegende Begriffe wie Natur, Leben, Person, anthropologische Konzepte von Leben und Tod, von Machbarkeit und Endlichkeit, von Gestaltung und Geschick neu verhandelt werden müssen. Schon 1985 erhob Hans Jonas in „Technik, Medizin und Ethik" warnend, vieles intuitiv vorausahnend seine Stimme: „Die Welt von morgen wird vor allem und vorab von der jetzigen, durch Herrschaft und Veränderung, verschieden sein" (S.53). Dieses Morgen der Zukunft schien nun plötzlich zur unmittelbaren Gegenwart zu werden.

Dieses große Panorama im Blick, haben wir damals am Lehrstuhl in Verbindung mit anderen Disziplinen etliche dieser Fragen aufgenommen. So sind einige Studien entstanden, einerseits zum Konzept und zum Status einer theologischen wie philosophischen Bioethik[16], andererseits aber auch zu konkreten Fragestellungen.[17] Erstaunlich war in der ‚scientific community' der ausge-

---

15 Vgl. das Positionspapier (zusammen mit Günter Rager), Medizin und Ethik: Thesenpapier der Eidgen. Kommission für die Reform der Ausbildung der akademischen Medizinalberufe, in: Schweizerische Ärztezeitung 80 (1999) 38, 2299–2302.

16 Vgl. Holderegger, Adrian u.a.: Theologie und biomedizinische Ethik. Grundlagen und Konkretionen. Freiburg i. Ue./Freiburg i. Br. 2002.

17 Vgl. u. a. Holderegger Adrian/ Pahud de Mortanges, René (Hgg.): Embryonenforschung. Embryonenverbrauch und Stammzellforschung. Ethische und rechtliche Aspekte. Freiburg i. Ue. 2003; Rager Günter/Holderegger, Adrian (Hgg.): Die Frühphase der Entwicklung des Menschen. Embryologische und ethische Aspekte. Freiburg i. Ue. 2003; Ackermann, Sibylle: Ethische Bewertung neuer

prägte Wille zur interdisziplinären Zusammenarbeit – ob dies ein besonderes Charakteristikum jener Zeit war? Auf jeden Fall ist insbesondere die jahrelange Zusammenarbeit mit Professor Günter Rager, Anatomie/Embryologie, hervorzuheben, der – seinem Fach treu bleibend und es ausgezeichnet vertretend – die Transdisziplinarität, fachlich wie menschlich, in hervorragender Weise realisierte.[18] Markus Zimmermann, über Jahre mein engster Mitarbeiter, hat viele Themen aus dem biomedizinischen Bereich aufgenommen, weiterentwickelt und in vielen Publikationen bearbeitet.[19] Insbesondere sind seine Studien und Aufsätze zur Sterbehilfe zu erwähnen, die in gewissem Sinne das aufgreifen, was ich in den Suizidstudien angedacht und entfaltet hatte.

Gleichzeitig war ich als Fachexperte in verschiedenen kantonalen, eidgenössischen und europäischen Kommissionen und Arbeitsgruppen engagiert. Mein öffentliches, akademisch-politisches Engagement reichte vom Mandat für Frauenförderung an den theologischen Fakultäten der Schweiz, über kantonale und eidgenössische Kommissionen bis zum Mandat in der Kommission der „Reorganisation der Schweizerischen Universitäten" und bis zur Mitgliedschaft im „Österreichischen Universitätskuratorium" der Österreichischen Regierung, das sich mit der Anerkennung von Habilitationen zu beschäftigen hatte. Besonders möchte ich die Teilnahme an einer mehrtätigen offiziellen Parlamentarier-Mission vom 1990 hervorheben, also kurz nach der ‚Samtenen Revolution' von 1989 in der ehemaligen Tschechoslowakei unter Leitung von Nationalsrat Mario Grassi (TI). Ich war zuständig für die akademisch-universitären Belange; immerhin hatten wir dafür 20 Mio. Franken im Portefeuille. Unvergesslich sind mir die Begegnungen mit dem damaligen Präsidenten Vaclav Havel auf der Burg und mit dem vom Arrest gezeichneten Erzbischof Frantisek Tomasek geblieben. Es war ein politisches Engagement, das später – nach einer Phase der Ernüchterung – in kleinen Aktionen mündete (Partnerschaft zwischen Universitäten, Sponsoring der Theologischen Fakultät an der Karls-Universität in Prag, Bursen für Studierende, Kredite für Bibliotheken etc.). Im Folgenden möchte ich – etwas kleinräumiger – nur zwei meiner Kommissionstätigkeiten etwas ausführlicher schildern.

Von 1992-2004 war ich Mitglied der „Ethik-Kommission für wissenschaftliche Tierexperimente der Schweizerischen Akademie der Naturwissenschaften und der Schweizerischen Akademie der Geistes- und Sozialwissenschaften." Die Kommissionsarbeit war insofern von Bedeutung, als deren Ergebnisse eines der fortschrittlichsten bzw. schärfsten Tierschutz-Gesetze vorbereiten half. Dies ist bis heute der Fall. Gegenwärtig bin ich noch Mitglied der „Kantonalen Ethikkommission für Tierversuche", die alle Tierversuche, die inner-

---

medizinischer Therapien. Am Beispiel von Parkinson, Freiburg i. Ue. 2003 (eine Arbeit am Lehrstuhl).

18 Vgl. dazu stellvertretend: Holderegger, Adrian/Rager, Günter (Hgg.): Bewusstsein und Person. Neurobiologie, Philosophie und Theologie im Gespräch. Freiburg i. Ue./Freiburg i. Br. 2000.

19 Erwähnt sei nur seine früheste Arbeit: Zimmermann, Markus: Euthanasie. Eine theologisch-ethische Untersuchung. Freiburg i. Ue./Freiburg i. Br. (1997) 2002.

halb der Grenzen des Kantons ausgeführt werden, zu begutachten hat, wozu auch ein weltweit tätiger Konzern gehört. Auf kantonaler Ebene war ich von 1996-1999 – und dann wieder von 2005-2009 bzw. von 2009-2014 nur im Kanton – Mitglied der „Interkantonalen Ethik-Kommission für Forschung im Gesundheitsbereich“ (Jura, Neuenburg, Fribourg). Sämtliche universitären und nicht-universitären Forschungsvorhaben in diesen drei Kantonen, die aus dem bio-medizinischen Bereich stammten und in irgendeiner Weise den Menschen unmittelbar betrafen, mussten das Einverständnis dieses Gremiums einholen. Vieles war auch hier spannendes Neuland, da auf Gesetzesebene (z.B. Patientenrechte, Datenschutz) nur wenig geregelt war und im Ethik-Bereich (z.B. Forschung mit und ohne Einverständnis, Forschung an Minderjährigen) auch noch relativ wenig elaboriert war. Mit der Einführung eines Verfassungsartikels in der Bundesverfassung zur Forschung am Menschen im Jahr 2010 mit den nachfolgenden Gesetzeserlassen und Verordnungen (bis 2014) wurde ein verbindlicher Rahmen geschaffen, die die Kommissionsarbeit wesentlich erleichtert, aber auch deren Ermessensspielraum erheblich eingeschränkt hat.[20] Das nächtliche Aktenstudium und die vielen abendlichen Arbeitssitzungen sind einem aber auch so nicht erspart geblieben.

Theologie und Ethik – europäisch

Im letzten Jahrzehnt kam vermehrt ein europäischer bzw. internationaler Aspekt meines Arbeitens zum Zuge. Selbstverständlich war dieser immer präsent, etwa durch die verschiedenen Gast- und Forschungssemester am Kennedy-Institute in Washington (1989/90), an der GTU in Berkeley (1995/96)[21], am EPHE der Sorbonne in Paris/Centre Sèvres (2001/02)[22] und am ‚Departement bio-ethics‘ an der McGill University in Montreal (2008). Doch nun kam diese Ausrichtung in verschiedenen Facetten zum Tragen. Ich möchte dies ebenfalls nur an zwei Beispielen verdeutlichen.

Seit 2004 bin ich Stiftungsratsmitglied der „Stiftung Schweiz der Europäischen Akademie der Wissenschaften und Künste“, die ihren Sitz in Zürich hat

20 An der Ausarbeitung sämtlicher dieser Vorlagen war eine ehemalige Assistentin und Mitarbeiterin des Lehrstuhls federführend beteiligt: Frau Dr. Andrea Arz in ihrer Eigenschaft als Vizedirektorin des Bundesamtes für Gesundheit.

21 In Zusammenarbeit mit den amerikanischen Kollegen ist folgender Themenband entstanden: Holderegger, Adrian (Hg.): Das medizinisch assistierte Sterben. Zur Sterbehilfe aus medizinischer, ethischer, juristischer und theologischer Sicht. Freiburg i. Ue./Freiburg i. Br. 1999; 2. erw. Aufl., Freiburg i. Ue./Freiburg i. Br. 2000.

22 Unvergesslich sind die wöchentlichen Veranstaltungen von Jaques Derrida, an denen ich teils aktiv teilnehmen konnte. Am Thema „la peine de mort“ (Todesstrafe) hat er über ein ganzes Semester – man hielt es nicht für möglich – exemplarisch die Dekonstruktion des Begriffs und des Inhalts vorgeführt. Unter meiner Leitung ist damals eine Dissertation zu Derrida entstanden: Bischof, Sascha: Jacques Derrida. Gerechtigkeit – Verantwortung – Gastfreundschaft. Freiburg i.Ue./Freiburg i. Br. 2004 (= Studien zur theologischen Ethik 106).

und eigenständig, aber in Verbindung mit der „Mutterakademie" mit Sitz in Salzburg, Projekte fördert und bearbeitet. Die Stiftung bezweckt – so die Stiftungsurkunde –, Wissenschaften und Künste disziplinär und interdisziplinär im Rahmen des europäischen humanistischen Gedankenguts in der Schweiz zu fördern und sich hierbei mit dem Stellenwert Europas in der Welt zu beschäftigen. So hat beispielsweise die Stiftung die Provokation des Manifestes einiger führender Neurowissenschaftler von 2004[23] aufgenommen, welche ein neuronales Menschenbild prophezeiten, in dem sich die starken anthropologischen Kategorien wie Willensfreiheit, Absichtlichkeit, Schuldfähigkeit, Handlungskontrolle als pure Fiktion bzw. als reine neuronale Mechanismen erweisen werden. Es ist daran zu erinnern, dass in den Medien monatelang eine aufgeregte und engagierte Diskussion darüber stattfand, ob man vom Menschen noch von einem freiheitlichen, selbstbestimmten und nach eigenen Wünschen und Intentionen handelnden Wesen reden könne. Immerhin stellte die neurowissenschaftliche Empirie neu und anders die Frage an die Geistes- und Kulturwissenschaften, was denn übrig bleibe von unseren tradierten Vorstellungen eines vernünftigen und selbstbestimmten Menschen.

Zwei Jahre später hat ein interdisziplinär zusammengesetztes wissenschaftlichen Komitee (Stephanie Clark, Christian W. Hess, Adrian Holderegger, Hanns Möhler, Günter Rager, Beat Sitter-Liver), initiiert und beauftragt durch die Stiftung, ein dreitätiges Symposium mit dem Titel „Hirnforschung und Menschenbild" an der Universität Freiburg/Schweiz durchgeführt. Ziel war es, führende Wissenschaftler aus den Neuro- wie den Geisteswissenschaften miteinander genau darüber ins Gespräch zu bringen, kontroverse Positionen zu benennen und zu diskutieren und wenn möglich, erste Klärungen in der Naturalismus- bzw. Reduktionismusdebatte herbeizuführen. Dies ist damals – wie mir scheint – in ausgezeichneter Weise gelungen, wie der fast 500seitige Symposiums Band[24] belegt dort sind etwa – um nur einige zu nennen – die pointierten Interventionen von Reinhard Merkel, Lutz Jäncke, Martin Korte auf der einen Seite; nachfragende Antworten von Michael Pauen, Wolfgang Prinz und Eberhard Schockenhoff auf der anderen Seite nachzulesen. Das unaufgeregte und beharrlich nachfragende Symposium zeigte nicht bloß in wissenschafts-methodischer Hinsicht, sondern auch bereits in verschiedenen Detailfragen (z.B. was sagen bildgebende Verfahren aus?), dass manche neurowissenschaftlichen Voraussagen und Erwartungen reichlich überzogen waren und der Korrektur bedurften. Dies ist eine Diskussion, die bis heute unvermindert anhält, freilich auch unter Fragestellungen, die damals erst vage am Horizont auftraten (vgl. die kritischen Nachfragen zum gegenwärtig laufenden ‘European Human Brain Simulation Project‘). Die intensive Vorbereitung des

---

23 Vgl. „Gehirn & Geist" 6/2004, 30-37.

24 Vgl. Holderegger, Adrian/Sitter-Liver, Beat/Hess, Christian W./Rager, Günter (Hgg.): Hirnfoschung und Menschenbild. Beiträge zur interdisziplinären Verständigung. Freiburg i. Ue./Basel 2007.

Symposiums, aber auch der intensive Austausch mit den beteiligten Wissenschaftlern und Wissenschaftlerinnen wurde zu einem neuen Lehrstück interdisziplinärer Zusammenarbeit, in dem die Verständigung zwischen den unterschiedlichsten wissenschaftlichen „Sprachspielen“ erneut und in einem gewissen Sinne radikaler eingeübt werden musste. Für mich als Theologen und Ethiker war es besonders spannend zu sehen, wie die neurowissenschaftliche Dechiffrierung des Menschen mit dem theologischen Menschenbild zu vermitteln ist; dies war um so spannender, da in einer Frühphase der Neurowissenschaften behauptet wurde, Glaubensäusserungen wären nichts anderes als neuronale Sperrfeuer im präfrontalen Cortex.[25] Das war Provokation und Herausforderung.

Ein weiteres, großangelegtes Projekt, das von der Stiftung mitgetragen und unterstützt wurde, war das interdisziplinäre Symposium mit dem Titel: „Hat der Humanismus eine Zukunft?“ Dies stand im bestem Einklang mit dem Stiftungszweck wie auch mit den erklärten Zielen der Europäischen Akademie der Wissenschaften und Künste. Das wissenschaftliche Komitee (Adrian Holderegger, Ruedi Imbach, Oliver Krüger, Siegfried Weichlein, Jean-Claude Wolf, Simone Zurbuchen) organisierte 2009 wiederum ein mehrtätiges Symposium, das über 40 Wissenschaftler und Wissenschaftlerinnen vorwiegend aus den Geistes- und Kulturwissenschaften versammelte. Ich selbst griff damit wieder ein Thema auf, das mich schon in einer ersten, gemeinsamen Buchpublikation mit Ruedi Imbach beschäftigt hat.[26] Anstoß zu diesem Symposium gab aber nicht zuletzt das Leitbild der Universität, das den Humanismus als Referenzwert ins Zentrum stellt, den Begriff aber weiter nicht erläutert. Dieser Leitbegriff zielt wohl nicht zuletzt darauf ab, die verschiedenen Wissenschaften bzw. Fakultäten durch die Ausrichtung und Verpflichtung auf das Humanum innerlich zu verbinden.

Vor diesem aktuellem Hintergrund und in Kenntnis der historischen Bedeutungsvielfalt des ‚Humanismus‘ stellte sich die Frage, ob sich ein Kernbestand an Merkmalen des ‚Humanen‘ ausmachen lässt, der als kritisches Potential in Gegenwart und Zukunft zur Geltung gebracht werden kann. Eignet sich der Humanismus, in welcher Form auch immer, als Basis einer Verständigung zwischen den verschiedenen Kulturen und Religionen sowie als Orientierung für die Neuordnung und Neuausrichtung des Wissens? Wie muss der Humanismus verstanden werden, wenn er in seiner Wertedimension normativ, kritisch und wegweisend in Wissenschaft und Forschung sein soll? Das Sympo-

---

25 Vgl. u.a. meinem Beitrag: Gott im Gehirn? Neurowissenschaften und religiöses Erleben, in: Es glaubt. Suchen nach Spiritualität und Religion, hrsg. von Lukas Niederberger, Lars Müller. Baden 2009, 277-298.

26 Vgl. Holderegger, Adrian/Imbach, Ruedi/Suarez de Miguel, Raul (Hgg.): De dignitate hominis, Mélanges offerts à. FS für Carlos-Josaphat Pinto de Oliveira zu seinem 65. Geburtstag. Freiburg i. Ue./Freiburg i. Br. 1987, 616 S.

sium stellte sich diesen Fragen; daraus ist ein stattlicher Band[27] geworden, der schon als „Handbuch zum Thema Humanismus" (A. Rotzetter) bezeichnet wurde. In der Tat: es wurden die relevanten Facetten des Begriffs (z.B. Axiologische Sonderstellung des Menschen, das Humanum in der Vielfalt der Kulturen, humane Neuordnung des Wissens, säkulare und religiöse Deutung) und der Tradition (z.B. Antike, Renaissance, Humboldt'sches Ideal) aufgearbeitet, doch nach den historischen und systematischen Durchgängen musste die alte Frage, was denn der Mensch sei, offen bleiben.

Das letzte große Projekt, an dem ich maßgeblich mitgearbeitet habe und das ebenfalls im weiteren Kontext der „Europäischen Akademie der Wissenschaften und Künste" steht, bezog sich auf die Neuverortung der Religionen im liberalen Rechtsstaat. Die Entstehungsgeschichte dieses Projektes ist von etwas besonderer Art. Es waren verschiedene Anläufe und Gesprächsrunden erforderlich. Bald stand die Idee, die Progress Foundation in Zürich, eine Schwesterorganisation des American Institute for Economic Research in Massachusetts, und die „Stiftung Schweiz der Europäischen Akademie der Wissenschaften und Künste" sollten gemeinsam ein Thema anpacken. Das war nicht zuletzt die Intention von Dr. Marcel Studer, Zürich, der sowohl Präsident der Progress Foundation wie auch Vizepräsident der „Stiftung Schweiz" war. Man wurde sich bald einig, ein mehrtätiges Kolloquium zum Thema „Religion, Liberalität und Rechtsstaat" durchzuführen, ein Thema, das zunehmend offene Gesellschaften beschäftigt und sie – wie die Terroranschläge mit fundamentalistisch-religiösem Hintergrund zeigen – im vermehrten Masse herausfordert.

So fand im Sommer 2014 in Schwarzenberg (Vorarlberg) ein geschlossener Workshop statt: 16 internationale Wissenschaftler, Publizisten und ein Politiker aus verschiedenen Fachrichtungen wie Religionswissenschaft, Geschichte, Ökonomie, Soziologie, Religionsrecht. Beeindruckend an diesem Workshop war, wie sich die Teilnehmenden aus unterschiedlichsten Denkrichtungen – in der relativen, aber inspirierenden Abgeschiedenheit des Ortes – konzentriert in sechs formellen Themeneinheiten in die Debatte einließen. Vielleicht hatte dies auch damit zu tun, dass das Gesprächsergebnis offen bleiben konnte, allein der Passion der Argumentation, der Klärung und der Verständigung verpflichtet. Erstaunlich war, wie Ökonomen (z.B. J. Baumberger, G. Schwarz) nach anfänglichem Zögern dem Thema durchaus etwas abgewinnen konnten. Daraus ist nun doch ein Buch entstanden, obwohl es nicht im Vorhinein intendiert war, das ein paar klassische Kurztexte (z.B. von J. Habermas, Ch. Taylor), aber auch Aufsätze praktisch aller Teilnehmenden (z.B. J. Casanova, H. James, F.-W. Graf, W. Schüssel, N. Kelek) in sich vereinigt.[28] Dem Sammelband haftet eine Eigentümlichkeit an, die sich aber nur dem Kenner erschließt,

27 Vgl. Holderegger, Adrian/Weichlein, Siegfried/Zurbuchen, Simone (Hgg.): Humanismus. Sein kritisches Potential für Gegenwart und Zukunft. Freiburg i. Ue./Basel 2011.

28 Vgl. Religion, Liberalität und Rechtsstaat. Ein offenes Spannungsverhältnis. Hrsg. v. Gerhard Schwarz, Beat Sitter-Liver, Adrian Holderegger, Brigitte Tag. Zürich 2015.

indem es sozusagen eine wertbewusste und aufgeklärte Liberalität atmet (vgl. Vorwort), wie sie sich nur im Umkreis des Zürcher Liberalismus und der NZZ artikuliert. Immerhin eine Eigentümlichkeit, die sich mit Theologie gut verträgt, wenn Vorurteile abgebaut und die Fluren der Zuständigkeit bereinigt sind.

„Ambassador for Peace" – international

Seit Herbst 2009 bin ich „Ambassador for peace" bei der UNO. Diese Funktion nehme ich über das „Fribourg Peace Formum"[29] wahr, dessen Präsident ich seit seiner Gründung im gleichen Jahr bin. Dies ist eine Organisation, die von verschiedenen Persönlichkeiten aus Gesellschaft, Wissenschaft, Politik und Religion gegründet wurde und getragen wird, um den Friedensgedanken im Sinne der langen föderalistischen Tradition der Schweiz zu propagieren, und wo auch immer, zu Konfliktlösungen beizutragen. In der Stiftungsurkunde dieser Organisation heisst es, dieses Forum sei „ein pluridisziplinäres Organ, das sich fokussiert auf soziale und politische Konflikte und versucht, praktische Lösungen bzw. Alternativen zu formulieren; dies geschieht in einer ethischen Perspektive, die sich religiösen und kulturellen Traditionen wie auch Wissenschaftstraditionen und der politischen Erfahrung verpflichtet weiß".[30] Nach einem Jahr der Vorbereitung hielten wir in Fribourg die Eröffnungskonferenz dieses Forums ab mit dem Titel „Föderalismus – ein Beitrag für den Frieden?". Hauptsprecher war Alt-Bundespräsident Dr. Arnold Koller, ein Verfassungsexperte auf diesem Gebiet. Die lange föderalistische Tradition der Schweiz im Blick, ist er der Überzeugung, dass föderalistische Strukturen in multi-kulturellen und multi-ethnischen Staaten günstige Voraussetzungen für Konflikt- und Problemlösungen schaffen können. Religionsvertreter wie Ibrahim Salah, ehem. Präsident der Schweizerischen Islamkonferenz, oder Dr. W. McComish, Dekan der Genfer-Kathedrale und Präsident des ‚Geneva Spiritual Appeal', versuchten, den politischen Föderalismusgedanken aus je ihrer eigenen religiösen Tradition zu reflektieren. Die Frage war – und so hat bis dahin nie jemand gefragt – ob das Modell des politischen Föderalismus auf die Ebene der Religionen übertragen, einen Beitrag zur friedlichen Ökumene der Religionen leisten kann. Die Antworten waren verblüffend und frisch, denn damit eröffneten sich neue Wege zu den längst ausgetretenen Pfaden des „interreligiösen Dialogs". Dieser Grundgedanke, der eher eine Grammatik denn eine Dogmatik für die Transformation von Konflikten enthält, fand dann schließlich über die Vermittlung mehrerer Instanzen Eingang auf die Traktandenliste der Generalversammlung der UNO in New York, deren Absicht es ja ist, eine Art „Vollversammlung der Religionen" mit einem eigenen Statut zu schaffen,

---

29 Vgl. www.fpforum.org.
30 Ebd. „déclaration de mission".

da Religionskonflikte meist Teil der komplexen politischen Konflikte sind. Der befreundete philippinische Minister Jesus S. Domingo, akkreditiert bei der UN in Genf, warb besonders für diese Idee. Ich selbst durfte die Umrisse eines solchen Konzeptes an verschiedenen Orten vorstellen (z.B. in Malta, Genf, Jerusalem, Amman, New York). Die Zuspitzung der Konflikte besonders im Nahen Osten und in Afrika, aber auch die erneute Verfestigung der politischen Blöcke hat dieses Anliegen in den Hintergrund treten lassen.

Dementsprechend traten dann in meiner weiteren Arbeit mehr Einzelthemen bzw. Einzelkonflikte in den Vordergrund. Als „Ambassador for Peace" nahm ich an einigen wichtigen Konferenzen am Genfer Sitz der UNO teil; teils war ich beteiligt in der Konzeptualisierung, der Organisation, aber immer auch mit einem eigenen Beitrag in der Perspektive einer politischen Friedensethik und einer religionsökumenischen Friedenstheologie. Im September 2011 fand an der UNO in Genf eine zweitätige Konferenz mit über 150 Teilnehmenden aus aller Welt, mit Politikern, vor allem aber mit Vertretern der UN Sonderkommissionen (human rights commission, education, development usw.) statt mit dem Thema „Multiculturalisme. A contribution to Peace?" Dieses Thema wurde aufgegriffen, nachdem verschiedene europäische Leaders die multikulturelle Gesellschaft als gesellschaftliche Leitidee für gescheitert erklärten; allen voran David Cameron. Solche Monsterkonferenzen führen selbstverständlich nicht zu differenzierten Lösungsvorschlägen, sensibilisieren aber für ein sozial-politisches Thema, helfen differenzieren, dienen aber auch dazu, plakative Lösungen zu vermeiden. Und dies ist nicht zu unterschätzen! Ähnliche Themen-Konferenzen waren: „Migration and Integration"; „Interreligious and intercultural Cooperation and Human Rights".

Besonders hervorgehoben werden sollen zwei Konferenzen, die wohl für alle Teilnehmenden emotional stark herausfordernd waren: Am 23. und 24. Januar 2014 fand „Geneva: Track II" statt. Mit diesem technischen Begriff war die kurzfristig einberufene „Syrien-Konferenz II" gemeint, an der die UNO mit der Vermittlung des Sonderbeauftragten Lakhdar Brahimi – einem der damals wohl geschicktesten Diplomaten der UNO – einen Durchbruch erhoffte. Gleichzeitig – einige Säle weiter im UN-Gebäude – fand eine Konferenz mit Politikern aus Syrien, Fachleuten aus der Konflikt- und Friedensforschung, der Politikwissenschaften, aber auch mit Religionsvertretern des Islam (z.B. Imam Sheik Mohamad Ali Al-Hjj, Beirut, und religiöser Minderheiten (z.B. Rev. Riah Hanna Abu El-Assa, Anglican bishop of Jerusalem and the Near East) statt. Ich gehörte auch dazu. In einer Art Pendel-Diplomatie versuchte man Vorschläge, Ideen, Konzepte in die laufenden Verhandlungen einzuspeisen. Die direkten Kontakte mit den Syrischen Delegationen waren ebenso wichtig. Eigens darf der positive Beitrag des UN-Gesandten des Hl. Stuhls Erzbischof Silvano Maria Tomasi hervorgehoben werden, der auf eine unaufdringliche Art die guten Dienste des Vatikans anbot zur Beilegung des Konflikts in Syrien. Nach vielem Feilschen der beiden Delegationen, das begleitet war mit verbalen Gereiztheiten, Beschuldigungen, Verzögerungstaktiken – ich hatte bis dahin noch nie so etwas erlebt, hofften wir alle auf eine doch wenigstens partielle Lösung (etwa im humanitären Bereich, speziell im Versorgungsbereich). Aber nichts dergleichen! Es blieb unmittelbar danach die Frustration des Scheiterns angesichts der Zehntausenden von Toten; all dies habe ich hautnah miterleben können.

Im Mai 2014 fand an der UNO in Genf wiederum eine Konferenz mit etwa 120 Teilnehmenden zu folgendem Thema statt: „Toward sustainable peace and reconciliation in the Democratic Republic of Congo", an der ich ebenfalls als Leiter einer Sektion und dann als Redner teilnahm. Persönlichkeiten aus der Diaspora (z.B. Delly Kasadi), Politiker aus dem Kongo (z. B. Dr. Denis Mukwege), der Sonderbeauftragte der UNO im Kongo (Dr. Martin Kobler) und Vertreter der Sonderkommissionen der UNO waren zugegen. Ein Sonderausschuss formulierte zum Abschluss der Tagung „recommendations", vergleichbar einer ‚roud-map', die der politischen Stabilisierung des Landes dienen sollten. Es zeigte sich auch hier, dass die Konflikte vielfältig und tief verwurzelt sind, ihre eigene komplexe Geschichte haben und dass es vor allem für die europäischen Partner ein großes Taktgefühl erfordert, um nicht der Grammatik des alten Kolonialstils zu verfallen oder um auch keine ähnlichen Empfindungen aufkommen zu lassen. Wie auch immer, ich habe mich für ein konkretes Engagement verpflichtet. Im nächsten Jahr soll in der Hauptstadt des Kongo, Kinshasa, am Kardinal Malula-Lehrstuhl, zusammen mit dortigen Kollegen eine dreitätige Konferenz abgehalten werden zum Thema „Frieden schaffen, Konflikte transformieren" (construction de la paix, transformation des conflits). Ich habe mich verpflichtet, für die Organisation und die inhaltliche Gestaltung dieser Tagung in Kooperation mit den dortigen Kollegen zu sorgen. Es soll eine Art „open univerity" werden, an der Dozierende wie Studierende anderer Fakultäten und Universitäten teilnehmen können. Es sollen aber auch Experten der nicht-afrikanischen Welt eingeladen werden. Diese Konferenz, die neue Ansätze der Friedensforschung aufnimmt (z.B. das Modell der Diapraxis), ist gedacht als Initialzündung für die Schaffung eines „Friedensmoduls", das in die universitären Curricula eingebaut werden soll. Dies ist selbstverständlich ein langer Weg dorthin; und es ist alles andere als sicher, dass das Engagement von Erfolg gekrönt sein wird.

Im Juli 2012 habe ich mich von der Fakultät und der Universität verabschiedet, nicht mit einer üblichen akademischen Feier, in der das Schaffen des zu Verabschiedenden im Zentrum steht, sondern mit einem Symposium „Franziskanische Impulse zur interreligiösen Begegnung"[31]. Damit wollte ich zum Abschluss meiner akademischen Laufbahn nochmals eine meiner wichtigsten Wurzeln benennen, Wurzeln, die all zu oft im Geschäft der Wissen-

31 Inzwischen sind die Vorträge zu diesem Symposium herausgekommen: Holderegger, Adrian/Delgado, Mariano/Rotzetter, Anton: Franziskanische Impulse für die interreligiöse Begegnung, Stuttgart 2013 (= Religionsforum 10).

schaft und der Öffentlichkeit im Verborgenen geblieben sind, vergleichbar einem sephardischen Juden, der am öffentlichen und kulturellen Leben als ‚civis secularis' teilnimmt, im Innersten aber seiner religiösen Überzeugung treu bleibt. Jacques Derrida schien mir hierfür ein schönes Beispiel zu sein – er selbst sprach davon – mit seiner im Verborgenen gebliebenen jüdischen Herkunft. In der christlichen Mentalitätsgeschichte ist Franziskus wegweisend im Umgang mit anderen Religionen; er bringt nicht bloß islamische Vollzüge in die westliche Welt, sondern er erwähnt als Erster in seiner Regel die Form einer christlichen Existenz in einer anderen Religion (Islam). Dieser offene und tiefgründige Geist soll mir weiterhin – vielleicht auch verdeckte und unartikulierte – Inspiration für das weitere Schaffen auf dem internationalen politischen Parkett bleiben.

Josef Schuster SJ

Moraltheologie – autobiografisch

Was folgt, ist kein Traktat über Moraltheologie. Es ist ein Bericht über mein bisheriges Leben, in dem die Moraltheologie freilich einen wichtigen Platz eingenommen hat, wenngleich sie nicht mein ganzes Leben bestimmt hat. Rückblicke bringen manches ans Licht, doch sie bergen auch die Gefahr in sich, in einer Art rückwärts gewandter Prophetie die Mosaiksteine des Lebens zu einem Gesamtbild zusammenzufügen, obgleich doch vieles unvollendet und Stückwerk geblieben ist. In dem, was folgt, gehe ich den verschiedenen Etappen meines bisherigen Lebens nach, erzähle auch von dem, was in keinem unmittelbaren Bezug zum Fach steht, was aber vielleicht doch zum besseren Verstehen des Autors dienen kann.

1. Herkunft und Jugendzeit

Am 23. Juli 1946 bin ich in Dauersberg, einem kleinen Dorf am nördlichen Rand des Westerwaldes in der Peripherie zum Sieger- und Sauerland hin, als viertes Kind der Eheleute Franz und Klara Schuster zur Welt gekommen. Zwei Zwillingsschwestern und meine jüngste Schwester wurden während des Krieges geboren, mein jüngerer Bruder 1951. Von der familiären Herkunft väterlicher- wie mütterlicherseits war in den frühen Jahren meiner Schulzeit eine spätere akademische Laufbahn keineswegs vorgezeichnet, denn Akademiker finden sich in beiden Stammbäumen bis zu diesem Zeitpunkt nicht. So habe ich mir den Weg aufs Gymnasium im elterlichen Hause erkämpfen müssen, zumal in den Schuljahren, in denen ein Schulwechsel fällig gewesen wäre, mein Vater an seiner Arbeitsstelle sehr schwer verunfallte; die Folgen des Unfalls machten ihn schließlich zum Berufsinvaliden. Da wir zu dieser Zeit noch ein wenig Landwirtschaft betrieben, war meine Mithilfe zu Hause gefordert. Auch die finanzielle Ausstattung der Familie war in diesen Jahren knapp. Mit Hilfe eines geistlichen Studienrates und des Dorfschullehrers gelang dann doch Ostern 1959 der Übergang ins Gymnasium – allerdings nicht im nahegelegenen Betzdorf, weil ich für die Sexta von der Schulleitung für zu alt befunden wurde, sondern in Linz am Rhein. Wohnen durfte ich dort mit stark reduzierten Kosten im Bischöflichen Konvikt. Dankbar bin ich noch heute, dass mich die Schule in Linz auch finanziell gefördert hat, sodass ich meine Eltern nicht über Gebühr belasten musste. Doch aufgrund meines Alters passte ich einfach nicht in das Gefüge des Internats, denn meine Klassenkameraden waren zwei bis drei Jahre jünger als ich. Die Schule fiel mir sehr leicht, doch das Internatsleben machte mich zunehmend unglücklich. Eine Ordensschwester, die im Internat mitarbeitete, bemerkte dies und unterstützte mich auf diskrete

Weise in dem Wunsch, die Schule zu wechseln. Mit Latein als erster Fremdsprache war nur ein Wechsel auf das Altsprachliche Gymnasium der Zisterzienserabtei Marienstatt möglich. Dort wurde ich als Externer in der Mitte des Schuljahres 1961 in die Quarta aufgenommen. Englisch habe ich mit einigen wenigen Nachhilfestunden schnell "nachgelernt" und war bald in die Klasse integriert. Marienstatt ist dann auch ein wichtiger Ort für meine weitere Entwicklung geworden.

Trotz der Mühen des Schulwegs – 5.45 Uhr Aufstehen, Post-Bus plus zehn Kilometer Fußweg insgesamt – habe ich mich in Marienstatt sehr wohl gefühlt. Manche Ehemalige gleich welcher Schule blicken auf ihre Schulzeit im Zorn zurück. Bei mir überwiegt bei weitem ein Gefühl der Dankbarkeit, das sich nicht aus Nostalgie nährt. Die Jahre in Marienstatt haben mich geprägt, weil sie in mir durch engagierte Lehrer eine große geistige Neugierde gerade in jenen "Feldern" geweckt haben, die mich auch heute noch beschäftigen: Philosophie und Theologie. Ich habe mich in dieser Neugier mit Autoren abgemüht, die mir damals freilich noch weitgehend unerschlossen blieben: Kants Metaphysik der Sitten und Kritik der praktischen Vernunft; Karl Rahners erste Schriften zur Theologie, Teilhard de Chardin u.a. Dazu habe ich vor allem in den langen Winterabenden Autoren wie Camus, Dostojewski, Pasternak, Kleist, Faulkner oder Böll gelesen, wozu ich später in dieser Intensität leider nie mehr Zeit gefunden habe.

Es ist keine neuere Erkenntnis, dass in der Schule vor allem Personen sind, die einen prägen und motivieren. Ein schon betagter Pater mit dem Spitznamen Carolus, P. Karl Wisser, der nach meinem Eindruck aus einer überwundenen Skepsis lebte und deshalb auf mich wie auf andere Klassenkameraden nicht nur sympathisch und gütig (er konnte allerdings auch zornig werden und heftig reagieren), sondern vor allem klug, originell und inspirierend wirkte. In meiner Wahrnehmung war er in dem, was er vertrat und als Mönch lebte, authentisch. An manche Stunden ernster Gespräche wie auch Pennäler-Blödeleien zusammen mit einigen anderen Schülern in der "Hundehütte", einer Art "Nebenzelle" von Carolus außerhalb der Klausur, denke ich gerne zurück. "Mit Gott wird man nicht fertig. Deshalb ist auch das Leben in einem Kloster spannend." An diesen Satz denke ich häufiger, wenn Carolus mir in den Sinn kommt. Nach meiner Heimatprimiz 1974 besuchte ich ihn im Krankenhaus in Altenkirchen. Das Krankenzimmer war mit Besuchern ziemlich gefüllt. Mitten im Zimmer kniete er nieder und bat mich um den Primizsegen. Verlegen und gerührt spendete ich ihm den Segen. Danach wollten alle – Patienten wie Besucher – ebenfalls gesegnet werden. Ich vermute, dass die meisten evangelische Christen waren.

Andere Lehrer wären ebenfalls zu nennen. Latein und Griechisch waren an der Schule wichtige Fächer und die entsprechenden Lehrer verstanden es, uns nicht nur die jeweiligen Sprachen beizubringen, sondern uns vor allem auch für den Inhalt der Texte, die wir lasen, zu interessieren. Gerne erinnere ich mich an die Lektüre von "De civitate Dei", dem magistralen Werk des hl. Augustinus, das wir noch kurz vor dem Abitur lasen. Eine – eher bescheidene – Frucht war eine Hausarbeit über das unterschiedliche Zeitverständnis Augustins im Vergleich zu dem Platos und des Aristoteles. Ergänzt wurde das literarische und philosophische Interesse durch einen herausfordernden Religionsunterricht, der in mir schließlich den Wunsch reifen ließ, neben Philosophie auch Theologie studieren zu wollen. Für die damals in deutscher Übersetzung erschienen Bände Teilhard de Chardins konnte ich mich begeistern, wenngleich ich sicher nicht alles verstand. Doch Nicht-Verstehen empfand ich zur damaligen Zeit eher als eine Herausforderung denn als Anlass, die Sache auf sich beruhen zu lassen.

In einem kleinen Westerwalddorf gibt es nicht viele Möglichkeiten, sich außerschulisch zu betätigen. Wie viele in meinem Alter sang ich in unserem Männerchor Cäcilia und gehörte als Schriftführer auch zu dessen Vorstand, engagierte mich als Pennäler in der Kolpingfamilie und begleitete für einige Jahre die Funktion des Geschäftsführers in der Jungen Union. Ich erwähne dies aus einem bestimmten Grund: Im Anschluss an eine Vortragsveranstaltung fragte mich der damalige Kreisvorsitzende der JU, ein Grundschullehrer, bei einem Bier, was ich denn nach dem Abitur machen wolle. Philosophie und Theologie wolle ich studieren, wisse aber noch nicht, was später daraus einmal werden solle. Er sagte mir dann unvermittelt, dass ich zu den Jesuiten gehen solle, nach seiner Wahrnehmung wäre ich da am richtigen Ort. An diesem späten Abend habe ich diesen Hinweis einfach beiseitegeschoben, doch je mehr das Abitur näher rückte, ließ der Gedanke daran mich nicht mehr los. Ich begann mir über den Orden Literatur und andere Informationen zu verschaffen, lernte bei einer Primanerakademie zwei Jesuiten kennen, hörte einen Vortrag von Karl Rahner und schrieb darüber einen kleinen Beitrag in unserer Schülerzeitung. Schließlich fasste ich den Entschluss, meinen damals schon betagten Heimatpfarrer aufzusuchen. Wir hatten ein gutes Gespräch und er versorgte mich mit weiterem Informationsmaterial und den entsprechenden Adressen. Dann meldete ich mich im Noviziat der damaligen Westdeutschen Provinz und wurde vom Novizenmeister herzlich empfangen. Das Aufnahmeverfahren endete schließlich mit dem Eintritt ins Noviziat in Ascheberg bei Münster am 4. September 1967.

2. Ausbildung im Orden

1967 begann auch die Studentenrevolte, nicht erst 1968, wie es oft heißt. Von den zwölf Leuten, die an diesem 4. September ins Noviziat kamen, wurden die meisten nach einigen Wochen ins so genannte Vornoviziat geschickt. Von ihnen kam schließlich nur einer wieder zurück, trat dann aber ins Noviziat der Süddeutschen Provinz ein. Aus meinem Jahrgang waren wir schließlich nur noch zwei. Von den Novizen, die das Noviziat wieder verließen, begannen einige in Münster zu studieren. Einer von ihnen schloss sich dem Kommunistischen Studentenbund an, ein anderer trat dem MSB Spartakus bei und avancierte bald zu einer der Leitfiguren bei den Aktionen an der Universität. Mir selber wurde nach längeren Gesprächen mit dem Novizenmeister die Erlaubnis gegeben, P. Karl Rahners Grundkurs an der Universität Münster zu hören – allerdings mit dem Auftrag, über den Grundkurs auch eine Prüfung abzulegen, was am Ende auch geschehen ist. Im Sommersemester 1969 durfte ich als Novize sogar in unserem Ordenshaus Sentmaring in Münster wohnen und hörte neben Rahner die Vorlesungen von Johann B. Metz, Walter Kasper, Joachim Gnilka und Josef Pieper, zeitweise auch von Willi Oelmüller. Nebenher engagierte ich mich im Sozialpolitischen Arbeitskreis (SPAK) der Studentengemeinde und mühte mich in der Obdachlosensiedlung Toppheide mit dem kleinen Peter, um ihm ein wenig Lesen und Schreiben beizubringen. Beide Eltern waren alkoholkrank.

Im Haus Sentmaring lebten zu dieser Zeit mehrere Mitbrüder aus USA, Spanien, Italien und Kanada, die mehrheitlich bei Rahner, aber auch bei Metz und anderen Professoren ihre Dissertationen schrieben. Zu einigen von ihnen habe ich noch heute Kontakt. Ich konnte an ihren Gesprächen und Diskussionen teilnehmen und empfand diese Monate im Sommersemester 1969 als eine inspirierende Zeit.

Nach Ablegung der Gelübde am 8. September 1969 folgte der Umzug mit einem Koffer und einer Kiste ins Berchmanskolleg nach Pullach bei München zum Philosophiestudium. Da eine Novellierung der Studienordnung nicht mehr ein sechs-, sondern nur noch ein viersemestriges Philosophiestudium vorsah – bestimmte Inhalte der Philosophie sollten in das Theologiestudium integriert werden – fiel der Studienplan sehr kompakt aus. Mein Interesse an der systematischen Philosophie fokussierte sich jetzt auf die Ethik. Walter Kerber vertrat das Fach mit deutlichem Akzent auf der Sozialethik. Ich bin ihm heute noch dankbar dafür, dass man so trefflich mit ihm streiten konnte. Jedenfalls hat er meine Vorliebe für ethische Fragen gefördert. In meiner privaten Lektüre habe ich mich dann nochmals an die Grundlegung zur Metaphysik der Sitten und an die Kritik der Praktischen Vernunft Kants gemacht, dieses Mal mit mehr Gewinn als zur Pennälerzeit. Neben den bekannten "Alten" wie Josef de Vries, Walter Brugger, Adolf Haas und Johannes B. Lotz haben uns auch jüngere, damals noch nicht etablierte Philosophen wie Jörg Splett, Gerd Haeffner oder Friedo Ricken mit ihren neuen Ansätzen motiviert. Pullach war Ende der sechziger Jahre keineswegs mehr ein Hort der Neuscholastik, worüber so manche ältere Mitbrüder einst klagten. Insgesamt denke ich an die Zeit im Berchmanskolleg gerne zurück, an die Rektoren Franz von Tattenbach und später Vitus Seibel, die neue Strukturen im Zusammenleben der jungen Mitbrüder förderten, sodass Erzählungen aus früheren Zeiten uns ahnen ließen, welchem "Joche" wir durch die spätere Geburt entronnen waren.

Ohne das sonst übliche zweijährige Praktikum schloss sich bei mir gleich das Studium der Theologie von 1971 bis 1974 an der Philosophisch-Theologischen Hochschule Sankt Georgen in Frankfurt an. Die Erinnerung an das

2. Vatikanische Konzil war bei den lehrenden Professoren noch sehr lebendig und prägte auch deren Theologie. Die Patres Alois Grillmeier, Johannes Hirschmann und Otto Semmelroth waren als Periti des Konzils unmittelbare Zeugen des Geschehens auf dem Konzil und wussten – je nach Temperament verschieden – einen lebendigen Eindruck von dem zu vermitteln, was sich in den Jahren zwischen 1962 bis 1965 auf dem Konzil und in seinem Umfeld theologisch und kirchenpolitisch ereignet hatte. Diese Jahre waren aber auch bestimmt durch einen Umbruch bei den Dozierenden: Die Patres Günther Switek (geistliche Theologie), Peter Knauer (Fundamentaltheologie), Erhard Kunz (Dogmatik), Johannes Beutler (Neues Testament) und Philipp Schmitz (Moraltheologie) hatten schon mit ihrer Lehrtätigkeit begonnen. In der Moraltheologie führte Philipp Schmitz u.a. Arbeitsgemeinschaften ein, die projektbezogen an Themen der Sexual- und Umweltethik arbeiteten. Aus beiden Bereichen sind dann auch zwei Publikationen hervorgegangen, zu deren Autoren nur Studierende gehörten. Mein Beitrag trug den Titel "Unter dem Druck der Zukunft". Die intensive Auseinandersetzung mit Dennis Meadows Bericht "Grenzen des Wachstums" des Club of Rome und der damals aufkommenden Literatur zu ökologischen Fragen hat jenseits von Verpflichtungen des Lehrplans mein bleibendes Interesse an dieser Menschheitsfrage geweckt und gefördert.

In jenen Jahren kam Bruno Schüller aus Bochum zu Vorlesungen über Allgemeine Moraltheologie angereist, die ich mit großem Interesse verfolgte. Er war ein gefürchteter Prüfer und setzte z.B. bei Examina selbstverständlich voraus, dass man eine längere Textpassage in Latein nicht nur schnell übersetzen, sondern auch angemessen kommentieren konnte. Was er uns damals vortrug, publizierte er fast zeitgleich in seinem Buch "Die Begründung sittlicher Urteile. Typen ethischer Argumentation in der Moraltheologie" (1973), dessen zweite Auflage nach meinem Urteil ein Klassiker der Moraltheologie geworden ist.

Philipp Schmitz erkannte sehr bald, dass ich mich für Fragen der Moraltheologie interessierte und mich auch außerhalb der Studienordnung auf diesem Felde durch private Lektüre betätigte. Auch P. Johannes Hirschmann bot sich als anregender und kompetenter Gesprächspartner an. Sein phänomenales Gedächtnis auch für Einzelheiten führte ihn bei solchen Gesprächen hin und wieder auf entlegenere Pfade, die nicht immer mein Interesse fanden. Doch er war im guten Sinne ein dienstbereiter und demütiger Mann, der sich jederzeit durch Zwischenfragen unterbrechen ließ, ohne missmutig zu werden. Mehr als seine Vorlesungen, die manchmal recht langatmig sein konnten, habe ich großen Nutzen aus diesen persönlichen Begegnungen mit ihm ziehen können. Zur damaligen Zeit beschränkten sich meine Kontakte zu P. Oswald von Nell-Breuning vor allem auf sonntägliche Chauffeursdienste, um ihn ins Theresienheim – ein Kinderheim – nach Offenbach zur Eucharistiefeier zu bringen. An dieser Stelle sei eine kleine Anekdote erlaubt: Bei einer seiner katechetischen Gespräche mit den Kindern während des Gottesdienstes stellte er die Frage, warum denn der Dornbusch, dem Moses bei seiner Flucht in die Wüste begegnete, zwar brannte, aber nicht verbrannte. Die Kinder wussten keine Antwort und auch die eifrigen Schwestern, die sonst manchmal bei den Antworten "vorsagten", blieben stumm. Schließlich gestand er, auch keine Antwort zu wissen. Er müsse sich daher erst einmal bei den "Schriftgelehrten" in Sankt Georgen kundig machen. Auf der Heimfahrt bemerkte er, dass ich in der hinteren Bankreihe unverschämt gegrinst habe, was auch der Fall war. Ich wollte dem damals schon über 80jährigen Mitbruder zwar keine Belehrung erteilen, erlaubte mir aber doch den Hinweis, dass es pädagogisch unter Umständen geschickter sei, bei Kindern nur solche Fragen zu stellen, auf die man selber eine Antwort habe. Zugleich lobte ich seine Ehrlichkeit, die sicher auch von den Kindern geschätzt würde. Ob ihm unsere Schriftgelehrten eine ihn überzeugende Antwort gegeben haben, weiß ich leider nicht.

Im Sommersemester 1974 stand das Schlussexamen der systematischen Theologie mit 90 Thesen an. Zuvor hatte ich die Diplomarbeit zum Thema "Die Kompetenz des Lehramtes in Fragen der Moral" bei Philipp Schmitz verfasst. Fast zeitgleich wurde ich mit fünf Mitbrüdern am 13. Juli durch den Mainzer Bischof, Kardinal Hermann Volk, im Frankfurter Dom zum Priester geweiht. Das war eine ziemlich stressige Zeit. Die Woche zwischen Priesterweihe und Heimatprimiz habe ich dann genutzt, mich in der Rhön in einem Ferienheim für Waisenkinder ein wenig zu erholen.

3. Die Jahre 1974 bis 1987

Zunächst war geplant, dass ich nach der Priesterweihe für zwei Jahre nach Essen in unsere Pfarrei Sankt Ignatius als Kaplan gehen sollte, was auch mein Wunsch gewesen war. Doch es kam ganz anders: Der Provinzial schickte mich als Erzieher und Lehrer ans Aloisiuskolleg nach Bonn-Bad Godesberg. Die Jahrgangsstufen 12 und 13 hatte ich im Internat zu betreuen und neben Schulgottesdiensten auch Religions- und Philosophieunterricht zu erteilen. Zwei Tage nach meiner Ankunft stellte mich P. Robert Gelberg, damals Direktor der Schule, einem Grundkurs Religion (3 stündig) der Jahrgangsstufe 13 mit den Worten vor: "Das hier ist Pater Schuster, der neu an unserem Kolleg ist. Er wird Sie in Religion unterrichten. Viel Glück!" – und ließ mich allein zurück. Ich hatte zuvor noch nie eine Klasse in irgendeinem Fach unterrichtet. Doch das waren faire und interessierte Schüler. Noch heute denke ich an diesen Kurs gerne zurück, weil ich mit diesen jungen Leuten nicht nur persönlich gut auskam, sondern weil sie bei der Sache waren. In späteren Jahren habe ich auch in Trier solche Kurse unterrichtet, musste mir aber Vergleiche versagen. Obwohl ich meinen "Dienst" am AKO zunächst keineswegs mit Begeisterung antrat, waren doch auch meine eigenen Internatserfahrungen nicht gerade positiv gewesen, so haben sich diese drei Jahre im Nachhinein für mich als sehr fruchtbar erwiesen. Die Arbeit in Schule und Internat hat mir "unter dem Strich" die Gewissheit vermittelt, dass theologische und philosophische Fragen bei jungen Leuten durchaus nicht auf taube Ohren stoßen. So war etwa eine unerwartete Frucht meiner Tätigkeit eine freiwillige Arbeitsgemeinschaft in Philosophie außerhalb des Schulbetriebs, in der wir philosophische Texte lasen und diskutierten. Aus den anfangs sechs Schülern wurden im Laufe der Jahre über zwanzig, die sich wöchentlich für zwei Stunden mit mir trafen. Die Themen des Religionsunterrichtes in der Oberstufe erlaubten mir, auch genügend Zeit für ethische Fragestellungen zu finden, die sich zur Mitte der 1970er Jahre aufdrängten wie etwa ökologische, bioethische (Gentechnik) oder auch sexualethische.

Im Herbst 1977 erfolgte dann der Wechsel zum Promotionsstudium nach Tübingen. Seit einiger Zeit hatte ich die Publikationen von Professor Alfons Auer verfolgt, und sein überaus einflussreiches und diskutiertes Buch "Autonome Moral und christlicher Glaube" (1971) bereits zur Vorbereitung meiner Diplomarbeit intensiv studiert. So reifte schließlich in mir während der Jahre am AKO der Entschluss, bei ihm eine Dissertation in Moraltheologie zu schreiben, wenn er mich als Doktoranden akzeptiere. Ein Besuch im Sommer 1977 bei ihm verlief für mich so erfreulich, dass ich nicht nur eine Zusage erhielt, sondern auch das Thema meiner Diplomarbeit zu einer Dissertation ausbauen konnte. So wuchsen in vier Jahren 70 Schreibmaschinenseiten zu 400 Buchdruckseiten an. Im Tübingen-Bühler Pfarrhaus lebten schon seit geraumer Zeit Jesuiten, die an der Tübinger Universität studierten, mit den jeweiligen Pfarrern zusammen in einer Wohngemeinschaft, in der wir uns auch selbst versorgten. Zu meiner Zeit zwischen 1977 und 1981 waren es neben drei verschiedenen Pfarrern aus der Diözese Mitbrüder aus USA, Irland und Deutschland. Dazu gehörten noch zwei Mitbrüder im Kiebinger Pfarrhaus und ein Malteser in Tübingen. Anregend für das Thema der Dissertation wie für den Bereich der Moraltheologie und Sozialethik insgesamt war vor allem das gemeinsame Doktoranden- und Habilitandenkolloquium, geleitet von den Professoren Alfons Auer und Wilhelm Korff. Nachdem ich nach einem Jahr intensiver Arbeit mein Projekt in Disposition, methodischem Vorgehen und Überblick im Kolloquium in zwei Doppelstunden vorstellen und der Diskussion meiner Kollegen vorlegen konnte, die sachlich doch auch kontrovers verlief, gewann ich die Gewissheit, dass es gute Gründe gebe, weiter so vorzugehen. An der damals erarbeiteten Disposition hat sich dann später bis auf zwei kleinere Korrekturen nichts mehr geändert. Dass ich mit dem Thema meiner Arbeit eine quaestio disputata aufgegriffen hatte, war mir und auch meinem Doktorvater schon bewusst; aber dass es gerade auch im Kontext der Auseinandersetzungen von Hans Küng mit der Römischen Glaubenskongregation, aber auch der Diskussion innerhalb der Fakultät ein "heißes Eisen" werden konnte, hatte ich am Anfang nicht voraussehen können. Die spätere Auseinandersetzung um die Bewertung der Dissertation im entsprechenden Gremium der Fakultät hat mich eines Besseren belehrt. Darauf möchte ich nicht weiter eingehen, zumal die Diskussionen des Herbstes 1982 bekannt sind. Immerhin war der Ausgang des Verfahrens für mich und wohl auch für Alfons Auer erfreulich.

Die Jahre im Bühler Pfarrhaus waren nicht nur mit dem Verfassen der Dissertation gefüllt, sondern auch mit vielen seelsorglichen Aufgaben. Für sonntägliche Aushilfen war ich zwischen Schwäbischer Alb (u.a. Ellwangen) und Schwarzwald (Freudenstadt und Calw) unterwegs. So habe ich im Laufe der Zeit viele Gemeinden der Diözese Stuttgart-Rottenburg kennen lernen können. Schließlich übernahm ich, nachdem die Diözese für Bühl nur einen Pfarrverwalter von jenseits des Neckars bestellen konnte und der auch nur montags das Pfarrbüro aufsuchte, in Bühl de facto fast für ein Jahr lang die pfarrlichen Arbeiten einschließlich der Begleitung der Erstkommunionkatechese. Ein unangemeldeter Besuch meines damaligen Provinzials beendete allerdings dieses Engagement; er versetzte mich kurzerhand an unsere Hochschule Sankt Georgen in Frankfurt, damit ich (endlich) meine Dissertation zu einem baldigen Ende bringen könne. Nach dem Weißen Sonntag 1981 bin ich dann auch nach Frankfurt umgezogen und habe dort binnen acht Monaten das "Werk" vollendet.

Natürlich – man kann sich als Priester, der eine Doktorarbeit verfassen soll, auch Fluchtwege in die Seelsorge schaffen, um der manchmal harten und frustrierenden Arbeit am Schreibtisch zu entrinnen, zumal der Ernst einer solchen Arbeit erst beim Schreiben beginnt. Wie auch immer meine Motive dafür zu bewerten sind, ich möchte jedenfalls diese Jahre auch unter Rücksicht des seelsorglichen Engagements nicht missen, denn sie haben die Art und Weise mit geprägt, wie ich meine Aufgabe als Moraltheologe verstehe. Als solche haben wir neben aller notwendigen theoretischen Reflexion auf die auch innerhalb der Moraltheologie strittigen Fragen der Begründung einer christlichen Moral, dem ebenso notwendigen Blick auf die Philosophie wie auf die jeweils relevanten empirischen Wissenschaften stets die gelebten Überzeugungen von Christinnen und Christen im Blick zu haben, denn auch sie sind ein wichtiger "theologischer Ort" für die Theologie insgesamt. In jenen Jahren festigte sich in mir die Überzeugung, dass ich mir die Themen, die ich später einmal neben den vom Lehrplan vorgeschriebenen nicht einfach nach eigenem Gusto aussuchen solle, sondern sie mir aus der Zeit vorgeben lasse. "Kritische Zeitgenossenschaft" solle der Moraltheologe üben, so lautete ein Kernsatz von Alfons Auer. Und Orte für diese kritische Zeitgenossenschaft hat es im Laufe der folgenden Jahre viele gegeben. Erinnern möchte ich an die zum Teil heftigen Debatten über die angemessene (straf-)rechtliche Fassung des Problems der Abtreibung, später dann die innerkatholische Auseinandersetzung um die Schwangerschaftskonfliktberatung und den Verbleib kirchlicher Beratungsstellen im Beratungskonzept des § 218a StGB mit Beratungsschein, Fragen des Lebensschutzes an seinem Anfang wie etwa der verbrauchenden Forschung an embryonalen Stammzellen, von Pränatal- und Präimplantationsdiagnostik, oder am Lebensende wie der Problematik der Tötung auf Verlangen oder der ärztlichen Beihilfe zur Selbsttötung.

Als nächste Station nach der Promotion war eigentlich die Hochschule Sankt Georgen vorgesehen. Dort sollte ich mit einigen Vorlesungen und Seminaren beginnen und nebenher an einer Habilitationsschrift arbeiten. Doch es kam erneut anders. Da der Provinzial für die Leitung des Jugendzentrums Mergener Hof in Trier, damals mit einem Mitarbeiterstab von zwei Jesuitenpatres, zwei jungen Jesuitenstudenten als Praktikanten, weiteren Mitarbeiterinnen, Mitarbeitern und fünf Zivildienstleistenden im Hause und in einer Beratungsstelle für arbeitslose Jugendliche und später auch einer Drogenberatungsstelle – insgesamt waren wir 26 –, niemanden fand, der bereit war, diese Aufgabe zu übernehmen, wurde ich im Sommer 1982 dorthin geschickt. Nachdem ich nach einer guten Einführung in diese Einrichtung einigermaßen Fuß gefasst hatte, kamen weitere Aufgaben auf mich zu: einige Stunden Religionsunterricht und Schulgottesdienste am Friedrich-Wilhelm-Gymnasium (der früheren Schule von Karl Marx, Oswald von Nell-Breuning und Kardinal Joseph Höffner) und die Mitarbeit u.a. im Jugendwohlfahrtsausschuss der Stadt Trier als Vertreter der Jugendhäuser. Die Verbindung zur Stadtverwaltung und den politischen Parteien neben der zum Bistum Trier war allein schon deshalb wichtig, weil Bistum wie Stadt Trier zu den größten Financiers unseres Zentrums gehörten. Das Land Rheinland-Pfalz wie auch der Landkreis Trier-Saarburg sind ebenfalls in diesem Kontext zu erwähnen.

Durch den Religionsunterricht blieb ich zwar noch ein wenig mit dem eigenen Fach verbunden, doch die Beanspruchung im Jugendzentrum ließ kaum intensiveres Arbeiten auf diesem Felde zu.

Eine Einladung der Katholischen Akademie Freiburg i. Br. zum Thema meiner Dissertation unterbrach den Alltag in Trier. "Die Kompetenz des Lehramtes in Fragen der Moral. Historischer Überblick und systematische Überlegungen" – unter diesem Titel ist mein Beitrag später in dem Tagungsbericht herausgegeben von Alfons Auer unter dem Titel "Die Autorität der Kirche in Fragen der Moral" (München- Zürich 1984, 69-89) erschienen. Mitwirkende bei dieser Veranstaltung waren die Professoren Gregor Siefer (Hamburg) als Soziologe, Martin Honecker (damals Bonn) als evangelischer Theologe, Rudolf Schnackenburg (Würzburg) als Neutestamentler, Alfons Auer und meine Wenigkeit. Im Anschluss an meinen Vortrag, in dem ich einige Ergebnisse meiner Dissertation in Kurzform zusammenfasst hatte, kam es zu einer – meiner Wahrnehmung nach – lebendigen Diskussion mit den Tagungsteilnehmern. Doch wie sich später herausstellte, waren zumindest einem der Teilnehmer meine Ausführungen nicht mehr mit der katholischen Glaubenslehre vereinbar. Nach Auskunft das damaligen Akademiedirektors, Dr. Dietmar Bader, wurde ich denunziert. Das Ergebnis der Untersuchung der Glaubenskongregation mit Unterschrift von Kardinal Josef Ratzinger lautete, dass ich mit einer bestimmten Auffassung weit von der katholischen Glaubenslehre abweiche und damit der Kirchenkonstitution Lumen gentium Nr. 25 widerspreche. Moniert wurde folgender Passus meiner Ausführungen im Kontext der

> "nicht-unfehlbaren Lehre: Sittliche Handlungsnormen sind weder Glaubensgeheimnisse, noch lassen sie sich aus Sätzen des Glaubens ableiten. Für die in ihnen enthaltenen Tatsachenurteile ist Sachkompetenz erforderlich, die der Kirche und ihrem Lehramt nicht aufgrund ihrer genuinen Autorität in der Vermittlung des Glaubens zukommt." Der nächste Satz wurde nicht mehr zitiert: "Das heißt freilich nicht, daß nicht auch Amtsträger und Christen generell über eine solche Kompetenz in bestimmten Bereichen verfügen. Aber diese muß sich aufgrund der Valenz der Gründe ausweisen." (Ebd. 87)

Mir war zunächst nicht klar, wie ich mich verhalten sollte, da ich zu keiner Stellungnahme aufgefordert wurde. Mein Ordensoberer empfahl mir, die Sache auf sich beruhen zu lassen. In Dankbarkeit sei noch erwähnt, dass der damalige Bischof von Tier, Hermann Josef Spital, sich mit einem mutigen Schreiben für mich bei der Glaubenskongregation eingesetzt hat.

In meiner Arbeit im Jugendzentrum waren andere Tätigkeiten als moraltheologisches Argumentieren gefordert – z.B. der verantwortungsvolle Umgang mit den notorisch knappen finanziellen Ressourcen, die Personalführung, die Arbeit mit den verschiedenen Gruppen von Jugendlichen, die Mitarbeit im Sportvorstand DJK-MIC Trier, einer dem Jugendzentrum angeschlossenen Sportabteilung mit nahezu 1000 aktiven Sportlerinnen und Sportlern, dazu die Aufgabe als Regionalpräses der DJK Mosel-Nahe.

Nach vier Jahren in Trier folgte ab Juli 1986 die letzte Ausbildungsphase im Leben eines Jesuiten: das so genannte Tertiat in Berlin-Kladow, das gewöhnlich ein Jahr dauert. Im Mittelpunkt stehen die Reflexion auf die bisherige Lebensgeschichte, die 30tägigen Großen Exerzitien, das vertiefte Studium der Konstitutionen und Satzungen des Ordens und ein längeres Seelsorgspraktikum. Letzteres bestand bei mir darin, mich in Frankfurt auf meine zukünftige Aufgabe in der Moraltheologie vorzubereiten, denn an pastoralen Erfahrungen mangelte es nun wirklich nicht mehr. Das war eine gute Zeit in Berlin, denn nach Jahren des Einsatzes in verschiedenen Bereichen war die "Auszeit" des Tertiats auch eine Phase der geistlichen und körperlichen Regeneration.

Die Mauer, die auch in und um den Stadtteil Kladow herum allgegenwärtig und in den Abend- und Nachtstunden hell erleuchtet war, sodass man von der oberen Etage des Busses diese Festung mit den gestuften Sperranlagen einschließlich der patrouillierenden Soldaten und den Hunden an Laufschienen und -leinen gut einsehen konnte, erschien mir damals als ein unüberwindliches Bollwerk. Dass ich Jahre später während eines Urlaubs in Berlin-Kladow einmal mit dem Fahrrad die Stadt auf dem Todesstreifen umrunden können würde, kam mir damals nicht einmal im Traum in den Sinn.

4. Die Jahre in Sankt Georgen 1987-2014

Im Sommersemester 1987 begann ich meine Lehrtätigkeit an der Hochschule Sankt Georgen mit einem Seminar zum lex-Traktat der Prima secundae der Summa theologiae des hl. Thomas von Aquin. Bereits während der Studien zur Dissertation hatte ich mich intensiver mit diesem Lehrstück beschäftigt, erkannte ich darin beim Studium der Enzykliken von Papst Leo XIII. den Referenzpunkt von dessen Auffassungen zum moralischen Gesetz – dies freilich in der damals gängigen neuscholastischen Interpretation. Aber auch bei den Lehrschreiben der beiden folgenden Piuspäpste zu moraltheologisch und sozialethisch relevanten Fragen ist dieses Lehrstück als traditionsgeschichtlicher Hintergrund gegenwärtig. In späteren Jahren habe ich im Doktorandenkolloquium die Studierenden immer wieder anhand dieses Lehrstücks der theologischen Summe des hl. Thomas die Auseinandersetzung mit klassischen Texten der Tradition einüben lassen. Im Kontext meiner Habilitationsschrift spielte Thomas von Aquin mit seinem Tugendverständnis und seinem Traktat über die Passiones animae (S. th. I-II 24-40) ebenfalls eine wichtige Rolle.

Im Jahr 1987 wurde mir von den damaligen Oberen die Aufgabe des praefectus sanitatis für P. von Nell-Breuning übertragen, der sich des nachts einen Oberschenkelhalsbruch zugezogen hatte und fortan intensiverer Betreuung bedurfte, was ihm zunächst gar nicht behagte. Zwei Mitbrüder halfen mir bei dieser Aufgabe. P. von Nell-Breuning hatte bei den Mitbrüdern, aber auch bei den Seminaristen den Ruf, nicht besonders kommunikativ zu sein. Was meine Person betrifft, so änderte sich das sehr schnell. Zu meiner Verwunderung begann er bei unseren täglichen Begegnungen über sich selbst zu sprechen. Ja – er hatte das Bedürfnis, mir Dinge mitzuteilen, die für ein besseres Verständnis seiner Person hilfreich sein könnten. Auch hatte er Zweifel, ob er denn stets in seinen, manchmal doch recht kritischen Rezensionen den jeweiligen Autoren immer gerecht geworden sei. Ich vermag nur schwer einzuschätzen, ob er meinen Rat wirklich befolgt hat, jetzt im hohen Alter nicht mehr "Ausbesserungen" an früheren Ereignissen und Schriften vornehmen zu wollen. Er dürfe das getrost auf sich beruhen lassen. Eine Bemerkung sei noch gestattet, ohne die Diskretion zu verletzen. Im Laufe dieser letzten vier Jahre seines Lebens habe ich zunehmend bemerkt, wie schwer es jemandem fallen muss, im übertragenen Sinn fast täglich am eigenen Denkmal vorbei zu kommen. Denn stets war in Fachkreisen, unter Politikern, Gewerkschaftlern und Journalisten die Rede vom "Nestor der katholischen Soziallehre". Er fühlte sich am Ende seines Lebens überfordert, diesem Ehrentitel noch gerecht werden zu können.

Um ein geeignetes Thema für die Habilitationsschrift zu finden, erbat ich mir für das Wintersemester 1988/89 eine Befreiung von den Lehrverpflichtungen. Als visiting scholar konnte ich für gut drei Monate am Boston College, einer Jesuitenuniversität, einen guten Ort finden, um einmal meine Englischkenntnisse aufzubessern und mich intensiver mit wichtigen Veröffentlichungen der angelsächsischen Literatur in Ethik und Moraltheologie bekannt zu machen. Nach Gesprächen mit Kolleginnen und Kollegen in Boston reifte in mir der Entschluss, meine Habilitation dem Thema "Tugendethik" zu widmen. In den USA lagen zur damaligen Zeit zahlreiche Publikationen dazu vor, die von einer lebhaften Diskussion zu tugendethischen Fragen bestimmt waren, während in Deutschland dieses Thema allenfalls in Handbüchern und Lexikaartikeln ein wenig Beachtung fand. Aufgrund anderer Verpflichtungen zog sich die Arbeit an der Habilitationsschrift zunehmend in die Länge, sodass ich mehrere Male klären musste, was ich eigentlich schon erarbeitet hatte und was noch ausstand. Ein Freisemester im Jahre 1995, das ich in Bonn verbringen konnte, verschaffte mir schließlich die nötige Zeit und Konzentration, innerhalb dieses Sommersemesters die Arbeit zu beenden. Zu meiner eigenen Überraschung hat diese Untersuchung unter dem Titel "Moralisches Können. Studien zur Tugendethik" später mehr Aufmerksamkeit gefunden als zuvor meine Dissertation, was sich u.a. auch in einer zweiten Auflage gezeigt hat. Die These meiner Habilitationsschrift lässt sich kurz so zusammenfassen: (1) Bereits von der aristotelisch-thomanischen Tradition des Tugendverständnisses her bis hin zu neueren Ansätzen zeigt sich, dass ein rein tugendethischer Ansatz eine normative Ethik nicht ersetzen kann, was damals vor allem von einigen forschen Autorinnen behauptet wurde. Umgekehrt aber bleiben in einem rein normativ-ethischen Ansatz jene Fragen unzureichend beantwortet, die vom moralischen Können des Handlungssubjekts handeln. Die ethische und moraltheologische Tradition hat diese Fragen in ihren Traktaten über die pathe bzw. passiones animae, also die emotionale Dimension menschlichen Seins und Verhaltens, behandelt und als genuinen Beitrag einer Tugendethik für den Bereich der Ethik insgesamt angeboten. (2) Ein tugendethischer Ansatz, der komplementär zu dem einer normativen Ethik zu verstehen ist, erlaubt auch die Integration der theologischen Tugenden von Glaube, Hoffnung und Liebe in den theologisch-ethischen Diskurs und gewährleistet damit auch eine Verbindung zur Gnadenlehre wie zu zentralen Aussagen der paulinischen Theologie.

Das "nihil obstat" hat nach meiner Habilitation im Mai 1996 doch ziemlich lange auf sich warten lassen, was in mir die Befürchtung weckte, jene "Abmahnung", die mehr als ein Jahrzehnt zurück lag, zeige immer noch Nachwirkungen. Doch schließlich erhielt ich das Placet aus Rom. Philipp Schmitz wurde während dieser Zeit an die Gregoriana nach Rom berufen, weil man dort dringend einen Moraltheologen benötige. Nach meiner Erfahrung im Orden haben Rufe aus Rom an die Gregoriana stets die Autorität des Generaloberen hinter sich und sind deshalb gegen jedweden Einspruch gefeit. Da ich jetzt das Fach Moraltheologie allein zu vertreten hatte, trat ich schweren Herzens die philosophische Ethik an Hans Ludwig Ollig ab, denn dieses Fach hatte ich von Friedo Ricken übernommen, der jahrelang zwischen München und Frankfurt pendelte und der nach meinem Eintreffen von dieser Last befreit werden wollte. Mir hatte die Arbeit mit unseren Studierenden in der Philosophie viel Freude gemacht, weil ich einmal genötigt war, mich noch intensiver mit der philosophischen Ethik zu befassen und andererseits die Studierenden in den Anfangssemestern wirklich neugierig und diskussionsfreudig waren.

Doch die akademische "Ruhe" währte nicht lange. Im Jahr 1998 ernannte mich P. General Hans-Peter Kolvenbach zum Rektor des Kollegs Sankt Georgen. Neben meiner Aufgabe als akademischer Lehrer war ich nun für die Verwaltung des Kollegs, für die Mitarbeiterinnen und Mitarbeiter, für die Mitbrüder in der Ausbildung – anfangs waren es 20 – wie für die übrigen Mitglieder der Kommunität verantwortlich. In dieser Zeit konnte ich nur einige wenige Artikel für das "Lexikon für Theologie und Kirche" und das "Lexikon der Bioethik" schreiben, da andere Aufgaben zu bewältigen waren. Dazu gehörte u.a. der Neubau des Hochschulgebäudes, der am Ende meiner Amtszeit als Rektor im Jahre 2004 abgeschlossen werden konnte, dazu gehörten viele Sitzungen in Gremien, sechs Jahre lang die Zugehörigkeit zum Provinzkonsult, einem Beratungsgremium des Provinzials, das monatlich jeweils eineinhalb Tage in Anspruch nahm etc.

Nach den sechs sehr arbeitsintensiven Jahren gewährte mir der Orden einen zweiten dreimonatigen Aufenthalt am Boston College. Ich habe mich damals u.a. intensiver mit bioethischen Fragen beschäftigt und öfter mit meinen Kolleginnen und Kollegen kontrovers diskutiert, weil mir deren Position in Frage des ontologischen und moralischen Status des Embryos nicht überzeugend schien und eher von pragmatischen Gesichtspunkten bestimmt war. Außerdem verfasste ich einen kurzen Beitrag zum Thema "Fragen des guten Lebens und Fragen der Gerechtigkeit. Anmerkungen zu einer Unterscheidung und deren Konsequenzen" (2005), weil ich aus dem Studium entsprechender Literatur zunehmend den Eindruck gewann, als diene diese wichtige Unterscheidung als eine Art "Persilschein" für die mehr unterstellte als begründete These, über Fragen des guten Lebens lasse sich genauso wenig diskutieren wie über solche des guten Geschmacks.

Während dieser Zeit in Boston berichteten die Zeitungen fast täglich über Kindesmissbrauch (sexual abuse) von Priestern, Ordensleuten und Laien in kirchlichen Einrichtungen. Das Erzbistum Boston verkaufte große Immobilien, Schulen und sogar Kirchen, um die finanziellen Forderungen der Gerichte zu bedienen. Das Gros dieser Gelder erhielten freilich nicht die Opfer sexueller Übergriffe, sondern häufig deren Anwälte. Damals fehlte mir buchstäblich die Phantasie, mir vorzustellen, dass nur wenige Jahre später auch die katholische Kirche in Deutschland in einem vergleichbaren Ausmaß vom sexuellen Missbrauch von Kindern und Jugendlichen in Schulen, Internaten und anderen kirchlichen Einrichtungen durch Ordensleute, Priester und auch kirchliche Mitarbeiter betroffen sein könnte. Dass auch in Schulen, Internaten und verbandlicher Jugendarbeit des eigenen Ordens Kinder und Jugendliche sexuell missbraucht wurden, hat mich mit Scham erfüllt und tut es noch heute. Immerhin hat dieser Skandal, der nicht nur die Opfer sexueller Übergriffe, sondern auch deren Angehörige tief verletzt hat, dazu geführt, dass dieser

Wirklichkeit des Umgangs mit Kindern und Jugendlichen in kirchlichen Einrichtungen nun erhöhte Aufmerksamkeit geschenkt wird. Denn nur dadurch ist eine gezieltere Prävention möglich. Und noch etwas hat in meiner Wahrnehmung dieser Skandal bewirkt: Es wird auch in der Moraltheologie wieder offener und mutiger über das Thema Sexualität in all seinen Dimensionen geredet und geschrieben, was jahrelang eher mit großer Vorsicht geschehen ist. Eine Frucht dieser neuen Sensibilität und Offenheit ist die Quaestio disputata "Zukunftshorizonte katholischer Sexualethik" (2011), zu der ich auch einen Beitrag zum Thema der Glaubwürdigkeit der kirchenamtlichen Sexualethik liefern konnte. Zur Thematik von Sexualität und Gewalt seien noch zwei Beiträge erwähnt: "Häusliche Gewalt" in dem von Thomas Hoppe herausgegebenen Tagungsband "Körperlichkeit – Identität" (2008) und "Vergewaltigung als Mittel der Kriegsführung", erschienen in "Sexueller Missbrauch. Fakten, Folgen, Fragen", herausgegeben von Klaus Kießling (2011).

5. Mitarbeit in Arbeitsgemeinschaften, Gremien und Räten

Meine Zugehörigkeit zur Internationalen Vereinigung für Moraltheologie und Sozialethik führte u.a. zu der gewiss ehrenhaften, aber auch arbeitsreichen Aufgabe, den Kongress für diese Vereinigung im September 2009 in Sankt Georgen vorzubereiten und durchzuführen. Da mir weder ein entsprechender Arbeitsstab noch ein Sekretariat zur Verfügung stand, habe ich sehr viel persönliche Arbeitszeit investieren müssen, um den Kongress "Die Bedeutung der Philosophie für die Theologische Ethik" vorzubereiten. Ein Albtraum jedes Veranstalters ist es, wenn eine Referentin bzw. ein Referent kurzfristig absagen muss. Auch das passierte wenige Tage vorher, und deshalb war auch das Mühen um einen "Ersatz" vergeblich. Gottlob hatte der Referent seinen Text sorgfältig ausgearbeitet und ein ihm gut bekannter Kollege konnte ihn auf dem Kongress vortragen. Am Ende der Tage in Frankfurt, in denen das Wetter vor allem auch bei der abendlichen Schifffahrt auf dem Main bei einem guten Abendessen wohlwollend mithalf, war ich überzeugt, dass sich die Mühe gelohnt hatte. Binnen Jahresfrist konnte dann die Dokumentation des Kongresses als Buch Zur Bedeutung der Philosophie für die Theologische Ethik (2010) erscheinen.

Neben den Aufgaben eines Professors (oder einer Professorin) in Lehre, Forschung und Betreuung der Studierenden bei Qualifikationsarbeiten gehört auch Gutachtertätigkeit, die Mitarbeit in Gremien innerhalb der Hochschule wie auch in Räten außerhalb der eigenen Fakultät. Zwei Legislaturperioden gehörte ich dem Diözesansynodalrat des Bistums Limburg an. Neben manchmal doch etwas nervender Diskussionen um Satzungsänderungen gab es intensive Aussprachen über damals von Bischof Dr. Franz Kamphaus und seinen Mitarbeitern für notwendig befundene Sparmaßnahmen. "Sparen und Erneuern" hieß das Motto dieser Aktion, die nach meinem Wissen auch erfolgreich war, ohne dass negative Wirkungen auf die Pastoral im Bistum zu bemerken waren. Dass Jahre später von dem Nachfolger von Bischof Kamphaus die Vokabel "sparsamer Umgang mit finanziellen Ressourcen" offenbar nicht verstanden wurde, gehört zu den Dingen, die wirklich unbegreiflich sind. Diskutiert wurde im Diözesansynodalrat jener Jahre u.a. auch das entschiedene Eintreten und Engagement von Bischof Kamphaus für den Verbleib der katholischen Beratungsstellen in der Schwangerschaftskonfliktberatung. Ein kurzer Beitrag von mir in den Stimmen der Zeit unter dem Titel Bemerkungen zur Schwangerschaftskonfliktberatung (1998), in dem ich den Bischof in seinem Anliegen unterstützen wollte, stieß – wie mir später von der Redaktion berichtet wurde – nicht auf die Zustimmung des damaligen Präfekten der Glaubenskongregation, hatte aber keine weiteren Konsequenzen. Auch Jahre danach hat sich meine Position in dieser Frage nicht geändert.

Ein Jahrzehnt gehörte ich als Berater zur Kommission XI "Ehe und Familie" der Deutschen Bischofskonferenz. Der damalige Vorsitzende der Kommission war Kardinal Georg Sterzinsky, der nach meiner Wahrnehmung in der Kommission eine offene Aussprache zuließ. Doch aufgrund der starren Haltung des kirchlichen Lehramtes in Sachen Sexualethik spielten sich lebhafte Debatten eher in anderen Bereichen des breiten Spektrums der Themen ab, die in der Kommission behandelt wurden.

Seit seiner Gründung im Jahre 2008 gehöre ich als Mitglied zum Trägerübergreifenden Ethikrat der Diözese Trier. Was er zu tun hat, wird auf der Homepage so formuliert:

> "Der Ethikrat bearbeitet konkrete ethische Fragestellungen von übergeordneter Bedeutung, die sich in den Einrichtungen der genannten Trägergesellschaften ergeben. Er greift daneben aber auch eigenständig Themen auf, die im aktuellen gesellschaftlichen Diskurs erörtert werden und wesentliche Bedeutung für die Arbeit der Träger erlangen können. Mit seinen Empfehlungen, die in den einzelnen Trägerorganisationen eigenverantwortlich umgesetzt werden, will er den Verantwortlichen im normativen Bereich helfen, ihre Entscheidungen vor Ort ethisch reflektiert zu treffen."

Einige Stellungnahmen, die im Laufe der Zeit erarbeitet wurden, sind auch so publiziert worden:

- Handlungsempfehlung für den Umgang mit Patienten, die den Zeugen Jehovas angehören
- Postkoitale Antikonzeption ("Pille danach")
- Plastisch-ästhetische Chirurgie

Andere Empfehlungen und Stellungnahmen wurden den Trägern übergeben (hier eine Auswahl):

- Empfehlung zur Errichtung eines Pränatalzentrums
- Zirkumzision bei einwilligungsunfähigen Jungen
- Stellungnahme zu geschlechtsangleichenden Maßnahmen bei Transsexualität/Transidentität
- Empfehlung zur Einstellung der Ernährung am Lebensende

Der Arbeitskreis "Ethik in der Medizin", der im Haus am Dom in Frankfurt angesiedelt ist und zu dessen Mitgliedern Ärztinnen und Ärzte, Ethiker und Klinikseelsorger gehören, diskutiert in mehreren Sitzungen während des Jahres Themen, die eine gewisse Aktualität und Dringlichkeit haben und sich für den jährlich stattfindenden Ärztetag der Diözese Limburg im Haus am Dom eignen. Es geht nicht nur um die thematische Vorbereitung dieser gut besuchten Veranstaltung, sondern auch um eine inhaltliche Vergewisserung für die Mitglieder des Arbeitskreises selber.

Das Frankfurter Forum für gesellschafts- und gesundheitspolitische Grundsatzfragen e.V. will mit "namhaften Persönlichkeiten aus Gesellschaft, Politik und Wissenschaft diskutieren und versuchen, auf diese Fragen Antworten zu geben". Auf der Homepage des Forums heißt es weiter:

> "Wir legen Wert darauf, dass die unterschiedlichen ethischen, medizinischen, rechtlichen, ökonomischen und politischen Standpunkte publik und transparent gemacht werden. Wir haben das Ziel, sinnvolle Anregungen und Handlungsempfehlungen an die Entscheidungsträger in Politik und Gesundheitswesen weiterzugeben, um so an dessen Weiterentwicklung mitwirken zu können."

Dass bei den zwei Mal im Jahr stattfindenden Foren Vertreterinnen und Vertreter der am Gesundheitswesen beteiligten Akteure von Medizinern, Juristen, Vertretern der Krankenkassen, Ökonomen und Hospiz Bewegung, Patientenvertreter, Ethikern und Theologen vertreten sind, die auch jeweils sachkundig ihre Positionen in die Diskussion einbringen, macht diese Veranstaltungen auch für den Moraltheologen so informativ und zur Weiterarbeit herausfordernd.

Schließlich sei noch das Juristisch-Theologische Kolloquium erwähnt, bei dem ein Mal pro Jahr eine Disputation zwischen einer Vertreterin bzw. einem Vertreter der Jurisprudenz und dem jeweiligen theologischen Gegenpart stattfindet. Diskutiert wurde bisher u.a. über Themen wie die rechtliche und ethische Beurteilung der Blasphemie, die rechtliche und moraltheologische Interpretation des Prinzips der Menschenwürde, Pro und Contra der ärztlichen Suizidbeihilfe, islamischer Religionsunterricht. Die Idee zu dieser Veranstaltung, die von der Frankfurter Juristischen Gesellschaft, dem Haus am Dom und der Hochschule Sankt Georgen getragen wird, erwuchs bei mir aus dem Bedürfnis heraus, neben anderen Berufsgruppen wie vor allem Mediziner auch mit Juristen ins Gespräch über Themen zu kommen, die von beiden Seiten her eine gemeinsame Schnittmenge haben und die vor allem auch kontrovers diskutiert werden.

Moraltheologie findet ja nicht nur in Hörsälen und Seminarräumen statt, sondern auch im Forum der gesellschaftlichen und politischen Öffentlichkeit. Ein solches Engagement verlangt auch seine Zeit. Doch bei mir überwiegt die Überzeugung, dass es bisher keine vertane Zeit war. "Kritische Zeitgenossenschaft" lässt sich gewiss auf vielfältige Weise realisieren. Doch es ist gerade in Zeiten, in denen die breite gesellschaftliche Akzeptanz des Christentums zunehmend schwindet, notwendig, dass die Moraltheologie sich auch weiterhin in die wichtigen gesellschaftlichen Debatten einmischt. Im Gespräch mit Kolleginnen und Kollegen aus anderen Ländern habe ich den Eindruck gewonnen, dass wir hierzulande nach wie vor größere Chancen als andernorts haben, in diesen Auseinandersetzungen auch gehört zu werden.

Wenn ich mich am Ende meines Berichts frage, was mich moraltheologisch vor allem bewegt hat und noch bewegt, dann ist es nach wie vor die Frage nach einer überzeugenden Grundlegung einer theologischen Ethik, die auch kritischen Nachfragen seitens der Philosophie Antwort geben kann; dann eine Begründung medizinischer Ethik, in der das Prinzip Menschenwürde als Erstprinzip nicht einfach durch das Prinzip der Autonomie ersetzt wird, weil dieser Ausdruck allzu oft im Sinne einer Entscheidungsfähigkeit verstanden wird, die empirisch prüfbar sein soll. Und schließlich ist für mich die Frage eines angemessenen Verständnisses des Pluralismus in theologischer Ethik nach wie vor ein Desiderat.

6. Ausblick

Diesen Bericht schreibe ich am Ende meines dritten Aufenthaltes in den Vereinigten Staaten. Dieses Mal haben mich die Mitbrüder der Jesuitenkommunität an der Georgetown University in Washington DC aufgenommen. In den vergangenen drei Monaten hat sich vieles in diesem Lande und andernorts ereignet, was die Menschen bewegt und manchmal aufgewühlt hat. Zuerst die Erschießung von einem unbewaffneten Jugendlichen in Ferguson, dann die eines Kindes mit Spielzeugpistole, der tödliche Würgegriff gegen einen Zigarettenschmugler in New York – Beispiele für die polizeiliche Gewalt gegen Afro-Amerikaner, die Tausende abends und nachts auf die Straßen zum Protest gegen Rassendiskriminierung trieben. Dann der Bericht über die Foltermethoden des CIA, die von interessierter Seite als “Programm“ bezeichnet wurden. Auch das böte genügend Stoff für weitere Reflexionen über ein Land, in dem es auch eine Sensibilität für Ungerechtigkeiten gibt und in dem die Medien auch offen darüber informieren.

Alberto Bondolfi

Zwischen den Sprachen, den Kulturen und den Konfessionen

Ich wurde 1946 in Giubiasco, einem Vorort der Stadt Bellinzona, der Hauptstadt des Kantons Tessins, geboren. Meine Eltern stammten aus verschiedenen Teilen der sogenannten „italienischen Schweiz", meine Mutter aus Giubiasco und mein Vater aus Poschiavo, also aus einem Bergtal in Graubünden. Bereits dieser kantonale Unterschied wurde zum Gesprächsthema mit meinen Kameraden (Kameradinnen gab es kaum, da die Klassen zu dieser Zeit noch geschlechtsgetrennt waren) in der Primarschule. Nur wenige wussten, dass die italienische Sprache in der Schweiz nicht nur auf das Tessin konzentriert war, sondern, dass darüber hinaus noch vier Täler in Graubünden italienisch sprachen und sprechen. Mitglied einer Minderheit in der Minderheit zu sein war mir bewusst, und ich war besonders stolz, aus einem „verlorenen Tal" zu stammen. Dank der Hilfe von zwei Priester-Onkel, welche je ein Auto besassen, war es mir möglich, in dieser Phase meines Lebens relativ viele Reisen zu unternehmen. Unser Lehrer fragte die Schüler, in wievielen Staaten wir bereits gereist seien. Ich konnte einen Vorsprung aufweisen, da ich nicht nur Italien und Deutschland besucht hatte, sondern auch das Fürstentum Liechtenstein und Österreich kannte. Der Lehrer stellte aber auch die Frage, welche Kinder auch das benachbarte Tal schon besucht hätten. Und da blieb ich als Einziger im Nachteil…

Meine Mutter führte, zusammen mit einer Tante, ein Textilien-Geschäft, und ich war im Laden täglich anwesend. Somit habe ich relativ früh die Überlegungen und Sorgen des Handels wahrnehmen können. Zugleich habe ich auch die Begegnungen meiner Mutter mit den Lieferanten mitverfolgt. Sie waren hauptsächlich Leute aus der Deutschschweiz und entweder Juden oder Protestanten. Ich konnte wahrnehmen, wie freundlich meine Mutter mit ihnen umging, sie zu Tisch einlud, damit sie Schweinefleisch vermeiden konnten. Mir ist ein jüdischer Lieferant im Gedächtnis geblieben, der uns mitteilte, dass er während des zweiten Weltkrieges ein Gelübde versprochen hatte: falls seine Verwandten in Deutschland überlebt hätten, hätte er nach dem Krieg jede Woche den ganzen Psalter gebetet. Als katholisch erzogener Knabe sagte ich ihm, dass alle christlichen Mönche bereits dies tun. Der Verkäufer, der die in den 1950er Jahren eingeführten Strumpfhosen in der ganzen Schweiz verkaufte, freute sich sehr über diese unerwartete Gemeinsamkeit zwischen seiner Frömmigkeit und derjenigen der christlichen Mönche. In der Tat, als er uns mit seinem riesigen Auto zu unseren Großeltern nach Poschiavo fuhr, machte er ab und zu eine Pause, und am Strassenrand betete er seine Psalmen.

Ich wurde also sehr intensiv „katholisch" erzogen, aber in einer Atmosphäre der ökumenischen Offenheit, lange vor dem 2. Vatikanischen Konzil. Dies lässt sich mit einem zweiten Beispiel illustrieren. Ich war selbstverständlich Ministrant und übte diese Aufgabe freudevoll aus. Da aber zu dieser Zeit noch viele „Totenmessen" zelebriert wurden und oft Beerdigungen im Dorf stattgefunden haben, musste ich meine Lehrer um Erlaubnis bitten, an allen diesen Anlässen als Ministrant teilzunehmen. Beide Lehrer, welche ich in der Primarschule gehabt habe, waren „Liberale". Um diese Bezeichnung zu verstehen, muss man ein wenig die Geschichte des Tessins kennen. Im neunzehnten Jahrhundert entstand der Kanton dank des Einflusses Napoleons auf die Eidgenossen. Vorher war dieses Gebiet südlich der Alpen eine Art „besetztes Gebiet" der deutschsprachigen Kantone. Napoleon gewährte diesem Territorium die Möglichkeit, Teil der Schweiz zu werden, nur unter den Bedingung, dass diese Gebiete ein eigener Kanton werden durften. Das geschah ganz im Sinne Napoleons und die erste Verfassung des Tessins wurde im Geiste der Französischen Revolution redigiert. Im 19. Jahrhundert spaltete sich die Bevölkerung zwischen den „Konservativen" und den „Liberalen". Die ersten wollten die Privilegien der katholischen Kirche im helvetischen Kontext bewahren, während die Liberalen eine „république laïque" à la française sich wünschen. Mein Dorf, ganz in der Nähe von der Hauptstadt Bellinzona, ist seit dem 19. Jahrhundert liberal dominiert, und dies manifestierte sich vor allem im Schulwesen. Nichtsdestotrotz hat die Lehrerschaft irgendwie Verständnis für die Bedürfnisse der Kirche und gewähret ihr einige Privilegien, wie etwa die Möglichkeit für die Schüler (Schülerinnen am Altar gab es kaum), als Ministrant immer verfügbar zu sein.

Die liberale Lehrerschaft nahm sich aber ab und zu die Freiheit, die Kirche vor den Kindern zu kritisieren. Mir ist vor allem eine kuriose Episode in Erinnerung geblieben. Der Lehrer behauptete ganz dezidiert, dass die Dreifaltigkeitslehre eine „Erfindung der Pfaffen" sei. Daraufhin habe ich prompt reagiert und versucht, einen Gegenbeweis zu liefern. Ich weiss nicht mehr, was ich gesagt habe, aber in meinem Gedächtnis ist mir der Abschluss der Episode geblieben. Ich muss irgendwie etwas Komisches behauptet haben, da die ganze Klasse gelacht hat. Meine Apologetik der katholischen Lehre hat also zumindest eine befreiende Funktion ausgeübt.

Am Ende der Primarschule stellte sich für alle Schüler die Frage, ob sie in die Sekundarschule oder ins Gymnasium eintreten sollten. Für das Eintreten ins Gymnasium war damals eine Prüfung notwendig. Ich konnte meine Eltern ohne Mühe für die Variante des Gymnasiums überzeugen. Es kam aber anders, da der damalige Vikar der Dorfpfarrei mit meinen Eltern konferierte und versuchte, sie zu überzeugen, dass ich eher für das „seminario minore" geeignet wäre. Mein Vater war eher zögernd, aber meine Mutter, mit der Hilfe auch der zwei Priester Onkel und meiner Tante, die als Nonne in Bellinzona wirkte, konnte sich leicht durchsetzen.

Ich besuchte also ab 1957 das „Collegio Pio XII“ in der Nähe von Lugano. Der Ort war bezaubernd schön und der Unterricht ohne weiteres qualifiziert und spannungsvoll. Ich fühlte mich wohl in dieser Umgebung, und die Absicht, Priester zu werden, spielte eine Rolle nur im Hintergrund meiner Psyche. Ich konnte mir nicht konkret vorstellen, was diese Rolle implizierte, und meine Aufmerksamkeit konzentrierte sich auf das Erlernen von neuen Inhalten und Fähigkeiten, welche mich sehr interessierten. Vor allem genoss ich den Unterreicht in den Fremdsprachen Französisch und Deutsch sowie das Singen von Barockmusik und den Klavierunterricht.

Erst einige Jahre später, als ich zum „Seminario S. Carlo“ in Lugano wechselte und mein Abitur vorbereitete, meldete sich eine Art Unbehagen im Hinblick auf die Zielsetzung, Priester zu werden. Die Jahre des „Liceo“, also die letzten Jahre vor dem Abitur, gingen schnell vorüber und ich beschäftigte mich vor allem mit philosophischen Fragen und mit dem Orgelspiel. Es herrschte im Priesterseminar eine offene Atmosphäre, und die Professoren waren recht aufgeschlossen. Nichtsdestotrotz empfand ich immer mehr Mühe, mich mit dem Ideal des katholischen Priesters zu identifizieren. Dies nicht nur wegen des Verzichtes auf die Liebe zu einer Frau, , sondern vor allem, weil ich ein immer stärkeres Interesse für gesellschaftliche Fragen entwickelte. Mir sind vor allem einige Erinnerungen immer noch präsent: so ging ich immer öfter in die Stadt Lugano, um „Le Monde“ zu kaufen. Diese Tageszeitung war bei uns vor allem für die präzise Information über die Diskussionen bei den Sessionen des 2.Vatikanischen Konzils bekannt. Somit war diese meine Lektüre von den Seminaroberen gebilligt, obwohl ich sie auch unternahm, um mir ein Bild der Weltpolitik zu machen.

Die Jahren 1964-1967 waren sehr bewegt: in der Welt, in Europa und auch in der kleinen Welt des Tessins. Im Priesterseminar wurden wir immer weniger, da viele Studenten die Institution verliessen. Der Unterricht, sowohl in Philosophie als auch in Theologie, war immer noch angemessen, da das Bistum über gut ausgebildete Professoren verfügte, aber das Niveau meiner Mitstudierenden war nicht immer angemessen, da der Bischof immer mehr Studierende aus Italien „importierte“, um den Priestermangel aus der Region zu überwinden. Ich beobachtete die Situation kritisch, mein inneres Unbehagen wurde noch intensiver, fand aber Zuflucht in der Bibliothek, welche über kostbare Publikationen verfügte und eine Reihe von Zeitschriften aus dem Ausland abboniert hatte, und an der Orgel.

Ab 1966 wurde die Situation noch kritischer. Der Bischof war krank und wir hörten, dass man über eine Übersiedlung des Priesterseminars nach Fribourg diskutierte. Diese Nachricht weckte meine Aufmerksamkeit und Neugierde und somit wurde meine Absicht, ein Universitätsstudium zu unternehmen, klarer und realistischer. Im Priesterseminar kamen aber auch zugleich kulturelle Impulse ganz anderer Art, welche die allgemeine Situation dieser Institution und meine persönliche Situation noch mehr destabilisierten. Der Professor für die „Soziallehre der Kirche“ gab uns damals nicht nur Informationen über verschiedene kirchliche Stellungnahmen, sondern darüber hinaus auch Hinweise über verschiedene Gesellschaftstheorien, die damals diskutiert wurden. Da ich bereits ein Buch von Herbert Marcuse gekauft hatte fragte ich den Professor um seine persönliche Meinung über diesen Autor. Er war zuerst überrascht, dass ein Philosophie- und Theologiestudent diesen Autor schon kannte. Er sprach aber kein Wort der Desavouierung, sondern begnügte sich mit dem Hinweis, dass man zuerst die Klassiker, wie etwa Karl Marx oder Max Weber, gut kennen müsse, um Marcuse verstehen zu können. In Nachhinein muss ich gestehen, dass diese Antwort nicht nur als korrekt, sondern auch mir angemessen erschien und immer noch erscheint. Mein Lehrer, inzwischen verstorben, hatte mein Bedürfnis nach einer besseren Kenntnis der verschiedenen sozialphilosophischen Positionen verstanden und zugleich gefördert.

Die Krise aber, sowohl meine persönliche als auch die gesellschaftliche, wurde nicht überwunden, sondern radikalisierte sich zunehmend. Im Priesterseminar wollte ein Teil der Studierenden ohne weiteres zur Universität übersiedeln und sich mit anderen Theologiestudenten aus der Schweiz verbinden, während eine Minderheit im traditionellen Rahmen des Priesterseminars bleiben wollte.

Im Jahre 1968 explodierte die Situation: Der Bischof, der bis zuletzt versuchte, die Seminaristen in Lugano zu behalten, bewilligte am Sterbebett die Übersiedlung nach Fribourg. Er starb einige Tage nach seiner Entscheidung. Wir übersiedelten alle nach Fribourg, und zwar ins Konvikt Salesianum, wo wir gemeinsam mit anderen Studenten, sowohl aus der Theologie als auch aus anderen Disziplinen wohnten und zugleich die Vorlesungen an der Uni besuchten.

Für einige Kameraden aus meiner Klasse (inzwischen waren wir zahlenmässig sehr reduziert) war das ein Schock. Sie mussten aus dem geregelten Lebenslauf eines kirchlichen Internats zum Studentenleben an einer Universität, in einer Zeit eines gewaltigen Umbruchs, überwechseln. Zwei oder drei Kommilitonen schlossen so schnell wie möglich ihr Theologiestudium ab, um sich dann als Priester weihen zu lassen und wieder zurück kamen ins Tessin. Für die anderen Mitstudenten war dieser Wechsel nach Fribourg die Gelegenheit, um ihr Leben neu zu orientieren und zu gestalten. Nur drei davon entschieden sich, das begonnene Theologiestudium zu Ende zu führen. Ich tat es mit Überzeugung, obwohl diese Zeit bei mir vor allem durch die politische Tätigkeit innerhalb der Studentenbewegung geprägt war. Ich vertrat extreme Positionen, die nicht so sehr von einer praktischen Erfahrung gedeckt waren (meine einzige „proletarische" Erfahrung war die Arbeit in einer Garage während des Sommerferien, um das Geld für die Anschaffung meiner Bücher zu sammeln), sondern von theoretischen Lektüren der damaligen linken Literatur.

Nach einem Jahr im Konvikt und immer noch als Priesteramtskandidat entschied ich mich, diese Laufbahn endgültig zu verlassen. Die Entscheidung fiel mir nicht leicht. Mit dem Bistum erledigte ich die Angelegenheit mit einem

Brief an den neuen Bischof. Er kannte mich persönlich und antwortete mir mit einer eher abstrakten Schrift. In meinem Brief begründete ich meine Entscheidung mit dem Hinweis auf die von mir empfundene Irrelevanz der kirchlichen Tätigkeit innerhalb der damaligen Gesellschaft. Meine Mühe mit dem Zölibat erwähnte ich nicht. Heute, mit einem zeitlichen Abstand von mehr als vierzig Jahren, habe ich den Eindruck, dass die Kirchenleitung ebenso orientierungslos war wie die jungen Menschen, welche von ihr Abstand nehmen wollten. Es herrschte in den Chefetagen sowohl der Kirche als auch der nun als „säkular" definierten Gesellschaft, mehr Panik als Wille zur Restauration.

Diese verbreitete Orientierungslosigkeit half mir, die radikale Entscheidung, die ich getroffen hatte, psychisch zu verarbeiten und zu verinnerlichen. Das Interesse an theologische Fragen blieb, auch wenn eingeschränkt nur auf diejenigen Probleme, welche mich damals beschäftigten. Die Lektüren waren sehr intensiv, aber ebenso selektiv: Metz, Moltmann, Sölle waren die Lieblingsautoren auf meinem Arbeitspult. Ich konnte mir diesen Luxus leisten, da die theologische Fakultät von Fribourg alle meine in Lugano geleisteten Prüfungen großzügig anerkannt hatte. Somit waren die drei Jahre Studium in Fribourg eher ein Genuss denn eine Pflicht. Da die Fakultät schon damals zweisprachig war, hatte ich die Freiheit, zwischen französischen und deutschen Vorlesungen wählen zu können. Ich konnte damals besser Französisch als Deutsch, aber ich entschied mich immer für den, zumindest in meiner damaligen Einschätzung, „besseren" Professor. Somit übernahm die deutsche Theologie die Oberhand. Die konsequente Organisation der Fakultät in zwei Sektionen, die deutsch- und französischsprachige, führte zur Ernennung von vielen jungen Professoren, die „neuen Wind" in der eher thomistisch orientierte Fakultät brachten. Diese, auch altersmäßig mir nähere Generation von Theologen (die Frauen war nur sparsam im Hörsaal, aber noch nicht auf dem Lehrstuhl) prägten mich in meinen Interessen und in meinen Überzeugungen.

Die exegetischen Fächer waren in Lugano gut vertreten, auch wenn die Kenntnis der alten Sprachen nicht im Vordergrund standen. So musste ich Hebräisch nachholen, was mir eher Mühe bereitete, da ich den Sprachunterricht in der Fremdsprache Deutsch besuchen musste. Ich schaffte es trotzdem, vor allem dank der Großzügigkeit des damaligen Lehrers Otmar Keel. Seine Psalmenvorlesungen sind mit in bester Erinnerung geblieben. Er konnte uns seine Interpretationen, welche auf einer intensiven archäologischen Forschung fussten, mit der Hilfe von Bildmaterial vermitteln. Die „salle du cinéma" wurde somit zum Ort der Vermittlung einer sehr qualifizierten alttestamentlichen Exegese.

Während dieser sehr intensiven Jahre konnte ich auch die Kenntnis der evangelischen Theologie vertiefen. Das ökumenische Institut war damals von Heinrich Stirnimann OP geleitet, und zwar in einem sehr offenen Klima. Seine zwei Mitarbeiter Pietro Selvatico SJ und Johannes Brantschen OP, pflegten nicht nur die Forschungstätigkeit, sondern auch intensive Kontakte mit der Studentenschaft. Sie nahmen auch den jungen Tessiner, der immer noch Mühe mit der deutschen Sprache hatte, an und vermittelten ihm die Kenntnis von neuen Autoren, welche ihm damals noch nichts bedeuteten: Ebeling, Jüngel, Fuchs und viele andere. Auch Zeitschriften und Lexika, welche mir bis dahin fremd waren, wurden für mich zum regelmässigen Arbeitsinstrument. Das Institut war in einer schönen Villa aus dem 18. Jahrhundert angesiedelt und wurde zum geliebten Arbeitsort. In dieser Vorliebe für historische Orte entdecke ich jetzt, Jahrzehnte später, meine eigene Ambivalenz der Zeit gegenüber: Ich fühlte mich und fühle mich weiterhin als eine „Progressiver", der aber immer eine gewisse Nostalgie für frühere Zeiten pflegte.

Dies erklärt vielleicht, warum ich während dieser Zeit an der Universität Fribourg unter den nichttheologischen Disziplinen, sozusagen als „Hobbynebenfach" Musikologie absolvierte. Fachvertreter war Professor Tagliavini, ein ausgezeichneter Kenner und Interpret der barocken Musik. Seine Vorlesungen im Musiksaal begeisterten mich, vor allem wenn er seine Aussagen mit konkreten Beispielen am Cembalo bekräftigte. Er konnte direkt aus einer Photokopie des Manuskripts des 16. oder 17. Jahrhunderts Prätorius oder Frescobaldi spielen.

Auch andere Gelehrte imponierten mir, selbst wenn sie politisch ganz anderswo angesiedelt waren als ich. In bester Erinnerung bleibt mir Professor Bochenski in seinen Vorlesungen zur Geschichte der modernen Philosophie. Sein Antikommunismus nahm ab und zu groteske Züge an, aber im Hörsaal klatschen sowohl die Rechten als auch die Linken, wenn auch aus unterschiedlichen Gründen.

Meine Fachinteressen konzentrierten sich während dieser Jahre auf das Fach Fundamentaltheologie. Ich schloss mein Lizentiat 1971 mit einer Arbeit über den Begriff der „politischen Theologie" bei J. B. Metz ab. Mein Interesse für die Moraltheologie war eher mässig, vor allem weil die Themen der politischen Ethik, welche mich am meisten interessierten, in der Zuständigkeit des Philosophen A. F. Utz OP lagen. Utz war ein sehr kompetenter Lehrer, aber seine politische Einstellung war mir fremd (während der Vorlesung erzählte er von seinen Begegnungen mit Franco, dem damaligen Diktator Spaniens). Erst der Enthusiasmus des Moraltheologen Stephan H. Pfürtner weckte meine Aufmerksamkeit und dann auch mein Engagement. Er war einer der wenigen Professoren, der die Studentenbewegung von ‚68 nicht als Episode, sondern als echte Herausforderung auch für die Theologie wahrnahm. Seine Vorlesungen, schriftlich fixiert mit Kollagen und gedruckt noch mit der „Spritmaschine", waren voll mit Hinweisen auf zeitgenössische Autoren. Das Raster der Vorlesung war klassisch, aber die Inhalte waren durch die aktuelle Auseinandersetzung des Lehrers mit seiner Zeit geprägt. So war die Prudentialehre mit Zitaten von Mitscherlich und die Lehre der Hoffnung mit solchen von Bloch gespickt. Pfürtner war sehr geschätzt, da er auch gemeinsame Seminare mit nichttheologischen Disziplinen wagte. Mir ist noch ein Seminar zum Thema Schwangerschaftsabbruch, mit Juristen und Medizinern sehr präsent. Wir sassen zu 30 im Seminarraum und diskutierten fieberhaft über eine mögliche Reform des schweizerischen Strafgesetzbuchs, einige Jahre im Voraus, bevor die diesbezügliche Reform in der Tat in der Schweiz eine neue Form annahm.

Pfürtner wurde auf die Präsenz des jungen Theologen aus dem Tessin durch ein Seminar über die politische Theologie aufmerksam. Meine Ausführungen waren sehr knapp und rhetorisch sicherlich kaum brillant, sie weckten aber das Interesse des Lehrers durch einige Hinweise auf die italienische und spanische Rezeption des Werks von J. B. Metz. Pfürtner zeigte mir seine Sympathie für die italienische Kultur, welche er in Rom bei seinem Studium am Angelicum kennenlernte. Die Beziehung zwischen uns beiden wurde immer intensiver, so dass er mich, kurz vor der Lizentiatsschlussprüfung fragte, welche meine berufliche Perspektiven für die Zeit nach dem Examen wären. Ich teilte ihm mit, dass ich vor allem ein Interesse an einer journalistischen Tätigkeit im Bereich Religion hätte und dass ich bereits eine Bewerbung beim Radio der italienischen Schweiz in Lugano eingereicht hätte. Pfürtner machte mir anschliessend den Vorschlag, sein Assistent zu werden. Es war für mich eine Überraschung, wenn auch nicht eine absolute, weil ich bereits seit einigen Monaten mit der Idee einer akademischen Karriere kokettiert hatte, aber keine konkrete Vorstellung davon hatte.

Pfürtner teilte mir mit, dass die Assistentenstelle eine absolute Novität an der Universität Fribourg wäre und dass er nicht in der Lage wäre, mir konkrete Informationen zum Pflichtenheft und zum Salär zu machen. Sorgenlos begann ich dann im Herbst 1971 meine Tätigkeit als Assistent am Moraltheologischen Institut. Als Kollegen am zweiten Lehrstuhl für Moraltheologie erhielt ich einen Jesuitenpater, der auch bei Pfürtner mit einer Dissertation über die Tragweite sozialethischer Stellungahmen der Kirchen doktorieren wollte. Die Atmosphäre am Institut war sehr angenehm, unter anderem auch, weil die Pflichten der verschiedenen Akteure relativ vage definiert waren und uns somit eine große Gestaltungsfreiheit gewährt wurde.

Die Ruhe täuschte aber, da eine kleine Episode des universitären Lebens eine große Wirkung zeitigte und auch mein Leben im Nachhinein entscheidend prägte. Ende Oktober bat mich Pfürtner, ihm bei der Gestaltung eines Vortrags behilflich zu sein. Es ging nicht um Inhalte, sondern eher um die Suche nach Literatur und die Anfertigung von Photokopien (für die damalige Zeit ein Novum an der theologischen Fakultät). Der erfahrene Dominikanerpater und Moraltheologe ahnte, dass seine Ausführungen vielleicht eine kontroverse Debatte verursachen würden. Deswegen wollte er im Voraus über einen geschriebenen Text verfügen.

Am Tag nach dem Vortrag sagte mir Pfürtner, dass der Vortrag in Bern erfolgreich über die Bühne gegangen sei und dass die Diskussion aus diesem Vortrag sehr lebendig und konstruktiv gewesen sei. Niemand unter uns am Institut ahnte, dass eine schwerwiegende Auseinandersetzung und ein gravierender Konflikt entstehen würde. In der Tat ging eine nicht näher bekannte

„Laiengruppe“ zum Ortbischof von Fribourg und beklagte die sexualethischen Positionen, welche der Moraltheologe in Bern dargestellt und vertreten hatte.[1] Der Bischof Pierre Mamie, sehr wahrscheinlich von einer panischen Angst gepackt, sandte die zur Verfügung gestellten Information und Dokumentation an die Glaubenskongregation in Rom.

Somit begann eine lange innerkirchliche und zugleich politische Auseinandersetzung, mit einem relativ großen medialen Echo und Begleitung. Mein Berufsleben wurde dadurch ebenso tangiert wie erschüttert. Rückblickend muss ich gestehen, dass sich diese Erfahrung für mich sehr produktiv ausgewirkt hat. Einerseits blieb für die Fertigung meiner Dissertation relativ wenig Zeit, andererseits konnte ich die Modalitäten einer innerkirchlichen Auseinandersetzung direkt beobachten, vor allem durch die Lektüre aller Texte, welche kaum an die Öffentlichkeit gelangten.

Da Pfürtner als Moraltheologe und Ökumeniker sehr breit vernetzt war, konnte ich viele Fachleute aus der Theologie, aus der Philosophie und aus der Rechtswissenschaft kennen und schätzen lernen. Diese erste Hälfte der siebziger Jahre des vorigen Jahrhunderts waren für mich so eine Einführungsschule in die akademische Welt. Pfürtner nahm mich zu Tagungen und Kongressen mit, obwohl ich noch nicht promoviert war, und dies wirkte produktiv auf meine weitere Laufbahn. Vor allem nahmen mich evangelische Ethiker zur Kenntnis und luden mich ein, an gemeinsamen Initiativen mitzuwirken.

Diese ersten Assistentenjahre erlaubten mir auch, die Breite der theologischen Interessen meines Doktorvaters wahrzunehmen und zu schätzen.[2] Im Rampenlicht gelangten damals seine sexualethischen Positionen und Argumentationen, geblieben sind aber, zumindest bei mir, seine Kenntnis von Thomas von Aquin, nicht scholastisch gelesen, sondern in seinen geschichtlichen Kontext eingebettet interpretiert und mit anderen Theologen kreativ verglichen. Mir imponierten damals und beeindrucken mich immer noch seine tiefen Lutherkenntnisse. Durch seine Hilfe konnte ich eine fast familiäre Nähe zu den reformierten Ethikern in der Schweiz einüben.

1974 ging der sogenannte „Fall Pfürtner“ mit dessen Verabschiedung aus der Universität Fribourg zu Ende und, nach einem Sabbatjahr in Bielefeld (wo er Niklas Luhmann traf), wurde mein Lehrer Professor für theologische Ethik an der evangelisch-theologischen Fakultät in Marburg. Meine Kontakte mit ihm blieben konstant, wenn auch nicht mehr so intensiv wie in den Jahren in

1 Für eine akribische Rekonstruktion des “Fall Pfürtner“ s. Kaufmann, Ludwig: Ein ungelöster Kirchenkonflikt. Der Fall Pfürtner: Dokumente und zeitgeschichtliche Analysen. Freiburg i. Ue. 1987; vgl. auch: Cottier, Georges: L'"Affaire" Pfürtner. Freiburg i. Ue. 1974.

2 So konnte ich zwei Mal den Versuch unternehmen, eine Synthese seines Werkes zu schildern. Vgl. Bondolfi, Alberto: Stephan H. Pfürtner. Dem Gewissen verpflichtet. In: Theologische Profile – Portraits théologiques. Schweizer Theologen und Theologinnen im 19. und 20. Jahrhundert. Hrsg. von Bruno Bürki und Stephan Leimgruber. Freiburg i. Ue. 1998, 366-380; Ders.: Stephan H. Pfürtner. In: Schweizer Ethiker im 20. Jahrhundert. Hrsg. von Wolfgang Lienemann und Frank Mathwig. Zürich 2005, 219-233.

Fribourg. Im gleichen Jahr heiratete ich und Pfürtner war dabei als Gast. Gerne hätten meine Frau Sylvia und ich ihn als Traupriester gewünscht, aber die Normen des kirchlichen Rechts hinderten uns daran.

Nach diesem traurigen Abschied kam für mich ein Jahr der akademischen Unsicherheit. Die theologische Fakultät suchte einen Nachfolger, der in der Lage gewesen wäre, ein Minimum an Frieden sowohl bei den Professoren als auch bei der Studentenschaft zu stiften. Die Fakultät verzichtete darauf, eine Lehrstuhlvertretung zu organisieren und beauftragte die beiden Assistenten des Moraltheologischen Instituts, Werner Heierle und mich, den Lehrbetrieb aufrechtzuerhalten. Die Aufgabe erschien mir gewaltig und herausfordernd zugleich. Somit lernte ich „zu schwimmen", ohne einen eingehenden „Schwimmunterricht" erhalten zu haben. Die Erfahrung war aber für mich lehrreich, da ich eine gewisse Vertrautheit mit dem Lehrbetrieb entwickeln konnte und auch die Angst vor der deutschen Sprache verlor.

Im Jahre 1974 wurde Dietmar Mieth auf den Lehrstuhl für Moraltheologie berufen. Zuerst konnte ich mir kein genaues Bild von ihm machen. Seine Dissertation beschäftigte sich mit dem Werk von Meister Eckart und seine Habilitation war zu diesem Zeitpunkt noch nicht veröffentlicht. Verschiedene Stimmen kursierten in der Assistentenschaft und Studentenschaft. Einige behaupteten, er sei fromm und ein wenig konservativ, andere hingegen behaupteten, er sei ein entschiedener Vertreter der „autonomen Moral" und sowohl innerkirchlich als auch gesellschaftlich „progressiv". Über diese Einschätzungen hinaus beschäftigte mich damals die Frage, ob er eine Art „Altlast", d.h. eine Person aus der Zeit des Vorgängers übernehmen, oder ob er eigene Leute aus Tübingen mitbringen würde.

Die erste Begegnung schaffte sofort eine herzliche und gegenseitige Sympathie. Mieth hatte für meine Herkunft und für meinen sprachlichen und kulturellen Hintergrund nicht nur Verständnis, sondern eine echte Empathie. Auch das Thema meiner angefangenen, aber noch nicht fertigen Dissertation zum Verhältnis zwischen Religion und Ethik in der „Frankfurter Schule" fand bei ihm echtes Interesse. Seine Hilfe zeigte sich vor allem im Beharren auf die Fertigstellung des Vorhabens. In einer strategischen Allianz mit meiner Frau gelang es ihm, 1977 die fertige Dissertation von mir zu erhalten.

Nach der Assistenzzeit, mit dem Ziel eine Promotion zu erlangen, kannte das damalige Schweizer Universitätssystem keine weitere Unterstützung in der Form eines Habilitationsstipendiums. Ich musste auch keine Stelle suchen, da Caritas Schweiz mich aufsuchte und mir eine Stelle bei ihrer Zentrale in Luzern anbot. Ich nahm sie gerne an, auch wenn dies ein ständiges Pendeln zwischen Fribourg und Luzern nach sich zog. Meine Frau war als Lehrerin in Fribourg tätig und die dafür nötige Diplome nur kantonal anerkannt. Es blieb mir nichts Anderes übrig, als mich mobil zu machen. In nachhinein gesehen muss ich heute anerkennen, dass diese „bewegte Existenz" und die diesbezügliche große Toleranz meiner Frau sich sehr positiv auf unsere Beziehung ausgewirkt haben. Seit dieser Zeit hat sich auf alle Fälle bei Bekannten und Verwandten ein Bild von mir eingebürgert, nämlich „clericus vagans“ .

Die zwei Jahre bei der Caritas Schweiz halfen mir, ein wenig Distanz von der akademischen Welt zu nehmen und die Breite und Vielfalt des kirchlichen Lebens in der Schweiz kennenzulernen. Meine akademischen Ambitionen verschwanden nicht restlos, blieben aber eher im Hintergrund.

Der Zufall wollte, dass ich bald wieder an einer Universität tätig wurde. Der damalige Leiter des sozialethischen Instituts an der Universität Zürich, Theodor Strohm, suchte einen Theologen oder eine Theologin für das Institut für Sozialethik. Die Erziehungsdirektion des Kantons Zürich (also das Kultusministerium) äusserte den Wunsch nach einem Kandidaten aus der Schweiz, da das ganze Personal des Instituts damals aus Deutschland kam. Nach langem Suchen fand Strohm keine promovierte Person, welche zugleich Mitglied der reformierten Kirche in der Schweiz war. Er besprach diese Situation mit seinem katholischen Kollegen in Luzern, Franz Furger. Dieser suggerierte ihm meinen Namen, wohl präzisierend, dass ich Tessiner und Katholik sei. Strohm sah darin kein Problem und nannte meinen Namen bei der Zürcher Behörde. Aus dieser Stube kam dann der Spruch: „der Kandidat kann auch Buddhist sein, aber Schweizer muss er sein“.

Im Herbst begann ich also als ständiger wissenschaftlicher Mitarbeiter am Institut für Sozialethik der Universität Zürich meine weitere Tätigkeit an. Es war für mich eine sehr spannende und bereichernde Tätigkeit. Professor Strohm sowie die zwei weitere Professoren, welche das Institut geleitet haben, Hans Ruh zuerst und dann Johannes Fischer, gaben mir volle Freiheit in der Gestaltung meiner Arbeit. Da die Stelle, zumindest während der ersten Jahre meiner Tätigkeit in Zürich als „lebenslänglich“ galt, bemühte ich mich nicht so sehr, zu einer Ernennung an einem Lehrstuhl zu gelangen. Die Zahl der Stellen in der Schweiz war relativ begrenzt und sowohl meine Frau als auch ich zeigten kein Interesse, nach Deutschland oder Österreich überzusiedeln. 1980 und 1984 kamen auch unsere zwei Töchter zur Welt, und dadurch wurde unsere Absicht in Zürich zu bleiben, noch bekräftigt.

Die Stelle mit ihrem offenen Profil erlaubte mir, sowohl die inhaltlichen Interessen zu vertiefen als auch in verschiedenen gesellschaftlichen Gremien Mitglied zu werden. Standen am Anfang sozialphilosophische Fragen und Gesamtentwürfe im Vordergrund, wurden später für mich Themen und Probleme aus der angewandten Ethik immer relevanter. Die zuerst in der Philosophie angesiedelte „Rehabilitierung der praktischen Philosophie“ griff auch auf die theologische Ethik über.

Während der achtziger Jahre konzentrierte sich mein Enagement in Gremien vor allem auf kirchlichen Kreise. 12 Jahre lang war ich Mitglied der Nationalkommission Justitia et Pax der Schweizerischen Bischofskonferenz. Es war eine sehr spannende Zeit, in der alle Landeskirchen der Schweiz immer intensiver bei der Erarbeitung gemeinsamer Stellungahmen im Bereich der Sozialethik zusammenarbeiteten. Hauptereignis dieser Zeit war der gemeinsame konziliare Prozess „Gerechtigkeit, Frieden und Bewahrung der Schöpfung", an dem ich mitwirken konnte. Es bleiben mir bis heute sehr positive Erinnerungen an dieser hohe Stunde der Kirchen sowohl in der Schweiz als auch in Europa. Justitia et Pax widmete sich zu dieser Zeit auch bioethischen Fragen und veröffentlichte auch einige Dokumente zu entsprechende Problemen.[3] Nach einigen Jahren intervenierte aber die Bischofskonferenz und unterbrach das Experiment, indem sie eine eigene Bioethikkommission ins Leben rief, welche eine wesentliche offiziellere Linie verfolgte.

In die achtziger Jahre fällt auch meine Tätigkeit als Präsident der europäischen Konferenz Justitia et Pax. Ich erwähne diese Station meines Lebens, da dieses Amt das einzige ist, das ich in der katholischen Kirche offiziell ausgeübt habe. Ich musste die Arbeit der verschiedenen nationalen Justitia et Pax koordinieren sowie gemeinsame Initiativen unterstützen. Ich war der päpstlichen Kommission nicht direkt untergeordnet, informierte aber deren Präsident regelmäßig über unsere Tätigkeiten. So konnte ich Herrn Kardinal Etchegaray verschiedene Male in Rom treffen und nahm ein wenig Einblick in die Mechanismen der römischen Kurie.

Eine Episode aus dieser Zeit ist mir nicht nur in Erinnerung geblieben, sondern hat mich bis heute stark geprägt. Als Präsident der europäischen Konferenz Justitia et Pax hatte ich eine Menschenrechtskommission geleitet, welche versuchte, in Chile, während der Diktatur von Pinochet, politische Häftlinge zu befreien oder zumindest zu einem fairen Prozess zu führen. Zweimal war ich in Chile, 1983, als Pinochet fest an der Macht war, und 1987, als der General erste Zeichen der Machtübergabe gab. Beide Reisen gaben mir die Möglichkeit, sowohl Täter als auch Opfer dieser Diktatur zu treffen. Die Methoden dieser militärischen Elite waren sehr raffiniert, und somit war auch die Suche nach Beweisen ausserordentlich schwierig. Ich traf aber auch eine sehr engagierte Kirche, und dies sowohl an der Basis als auch bei den Bischöfen. Jeder versuchte an seiner Stelle, einen Beitrag zur Reetablierung der Demokratie zu leisten. Auch die Diplomaten, die ich treffen konnte, leisteten einen wirksamen Dienst. Ehrlich gesagt, habe ich von der vatikanischen Diplomatie einen eher schwachen Eindruck gewonnen. Ihr ging es vor allem darum, gemeinsam (alle christliche Kirchen, alle europäische Vertretungen und Menschenrechtsorganisationen) die Begnadigung von 17 sogenannte „Terroristen", welche von chilenischen Militärgerichten verurteilt worden waren, zu beantragen. Da machte die Nuntiatur nicht mit. Zwei Mal wurde ich vom damaligen Nuntius empfangen, aber alle meine Bemühungen blieben ohne Erfolg.

Die Erfahrung wiederholte sich einige Jahre später, als ich von der europäischen Kommission gebeten worden bin, in Rom zu intervenieren, damit eine klare Stellungnahme des Heiligen Stuhls zur Frage der Todesstrafe ergehen

3 Vgl. etwa Furger, Franz/Koch, Kurt: Verfügbares Leben? Die Wertung des menschlichen Lebens in der gegenwärtigen Gesellschaft aus der Sicht christlicher Ethik. Freiburg i. Ue. 1978 (Reihe Iustitia et Pax).

könnte. Zweimal ging ich zu Kardinal Etchegaray, aber eine Antwort blieb aus. Ich fragte den Kirchenfürsten, ob es Kommunikationsprobleme mit dem Papst gäbe. Die Antwort war klar: „Ich treffe ihn persönlich jede zweite Woche". Danach kam die Erklärung: Die Staatssekretärie wolle nicht, dass eine offizielle Äusserung des Papstes in dieser Angelegenheit die schon belastete Beziehung zwischen der katholischen Kirche und der nordamerikanischen Administration zusätzlich belaste. Der damalige Nuntius in Chile war in der Zwischenzeit Kardinal und Staatssekretär geworden.

In den neunziger Jahren wechselte mein Engagement von der kirchlichen zur weltlichen Szene in der Schweiz. Der Wechsel war von mir nicht direkt beabsichtigt worden, er ergab sich aber mehr oder weniger spontan aus meinen öffentlichen Stellungnahmen zu bioethischen Themen und Problemen. Da die kirchlichen Stellungnahmen die öffentliche Meinung immer mehr polarisierten, kamen einige Vertreter der Schweizerischen Akademie der medizinischen Wissenschaften wie auch einige Kollegen aus theologischen Fakultäten zu mir mit der Bitte, an der Gründung und an der Präsidierung einer Schweizerischen Gesellschaft für biomedizinische Ethik mitzuwirken. Absicht der Gründungsmitglieder war, die bioethische Diskussion in der Schweiz zu versachlichen und einen Dialog jenseits der konfessionellen und der parteipolitischen Differenzen zu ermöglichen.

Mehr oder weniger spontan akzeptierte ich das neue Amt, wohlwissend, dass ich dadurch nicht nur Freunde gewinnen würde. Diese Vereinigung, welche zu den besten Zeiten bis zu 500 Mitglieder aufweisen konnte, erlaubte mir, wissenschaftliche Initiativen zu initiieren, und dies jenseits der Möglichkeiten des Instituts. Mein damaliges und immer noch aktuelles Anliegen war vor allem die Ermöglichung eines gesamtschweizerischen Forum für bioethische Fragen, damit das gegenseitige Verständnis zwischen der Sprachregionen in diesem Bereich besser würde. Eine Zeitschrift („Bioethica Forum") entstand, es wurde eine Sommerschule in der Burg von Bellinzona organisiert (damals gab es noch keine Lehrstühle für Medizinethik in der Schweiz) und schließlich wurde eine Heftereihe („Folia Bioethica") gegründet. Diese Pionierzeit der Medizinethik in der Schweiz hat mir sehr gefallen und hat mich für einen weiteren Schritt in meinem Berufsleben vorbereitet.

Gerade am Ende meiner Präsidentschaft in der Schweizerischen Gesellschaft für biomedizinische Ethik kam eine zusätzliche Anfrage nach einem Präsidialamt. Der damalige Präsident der Societas Ethica, der europäischen Gesellschaft für ethische Forschung, bat mich, seine Nachfolge zu übernehmen. Die Anfrage war spannend und konfliktbeladen zugleich. Ich fragte mich, wie es möglich wäre, so ein Amt zu übernehmen aus der relativ „schwachen" Position eines Oberassistenten. Der damalige Leiter des Instituts für Sozialethik aber ermunterte mich, das Amt zu übernehmen und überzeugte zugleich auch zwei andere Institutsmitglieder, die Ämter des Sekretärs und des Quästors mitzuübernehmen. Diese Jahre bei der Societas Ethica waren sehr spannend und für mich sehr hilfreich. Das Beziehungsnetz im Bereich der

Ethik wurde noch breiter und europäischer. Dies freute mich sehr, obwohl ein Problem mich beschäftigte, welches bis heute noch keine befriedigende Antwort gefunden hat: Wie kann man die Beziehungen zwischen den gut organisierten Ländern aus Nord- und Mitteleuropa und den ärmeren Ländern des Mittelmeerraums auch im Bereich der Ethikforschung verbessern? Als ich mein Anliegen den Kollegen der Societas vorstellte, bekam ich Applaus. Als es aber zur Realisierung überging, wurde es wesentlich schwieriger.

Gerade gegen Ende meines Mandates bei der Societas Ethica meldete sich eine schwere inneruniversitäre Krise in Zürich an. Aus der Bemühung, für den Nachwuchs an helvetischen Universitäten zu sorgen, entschied der Kantonsrat in Zürich, die zeitlich unbefristete Stellen an der Universität in zeitlich befristete Stellen umzuwandeln. Die erworbenen Rechte der Stelleninhaber/innen wurden mit großzügigen Abgeltungen berücksichtigt. Da ich bereits fast 20 Jahre am Institut tätig war und somit die Anstellung jüngerer Kräfte erschwerte, entschied sich der damalige Leiter des Instituts, die Stelle als „zeitlich befristet" zu definieren. Eine Kündigung meldete sich an und sie wurde dann 2001 Realität. Diese Angelegenheit beunruhigte mich und meine Familie, und nachträglich empfinde ich diese Zeit immer noch als eine extrem fragile für mein Selbstbewusstsein. Ich fragte mich, ob ich große Fehler gemacht hätte, ob ich mit der Fertigstellung meiner Habilitation nicht zu lange gewartet hatte.

Auch diesmal hatte ich Glück im Unglück. Zuerst bot mir die Universität eine provisorische 50% Stelle als Dozent für Medizinethik an der medizinischen Fakultät an. Diese Fakultät wollte einen Lehrstuhl für Medizinethik errichten, wollte aber eher Kandidat/innen aus der Medizin berücksichtigen und nicht Philosoph/innen oder Theolog/innen engagieren. Mitten in diesem Provisorium kam dann ein Ruf aus der Universität Lausanne.

Ich nahm den Ruf auf eine neue Professur gerne an, obwohl dies für das Familienleben nochmals eine gewisse Belastung bedeutete. Mein Pendelleben fing wieder an, aber die neue Aufgabe reizte mich. Es handelte sich um ein Lehrstuhl im Dienste verschiedener Fakultäten, um die Herausforderungen der aktuellen Biologie und Medizin ethisch zu reflektieren. Ich wurde an der theologischen Fakultät angesiedelt, nicht so sehr weil man es so wollte, sondern weil ich in diesem Fach promoviert war. Langsam realisierte ich, dass meine spezifische Aufgabe nicht in der Ausbildung von künftigen Pfarrer/innen besteht, sondern in der ethischen Sensibilisierung von künftigen Wissenschaftler/innen. Dazu kam zusätzlich die Aufgabe, Ethik an der „école polytechnique fédérale" zu unterrichten.

Die Ernennung im Jahre 2000 zum Mitglied der Nationalethikkommission des Bundes bekräftigte diese Einschätzung meiner beruflichen Aufgaben. Ich fühlte mich innerlich in der Realisierung dieser spezifischen Aufgabe sicher, von den theologischen Kolleg/innen aber weniger verstanden. Die Vertreter/innen der theologischen Disziplinen fühlten sich durch die großen Umwälzungen an den Universitäten eher verunsichert. Die westschweizerischen theologischen Fakultäten (Genf, Lausanne und Neuenburg) wurden immer kleiner und isolierter und die Auffassungen über den Auftrag der Theologie gingen unter den Kollegen eher auseinander.

Ich fühlte mich durch diese innertheologische Krise irgendwie betroffen, hatte aber keine besondere Lust, mich öffentlich zu dieser Frage zu äussern und zu positionieren. Ich überliess diese Aufgaben einigen befreundeten Kollegen und versuchte eher, die guten Beziehungen, welche ich mit verschiedenen Vertreter/innen der sogenannten „exakten" Wissenschaften hatte, weiter zu pflegen.

Die letzten zwei Jahre meiner Lehrtätigkeit habe ich dann in Genf verbracht. Dieser letzte Wechsel war wiederum nicht freiwillig, sondern das Resultat einer Reorganisation der theologischen Fakultäten in der Westschweiz. Inhalte und Publikum blieben aber die gleichen. Die Verabschiedung im Jahre 2011 war sehr herzlich und somit pflege ich heute noch, sowohl mit der Fakultät von Lausanne als auch der von Genf, freundschaftliche Beziehungen.

Meine Frau sagt mir oft, dass ich während der ersten Monate nach der Pensionierung eher „unerträglich" gewesen sei. Dies stimmt sicherlich, da ich von einer sehr „bewegten" Existenz (in verschiedenen Sinnen des Wortes" zu einem sesshaften Leben übergegangen bin. Es dauerte aber nicht sehr lange. Im Jahre 2012 bekam ich die Anfrage eines italienischen Forschungsinstituts (das „Centro per le scienze religiose" der Stiftung „Bruno Kessler" in Trient), ob ich bereit wäre, die Leitung dieses Zentrums für religiöse Studien zu übernehmen. Zwei Beweggründe führten mich zu einer Annahme, zumindest für drei Jahre. Zuerst spürte ich das Bedürfnis, mich mit der italienischen Sprache und Kultur meiner Kindheit und Jugend wieder zu vereinigen. Allzu lange konnte ich mich nicht im italienischen Sprachbereich äußern, wie ich gerne gewünscht hätte. Der direkte Zugang zur Fachliteratur fehlte mir auch oft. In zweiter Linie spürte ich das Bedürfnis, nicht nur im Bereich der angewandten Ethik zu verbleiben, sondern auch zu den Grundfragen der Theologie zurückzukommen. In Trient habe ich diese Möglichkeiten gefunden und die Auseinandersetzungen, welche ich dort erfahren kann, bereichern mich zusehend.

Was für ein Grundgefühl bleibt, einige Jahre nach der Emeritierung, zurück? Mit Augustinus würde ich sagen: „Mihi quæstio factus sum". Das Leben bleibt auch für den darüber reflektierenden Menschen stets ein Rätsel, und dies kann und soll nur zu Dankbarkeitsgedanken führen.

PROVINCE OF JUDEA
PEREA

Werner Wolbert

Durch Zufall zur Moraltheologie

Meine Heimat ist das Münsterland, genauer gesagt, Greven an der Ems, direkt nördlich von Münster, wo sich heute der Flughafen Münster-Osnabrück befindet. In alten Lexika findet man noch die Information, die Ems sei bis Greven schiffbar (weshalb die Stadt bis heute ein Schiff in ihrem Wappen hat). Mit dem Bau der Eisenbahnstrecke Münster-Emden hatten Schiffsverkehr und Warenumschlag allerdings längst aufgehört. Geboren wurde ich 1946 in eine katholische Familie. Mein Vater war Volksschullehrer, meine Mutter war seine zweite Frau. Von der ersten verstorbenen stammten zwei Halbbrüder, die noch in den ersten Jahren nach dem Krieg während ihres Studiums bei uns wohnten.

Kindheit und Schule

Den größten Teil meiner Kindheit habe ich aber faktisch als Einzelkind verbracht. Der katholische Glaube war prägend; somit haben Glaube, Kirche und Liturgie den Alltag geprägt. Das habe ich besonders stark in der emsländischen Heimat meines Vaters erlebt; während der Sommerferien haben wir immer einige Zeit bei der dortigen Verwandtschaft verbracht. Ich habe etwa in Erinnerung, dass Personen, die sonntags zur Kommunion gingen (das tat man damals ja nicht so häufig, und man musste nüchtern sein), in der Bäckerei neben der Kirche anschließend kostenlos frühstücken konnten. In den frühen Jahren kamen auch öfter Leute auf den Hof, die um etwas zu essen baten, was sie auch immer bekamen. Es ist bekannt, dass während der Notzeiten im Zweiten Weltkrieg die emsländischen Bauern großzügig waren, weshalb viele Leute (auch aus dem Münsterland) dorthin zu Hamsterkäufen fuhren.

Eingeschult wurde ich 1952 in die Volksschule, wechselte 1956 auf das Gymnasium, damals ein neusprachliches Gymnasium mit altsprachlichem Zweig; die erste Sprache war Latein, die zweite Englisch, anschließend konnte man zwischen Griechisch und Französisch wählen. Ich entschied mich für Griechisch, weil mich irgendwann die Welt der alten Griechen zu interessieren begonnen hatte (schließlich hatte ich u.a. die „Sagen des klassischen Altertums" von G. Schwab gelesen und anderes, was ich im Bücherschrank meines Vaters gefunden hatte). Übrigens trifft für meine Schulerfahrung nicht zu, was oft generell über diese Zeit geschrieben wird, nämlich man habe über das Dritte Reich geschwiegen. Wir haben das im Geschichtsunterricht behandelt u.a. mit der Lektüre von Texten und dem Hören von Reden von Schallplatten. Das bedeutet nicht, dass der Umgang mit diesem Thema in Schule und Familie und Kirche nicht noch in mancher Hinsicht unzulänglich war. So war von den Nazis immer in der dritten Person die Rede, als ob man selbst damit nichts zu tun gehabt hätte.

Für meinen späteren Werdegang war u.a. der geistliche Religionslehrer an der Schule, Dr. Otto Palm, wichtig, dem ich entscheidende Impulse verdanke, auch wenn dessen Selbstverständnis als Priester mit dem Vaticanum II in die Krise und er geistig in die Nähe der Piusbruderschaft geriet. Leider war er auch in seinen politischen Ansichten recht einseitig im Sinne der CDU und Adenauers, und die SPD war ihm entsprechend ein rotes Tuch, was dann bisweilen auch zu hitzigen Diskussionen im Religionsunterricht führte. Auch seine Predigten waren häufig problematische Beispiele politischer Theologie (man sprach von „Palmsonntagen", wenn er predigte). In anderen Dingen war er dagegen durchaus aufgeschlossen. Er hat etwa nie Skrupel dort eingeredet, wo das typischerweise geschah, nämlich in Sachen Sexualität oder eucharistischer Nüchternheit. Er bemerkte scherzhaft, der liebe Gott habe keine Uhr. Dagegen erzählte mein Vater beispielsweise von einem Prediger, nach dessen Auskunft man nicht mehr zur Kommunion gehen durfte, wenn man auf dem Weg zur Kirche bei Regen einen Tropfen Wasser in den Mund bekommen hatte. Das Interesse an Kirche und Theologie wuchs bei mir nicht nur im Unterricht, auch in theologischen Seminaren, die während der Konzilszeit Erkenntnisse der modernen Bibelwissenschaft unters Volk brachten. Der „Bibelfrühling" hat mich damals also durchaus „gehascht".

Studium

Mein Abitur machte ich im Frühjahr 1965, begann im Sommersemester das Theologiestudium und trat ins münsterische Theologenkonvikt „Collegium Borromaeum" ein. Damals hatte man in Münster noch zwei Häuser. In das Priesterseminar auf der anderen Seite der Aa wechselte man nach dem achten Semester, wo dann auch die pastorale Ausbildung vor und nach dem einjährigen Diakonatspraktikum stattfand. Zu Beginn erlebte ich noch ein Semester altes Seminarregiment mit einem ziemlich durchgeplanten Tagesablauf. Einen Hausschlüssel hatten wir nicht; wir durften uns einmal in der Woche einen freien Abend (außerhalb des Hauses) nehmen und hatten ein freies Wochenende im Monat, das ich meist für einen Besuch zu Hause nutzte. Trotz dieser starken Regulierung habe ich diese Zeit nicht so negativ erlebt, da sie mir die innere Ablösung von meinem Elternhaus erleichterte. Mit dem zweiten Semester änderte sich vieles. Der neue Direktor war Ludwig Averkamp, später mein Regens im Priesterseminar, nach einigen Jahren dann Weihbischof in Münster, Bischof von Osnabrück und schließlich Erzbischof von Hamburg. Wir bekamen jetzt alle einen Hausschlüssel; die Regulierung des Tages war weniger streng und detailliert, und unserer Eigenverantwortung wurde mehr zugetraut. Nicht ausgetauscht wurde der Spiritual, Johannes Bours, sicher einer der kompetentesten seines Metiers, dem wir bezüglich geistlicher Begleitung sowie der Vermittlung von Theologie und persönlicher Spiritualität alle viel verdankten.

Das erste Jahr war geprägt durch das zu Ende gehende Konzil, bei dem als Berater aus der münsterischen Fakultät Joseph Ratzinger (für den Kölner Kardinal Frings) und Emil J. Lengeling (Liturgiewissenschaft) tätig waren. Ersterer war damals besonders gefragt. Er las im größten Hörsaal der Uni mit über 500 Plätzen, und dieser war auch gefüllt (und das um 8.00 Uhr morgens). Vor allem seine Vorlesungen über Eucharistie und Ekklesiologie waren für das Verständnis der Konzilsdokumente hochaktuell. Der andere Dogmatiker war Walter Kasper. Die Fakultät in Münster hatte damals viele Doktoranden aus verschiedenen Ländern, somit ein gewisses internationales Flair. Leider stand Dogmatik noch nicht auf unserem Stundenplan, sondern vor allem Philosophie, Kirchengeschichte und Einleitung in das Alte und Neue Testament. Von Ratzinger habe ich damals nur eine Spezialvorlesung „Rückblick auf das Konzil“ gehört mit interessanten Hintergrundinformationen. Am Ende des 4. Semesters stand das erste Examen (Philosophicum). Die beiden nächsten Semester verbrachte man üblicherweise an einer anderen Fakultät; ich entschloss mich (mit einigen Kurskollegen) für Tübingen, andere gingen nach Freiburg oder München.

Im meinem ersten Semester dort bot Ratzinger die „Einführung in das Christentum“ als Vorlesung für Hörer aller Fakultäten an, aus der dann später das gleichnamige Buch wurde. Ich erinnere mich auch noch an seine Trinitätsvorlesung im nächsten Semester und Hans Küngs Vorlesung über „Das Herrenmahl“. Moraltheologie hat mich damals noch nicht besonders interessiert; deshalb war ich nicht oft in der Vorlesung von Alfons Auer, auch aus dem pragmatischen Grund, dass die Ausrichtung der Moraltheologie in Münster und die Anforderungen für das Examen in Münster völlig unterschiedlich waren. Wir ließen es uns natürlich nicht nehmen, auch an der renommierten evangelischen Schwesterfakultät zu hören, vor allem bei Gerhard Ebeling, Ernst Käsemann und Jürgen Moltmann. Käsemann war immer provokant, auch einseitig, kantig, aber irgendwie imponierend. In seiner Markusvorlesung zeigte sich ausgeprägt die damals verbreitete Tendenz, als jesuanisch nur das gelten zu lassen, was weder aus der jüdischen noch aus der griechischen Umwelt zu erklären war. Später hat man erkannt, dass man den Juden Jesus nicht nur damit aus dem Blick verlor, sondern ungewollt auch zu einem neuen Antijudaismus beitrug. So wurde in Schulbüchern für den Religionsunterricht zwar das zeitgenössische Judentum positiv dargestellt, das Judentum zur Zeit Jesu diente aber nur als negative Kontrastfolie zur Botschaft Jesu. Im Vorlesungsverzeichnis fand ich auch den Namen Wolfgang Schadewald, der mir aus dem Griechisch-Unterricht in der Schule geläufig war. Da wir damals viel aus der Odyssee gelesen hatten, ging ich zu seiner Odyssee-Vorlesung (die letzte vor seiner Emeritierung), die mich faszinierte.

Unvergessen ist mir aus dem Tübinger Sommersemester der 2. Juni 1967, der Tag der Erschießung von Benno Ohnesorg, womit die Studentenproteste begannen. Es war aber nicht nur die Zeit der Proteste, sondern auch die Zeit eines grenzenlosen Fortschrittsoptimismus, ohne den die Proteste und die Suche nach der perfekten Gesellschaft nicht denkbar gewesen wären. Auch die jüngere theologische Studentengeneration, der wir bei unserer Rückkehr nach Münster im Borromaeum in den jüngeren Kursen begegneten, war entsprechend geprägt. Sie stellten grundsätzlich erst einmal alle Konventionen des Hauses in Frage. Es war etwa üblich, dass der aus dem Freisemester zurückkehrende Kurs im Voraus einige Aufgaben verteilte, vor allem die Vorbereitung der Liturgie. Auch wenn das reine Routine war und die Arbeit gerecht verteilt war, wurde das als Manipulation zurückgewiesen, und der Plan musste demokratisch neu erarbeitet werden. In diese Zeit passte natürlich die „politische Theologie" von Johann B. Metz, mit der wir jetzt konfrontiert und mit der wir zunächst gewisse Schwierigkeiten hatten. Wir hatten noch die Einmischung in die Politik in Predigten und Hirtenbriefen als Problem erfahren und mussten jetzt erst lernen, dass auch das Unpolitische vielfach politisch ist. Andere Schwierigkeiten rührten daher, dass wir etwa von den Autoren, auf die dort Bezug genommen wurde, speziell der Frankfurter Schule, kaum Ahnung hatten. In den im ersten Studienabschnitt bei Otto Most gehörten philosophischen Traktaten (Anthropologie, Metaphysik, Erkenntnislehre und Ethik) kamen diese nicht vor. Das galt auch für andere Autoren; der Name Karl Popper etwa ist mir erstmals während des Promotionsstudiums begegnet. Jedenfalls hatten wir gegen Ende des Studiums mehr philosophisches Interesse und Fragen als zu Anfang und hätten gern noch etwas Philosophie studiert. Ein anderes zentrales Stichwort war die „weltliche Welt"; die Verweltlichung der Welt sollte positiv als ein christliches Ereignis begriffen werden[1]. Die damalige Überzeugung, die Säkularisierung werde sich die ganze Welt erfassen, hat sich inzwischen als eurozentrischer Irrtum herausgestellt. Da Metz der Meinung war, die Fundamentaltheologie solle keinen festen Problemkanon haben, haben wir denn bei ihm auch wenig über die traditionellen Probleme der Fundamentaltheologie gehört, ich allerdings wohl vorher bei Max Seckler in Tübingen.

Die prominenteste Figur in der Fakultät war natürlich jetzt Karl Rahner, der inzwischen von München nach Münster gewechselt war. Er las damals zum ersten Mal die „Einführung in den Begriff des Christentums", den Grundkurs des Glaubens, der ja durch das Vaticanum II angeregt worden war (Dekret über die Priesterausbildung Optatam totius Nr. 14). Wie im Fall der Einführung von Ratzinger habe ich diese in ihrem Anfang mitbekommen. Dogmatik habe ich also bei Rahner und Walter Kasper gehört. Die damalige Moraltheologie bei Wilhelm Heinen hat mich nicht für dies Fach erwärmt. Heinen war Schüler Theodor Münckers, der für eine Öffnung der Moraltheologie auf die empirischen Wissenschaften und speziell auf die Psychologie steht. Müncker

1 Entsprechend war die Hauptlektüre für das Examen Metz' Buch: Zur Theologie der Welt. Mainz/München 1968.

hatte 1948 das Standardwerk „Die psychologischen Grundlagen der katholischen Sittenlehre“ (2. Band des von Fritz Tillmann herausgegebenen „Handbuchs der katholischen Sittenlehre“) veröffentlicht. Bei ihm hatte sich Heinen mit dem Thema „Fehlformen des Liebestrebens“ habilitiert (in späteren Auflagen „Liebe als sittliche Grundkraft und ihre Fehlformen“). Heinens zentrales Anliegen waren deshalb die für das Gelingen des sittlichen Lebens relevanten anthropologischen Faktoren; so wurden wir denn auch für solche Faktoren sensibilisiert, etwa für die Bedeutung des Unbewussten und die Bedeutung der Beziehungspersonen. Allerdings wurden letztere Probleme (sog. acht Grundgestalten: Mutter, Tochter, Schwester, Frau als Partnerin – Vater, Sohn, Bruder, Mann als Partner) so sehr zur Erklärung aller Probleme herangezogen, dass es auch skurrile Formen annahm. (Außerdem wäre das dort vorausgesetzte Frauenbild heute wohl etwas „out of date“.) Heinen diagnostizierte z.B. aus der Art eines Suizids Probleme in der Beziehung zum Vater oder der Mutter: Wer sich aufhängt, hat Probleme mit dem Vater, wer ins Wasser geht (das mütterliche Element), hat Probleme mit der Mutter. Allerdings hat sich die letztere Diagnose in einem Fall während meiner Kaplanstätigkeit tatsächlich bewahrheitet: Der Mann, der ins Wasser gehen wollte, wurde mit seiner extrem starken Bindung an seine überbehütende Mutter nicht fertig. Vom Fach Moraltheologie selbst haben wir bei Heinen allerdings recht wenig mitbekommen.

Das vierte Jahr war im Borromaeum durch viele (oft auch unnötige) Auseinandersetzungen geprägt, und mein Kurs war froh, danach ins ruhigere Priesterseminar übersiedeln zu können. Regens war dort übrigens zunächst Bernhard Fraling, mein späterer moraltheologischer Kollege und Vorvorgänger als Professor für Moraltheologie an der Theologischen Fakultät Paderborn. Als er 1971 nach Paderborn ging, kam Ludwig Averkamp als Regens ins Priesterseminar.

Seelsorgstätigkeit

Nach dem Jahr dort und dem Abschluss an der Universität und der Diakonatsweihe 1970 verbrachte ich ein Jahr als Diakon im Praktikum in Bocholt im westlichen Münsterland, für mich wie auch die Kurskollegen eine schöne Zeit mit ersten pastoralen Erfahrungen, aber auch entsprechender Reflexion darüber. Nach der Priesterweihe im Juni 1971 war ich vier Jahre Kaplan in Nordwalde, einer westlich an meine Heimatstadt angrenzenden Gemeinde und – übrigens – Heimat von Bernhard Fraling, dessen Familie ich somit auch kennenlernte; dort blieb ich vier Jahre. Vor der Weihe hatte ich im Gespräch mit Bischof Heinrich Tenhumberg mein Interesse an einem Weiterstudium kundgetan. Im dritten Kaplansjahr suchte ich dazu das Gespräch mit dem Personalchef des Bistums. Ich schlug zunächst ein biblisches Fach vor, speziell das Alte Testament. Die Antwort war, für das AT brauche man zur Zeit niemanden; ich solle mir überlegen, beim neuen münsteraner Moraltheologen Bruno Schüller zu promovieren. Da ich bis dahin aus den geschilderten Gründen in der Moraltheologie noch ziemlich milieufremd war, nutzte ich den nächsten Besuch von B. Fraling in Nordwalde, um mich über Schüller genauer zu informieren. Er riet mir zu, und ich entschloss mich dann, den Vorschlag anzunehmen; ich habe es nie bereut. Im Herbst 1975 wurde ich also wieder Student und lebte bis 1978 bei den Benediktinerinnen vom Kloster Vinnenberg bei Warendorf.

Promotion bei Bruno Schüller

Um mit der Moraltheologie vertraut zu werden, musste ich natürlich vor allem Schüllers Vorlesungen hören. Ich habe dabei viel gelernt habe, nicht zuletzt auch beim Plausch nach der Vorlesung. Man traf sich zum Kaffee in Schüllers Büro; die Gespräche bei dieser Gelegenheit, sei es über Themen der Vorlesung, über die Dissertation oder „Gott und die Welt" waren für mich hilfreich. Zu dem Kreis gehörten u.a. Rudolf Ginters (Assistent), Dieter Witschen (später Nachfolger von Ginters), Thomas Hoppe und Salvatore Privitera, der schon Moraltheologie in Palermo dozierte, mit einem Humboldtstipendium aber insgesamt eineinhalb Jahre in Münster verbringen konnte. Mit ihm habe ich auch später regen Kontakt gehabt. Leider ist er früh gestorben. Privitera und Schüller hatten sich bei einer Tagung der Societas Ethica in Goslar kennengelernt und auf Anhieb besonders gut verstanden, menschlich wie wissenschaftlich. Eine so enge Beziehung habe ich bei Schüller dann nur noch mit dem schwedischen Kollegen Jarl Hemberg (Lund) festgestellt; auch diese hatte sich über die Societas Ethica ergeben. Mit Privitera ergab sich die engere Beziehung auch deshalb leichter, da er schon promoviert und so nicht von Schüller abhängig war. Schüller vermied nämlich peinlichst jede Form von Verpflichtetsein gegenüber seinen Schülern, die seine Objektivität hätte gefährden können. Er war fast übersensibel gegen alles, was auch nur entfernt nach Korruption hätte riechen können. Er erzählte öfter mit Hochachtung von einem seiner Gymnasiallehrer, der während des Krieges die Annahme von Geschenken in der Form von Naturalien von Seiten der Schüler bzw. ihrer Familien strikt verweigerte.

Ich erinnere mich an eine ethische Tagung, bei der ein Teilnehmer beim Essen die Frage aufwarf, ob man durch das Studium der Ethik ein anderer oder besserer Mensch werde; er hielt das für wenig wahrscheinlich. Bei Schüller aber wurden wir alle irgendwie geprägt durch das von ihm gelebte Wissenschaftsethos, seine intellektuelle Redlichkeit und sein diszipliniertes Denken. Das half auch zu einer nüchternen Selbsteinschätzung bezüglich dessen, wovon man etwas versteht und wovon nicht, und letzteres ohne Hemmungen einzugestehen, und auch zu einer nüchternen Einschätzung brillanten oder (scheinbar) tiefsinnigen Redens, mit dem Autoren Probleme und eigene

Schwächen zudecken können. Zum disziplinierten Denken gehört auch die Analyse der moralischen Sprache. Schüller ist das vor allem in der Begegnung mit der angelsächsischen Analytischen Ethik bewusst geworden. Das erste Werk, das er eher zufällig gelesen hat, war die Ethik von Patrick H. Nowell-Smith, ein Penguin Taschenbuch[2]. Zunächst konnte er – nach eigenem Bekunden – nicht viel damit anfangen; erst allmählich ging ihm auf, dass hier Probleme behandelt wurden, die er selbst hatte. Der Untertitel des Buches ist bezeichnend: „A study of the words and concepts that we use for answering practical questions, making decisions, advising, warning, and appraising conduct". Das ist eine präzise Formulierung eines ethischen Programms: die Beantwortung praktischer Fragen des Handelns, die Begründung entsprechender Urteile, Beratung, aber auch Lob und Tadel, Bestärkung und Kritik. Schüller hatte – in Anlehnung an Seneca (Brief 94f) für letzteres den Terminus Paränese (Mahnrede) eingeführt und deutlich gemacht, dass diese immer schon das ethische Urteil über die betreffende Handlung als geklärt voraussetzt. Wer ermahnt, warnt oder verurteilt, setzt eine gemeinsame normative Überzeugung voraus. Wo diese nicht vorhanden ist, muss man argumentieren, Gründe vorbringen, und nicht selten versucht man, den Mangel an Argumenten durch Paränese zu überdecken. Funktion und Missbrauch von Paränese und die Untersuchung ethischer Argumente waren dann auch Schwerpunkte von Schüllers Forschung. Dass ein ethisches Programm aber unzureichend ist ohne das Studium der „words and concepts", hat die Analytische Ethik deutlich gemacht; nur sollte sich Ethik darauf nicht beschränken. Der Mangel an Reflexion der moralischen Sprache zeigt sich etwa in manchen Traktaten zum Thema „Gewissen". Hier wird oft die Homonymie, das meint: die verschiedenen Bedeutungen eines und desselben Terminus, nicht wahrgenommen. Ein Terminus wie ‚Gewissen' ist nicht wie ein Etikett, das nur auf eine Sache geklebt wird, sondern wie ein Werkzeug, mit dem man verschiedene sprachliche Operationen durchführen kann, wie es trefflich in dem Titel von J.L. Austin „How to do things with words" zum Ausdruck kommt[3]. Es bedarf auch gedanklicher Disziplin, eine Frage, die man hat, präzise zu formulieren. Hierzu bemerkt G.E. Moore im Vorwort seiner „Principia Ethica":

> „Mir scheint, daß in der Ethik wie in allen philosophischen Untersuchungen die Schwierigkeiten und Meinungsverschiedenheiten, an denen ihre Geschichte reich ist, im wesentlichen eine sehr einfache Ursache haben; nämlich den Versuch, Fragen zu beantworten, ohne vorher genau herauszufinden, was für eine Frage es ist, die man beantworten möchte... Ich glaube, daß in vielen Fällen ein entschlossener Versuch zum Erfolg führen würde, so daß, wenn es erst einmal zu diesem Versuch käme, viele der offenkundigsten Schwierigkeiten und Mißverständnisse der Philosophie verschwinden würden."[4]

---

2 Nowell-Smith, Patrick H.: Ethics. Harmondsworth 1954.

3 Austin, John Langshaw: How to do things with words. Oxford ^{2}1975.

4 Moore, George Edward: Principia Ethica: Stuttgart 1970, 3.

Man mag diese Diagnose für einseitig halten; wenn man die Entwicklung der nachkonziliaren Moraltheologie, etwa die Diskussionen über das Naturrecht, betrachtet, stellt man aber in der Tat fest, dass die Präzisierung der Fragen ihre Zeit gebraucht hat. Ein anderes für Schüller entscheidendes Buch war „Freedom and Reason" von Richard M. Hare[5]. Erst durch dieses Buch habe er die Bedeutung der Goldenen Regel verstanden im Sinne der Unparteilichkeit und Universalisierbarkeit als Proprium sittlicher Urteile und von Moralität als Gesinnung. Sie hätte ihm auch durch Hans Reiner aufgehen können[6], wie er selbst bekannte, vermittelt wurde sie aber durch Hare.[7]

Eine lange Zeit diskutierte Frage war zu Beginn meines Promotionsstudiums schon mehr oder weniger erschöpft, nämlich die Frage der optio fundamentalis, des Verhältnisses sittlicher Einzelentscheidungen zur sittlichen Grundentscheidung über Gut und Böse. Darüber hatte ich schon bei Karl Rahner einiges gelernt, und auch in unserer pastoralen Ausbildung war das ein Thema. Schüller selbst hatte zu diesen Fragen in seinem Buch „Gesetz und Freiheit" beigetragen (seine quasi Habilitationsschrift, aber nicht formal) [8]. Zentrale Themen waren dagegen die Normierungstheorie und die nach dem Proprium christlicher Ethik. Neben den Arbeiten von Louis Janssens (Leuven) war hier Schüllers Beitrag maßgebend, zusammengefasst in seinem Buch „Die Begründung sittlicher Urteile". In der angelsächsischen Ethik war Schüller auf die terminologische Unterscheidung zwischen deontologischen und teleologischen Normen gestoßen, wie sie C.D. Broad in seinem Buch „Five Types of Ethical Theory" vorgeschlagen hatte[9]. Schüller griff sie zum ersten Mal auf in dem Beitrag „Zur Problematik allgemein verbindlicher ethischer Grundsätze"[10]. Später ging ihm auf, dass im Thema die Frage falsch gestellt war und die Diagnose von Moore in diesem Fall zutraf. Schüllers Idee war zunächst, mit Hilfe einer teleologischen Theorie vermöge man zu jeder ethischen Regel Ausnahmen zu formulieren, falls die Anwendung dieser Regel ungebührlich hart erscheine.[11] Umgekehrt wird bis heute bisweilen als charakteristisch für eine deontologische Theorie angesehen, dass sie ausnahmslose Normen kenne. Das ist aus zwei Gründen falsch. Zum einen ist die Ausnahmslosigkeit eine

5 Hare, Richard M.: Freedom and Reason. Oxford 1963 (Deutsch: Freiheit und Vernunft. Frankfurt a. M. 1983).

6 Reiner, Hans: Die „Goldene Regel", in: ders.: Die Grundlagen der Sittlichkeit. Meisenheim a. d. Glan ^{2}1974, 348-379.

7 Vgl. Schüller, Bruno: Die Begründung sittlicher Urteile. Düsseldorf ^{3}1987, 267-272.

8 Düsseldorf 1966. Umso verwunderter war ich über die Art und Weise, wie dies Thema problematisiert wurde in: Johannes Paul II., Apostolisches Schreiben *Reconciliatio et Poenitentia* über Versöhnung und Buße in der Sendung der Kirche heute (1984), in: Verlautbarungen des Apostolischen Stuhls 60; und in Johannes Paul II., Enzyklika *Veritatis Splendor* (1993), in: Verlautbarungen des Apostolischen Stuhls 111.

9 Broad, Charlie Dunbar: Five Types of Ethical Theory. London ^{11}1979.

10 Schüller, Bruno: Zur Problematik allgemein verbindlicher ethischer Grundsätze. In: Theologie und Philosophie 45 (1970), 1-23.

11 Das ist auch die Idee des Buches von: Scholz, Franz: Wege, Umwege und Auswege der Moraltheologie. Ein Plädoyer für begründete Ausnahmen. München 1976.

Frage der vollständigen oder unvollständigen Formulierung einer Norm. Man kann formulieren: Die sakramentale und vollzogene Ehe ist unauflöslich. Oder: Die Ehe ist unauflöslich, ausgenommen die nicht sakramentale und die nicht vollzogene. Sachlich macht das keinen Unterschied; nur sind im ersten Fall die Ausnahmen schon in die Regel hineingenommen. Oder am Beispiel einer anderen deontologischen Norm: „Die direkte Tötung eines Unschuldigen ist unerlaubt" besagt dasselbe wie: „Jede Tötung eines Menschen ist unerlaubt, ausgenommen die Tötung des Schuldigen und die indirekte Tötung des Unschuldigen." Zum anderen ist entscheidend nicht die Ausnahme, sondern die Begründung der Ausnahme. Für den Teleologen ist der entscheidende Grund das Wohl und Wehe aller Betroffenen bzw. das durch die Handlung bewirkte Gute bzw. das vermiedene oder verminderte Übel, für den Deontologen ein anderes (nicht wertbezogenes) Merkmal der Handlung, etwa dass der Tod sich als Nebenwirkung ergibt oder dass die Ehe nicht vollzogen ist. In einem christlichen Kontext erscheint somit das Gebot der Liebe als Wohlwollen und Wohltun als einziges Kriterium sittlich richtigen Handelns. Eine deontologische Theorie erkennt noch andere Aspekte der Handlung als ethisch relevant an. So schrieb einmal ein Moraltheologe zur Frage der Organspende von einem Lebenden, immerhin einer Liebestat, man müsse, bevor man die Liebe übe, erst schauen, ob andere Gesichtspunkte dem entgegenstünden.[12] Durch die Einführung der Terminologie von Broad konnten auch die strittigen Fragen bezüglich deontologischer Normen präzisiert werden wie im etwa Fall Empfängnisverhütung oder Falschaussage (Argument der Naturwidrigkeit), der Unauflöslichkeit der Ehe und des Tötungsverbots (Argument der fehlenden Berechtigung). Hier hat Schüller Klärungen im Sinne G.E. Moores geleistet. Diskussionen über Naturrecht oder moralische Absoluta krankten dagegen an der Mehrdeutigkeit der Termini, ebenso die Rede von „in sich schlechten" Handlungen und die Kontroverse darum.[13]

Die andere damals akute Frage war auch für mein Dissertationsthema interessant, nämlich die nach dem Proprium einer christlichen Ethik. Sogar die Internationale Theologenkommission hatte sich 1974 mit dieser Frage befasst; das Ergebnis war ein Buch „Prinzipien christlicher Moral" von drei Nicht-Moraltheologen: Heinz Schürmann, Joseph Ratzinger, Hans Urs von Balthasar. Die Autoren fühlten sich offensichtlich wie eine Art barmherzige Samariter, die der (unter die Räuber gefallenen???) Moraltheologie zu Hilfe kommen sollten. In der Diskussion um das Proprium standen gegeneinander die Vertreter einer sog. Glaubensethik (Hans Rotter, Bernhard Stöckle) und die der sog. autonomen Moral (Alfons Auer, Franz Böckle, Johannes Gründel, und auch Schüller), wobei interessant ist, dass mindestens Schüller und auch Auer (wie

---

12 Regan, Augustine: The basic morality of organic transplants between living humans. In: Studia Moralia 3 (1967) 320-361. Dort heißt es im lateinischen Summary (320): „Caritas ex sese non videtur sufficere ut principium iustificans."

13 Vgl. Schüller, Bruno: Die Quellen der Moralität. In: ThPh 59 (1984), 535-559.

er mir erzählt hat) sich zunächst als Glaubensethiker versucht haben. Schüller hatte seine Dissertation über den Glaubensethiker schlechthin geschrieben, nämlich Karl Barth[14]; dieser hatte ihn aber letztlich vom Gegenteil überzeugt. Schüller selbst hat den Terminus, Autonomie' nie als Selbstbezeichnung verwendet im Bewusstsein, dass allein der Terminus (und der mit ihm assoziierte Name Kant) für die Hüter der Tradition ein rotes Tuch bedeutete[15]. Außerdem erschien unter dem Stichwort ,Autonomie' diese Position als etwas Neues, was sie aber eigentlich gar nicht war.[16] Auch vorher gab es die Position, dass die sittliche Forderung der Vernunft des Menschen erkennbar ist und somit unter den ersten Glaubensartikel von Gott dem Schöpfer gehöre; und mindestens seit G. Vazquez gibt es die Position, dass der Mensch mit seiner Vernunft diese Forderung auch als unbedingt, kategorisch erkenne; andernfalls könnte auch ein Atheist oder Agnostiker eigentlich nicht sündigen, weil ihm die Unbedingtheit der Forderung nicht zugänglich wäre.[17] Ein zusätzliches Problem ergibt sich daraus, dass ,Autonomie' in den romanischen Sprachen auch die Konnotation ,Autarkie' hat. Durch solche Missverständnisse wurde überdeckt, dass ja eigentlich die sog. Glaubensethik die neue Position in Abwendung von der traditionellen Moraltheologie war. In Rom erschien diese Position aber attraktiv, da für den Fall, dass die sittliche Forderung wenigsten zum Teil eine Sache des Glaubens wäre, die Zuständigkeit des kirchlichen Lehramts eine ursprüngliche wäre; im andern Fall, wenn sittliche Urteile Vernunftaussagen sind, ist sie nur subsidiär; die Grenzen der kirchlichen Kompetenz aufzuzeigen, war denn auch ein Anliegen Auers. Auch auf diese Diskussion könnte man die Diagnose von Moore beziehen. Zum einen differenzierte man nicht zwischen dem Proprium einer christlichen und einer theistischen Ethik. Zum andern sind zu unterscheiden die erkenntnistheoretische Frage, ob die sittliche Forderung (zur Gänze) von der Vernunft erkannt werden kann, von der ontologischen Frage, ob eine unbedingte (kategorische) sittliche Forderung ohne die Existenz Gottes denkbar ist. In diesem Sinne hätte man etwa die Ethik von J.L. Mackie[18] zum Vergleich lesen können. Mackie sagt wörtlich: „Diejenigen, die den Theismus für richtig halten, mögen die Argumente in den Zwischenkapiteln [vor der Behandlung der Frage Moral und Religion ww] hypothetisch lesen, als einen Beitrag, inwieweit sich die Moral ohne Rückgriff auf Gott ver-

14 Ders.: Die Herrschaft Christi und das weltliche Recht. Rom 1963.

15 Vgl. Ders.: Eine autonome Moral – was ist das? In: ThRv 78 (1982), 103-106.

16 Vgl. Bruch, Richard: Die Stellungnahme zur Eigenständigkeit des Sittlichen bei deutschen katholischen Autoren in dem vorkonziliaren Zeitraum des 20. Jahrhunderts. In: ders., Moralia Varia. Düsseldorf 1981, 63-81.

17 Vgl. zu diesem Komplex die drei ersten Aufsätze bei: Schüller, B.: Der menschliche Mensch, Düsseldorf 1982; Vgl. zu Schüller auch den Nachruf von Joachim Hagel. In: SaThZ 12 (2008) 150-165; dort findet sich auch eine (bis auf zwei in Schwedisch erschienen Beiträge) vollständige Bibliographie.

18 Mackie, John Leslie: Ethics. Inventing Right and Wrong. Harmondsworth 1977 (= deutsch: Ethik. Stuttgart 1981).

stehen läßt".[19] Der Untertitel „Inventing Right and Wrong" deutet das an: Die sittliche Forderung ist nicht dem Menschen vorgegeben; sie wird von ihm erfunden und angeeignet im Sinn einer Selbstverpflichtung. Aber diese dezisionistische Position wurde, außer von Schüller, kaum reflektiert.[20] (Schüller hatte sich übrigens auf den Ruhestand gefreut und hoffte, sich noch in einige Fragen vertiefen zu können. Aber schon kurz vorher begann sich seine Gesundheit zu verschlechtern. Im Ruhestand las er, was ihn interessierte, hat aber nichts mehr veröffentlicht. Er starb 2007.)

Für die Dissertation interessierte mich ein Thema mit biblischem Bezug. Da in solchem Fall der Zweitgutachter in jedem Fall ein Exeget sein musste, nahm ich Kontakt mit dem Neutestamentler Wilhelm Thüsing auf. Der schlug mir zwei Texte als Möglichkeiten vor: 1Kor 7 (Ehe und Ehelosigkeit) und 1Kor 8-10 (Ärgernis). Da es beim zweiten Fall wenig moraltheologische Probleme gebe, riet mir Schüller zum ersten Thema, was sich in mancher Hinsicht als vorteilhaft erwies. Ich konnte mich in einige mit dem Thema verbundene Fragen einarbeiten und die Kapitel einigermaßen unabhängig voneinander behandeln; dabei erlebte ich auch einen kontinuierlichen Fortschritt in der Arbeit und hatte damit Erfolgserlebnisse, die für das Gelingen eines solchen Projekts nicht unerheblich sind.

Ich begann mit einer Darlegung dessen, was ‚Paränese' meint, und zeigte an Beispielen, dass die sittliche Botschaft der Bibel unter diese Kategorie gehört. In 1 Kor 7 finden sich dagegen tatsächlich ethische Argumente, was natürlich das Kapitel für den Moraltheologen interessant macht. Dazu musste ich natürlich zunächst das Kapitel selbst auslegen. Da die damals vorhandenen exegetischen Beiträge mich nur zum Teil überzeugten[21], konnte ich einige neue Akzente setzen, die ich dann in den Folgekapiteln vertiefen konnte. So wurde verschiedene Positionen des Paulus mit der eschatologischen Naherwartung erklärt, wie sie in 1 Kor 7,29-31 zum Ausdruck kommt. Ich diskutierte in Kap. 3 den möglichen Einfluss der Naherwartung auf die Positionen des Paulus zur Sklaverei, zu Ehe und Ehelosigkeit und zu außergewöhnlichen sittlichen Forderungen, die Frage also, ob es sich wirklich um eine Art Ausnahmeethik für Krisenzeiten handelte, welche man vielfach mit dem auf Albert Schweitzer zurückgehendend Terminus ‚Interimsethik' bezeichnete. Ich stellte dann zu meiner Überraschung (und auch zu der Schüllers) fest, dass man Schweitzer fast nie richtig gelesen hatte. Es ging Schweitzer nämlich um das Verhältnis von Sittlichkeit und Reich Gottes. Während die liberale protestantische Theologie (und auch Schweitzer selbst) in der Sittlichkeit eine Verwirklichung des Reiches Gottes sah, betonte Schweitzer für Jesus, dass bei ihm die Sittlichkeit

19 Deutsche Ausgabe 57f. Man hätte auch die Ethik von Nicolai Hartmann (Berlin ^{4}1962) konsultieren können; diese ist aber leider heute kaum beachtet.

20 Vgl. Schüller, Bruno: Der menschliche Mensch, 54-88.

21 Von den neueren Beiträgen vgl. bes. Deming, Will: Paul on Marriage and Celibacy. The Hellenistic Background of 1 Corinthians 7. Grand Rapids (Michigan) ^{2}2004.

Einlassbedingung für das Reich Gottes sei, insofern „Interimsethik"; dieser Terminus bezeichnete also nicht irgendwelche inhaltliche Besonderheit einer Ethik im Zeichen der Naherwartung. Für Paulus war das Ergebnis, dass die Naherwartung nur ein Faktor in den Überlegungen des Paulus ist, oft gar nicht der entscheidende.

Im Zusammenhang mit der Ehelosigkeit wurde in der Literatur vielfach von Askese geredet; deshalb befasste sich das 4. Kapitel mit der Bedeutung des Terminus ‚Askese' und der ethischen Rechtfertigung asketischer Handlungen bzw. Lebensformen. Ein interessanter Aspekt in 1 Kor 7 ist, dass Paulus in seiner Antwort auf Fragen der Gemeinde aus seiner apostolischen Autorität antwortet, sich aber in einem Fall auch auf eine Weisung Jesu beruft (7,12, auch 9,14), was eine Reflexion auf die Verbindlichkeit sittlicher Weisungen Jesu und des Paulus im 5. Kapitel nahelegte.

Ein schwerwiegendes Problem ergab sich dadurch, dass die Kooperation mit W. Thüsing zunehmend schwieriger wurde. Nach Thüsing hatte man voraussetzungslos an Paulus heranzugehen; ich hätte also meine moraltheologischen Erkenntnisse erst einmal beiseitelassen müssen. Mir war aber gerade bewusst geworden, dass es solche Voraussetzungslosigkeit nicht gibt, dass Exegeten oft unreflektierte und ungeprüfte Voraussetzungen (etwa über Naherwartung und ethische Überzeugungen) in den Text hineintragen. So wurde etwa die Mahnung 1 Kor 7,17 „Jeder soll so bleiben, wie der Herr es ihm zugemessen, wie Gottes Ruf ihn getroffen hat." als „status quo-Prinzip" bezeichnet und damit im Sinne einer lutherischen Theologie der Ordnungen interpretiert, die dem Beruf und Stand des Menschen eine gewisse Heilsbedeutsamkeit zusprach (im Gegensatz zu der katholischen Lehre von den Evangelischen Räten und dem Stand der Vollkommenheit). Paulus sagt aber das Gegenteil: Der Stand hat keine Bedeutung und man soll nicht durch Wechseln des Standes so tun, als hätte er eine. Schließlich benutzt man bereits, wenn man von einer ‚Ethik' oder einem ‚Ethos' des NT redet, einen Begriff, den die Bibel nicht kennt. Ich hätte mich bei weiterer Kooperation also mehr oder weniger selbst verleugnen müssen. Dazu kam, dass ich für den Fall eines Weitermachens in Richtung Habilitation mindestens ein „Gut" als Promotionsnote brauchte. Inzwischen war Karl Kertelge als zweiter Neutestamentler nach Münster gekommen. Schüller redete mit ihm in meiner Sache, und ich konnte die Kooperation mit Kertelge fortsetzen. Diese verlief zum Glück verständnisvoll und fair, wenn auch bisweilen in versöhnter Verschiedenheit.

Da ich an der Moraltheologie Gefallen gefunden hatte, äußerte ich gegenüber der Bistumsleitung Interesse, mich zu habilitieren, und zwar rechtzeitig, bevor die Personalkommission vielleicht schon die Weichen anders gestellt hatte. Dies wurde mir auch gewährt mit der Auflage, gleichzeitig als halbe Stelle die Aufgabe des geistlichen Rektors in der Akademie Franz-Hitze-Haus zu übernehmen (Herbst 1978). In dieser Funktion kam ich in Kontakt mit Referenten aus verschiedenen Fachgebieten, darunter auch mit späteren moraltheologische Kollegen wie etwa Franz Böckle (Bonn), Johannes Gründel (München), Hans Kramer (Bochum) und Georg Teichtweier (Würzburg).

Einige Zeit nach meiner Promotion 1980 lud mich Kertelge ein, zum Kongress der deutschsprachigen katholischen Neutestamentler nach Luzern mitzufahren, der sich mit der Thematik Neues Testament und Ethik befasste. Dabei traf ich auch zwei moraltheologische Kollegen, Hans Halter, der ja über ein paulinisches Kapitel dissertiert hatte[22], sowie Franz Furger, damals noch Moraltheologe in Luzern. Es bot sich eine willkommene Gelegenheit, viele Neutestamentler kennenzulernen und mit ihnen kontrovers zu diskutieren. Am kontroversesten war es mit Rudolf Schnackenburg hinsichtlich der Propriumsfrage bzw. der Problematik Glaube und Vernunft.

Im Sommer 1980 fragte mich Salvatore Privitera, ob ich nicht mit ihm zur Jahrestagung der Societas Ethica nach Polen fahren wolle. Ich kannte diese Gesellschaft nur von Berichten Schüllers her, der regelmäßig an den Jahrestagungen teilnahm. Diesmal wollte er aber nicht, so dass Salvatore und ich uns im Auto aufmachten. Abgesehen von einem Schulausflug nach Berlin (1963 exakt zur Zeit des denkwürdigen Kennedybesuchs) hatte ich die DDR von innen noch nicht gesehen. Und auch jetzt bei Transit musste man auf der Autobahn bleiben. Salvatore kam jedenfalls aus dem Staunen über die massiven Grenzbefestigungen und umständlichen Kontrollen beim Übergang Helmstedt/Marienborn nicht heraus. Es war die Woche nach dem ersten Streik in Danzig; wir wussten also lange nicht, ob wir überhaupt fahren konnten. Präsident der SE war damals Rudolf Weiler (Sozialethiker in Wien), Sekretär Andreas Laun. Hier lernte ich einige protestantische Kollegen kennen, u.a. Martin Honecker (Bonn), Robert Heeger (Utrecht), Ragnar Holte (Uppsala), Brian Hebblethwaite (Cambridge) und Knud Løgstrup (Århus). An katholischen Kollegen traf ich u.a. den polnischen Gastgeber Helmut Juros (Warschau), Alberto Bondolfi und Enrico Chiavacci (Florenz), mit dem mich seitdem eine lange Freundschaft verbunden hat. 1981 nahm ich an meinem ersten Moraltheologenkongress in Hamburg teil. Wichtig waren hier für mich u.a. die Begegnungen mit den DDR-Kollegen Wilhelm Ernst und Karl-Heinz Ducke, sowie mit Günter Virt, dem ich in Paderborn und Salzburg nachfolgen sollte.

Habilitation

Bezüglich des Themas der Habilitation machte ich Schüller verschiedene Vorschläge; wir einigten uns ziemlich schnell auf das Thema Menschenwürde. Angesichts der vielfachen Berufung auf die Menschenwürde ergibt sich leicht der Verdacht, dass es sich um nicht viel mehr als bloße Rhetorik handelt, was auch nicht immer ganz falsch ist. Anders als im Fall der Dissertation konnte

22 Halter, Hans: Taufe und Ethos. Paulinische Kriterien für das Proprium christlicher Moral. Freiburg i. Br. 1977.

ich hier nicht Kapitel für Kapitel erarbeiten, sondern brauchte eine Idee, wie das Thema anzupacken sei, was einige Weile dauerte. Als ich dann die Idee hatte, konnte ich ziemlich schnell während der Sommerferien einen ersten Entwurf von 80 Seiten schreiben. Wie naheliegend, war mein Referenzautor Kant mit seiner Selbstzweckformel. Mir wurde irgendwann klar, dass ich folgende Fragen zu beantworten hatte: Was heißt hier ‚Menschheit'? Was bedeuten die Termini ‚Zweck' und ‚Mittel'? Was bedeuten die Einschränkungen „nicht bloß" und „immer zugleich auch"? Wieso kann man sich selbst als Mittel behandeln? Meist werden diese Fragen nicht ausdrücklich gestellt, und ein Autor erklärte unumwunden, er verstehe nicht, wie man sich selbst als Mittel behandeln könne, und beachte diesen Teil der Formel nicht.[23] Die erste Frage ist relativ einfach zu klären: ‚Menschheit' bedeutet hier nicht Menschengeschlecht, Gesamtheit der Menschen, sondern das, was den Menschen zum Menschen macht, humanitas, nicht genus humanum. Mit dieser Menschheit ist die Fähigkeit zur Sittlichkeit als unbedingtem Wert gegeben. Und Sittlichkeit und der Mensch, sofern er ihrer würdig ist, ist das einzige, was Würde besitzt. Aber müsste solche mit dem Menschsein gegebene Würde nicht jederzeit als Zweck behandelt werden? Die Lösung liegt in der Überlegung, dass mit einem Menschen beides gegeben ist, seine Würde, aber auch ein nichtsittlicher Wert, den er als Handwerker, Lehrer, Entertainer oder was auch immer für mich darstellt. Ich darf ihn nur nicht darauf reduzieren; dann würde ich ihn „nur" als Mittel behandeln. ‚Mittel' hat dann aber eine etwas andere Bedeutung wie in unserer Umgangssprache, nämlich etwas, das in der Mitte liegt (wie beim arithmetischen oder geometrischen „Mittel") nämlich zwischen Tugend und Laster. In diesem Sinn bezeichnet die Stoa (und von der ist Kant beeinflusst) die nichtsittlichen Werte, die Adiaphora, auch als „mittlere Dinge" (μέσα). Was den Zweck angeht, ist dieser im Sinn eines existierenden Zwecks zu verstehen, nicht im Sinne eines zu verwirklichenden Zwecks, wie etwa die Gesundheit eines Gesunden ein existierender Zweck wäre im Gegensatz zur Gesundheit eines Kranken (als zu verwirklichender Zweck). Die wichtigste (bisweilen übersehene) Konsequenz ist nun, dass die Menschen bezüglich ihrer Würde gleich sind und – im Sinne der Goldenen Regel – gleich zu behandeln sind. Dabei bleibt die Frage offen, wo (im nichtsittlichen Bereich) relevante Ungleichheiten vorliegen. Die Gleichheit erfordert aber auch, dass man seine eigene Würde, die Menschheit in der eigenen Person, respektiert. Das geschähe, wo man gegen seine sittliche Bestimmung handelt, wo man eine legitime Selbstliebe leugnet, oder im Fall der Servilität oder (kantisch) der „Kriecherei". Die Habilitation erfolgte 1985.

---

23 Singer, Marcus George: Generalization in Ethics. New York ²1971, 236.

Paderborn

Vorher wurde ich für das Wintersemester 1983/84 wegen einer Vertretung der Moraltheologie an der Theologischen Fakultät Paderborn angefragt, da Günter Virt nach Salzburg gewechselt war. Ich nahm das Angebot an und bewarb mich dann auch erfolgreich um die Nachfolge. Bischof Reinhard Lettmann, dem ich für sein Wohlwollen bezüglich meiner wissenschaftlichen Laufbahn zu großem Dank verpflichtet bin, stellte mich frei. Um das Habilitationsverfahren noch abschließen zu können, wurde ich erst zum Sommersemester 1984 zum Lehrstuhlvertreter (mit allen Rechten und Pflichten) ernannt und dann ab 1.7. 1985 um ordentlichen Professor. Die ersten zwei Jahre war ich natürlich mit der Vollendung der Habilitation und dem ersten Vorlesungszyklus mehr als ausgefüllt. Trotz der Belastung hat es mir Freude gemacht, und ich frage mich heute noch, wie ich das alles geschafft habe, wobei es damals noch keine Computer gab. Danach wurde ich dann für zwei Jahre zum Rektor gewählt (und in dieser Zeit begann auch die Ausstattung der Fakultät mit Computern).

Das Erzbistum Paderborn hatte damals noch einen Anteil in der DDR, aus dem dann später das selbständige Bistum Magdeburg wurde. Dreimal war ich im Winter in Magdeburg zur Priesterfortbildung und erlebte die DDR somit auch real von innen. Außerdem pflegte der Erfurter Kollege Wilhelm Ernst in den Jahren, in denen kein Moraltheologenkongress war, im September eine kleine Tagung in Erfurt zu organisieren, an der ich gerne teilnahm. Man lernte auch die Kollegen von den andern theologischen Fächern kennen; unter ihnen traf ich auch Heinz Schürmann wieder. Offiziell handelte es sich dabei immer um einen privaten Besuch: Man wurde von einem Katholiken aus Erfurt, den man natürlich nicht kannte, eingeladen. Natürlich wussten die DDR-Behörden, was gespielt wurde; aber es wurde geduldet. Zum Glück gab es beim Grenzübertritt nie Probleme für mich.

Irgendwann während des Rektorats in Paderborn erhielt ich einen Anruf von Albert Biesinger, Religionspädagoge in Salzburg, ob man mich bei der Neubesetzung der moraltheologischen Professur berücksichtigen dürfe. Ich wusste schon, dass Günter Virt von Salzburg nach Wien wechseln würde. Ich wollte mich aber nicht bewerben, da ich ja erst kurz in Paderborn war und mich dort wohlfühlte, auch wenn ich dort nicht unbedingt bis zu meinem Ruhestand bleiben wollte. So wurde ich dann auf dem Wege der „amtswegigen Nachforschung“ berücksichtigt und zu einer Gastvorlesung eingeladen. Ich war gar nicht unglücklich, dass ich nicht auf den ersten Platz kam, da ich nicht so schnell von Paderborn weg wollte. Bezüglich des Erstplazierten gab es Probleme in Rom, und als diese nach längerer Zeit behoben wurden, sagte der Kandidat ab.[24] Somit erging das Angebot an mich. Nach einigem Zögern sagte

24 Vgl. dazu: Eid, Volker: „Wo der Geist des Herrn ist…“. In: Hilpert, Konrad (Hg.): Theologische Ethik – Autobiographisch. Band 2. Paderborn u.a. 2009, 127-152, 148f.

ich zu, zum einen, weil ich mein Leben bis auf das eine Jahr in Tübingen nur in Westfalen verbracht hatte und andere „Tapeten“ mir gut tun würden, zum andern, weil man im Professorenberuf nie weiß, ob sich noch andere Gelegenheiten ergeben. Vor dem Wechsel nach Salzburg stand mir noch ein Forschungssemester zu, das ich in Cambridge verbrachte; dort entstand mein Buch „Vom Nutzen der Gerechtigkeit“.[25]

Salzburg

Mit dem Dienstantritt in Salzburg 1989 wurde ich automatisch österreichischer Staatsbürger; da ich die Staatsbürgerschaft nicht beantragt hatte, verlor ich die deutsche nicht; da Österreich noch kein EU-Mitglied war, war das für mich angenehm. Die deutsche Vereinigung erlebte ich somit aus dem Ausland. 1991 konnte ich dann beim Moraltheologenkongress in Erfurt die Veränderungen nach der Wende erleben.

Die neunziger Jahre waren in Österreichs Kirche geprägt von den verheerenden Auswirkungen der römischen Personalpolitik für Österreich. Der angerichtete und nicht wiedergutzumachende Schaden zeigte sich nicht nur in den Kirchenaustrittszahlen, sondern auch im massiven Autoritätsverlust speziell der Bischöfe und der Bischofskonferenz. Die Groer-Affäre und später der Skandal von St. Pölten haben diese Politik endgültig desavouiert. Die Ernennung von Erzbischof Eder kurz vor meinem Wechsel nach Salzburg hatte mich natürlich auch zögern lassen, den Ruf anzunehmen. Ich habe dann aber keine Probleme gehabt, auch nicht mit meinen Schriften, obwohl ich doch eine teleologische Theorie vertrete und in meinem Buch „Du sollst nicht töten“ einige Probleme und Inkonsistenzen des traditionellen Tötungsverbots (und damit etwa auch der Enzyklika *Evangelium Vitae*) aufgezeigt habe.

In meinen 23 Jahren in Salzburg habe ich über diverse Themen geschrieben, etwa: Biblische Ethik, Vergebung, Korruption, Terrorismus, Gewissen, Bioethik, Normierungstheorie, Rechte. Bei einem Thema bin ich eher zufällig „hängen geblieben“, dem Tötungsverbot, wie schon angedeutet. Daraus ergab sich das Buch „Du sollst nicht töten“, das in zwei Auflagen erschienen ist.[26] Meine biblischen Beiträge konnte ich zusammenfassen in dem Buch „Was sollen wir tun?“[27], einige Beiträge zu Normierungstheorie, Gewissen etc. in dem Buch „Gewissen und Verantwortung“[28]. Diese Bücher erschienen in den „Studien zur Theologischen Ethik“. Deren Herausgeber Adrian Holderegger (Fribourg) wurde ungefähr zur selben Zeit emeritiert wie ich selbst. Aus die-

25 Freiburg i. Ue./Freiburg i. Br. 1992.
26 Freiburg i. Ue./Freiburg i.Br. 2000 und 2008.
27 Freiburg i. Ue./Freiburg i.Br. 2005.
28 Freiburg i. Ue./Freiburg i.Br. 2009.

sem Anlass haben wir gemeinsam den Band „Teleologie und Deontologie" herausgegeben.

Die Tagungen der Societas Ethica habe ich meistens besucht und war – mit einer Unterbrechung – drei Perioden von vier Jahren im Vorstand. Auch an den Tagungen der amerikanischen Society of Christian Ethics in den USA habe ich häufig teilgenommen. Des Weiteren war ich auch in der „Europäischen Gesellschaft für Katholische Theologie" aktiv, eine Periode auch als Sprecher der österreichischen Sektion und damit im Kuratorium. Dreimal nahm ich den 1990-er Jahren an von S. Privitera organisierten Tagungen zum Thema „Etica professionale" teil und lernte dabei u.a. Giuseppe Trentin (Padua) kennen, der meine Dissertation (lobend) rezensiert hatte; meine Verbindung mit Padua dauert bis heute. Bei einer dieser Tagungen ging es um ethische Codizes für bestimmte Berufe. Damals fiel noch keinem auf, dass es das für Priester bzw. pastorale Berufe nicht gab. Als ich dann später den Entwurf eines solchen Codex im Buch eines amerikanischen Kollegen fand, wurde mir erst bewusst, dass das Sinn machte. Da wir eine gute Kooperation zwischen den österreichischen Kollegen hatten und auch regelmäßigen Kontakt mit zwei Bischöfen, trug ich dies Anliegen in diesem Kreis vor, und wir beschlossen, selbst einen Entwurf in Anlehnung an den amerikanischen Text zu erstellen. Wir schickten diesen[29] an Priesterräte und andere pastorale Räte und Verantwortliche und waren erstaunt über die überwiegend positive Aufnahme. Dies geschah, bevor der Missbrauchsskandal in Gang kam, der dann diesem Anliegen eine zusätzliche Aktualität gab. Interessant war, dass Skepsis bis Ablehnung vor allem von jüngeren konservativen Priestern kam. Ein anderes Ergebnis dieser Zusammenarbeit war eine Stellungnahme zum Thema „Sterben zulassen".[30] Durch eine Ansprache Johannes Paul II. und einige Fälle (Schiavo, Englaro) war der Eindruck erweckt worden, künstliche Ernährung und Beatmung seien unter allen Umständen bis zum Schluss sittlich verpflichtend. Wir traten dem entgegen im Bewusstsein, dass hier ein Widerspruch zur moraltheologischen Tradition vorlag. Kritische Reaktion war auch gefordert auf den Katechismus der Katholischen Kirche und die Enzyklika *Veritatis Splendor*, vor allem weil hier höchst unterschiedliche Probleme bzw. Lehrstücke vermengt wurden: Quellen der Moralität, sittlich richtig und falsch, Teleologie und Deontologie, optio fundamentalis.[31]

29 Ethikkodex professioneller Seelsorger (zusammen mit Sigrid Müller, Michael Rosenberger, Walter Schaupp). In: Stimmen der Zeit 134 (2009), 447-458.

30 (zusammen mit Stephan Leher, Michael Rosenberger, Walter Schaupp, Günter Virt): Sterben zulassen. In: ZME 53 (2007) 295-298 (auch in: ThPQ 155 [2007] 305-308).

31 Vgl. vor allem: Die „in sich schlechten" Handlungen und der Konsequentialismus, in: Mieth, Dietmar (Hg.): Moraltheologie im Abseits? Antwort auf die Enzyklika „Veritatis Splendor". Freiburg i. Br. 1994 (= QD 153), 88-109; Vor der Wahl von K. Woytiła zum Papst verglich übrigens ein polnischer Moraltheologe dessen normativen Ansatz mit dem Schüllers. Er meinte, „daß […] beide zitierte Autoren verwandte Ansichten vertreten. Die Unterschiede betreffen ihre Ausdrucksweise und ihre Akzentuierung." (Szostek, Andrzej: Zur gegenwärtigen Diskussion um den Utilitarismus. In:

Schließlich muss ich meine Verbindungen zu Schweden erwähnen. Im Rahmen einer Tagung der Societas Ethica fragten mich Kollegen aus Uppsala, ob ich nicht Lust hätte, zwei Monate als Gastprofessor in Schweden zu verbringen. Nach Klärung der Freistellungsmöglichkeiten sagte ich gerne zu und verbrachte im Frühjahr 1996 zwei Monate in Uppsala. Man hat mir dabei viel Zeit für eigene Forschung gelassen. Neben zwei Vorträgen und einigen Seminarsitzungen stand ich Studierenden zur Beratung für ihre Forschungsprojekte zur Verfügung. Ich beschäftigte mich ein wenig mit der Rede von Rechten in der Ethik, wozu dann später drei Beiträge erschienen sind. Zu der Zeit arbeitete auch der damalige Kollege von Tartu an seiner Qualifikation in theologischer Ethik; ihm verdanke ich eine Einladung zu einer einwöchigen Gastprofessur 1997 in Estland. Die Zeit in Uppsala habe ist mir in äußerst angenehmer Erinnerung. Von Carl Henric Grenholm erhielt ich im Herbst 2000 die Anfrage, ob ich die Ehrendoktorwürde der Theologischen Fakultät annehmen würde. Ich habe natürlich gern zugesagt und war glücklich über diese Würdigung meiner Arbeit. Im Februar 2001 war es dann so weit. Nach diversen Begegnungen und Bewirtungen erlebt man die die feierliche „Liturgie", mit der in Schweden Promotionen gleichzeitig für alle Fakultäten vollzogen werden (und für die am Abend vorher geübt werden muss). Von der Theologischen Fakultät bekam neben mir Karen Lebacqz aus den USA diese Würde; natürlich verbindet uns dadurch eine entsprechende Freundschaft.

Während ich vor der Salzburger Zeit im Urlaub meist Mittelmeerländer bereist hatte, zog es mich danach in die weitere Welt; schließlich hat Salzburg selbst etwas italienisches Flair. Es freut mich, dabei auch Länder bereist zu haben, in die man jetzt nicht mehr fahren kann, wie Syrien und Jemen. Auf Grund der neuen Situation wird sich die Moraltheologie wohl auch verstärkt mit den Themen Krieg und Terrorismus befassen müssen.

Piegsa Joachim/Zeimentz, Hans (Hgg.): Person im Kontext des Sittlichen. Düsseldorf 1979, 82-95, hier: 87).

KONRAD HILPERT

Reflexion der Verantwortlichkeit an der Schnittstelle von Glaube, Wissenschaft und moderner Gesellschaft

Entscheidung für die Theologie

Im Oktober 1966 machte ich mein Abitur am mathematisch-naturwissenschaftlichen Scheffel-Gymnasium in Bad Säckingen. Nachdem die Prüfungen in Mathematik, Physik (meinem Schwerpunktfach während der ganzen Oberstufe) und Chemie glänzend gelaufen waren, stellte der Prüfungsvorsitzende mir vor der gesamten Kommission die Frage: „Was wollen Sie studieren?" Ich antwortete: „Theologie", was er seinerseits mit der Bemerkung kommentierte: „Wir brauchen doch viel nötiger exzellente Naturwissenschaftler". Mein langjähriger Klassenlehrer, selbst Diplomingenieur, nahm mir bei der Verabschiedung noch das Versprechen ab, die Naturwissenschaften nicht zu vergessen.

Der Entschluss für die Theologie war nicht einfach das folgerichtige Ergebnis einer jahrelang gehegten Zukunftssplanung, obschon ich als Ministrant, Organist, Lektor und Vorleser für den fast erblindeten Pfarrer durchaus engen und langjährigen Kontakt zum kirchlichen Milieu hatte. Mir war auch bewusst, dass mein Vater es gerne gesehen hätte, wenn ich schon als junger Gymnasiast nach auswärts auf ein humanistisches Gymnasium in Konstanz oder in Lörrach gewechselt hätte. In meinem Elternhaus herrschte eine Atmosphäre, die man einerseits als selbstverständlich religiös charakterisieren kann. Advent, Weihnachten, Fastenzeit, Ostern, Maiandachten, Flurprozessionen, Allerheiligen und Allerseelen gaben dem Jahreslauf Rhythmus und fanden auch familiäre Ausdrucksformen. Der Besuch einer Sonntagsmesse war selbstverständlich. So wie alle meine fünf Geschwister war ich eine Zeitlang Mitglied einer katholischen Jugendgruppe (Sankt-Georgs-Pfadfinder). Andererseits war es in meiner Familie aber auch üblich, das pfarrliche Geschehen vor Ort kritisch zu kommentieren und über kirchliche oder amtliche Äußerungen zu diskutieren, bisweilen sogar mit Leidenschaft. Aber nie wurde kontrolliert, ob entsprechende Vorstellungen auch angeeignet und verinnerlicht wurden. Und natürlich gab es katholisches Lesematerial unterschiedlichster Art (Der Feuerreiter, Mann in der Zeit, Der christliche Sonntag, Hochland). Und natürlich gab es auch Vorbehalte gegenüber der gesamten Filmindustrie, gegenüber Illustrierten und schon früh gegenüber dem, was als „Schundhefte" disqualifiziert wurde, deren deutlichste Verkörperung die im Schulkiosk angebotenen Tarzanhefte waren. Einer meiner Onkel war Pfarrer in der Schweiz und kam öfters zum Gedankenaustausch über Gott und die Welt zu uns nach Hause. Die Schwestern vom hl. Vinzenz waren so zu sagen Nachbarinnen, ihre Oberin Martina eine imponierende Persönlichkeit, die alles kommentierte, das frühe Aufstehen für das Ministrieren bei der Messe mit kleinen Gaben honorierte und manchen Äußerungen der Kapuzinerpatres, die zum Zelebrieren kamen, mit bodenständigem und selbstbewussten Humor widersprach.

Interesse für theologische Fragen war sicher da. Es ergab sich für mich vor allem aus dem Spannungsfeld zwischen Naturwissenschaft und Religion, die ich in der Person meines aus dem Sudetenland stammenden engagierten Physiklehrers und andererseits in der Eigenlektüre der Bücher von Otto Spülbeck, Hubert Muschalek und zahlreichen Artikeln in den von meinem Vater abonnierten „Stimmen der Zeit" mit Berichten über Teilhard de Chardin, Pascual Jordan oder Carl Friedrich von Weizsäcker wahrnahm. Schon damals beschäftigte mich der Gedanke, dass Fragen der Verantwortlichkeit der gemeinsame Fokus dieses Interesses sein könnten.

Was mich bei meiner Entscheidung für das Studium motivierte, war denn auch die Theologie als Fach. Die Frage, welches die spätere berufliche Tätigkeit sein solle, war nicht dominant, und es bereitete mir jedes Mal Unbehagen und eine gewisse Verlegenheit, wenn ich am Ende jedes Semesters im Rückmeldebogen der Universität als gewünschten Beruf „Pfarrer", „Priester" oder – wie mir ein Mitstudent aus dem gleichen Semester riet – „Geistlicher" eintragen sollte. Es war mir natürlich auch bewusst, dass mit diesem Beruf die Lebensform des Zölibats verknüpft war. Zwar konnte ich mir zu diesem Zeitpunkt durchaus noch beides vorstellen, ein Leben allein und konzentriert auf den beruflichen Umgang mit vielen Menschen wie auch ein Leben mit einer Frau und vielleicht auch mit Kindern. Eine Entscheidung darüber zu treffen, fühlte ich mich mit gerade 19 Jahren noch nicht in der Lage. Auch von meiner Familie wurde ich nicht auf das Priestertum festgelegt. Man nahm meine Entscheidung mit Respekt und noch mehr mit Neugier zur Kenntnis, übte aber zu keinem Zeitpunkt Druck aus. Andererseits ließ ich meinen Vater gewähren, der nach einem Gespräch mit dem Generalvikar in Freiburg die Anmeldung ins Collegium Borromaeum in Gang brachte. Ob ich später als Laie oder als Priester tätig sein würde, war damals für mich noch gar keine Frage. Zwar wurde immer wieder einmal über die neue Möglichkeit, in der Kirche als Laientheologe zu wirken, und über das erst noch zu findende Berufsbild gesprochen, aber dies erschien mir zu diesem Zeitpunkt eher als eine theoretisch abstrakte Option und schälte sich erst im Verlauf des weiteren Studiums als realistische Alternative einer Berufsmöglichkeit heraus.

Von entscheidender Bedeutung für meine Entscheidung für das Studium der Theologie war – soweit ich mich erinnere – die Auseinandersetzung mit zwei Beiträgen im Deutschunterricht der Unterprima. Der eine, „Nihilismus", stammte von Hanns Lilje, der andere über die „Dämonie der Macht" von Romano Guardini. Beide Texte befanden sich, eingebettet in Texte von Ludwig Klages („Mensch und Erde"), Friedrich Georg Jünger („Das Streben der

Technik nach Perfektion"), Ludwig Curtius („Die Gefahr des Historismus") und Immanuel Kant („Was ist Aufklärung?"), Karl Jaspers („Wahre und falsche Aufklärung"), Emil Staiger („Die Dichtung der deutschen Romantik") im letzten Band des Deutschen Lesebuchs von Ernst Bender, das in meiner Schule eingeführt war. In den genannten zwei Beiträgen stieß ich auf zwei Themen, die mich nachhaltig beschäftigten, nämlich auf die Frage der Religion und ihrer Bedeutung für die Gegenwart; und auf die Frage der Verantwortung in einer Welt, in der, auch für den Schüler ersichtlich, die Technik eine zunehmend größere Rolle spielte. Egal wie ich diese Texte später eingeschätzt habe, die Themen blieben erhalten und begleiteten mich als existenzielle Motivation durch das Theologiestudium und meine Tätigkeit in Beruf und Forschung.

Das Studium absolvierte ich in der von der Ordnung vorgesehenen Breite. In den ersten Semestern studierte man vor allem Philosophie und historische Theologie, während die systematischen und exegetischen Fächer erst im Laufe der späteren Semester in den Vordergrund rückten. Das Interesse für Philosophie behielt ich trotzdem auch im zweiten Teil des Studiums bei. Später nahm ich noch Germanistik als Fach hinzu. Vor allem in den systematischen und in den praktischen Fächern ging es um die Rezeption der Impulse und Texte des Zweiten Vatikanums; zugleich und damit zusammenhängend ging es auch immer um die Suche nach neuen und tragfähigen philosophischen Grundlagen. Manche suchten sie bei den Vorsokratikern, manche bei Martin Heidegger, manche in der Phänomenologie mit ihrem französischen Zweig, manche bei Karl Jaspers und in der Dialogischen, stark vom Judentum geprägten Philosophie. Die gemeinsame verborgene Folie – so erscheint es mir im Rückblick – war das neuscholastische Denken, das es in allen Bereichen zu dekonstruieren bzw. zu ersetzen galt. Eine Konzentrierung der Interessen gab es innerhalb dieses weiten Spektrums durch bemerkenswerte akademische Lehrer. In Freiburg waren es die so unterschiedlichen Exegeten Anton Vögtle und Alfons Deissler sowie der Religionsphilosoph Bernhard Welte. In München machte den größten Eindruck auf mich Max Müller, bei dem ich nicht nur die Vorlesungen, sondern auch regelmäßig das Hauptseminar besuchte. Er verstand es, genauso Kierkegaard wie die Größen des Deutschen Idealismus zu erschließen und in eine imponierende Entwicklungslinie mit Platon, Aristoteles, Augustinus und Thomas von Aquin zu stellen. Daneben beeindruckten mich außerdem der Neutestamentler Otto Kuss (sofern er vorbereitet war, was vor allem für die abendlichen Vorlesungen zur Theologie des Neuen Testamentes zutraf) und Heinrich Fries, der im Vortrag etwas eintönig war, aber inhaltlich begeisterte und der wohl zum ersten Mal innerhalb der Theologie eine ganze Vorlesung über den modernen Atheismus anbot und sich redlich mit den Positionen neuzeitlicher Religionskritik auseinandersetzte.

In meiner Diplomarbeit versuchte ich, diese geweckten und durch gründliche Lektüre von Quellentexten unterfütterten Interessen zusammenzuführen, indem ich den Atheismus im literarischen Werk von Albert Camus untersuchte. Dieses Sujet passte auch gut zu dem geistigen Umfeld, das seit meinen

Münchner Semestern die Universitäten erobert hatte, mit oft rabiaten Forderungen und Störaktionen bis in den theologischen Lehrbetrieb hinein und mit öffentlichen Aktionen und politischen Demonstrationen; aber auch mit neuen Themen und Perspektiven. Wie andere wache Geister begann auch ich, intensiv Horkheimers „Kritische Theorie", Adornos „Negative Dialektik" und Habermas' „Erkenntnis und Interesse" zu lesen und mich damit auseinander zu setzen. Auch die politische Theologie von Johann Baptist Metz war ein Muss, umso mehr, als ich den Streit darüber in München (Hans Maier) aus nächster Nähe miterlebt hatte.

Den Geist der 1968er bekam ich dann mit einer gewissen Zeitverschiebung am eigenen Leib zu spüren, als ich nach der erfolgreichen Diplomprüfung auf der Suche nach ökonomischer Basissicherung die Stelle eines hauptamtlichen Religionslehrers am Gymnasium Waldkirch übernahm. Kurz zuvor hatten dort Studenten des Sozialistischen Deutschen Studentenbundes im Rahmen der Kampagne „Student aufs Land" die Schüler über ihre Religionsmündigkeit aufgeklärt und ihnen glaubhaft gemacht, dass die Kirchen ebenso wie ihre Eltern und Großeltern, die Professoren der Kriegsgeneration und der ganze Bildungsbetrieb, die Erziehungsideale Gehorsam, Pünktlichkeit und Ordnung sowie die gesamte bundesrepublikanische Politikerklasse zum gesellschaftlichen Establishment gehörte, dessen Macht es zu brechen und dessen Verlogenheit es zu entlarven gelte. Der „Erfolg" solcher „Aufklärung" blieb nicht aus: Es gelang nur mehr mit Mühe, für die je dreizügig geführten Oberstufenklassen drei Religionskurse zusammenzubekommen, und auch in diesen konnte es einem dann passieren, dass Schüler erwartete Leistungen mit dem Hinweis verweigerten, dass andere Klassenkameraden zur selben Zeit frei hätten und von derartigen Zumutungen überhaupt verschont blieben. Es war ein hartes Jahr für mich, in dem ich aber Vieles lernte über die Relevanz und Irrelevanz tradierter religiöser Formeln, über die völlige Unbrauchbarkeit von Katechismen und auch Auswahlbibeln für den konkreten Unterricht, über die Notwendigkeit, Dinge vorurteilsfrei zu reflektieren und über den Wert des Sichkümmerns um Einzelne; und ebenso über die Organisation der Zeit in scharfer Konkurrenz zwischen beruflicher Tätigkeit und Forschung.

Denn in der Zwischenzeit hatte ich mit den Arbeiten an meiner Dissertation begonnen. Nachdem der kurz vor der Emeritierung stehende Bernhard Welte nicht mehr an neuen Promotionsprojekten interessiert war (jedenfalls bekam ich dieses Gefühl) und eine Promotion im Neuen Testament trotz Ermunterung durch Anton Vögtle mit den Handicap meiner zwar guten, aber doch erst auf dem Nachholweg erworbenen Griechischkenntnisse behaftet blieb, war es für mich naheliegend, in die Moraltheologie zu gehen, wo Bernhard Stoeckle soeben aus Salzburg gekommen war und innerhalb nur eines Semesters (es war zugleich mein letztes) einen ganz neuen Wind entfacht hatte: ausdrückliche Abkehr von der Handbuch-Tradition, eine solide biblische Grundlegung sowie Kenntnisnahme aktueller humanwissenschaftlicher Ergebnisse.

Autonomie

Das Thema, auf das wir uns einigten, war das Verhältnis von Moral und Religion. Dieses Thema war damals neu: Josef Fuchs hatte schon vor Jahren seinen berühmten Aufsatz „Gibt es eine spezifisch christliche Moral?" in den „Stimmen der Zeit" geschrieben. Das Thema war aber auch der Sache nach eines, das sich von der Beschreibung moralanaloger Verhaltensweisen aufdrängte, wie sie von Konrad Lorenz publikumswirksam dargestellt („Das sogenannte Böse") und durch andere Autoren aus seinem Umfeld wie Wolfgang Wickler, Bernhard Hassenstein und Irenäus Eibl-Eibesfeld genauer beschrieben worden waren.

Ich wollte das Thema aber grundsätzlicher behandeln. Alfons Auers Buch „Autonome Moral und christlicher Glaube", das der gesamten Diskussion dieses Themenfeldes dann das entscheidende Stichwort gegeben hat, war noch nicht erschienen. Aber es gab von ihm schon zwei Aufsätze in der „Theologischen Quartalschrift", die mir wegweisend erschienen. In ihnen waren die Erfahrungen reflektiert, die er in der Expertenkommission zur Vorbereitung der dann durch *Humanae vitae* vorgenommenen Entscheidung gemacht hatte.

Im Begriff der autonomen Moral flossen drei recht unterschiedliche Anliegen und Denkstrukturen zusammen: (1) die erkenntnistheoretische Frage nach den Quellen moralischer Einsichten und Urteile, (2) die Spannung zwischen subjektiver Gewissenseinsicht, dem Gewicht von gemeinsam gemachten Erfahrungen und der Definitionshoheit eines kirchlichen Amtes, das seine Lehr- und Entscheidungskompetenz in den letzten hundert Jahren ganz selbstverständlich auf einen den Glaubenssätzen analog gedachten Bereich der Moralnormen ausgedehnt hatte („fides et mores"), und (3) schließlich der Relevanz genuin theologischer Aussagen und vor allem der biblischen Tradition für die Lebensführung der Gläubigen und ihr Handeln. Alle drei Frageperspektiven vermischten sich in der Diskussion, in der innerhalb kürzester Zeit auch scharfe Töne zu hören waren. Kirchenpolitische Interventionen und Empfindlichkeiten ließen schon bald eine fast konfessorische Schärfe entstehen. Selber wurde ich ohne eigenes Zutun am Rande in diesen Streit hineingezogen, da ich am Thema arbeitete und mich auch mit kleineren Beiträgen schon zu Wort meldete, die der begrifflichen Klärung und der Verortung der Fragestellung im philosophischen Denken der Neuzeit dienen sollten. So geriet mein Name häufig in die Fußnoten moraltheologischer Veröffentlichungen, aber auch in die polemisch gemeinte Schematisierung, Vertreter einer „Glaubensmoral" zu sein – ein Begriff, der von meinem Lehrer Stoeckle als Bezeichnung für ein erst postuliertes Programm verwendet worden war und von anderen rasch aufgegriffen wurde, aber eigentlich immer nur Chiffre für das Anliegen geblieben ist, das Theologische der theologischen Ethik nicht aus dem Auge zu verlieren.

Auch ich selber hatte Vorbehalte gegen die Charakterisierung der theologischen Ethik als autonomer Moral, obschon ich mit den damit signalisierten programmatischen Erneuerungsimpulsen aus tiefster Überzeugung übereinstimmte und in vielen Diskussionen und Gesprächen mit den maßgeblichen Fachvertretern die Klärung voranzubringen versuchte, auch und gerade mit Alfons Auer und Franz Böckle und einigen ihrer Schüler. Diese meine Vorbehalte betrafen erstens die Rezeption des Autonomie-Begriffs, der in der neuzeitlichen Philosophiegeschichte hoch besetzt war und typischerweise gerade mit Distanzierung von dem Moraltypus verbunden war, der für die katholische Kirche bis in die Zeit vor dem Konzil leitend gewesen war. Zweitens wies ich darauf hin, dass das Verständnis von sittlicher Vernunft, auf die man sich in der moraltheologischen Diskussion immer wieder berief, historische, kontextuelle und institutionelle Vorbedingungen hatte, die nicht ohne weiteres als universell angenommen werden können. Dies war für mich als „Laientheologe", der sich in ganz profanen Kontexten bewegte, offensichtlicher als für viele andere, deren selbstverständlicher Lebens- und Denkkontext Kirche, Theologie und binnenkirchliche Lebenswelten waren. Zweifellos haben ethische Normen ihren Grund in Erwägungen der menschlichen Vernunft, und zweifellos gibt es nur eine Vernunft, und die lässt sich nicht konkurrierend der Offenbarung entgegensetzen. Aber konkret und momentan ist die Vernunfterkenntnis immer kontingent, weil die Kontexte und Welten, in denen sie gefunden wird, plural sind. Schließlich war ich drittens, problematisiert durch die Beschäftigung mit der Sozialphilosophie des Neomarxismus sowie der Sprachanalytischen Philosophie, skeptisch, ob die Fokussierung auf die Autonomie des Subjekts, mit der die Begriffsgeschichte von Autonomie und autonomer Moral ja untrennbar verknüpft ist, trotz allem berechtigten Korrekturbedarf (gerade im kirchlichen Bereich) nicht eine Verkürzung darstellen würde, die der Tatsache vielfachen Angewiesenseins und andauernder, unterschiedlich ausgeprägter Sozialität nicht gerecht wird. Respektierung der Autonomie ja – aber braucht es nicht mehr, und hat dieses Mehr nicht genuin auch mit Moral zu tun? Und deshalb kann und wird es immer ein Proprium geben, aber dieses lässt sich nicht auf die Alternative „normative Inhaltlichkeit oder Motivation" fixieren, wie die damalige Diskussionslage nahezulegen schien.

So oder so ähnlich lauteten die Fragen, die mich bei der Abfassung der Dissertation bewegten, und die daran schuld waren, dass ich nicht auf halbem Weg das Projekt aufgegeben habe (obschon ich zu diesem Zeitpunkt sicher war, dass ich es anders aufgezogen hätte, wenn ich es noch einmal beginnen würde). Schon bevor ich die etwa 800 Seiten starke (im Druck wurden es dann nach Kürzungen immer noch 600 Seiten!) Schrift einen Tag vor Heilig Abend 1978 nach langer Fahrt mit dem Nachtschnellzug aus Düsseldorf im Dekanat der Theologischen Fakultät Freiburg und bei den beiden Gutachtern abgegeben hatte, hatte ich schon eine Einladung von Bruno Schüller erhalten, die Arbeit in der von ihm herausgegebenen Reihe „Moraltheologische Studien – Systematische Reihe" zu publizieren. Hugo Zulauf vom Patmos-Verlag im nahen Düsseldorf war mir ein verlässlicher, aber auch detailversessener und fordernder Partner. Weder dem Autor noch dem Lektor stand für die Drucklegung schon ein Computer zur Verfügung, alles wurde in Handarbeit, aber auch mit viel Tipp-Ex geleistet. Vielleicht trugen das Erscheinen der Arbeit und die vielen Gespräche, die ich seit dem Moraltheologenkongress in Fribourg im Herbst 1977 führen konnte, auch dazu bei, dass sich die Lage im Fach wieder beruhigte und die entstandene Polarisierung an Schärfe verlor, obschon viele Fragen noch nicht zu Ende diskutiert waren.

Zu der Zeit, als ich promoviert wurde, arbeitete ich als wissenschaftlicher Assistent am Seminar für Katholische Theologie der Pädagogischen Hochschule Rheinland, Abteilung Neuss, und war schon Vater von zwei Kindern. 1978 hatte der Nordrhein-Westfälische Landtag aber beschlossen, die Pädagogischen Hochschulen aufzulösen bzw. – wie es semantisch klüger klang – in die bestehenden Universitäten „zu überführen". Das bedeutete für „Mittelbauer" mit befristeten Verträgen wie mich eine gewaltige Verunsicherung. Das Durchspielen verschiedenster Szenarien und – da ich zu dieser Zeit auch Assistentenvertreter war – das Engagement für Sitzungen, für die Anfertigung von Gegenentwürfen, für Beratungen und Stellungnahmen zu den verschiedenen Referentenentwürfen aus dem Wissenschaftsministerium nahm ziemlich viel Zeit in Anspruch. Mit der Versetzung des kompletten Seminarteams um Hans Zirker an die Universität Duisburg habe ich es dann letztlich doch ganz gut getroffen. Denn dort kamen wir mit den Kollegen Günter Lange, Franz-Josef Nocke und Claus Bussmann zusammen, die das Fächerprinzip der Theologie ernst nahmen und sofort die Chance ergriffen, den „Zuwachs" als Bereicherung zur Differenzierung des in der Lehre angebotenen Fächerspektrums zu nutzen. Wir haben in Duisburg in allen Besprechungen, egal ob in gesamtkollegialen, in bilateralen oder in ökumenischen Konstellationen, intensiv gemeinsam Theologie getrieben und Themenperspektiven entwickelt, wie ich es später selten erlebt habe. Man mag diese Art von Theologie als generalistisch bezeichnen, aber sie nötigte jeden, von seiner Fachdisziplin aus Perspektiven zu entwickeln und die Perspektiven der anderen zur Kenntnis zu nehmen.

Das ist mir später zweifellos nicht nur im hochspezialisierten Professorenamt, sondern auch bei der Mitwirkung in Kommissionen, bei der Organisation von Vortragsreihen sowie bei der Ausübung von Führungsaufgaben (Dekanat, Senat, Fakultätsrat) zu Gute gekommen. Außerhalb der Hochschule förderte es meine theologische Gesprächsfähigkeit in Elternversammlungen, Schulpflegschaft, vielfältiger Mitarbeit in der Pfarrei und in der religiösen Erziehung meiner vier Kinder. Im Verlauf der letzteren erlebte ich viel Anregendes und nachdenklich Machendes, aber auch Ärgerliches: Meine älteste Tochter wäre so gern Messdienerin geworden. Als sie sich zusammen mit einer Freundin endlich ein Herz genommen hatte, diesen Wunsch dem Pfarrer vorzutragen, schlug der ihr das gleich an der Haustür des Pfarrhauses ab. Stattdessen erhielt sie eine Tafel Schokolade und der am nächsten Tag nachbohrende Vater zur Antwort: „Sie werden mich nie zu etwas bringen, was den Wünschen des Heiligen Vaters entgegen ist."

Inzwischen häuften sich die Anfragen für Vorträge, Tagungen, auswärtige Lehraufträge und Beiträge in Zeitschriften und Sammelbänden. 1982 erkundigte sich Bernhard Fraling, der gerade dem Ruf nach Würzburg gefolgt war, bei mir, ob ich für eine Lehrstuhlvertretung an der Theologischen Fakultät Paderborn zu gewinnen sei, wo er bis dahin gelehrt hatte. Das war eine Chance, die ich gerne und engagiert wahrnahm, obschon sie mit einigem organisatorischem Aufwand verbunden war und ich wegen der bevorstehenden Geburt eines dritten Kindes stets auf Abruf zur Verfügung stehen musste. Erster selbstkonzipierter und geschriebener Vorlesungszyklus, erste Prüfungserfahrungen, bestes Echo bei den Studierenden, kollegiales Interesse an meinen Einschätzungen – all das tat gut. Umso ernüchternder war die Begegnung mit dem Magnus Cancellarius, Erzbischof Degenhardt, bei der Akademischen Jahresfeier im darauffolgenden Herbst. Dabei bedankte er sich bei mir überschwänglich für die geleistete und ausdrücklich als vorzüglich bezeichnete Arbeit, quittierte aber meine Bemerkung, dass ich hoffte, dass meine Arbeit auch dazu beigetragen habe, die Vorbehalte von Bischöfen gegenüber Laien als Lehrer der Theologie abzubauen, mit der Feststellung, für ihn sei es undenkbar, einen Laien auf einen Lehrstuhl für Moraltheologie zu berufen. Dabei kam mir wieder lebendig in Erinnerung, dass schon meine Beauftragung mit der Vertretung offensichtlich unter der irrtümlichen Annahme erfolgt war, ich sei Priester. Meine Frau und ich amüsieren uns noch heute darüber, dass der Erzbischof, als er bei mir zu Hause anrief, um mich nach meiner Bereitschaft für die Vertretung zu fragen, aber das Telefon von meiner Frau abgenommen wurde, die Frage stellte: „Sind Sie die Schwester oder die Haushälterin?"

Akademisch aber hatte mir die Vertretung zweifellos das Tor zum Kreis der Kandidaten für vakante Professuren geöffnet. Ich wurde, mal schriftlich, mal mündlich, aufgefordert, meinen Hut in die Arena von Bewerbungsverfahren zu werfen. Damit war ich auch nicht wenig erfolgreich, jedenfalls soweit es die zuständigen universitären Auswahlgremien betraf. Die erste Bewerbung an der Universität Graz führte gleich zum vordersten Listenplatz, wurde aber durch einen arrivierten Priesterkollegen aus der Schweiz relativiert, der sich auf Bitten bereiterklärt hatte zu kandidieren, dann aber den erteilten Ruf nicht annahm. Daraufhin erklärte der zuständige Bischof der Fakultät und fairerweise auch mir, dass er im Hinblick auf die Erfahrungen mit der sakramentalen Beichte mir nicht das Nihil obstat erteilen, sondern einen Priester bevorzugen würde, solange ein solcher auf der Liste verfügbar sei. Als der dann berufene Priester einige Jahre später die Professur aufgab, um ein höheres kirchliches Amt zu übernehmen und ich wieder primo loco platziert wurde, wiederholte sich das Spiel. Auch an anderen Fakultäten, wo Vakanzen entstanden waren, bekam ich diese wissenschaftsfremde und auch ökonomisch folgenreiche Vorzugsregel zu spüren. Das vorläufige Ergebnis war, dass ich in den Berufungsverfahren regelmäßig einen Listenplatz erhielt, aber es zu keiner Ruferteilung kam. Deshalb strebte ich, unterstützt von u.a. Karl Lehmann, zügig die formelle Habilitation für das Fach Moraltheologie an, die dann auch im Juli 1984 von der Theologischen Fakultät der Universität Freiburg vollzogen wurde. Aufgrund des „Summa cum laude"-Prädikats der Promotion und einer ansehnlichen Reihe von seither entstandenen Schriften konnte ich von der Möglichkeit eines abgekürzten Verfahrens profitieren und musste nicht ein weiteres Opus magnum vorlegen.

Die Menschenrechte

An einem solchen Opus magnum aber hatte ich gleichwohl zur selben Zeit zu arbeiten begonnen. Sein Gegenstand ergab sich aus den Studien zum Autonomieproblem. Als ich diese für die Drucklegung noch einmal intensiv durchstudiert hatte, war mir aufgefallen, dass beim Versuch, das Spannungsfeld von Ethik, Rationalität und Religion auszumessen und die Frage des Verhältnisses von Ethik, Rationalität und Religion als den roten Faden des neuzeitlichen ethischen Denkens deutlich zu machen, die politische Handlungsdimension kaum zur Sprache gekommen war. Deshalb war es für mich folgerichtig und irgendwie notwendig, als nächstes Projekt dem Menschenrechtsdenken nachzugehen. Das tat ich zunächst in Seminaren mit Studierenden und in einzelnen historischen Forschungsgängen, nach einiger Zeit aber auch in Gestalt einer systematischen Monografie. Gelegenheit zur Ausarbeitung bot mir eine zweijährige Lehrstuhlvertretung an der Theologischen Fakultät der Universität Freiburg, wo ich zunächst in der Zwischenzeit zwischen Richard Völkl und Heinrich Pompey „Caritaswissenschaft und Christliche Sozialarbeit" und im Anschluss daran den Lehrstuhl „Christliche Gesellschaftslehre" in der Nachfolge des eben emeritierten Rudolf Henning übernommen hatte. Beides bedeutete mir Anreiz und Chance zum Ausbau meines Lehr- und Forschungsgebiets, die ich mit Einsatz und Entdeckerfreude wahrgenommen habe, nicht zuletzt auch mit dem realistischen Hintergedanken, dass sich dadurch auch das Spektrum in Frage kommender Professuren bzw. Tätigkeitsgebiete erweitern könnte. Im Rahmen dieser Vertretung arbeitete ich einen Vorlesungszyklus zu den Menschenrechten aus und vertiefte die Studien durch Seminare über die nachhaltige Bedeutung der Französischen Revolution (1989 wurde ja weltweit deren Beginn vor 200 Jahren gedacht), über das Recht auf Asyl und über das Widerstandsrecht. Am Ende der Vertretung war das Manuskript soweit fertig, dass ich ihm in dem Intervall bis zum Antritt der Professur in Saarbrücken Feinschliff und Vervollständigung angedeihen lassen konnte.

Seit diesem Buch blieben die Menschenrechte, ihre ethischen Grundlagen, ihre innere Dynamik und das spannungsreiche Verhältnis zur christlichen Tradition ein Schwerpunkt meiner Arbeit, der immer wieder neue Perspektiven eröffnete und mich antrieb. Das ist bis heute so geblieben. Die Arbeiten, die während der nächsten Stationen meiner beruflichen Tätigkeit in Saarbrücken entstanden, wurden in dem Buch „Theologie und Menschenrechte" zusammengefasst und konnten pünktlich zum Ende dieser Tätigkeit im Jahr 2001 vorgelegt werden. Auch während der anschließenden Lehr- und Forschungstätigkeit an der LMU München habe ich, teils angeregt durch Anfragen von außen, teils aus eigenem Interesse so viele Beiträge zum Themenfeld erarbeitet, dass sie zusammen einen weiteren Band bilden, der im Jahr 2016 erscheinen soll.

Für eine anwaltschaftliche Kirche

Die mir zugefallene Vertiefung in die Theorie des diakonischen Handelns als institutionalisierter Grundaufgabe der Kirche wuchs sich zu einem weiteren Schwerpunkt aus, der bis dahin kaum in meinen Horizont getreten war. Auch er nahm mich engagiert in Anspruch und führte neben der Universität zu zahlreichen Kooperationen und Aktivitäten im Deutschen Caritasverband, dessen Zentrale sich in Freiburg befindet. Ich wurde zu theologischen Grundsatzvorträgen und zu Beiträgen in den einschlägigen Verbandszeitschriften eingeladen. Auch sie ergaben innerhalb weniger Jahre ein eigenes Buch, das ich unter dem Titel „Caritas und Sozialethik. Elemente einer theologischen Ethik des Helfens“ 1997 veröffentlichen konnte.

Der Erstellung solcher Beiträge gingen jeweils intensive Gespräche mit den zuständigen Referenten im Verband voraus. Dabei stellte ich fest, dass Theologie und verbandliches Wirken weitgehend nebeneinander stattfanden, also meist ohne gegenseitige Wahrnehmung. Daraus ergab sich für mich einerseits die Forderung, in die Tätigkeiten des Verbands mehr theologische Reflexion zu implementieren. Andererseits sah ich mich aber auch verpflichtet, dazu beizutragen, dass innerhalb der theologischen Reflexion dieses Feld christlichen Engagements stärker wahrgenommen und gewürdigt wird. Denn kaum irgendwo anders kommen die Kirche und diejenigen, die in ihrem Auftrag handeln, so nah an die Menschen und ihre wirklichen Nöte heran wie auf den Feldern caritativer Arbeit. Und deshalb habe ich es mir nach ersten Besuchen in Beratungsstellen und in Einrichtungen der Jugendarbeit, der Asylantenhilfe usw. zur Maxime gemacht, Theologiestudierende, die ja zum größten Teil aus der Mittelschicht der Gesellschaft kommen, mit solchen Problemmilieus zu konfrontieren durch Besuche vor Ort, Einladungen von Experten in Seminarsitzungen, Lehrstuhlexkursionen (Hospize, Kinderwunschabteilung, Gefängnis, KZ-Gedenkstätte)) und individuellen Erkundungsaufträgen (z.B. in der Obdachlosenszene) etwa im Rahmen von Examens- und Seminararbeiten. Es ist klar, dass das nur vereinzelte Aktionen sein können und die Berührung mit den entsprechenden Milieus bloß temporärer Art ist. Aber bei vielen Studierenden konnte ich doch feststellen, dass ein Denkprozess in Gang gekommen ist; und bei anderen hat es – so hoffe ich wenigstens – den Blick auf die menschliche Not verändert und das Urteilen sowohl über das, was dem vermeintlichen moralischen Versagen zugrunde liegt, wie auch über das, wie aus der Lage heraus zu kommen ist, umsichtiger gemacht. Dies blieb mir auch bei der Entwicklung moraltheologischer Perspektiven immer ein wichtiges Anliegen.

Die Beratungen im Verband über das Selbstverständnis, vor allem die zu vielen Sitzungen in der Zentralrats-Kommission für theologische Grundsatzfragen des Caritasverbandes, dienten der Begleitung eines jahrelangen und umfassenden Leitbildprozesses, innerhalb dessen ich immer wieder auch theologische Statements abzugeben hatte, die dann in gemeinsame Papiere und Stellungnahmen einflossen. Von herausragender Bedeutung war die Grundsatzreflexion auf den (in Teilen der Bischofskonferenz und der Verbandsleitung anfangs stark umstrittenen) Begriff der Anwaltschaftlichkeit, zu dem ich dann auf der Regensburger Vollversammlung des Zentralrats 1999 das Grundsatzreferat zu halten hatte. Die von mir und anderen jahrelang eingeforderte gründliche theologische Reflektiertheit von Stellungnahmen des Verbands wurde unter einer neuen Präsidentschaft dann in einer anderen Gestalt organisiert und professionalisiert.

Arbeiten an Fachlexika

1990 trat ich die Professur in Saarbrücken an. Die Verhandlungen zur Rufannahme hatten zeitgleich zum Prozess der Wiedervereinigung stattgefunden. Als ich zur Vereidigung und Entgegennahme der Urkunde ins Wissenschaftsministerium gereist war, war die komplette Führungsebene nach Ostdeutschland entschwunden, um dort Amtshilfe zu leisten. Immerhin wurde der Termin durch zwei subalterne Beamten wahrgenommen, die so etwas aber noch nie gemacht hatten. Die Professur hatte die Widmung „für praktische Theologie und Sozialethik". „Praktische Theologie" war ein notwendiges Zugeständnis an den Staatskirchenvertrag, der vier Professuren innerhalb der Fachrichtung Katholische Theologie vorgesehen hatte, „und Sozialethik" gab dem Wunsch von Universität und Philosophischer Fakultät sowie im Vorfeld auch der Religionslehrerverbände des Saarlands für eine Schwerpunktverlagerung Ausdruck. Tatsächlich bot ich jedes Semester ein dreifaches Programm an: eine moraltheologische Vorlesung, eine sozialethische (den Diakonie-Traktat habe ich hier eingefügt) und eine Veranstaltung aus dem Bereich der praktischen Theologie im engeren Sinne. Für die Komplettierung gerade des letzten Gebiets konnte ich in Absprache mit den Kollegen Lehraufträge vergeben; allerdings war ich in den Prüfungen für die entsprechenden Themen zuständig, wenn diese von den Studierenden als Schwerpunkte gewählt wurden.

Ein erheblicher Teil meiner Forschungsenergie wurde dann sehr bald durch die Arbeit am neu entstehenden „Lexikon für Theologie und Kirche" in Anspruch genommen. Wilhelm Korff, einer der Herausgeber, der schon Jahre in diese Arbeit investiert hatte, trat eines Tages mit dem Angebot und der Bitte an mich heran, die Zuständigkeit für die Fachgebiete Systematische Ethik und Kulturethik von ihm zu übernehmen. Ich hatte bereits einzelne Teilartikel geliefert und zwei große Stichwörter, die von anderen Autoren bearbeitet worden waren, gründlich überarbeitet. Das Angebot reizte mich, nicht zuletzt deshalb, weil die Lexikonarbeit die Darstellung von Inhalten mit formaler Kürze und verständlicher Sprache zu verbinden nötigte. Diese Arbeit hat mir dann auch viel Befriedigung gegeben, auch weil sie zahlreiche Kontakte mit sich brachte und der Anspruch, den ich mir selbst gesetzt hatte, nämlich jeden Autor zum Einverständnis mit den von mir sachlich für notwendig gehaltenen Korrekturen sowie die Abstimmung zu anderen Teilartikeln herzustellen und (meist auch) Kürzungen zu bringen, im Großen und Ganzen erfüllt wurde. Allerdings nahm diese Arbeit sehr viel Zeit in Anspruch und band meine Kräfte jahrelang; aber es war eine Arbeit, die einen das gesamte Fach durcharbeiten ließ und von der man überdies annehmen durfte, dass sie von nachhaltiger Bedeutung sei. Ich selbst habe alleine zu diesem Zweck etwa 60 Lexikonartikel verfasst. Sie komplettieren die knapp 40 weiteren Lexikoneinträge, die ich im Lauf der Zeit für andere Nachschlagewerke verfasst habe. Unter ihnen blicke ich nicht ohne Stolz auf diejenigen für das „Neue Handbuch theologischer Grundbegriffe" und für die von Hans Jörg Sandkühler herausgegebene „Enzyklopädie Philosophie".

Ethik in Gremien

Seit meiner Lehrstuhlvertretung in Freiburg war ich zur Mitgliedschaft in allen möglichen Beratungsgremien und Arbeitsgruppen eingeladen worden. Zunächst im Caritasverband, seit 1994 in Nachfolge des plötzlich verstorbenen Franz Furger auch als Berater in der Kommission VI der Deutschen Bischofskonferenz (bis 2006). 2001 kam die Kommission XI hinzu (bis 2006). Daneben war ich im Beirat der (heute nicht mehr bestehenden) Katholischen Akademie Trier, Abteilung Saarbrücken, und später in München, der Katholischen Akademie in Bayern. Mitgearbeitet habe ich außerdem im Wissenschaftlichen Beirat der Zeitschrift Religionsunterricht an höheren Schulen" (1980-2011) und der „Welt des Kindes" (1996-2000).

Auch wenn diese Kommissionsarbeit, wird sie ernst genommen, viel Zeit erfordert (zwei bis drei Sitzungen jeweils zweitägig pro Jahr, umfangreiche Dossiers, die vorher gelesen sein sollten, gelegentlich Unterkommissionen zur Erarbeitung bestimmter Schwerpunkte), war sie wertvoll und bereichernd. Ich erlebte die Kirche und auch die kirchliche Leitung anders als üblicherweise, nämlich als hörend, kontrovers diskutierend, auf die Meinungen von Experten wertlegend oder sie gar fragend. Auch habe ich die Sitzungen stets als spannend und anregend erlebt, nicht zuletzt wegen der Begegnung mit Kolleginnen und Kollegen aus ganz anderen Fach- und Tätigkeitsgebieten. Wo sich allenfalls im Rückblick Zweifel einstellen könnten, ist die Überlegung, was mit den mit so viel Sorgfalt und Aufwand verfertigten und bisweilen mühevoll konsentierten Papieren und Stellungnahmen anschließend passiert. Dürfen bzw.

können sie in der kirchlichen Realität Kraft entfalten, werden sie implementiert oder verpufft vieles von der Energie, die in sie investiert wurde?

Bis dahin beschränkte sich meine Erfahrung als Mitglied von Kommissionen auf den kirchlichen und auf den Bildungsbereich. Kurz bevor ich den Ruf nach München bekam und annahm, ließ die Saarländische Familien- und Sozialministerin anfragen, ob ich zur Mitarbeit in einer Arbeitsgruppe des Ministeriums zu neuen Fragen der Bioethik bereit sei. Dies erübrigte sich dann durch meinen Wechsel an die LMU München im Frühjahr 2001 als Nachfolger von Johannes Gründel. Kaum dort, wurde ich vom Bayerischen Ministerpräsidenten in die neu installierte Bioethikkommission der Staatsregierung berufen, und nur ein halbes Jahr später von der Bundesministerin für Wissenschaft und Forschung und dem Bundesminister für Gesundheit auch zum stellvertretenden Mitglied in die Zentrale Ethikkommission für Stammzellforschung in Berlin. Die Bioethikkommission der Bayerischen Staatsregierung ist ein Expertengremium, das die Staatsregierung in biopolitischen Fragen beraten soll. Das tut sie vor allem durch Stellungnahmen zu Problemen, die ihr als Anfrage gestellt werden oder die sie selbst einer Erörterung für dringlich hält. Die Zentrale Ethikkommission für Stammzellforschung ist dagegen ein aus Experten verschiedener Richtungen zusammengesetztes Organ, das die Einhaltung des Stammzellgesetzes bei der Antragstellung für entsprechende Forschungsprojekte sichern soll. Dies geschieht mittels Voten, die zu jedem Antrag eines Forschungsprojekts von mehreren Mitgliedern erstattet werden und dann in die gemeinsame Beratung und Beschlussfassung eingehen. Der Reiz der Mitarbeit in beiden Gremien besteht darin, dass er Einblicke in ganz andere Fachbereiche und Wissenskulturen erlaubt und einen an den Fortschritten der Forschung, aber auch an der dadurch induzierten Veränderung von Problemstellungen teilhaben lässt. Dass man dort als Theologe herausgefordert ist, das, was im eigenen Fach und auch in der eigenen Lebenssphäre weitgehend unproblematisch ist, verständlich zu machen oder auch „bloß" respektabel, kann anstrengend sein, ist aber auch überaus befriedigend. Theologie wird – und das gilt nach meiner Erfahrung für den gesamten Bereich der Intellektualität – dann ernsthaft zur Kenntnis genommen, geachtet und manchmal sogar wertgeschätzt, wenn die Personen, die sie repräsentieren und sie argumentierend in die Diskurse einbringen, anerkannt und geschätzt werden, und eher selten über die öffentlichen Statements der Kirchen. Dies sollte an auch von Seiten der kirchlichen Amtsträger stärker berücksichtigt werden. Solche Kommissionsmitarbeit müsste deshalb auch eine wesentliche Aufgabe aller künftigen theologischen Ethiker sein, wenn sie die Chance nutzen möchten, sich an der Meinungs- und Willensbildung in einer demokratischen Gesellschaft zu beteiligen, und sie ihren Blick nicht auf die Sicherung der kirchlichen Binnenkultur beschränken wollen. Die Möglichkeit, bei der Expo in Hannover 2000 zu referieren (Partner war u.a. der frühere Bundesminister Baum) und den Abgeordneten des Deutschen Bundestages bei der entscheidenden Anhörung vor der Verabschiedung der Novellierung des Stammzellgesetzes 2006 Rede und Antwort zu stehen, sowie vielfache Gelegenheiten, in der Universität, im Ethikzentrum der LMU (Münchner Kompetenzzentrum Ethik) und in Katholischen Akademien vor einem zahlreichen akademischen Publikum aus vielen Fakultäten zu referieren, waren für mich herausragende Höhepunkte dieses Bemühens, über die Grenzen des eigenen Fachs und der eigenen Kirche hinaus die Sicht des Theologen verständlich zu machen und der Diskussion auszusetzen.

Wissenschaftsgeschichtliche Vergewisserung der eigenen Fachdisziplin

Für jemanden, der seit seinen Studienjahren beobachtet hat, wie die Fragen der Ethik durch sozialphilosophische Moden und Strömungen in den Hintergrund gedrängt werden können und wenige Jahre später doch wieder alle von Ethik sprechen und von ihr die Lösung aller drängenden Fragen der Zeit und der Zukunft erwarten, ist es verwunderlich, dass ihre Geschichte eine so geringe Rolle spielt. Auch innerhalb der Theologie, wo an der Moraltheologie als zentraler Fachdisziplin immer festgehalten wurde (auch wenn sich Inhalte, Methoden und praktische Verwendungszusammenhänge unübersehbar verändert haben), sind Namen, Ansätze und Durchbrüche erstaunlich rasch „out". Natürlich sind auch andere Wissensbereiche schnelllebig, und die Vermehrung des Wissens und der Details sind enorm, damit aber zwangsläufig auch deren Veralten. Das Gedächtnis nur auf die institutionell gesicherte Lehre, verstanden als depositum fidei, zu beschränken, ist darum mit der Gefahr verbunden, dass die Bemühungen und Ansätze früherer Generationen von Moraltheologen vergessen werden und verloren gehen – oder aber, dass alte Probleme immer wieder neu angegangen, erörtert und Lösungsperspektiven neu erfunden und erkämpft werden müssen. Das scheint mir schon seit längerem ein Teil der Problematik des Fachs zu sein und zu seiner strukturellen Unterlegenheit gegenüber den Bemühungen beizutragen, das Lehr"gut" durch Katechismen und offizielle Stellungnahmen abzusichern bzw. immer stärker zu verfeinern. Das Schicksal der Ehetheologie seit den 1920er Jahren mit all ihren Reformimpulsen bietet hierfür ein überdeutliches Beispiel.

Es war mir deshalb schon früh ein Anliegen, gleichzeitig mit der Erarbeitung systematischer Theoreme auch den Blick auf die historischen Kontexte im Sinne der Bedingtheit und der Perspektivität des gedanklichen Zugriffs sowie auf die Kontinuitäten und Paradigmenwechsel zu schärfen. Dies schützt vor schneller Verabschiedung genauso wie vor unüberlegter Adaption bloß gängiger Sichtweisen und der schnellen Anpassung an modische Theoreme.

In der Münchner Zeit habe ich drei Projekte initiiert, um für dieses Desiderat auch andere Kolleginnen und Kollegen zu sensibilisieren: nämlich das Projekt „Theologische Ethik – autobiografisch", in dem lebende Autoren ihre Berufserfahrung mit dem Fach, mit seinen Problemen und Kontexten sowie ihre eigene persönliche Arbeit schildern. Der zweite Impuls war der Versuch, die theologische Ethik in ihrer Geschichte überschaubar zu machen; mangels breiterer Vorarbeiten geschah dies durch ausgewählte Portraits wichtiger Vertreter während der zwei Jahrtausende Christentum. „Christliche Ethik im Porträt" war sicher ein waghalsiges Unternehmen, das viel Mut zur Lücke wie auch die Vernachlässigung konfessioneller und regionaler Differenzierungen erfordert hat. Aber solch ein Anfang musste einmal gesetzt werden. Es wäre zu wünschen, dass später in einem ähnlich umfangreichen Band eine Problemgeschichte der theologischen Ethik erarbeitet würde.

Ein dritter Versuch, der allerdings noch nicht zum Abschluss kommen konnte, ist die Erfassung des Fachs in einer einzelnen Epoche, und zwar in einer, in der politischer und ideologischer Druck ausgeübt wurde und dem theologisch-ethischen Denken inhaltliche Grenzen gesetzt hat. Konkret: Wie hat sich das Fach in der Zeit der nationalsozialistischen Herrschaft positioniert, wie ist es mit den relevanten Themen und Restriktionen umgegangen und welche Möglichkeiten blieben ihm angesichts der Einschränkungen durch Überwachung, Gesetzgebung, Benachteiligung? Nicht nur die Kirche als Institution, sondern auch die Theologie ist ja zur Gewissenserforschung im Sinne der vier „Prüfsteine für den Geist der Hoffnung" des Abschlussdokuments der Würzburger Synode „Unsere Hoffnung" von 1975 herausgefordert.

Bioethik

Jener Bereich, in dem der Steuerungsbedarf im Vorfeld und begleitend zur Gesetzgebung in den letzten zwanzig Jahren am offensichtlichsten war, ist die Bioethik. Hier sind vor allem durch den Durchbruch bei der Gentechnologie, den enorm vergrößerten Möglichkeiten der Medizin, besonders im Bereich der Reproduktionsmedizin und auch durch das Sichtbarwerden der Schadenswirkungen menschlicher Eingriffe in die Lebensumwelt neue Fragen in großer Zahl und Dringlichkeit aufgekommen. Für sie liegen in der Tradition keine Antworten bereit. Die Antworten können aber auch nicht ins zeitliche Später oder ins bloß grundsätzliche Allgemeingültige verschoben werden. Anders als bei anderen ethischen Fragen gab es hier große öffentliche Aufmerksamkeit und Sensibilität. Die entsprechenden Probleme wurden eben nicht nur in Expertenkreisen oder zeitdiagnostischen Reflexionen erörtert, sondern werden durchaus auch in Talkrunden, Expertenkommissionen und Parlamenten sowie in den Medien planmäßig und methodisch bedacht. Als Referent vor allem zunächst auf Religionslehrerfortbildungen und in Diskussionsrunden mit Medizinern, Juristen und Biologen, schließlich auch in Diözesangremien immer wieder gefragt, habe ich mich mit den entsprechenden Themen vielfach auseinandergesetzt und einen Großteil der entsprechenden Literatur auch im Zuge der intensiven Gremienarbeit zur Kenntnis genommen. Ferner habe ich das Themenfeld auch mehrfach in Lehrveranstaltungen – darunter auch in einer Seminarwoche mit orthodoxen Studierenden in Thessaloniki – zusammenhängend erarbeitet. Entsprechende Veröffentlichungen blieben bisher noch vereinzelt. Wichtiger als spezielle Einzelfragen, die auch in den Fachdiskussionen geradezu zu Entscheidungen von konfessorischer Qualität stilisiert werden können (wie etwa die Frage des Stichtags bei der Stammzellenforschung), war mir die Frage des Verhältnisses von demokratischer Öffentlichkeit, Wissenschaft und Recht und vor allem die der Rolle des Vertrauens bei der Steuerung von Forschung, die der Normalbürger ebenso wenig wie der Abgeordnete eines Parlaments, aber eben auch nicht mehr die Bischöfe mit regulärem Theologiestudium ohne zusätzliche Expertise verstehen können. Ein Artikel im Bundesgesundheitsblatt, der diese Frage des Vertrauens gegenüber der Forschung zum Thema machte, brachte mir ein internationales Echo und Einladungen, Papiere vorzustellen, in mehrere Länder der Welt. Vielleicht zeigte auch dieser Rücklauf im Kontrast, wo die ethischen Probleme in diesem Handlungsfeld tatsächlich „drücken"; und dass die Anstrengung zu moralischen Disziplinierungen dieser neuen Möglichkeiten dort am meisten Aussicht auf Wirksamkeit hatten, wo sie sich nicht im ideologischen Streit um Verbot oder Liberalisierung verstricken, sondern wo sie sich darauf richten, die Rahmenbedingungen so zu gestalten, dass die weitere Entwicklung beherrschbar bleibt und die sozialen und kulturellen Ressourcen einer Kultur für das Gelingen des Zusammenlebens erhalten werden können. Zugegebenermaßen erschwert es die ethischen Debatten, dass sie in einem globalisierten Horizont stattfinden, bei dem das vertraute kulturelle und rechtliche Setting im Nebeneinander zu anderen Regelwerken manches von seiner Selbstverständlichkeit einbüßt. Entsprechende Einbußen sind aber nicht zwangsläufig Verfall oder Abbau, sondern sie können auch ein Weg sein, komparativ das Humanere herauszufinden.

Beziehungsethik

Ehe, Familie und Sexualität gehören zu den Themen, die den Moraltheologen in der Lehre seit jeher obliegen. Auch ich habe dieses Themenfeld regelmäßig und engagiert schon seit meiner Privatdozentenzeit behandelt, vielleicht sogar häufiger und nachdrücklicher, weil es von mir als verheiratetem Laientheologen und Vater von vier Kindern so erwartet wurde. Es kam mir hierbei immer darauf an, vor Studierenden und sonstigem Publikum nichts zu sagen, was ich nicht auch im Kreis meiner Familie und vor dem Forum meiner erwachsen werdenden bzw. inzwischen längst erwachsenen Kinder sagen und vertreten würde, und das war durchaus ein sehr kritisches Forum, weil der Vater zu Hause nicht einfach die Rolle des Professors einnehmen kann (es sei denn unter dem Risiko, als notorischer „Besserwisser" zu gelten). Also kein Beschwören einer nur noch postulierten Moral, kein Verdrängen und Beschweigen, Mäßigkeit und Verständnis im Urteilen, Bereitschaft, Neues dazuzulernen,

Aushalten von Dissonanzen, auch wenn das manchmal weh tut, Bereitschaft, Gründe zu nennen, selbst Einstehen für Gesagtes.

Die Einsicht, die sich mir nach und nach erschloss, war: Entscheidender Gegenstand moralisch verantwortlicher Gestaltung und ethischer Reflexion im Zusammenhang von Sexualität sind die Beziehungen. Und natürlich spielt für deren Tönung, ihr Zustandekommen, ihre Qualität und ihr Potential Sexualität eine wichtige Rolle. Aber deren Erlaubtheit oder Verbotenheit ist nicht der eigentliche Punkt, und deshalb ist die Fixierung auf die Sexualmoral in der jüngeren Kirchengeschichte eine Ausformung, die man in ihren Entwicklungen nachzeichnen und in ihren kulturellen und gedanklichen Kontexten auch verstehen kann, die man aber auch relativieren und überwinden muss.

Seit dem Bekanntwerden der Missbrauchsfälle durch kirchliches Personal im Jahr 2010 hat mich diese Thematik und ihre Hintergründe immer wieder herausgefordert. Den Nachfragen konnte und wollte ich mich nicht verschließen. So entstand eine Vielzahl von Beiträgen über zahlreiche Facetten dieses Problems, und ich bin wie die meisten Kollegen froh, dass nun auch seitens der kirchlichen Leitungsämter nach vielen Jahren des Nichthörenwollens, des Verharmlosens und des ideologischen Weiterbehauptens ein Klima zugelassen wurde, in dem die Probleme auch ausgesprochen werden, gehört und nach Lösungen gesucht wird, die von den Betroffenen als hilfreiche Orientierung und Unterstützung empfunden werden können. An dieser „Baustelle" werden Kirche und Theologie viel neu zu bauen und auch zu reparieren haben, damit der Wertgehalt der ursprünglichen Visionen – bedingungsloses sich verlassen Dürfen, umfassende Ganzheitlichkeit und Fruchtbarsein – wieder sichtbar und erfahrbar wird und seine Attraktivität entfalten kann. Sexualität muss neu als Medium einer besonderen und intensiven Kommunikation zwischen Menschen begriffen und geschätzt werden. Ihre Funktionalisierung ausschließlich auf Zeugung und das Erleben erbsündlicher Konkupiszenz sind historisch kontingent und haben die anthropologische Plausibilität weitestgehend verloren.

Organisation von Fachdisputen

2002 musste ich überraschend das Amt des Vorsitzenden der Arbeitsgemeinschaft der deutschen Moraltheologen übernehmen, das ich bis 2012 ausübte. Von 2011 bis 2013 war ich zusätzlich Geschäftsführer der Internationalen Vereinigung für Moraltheologie und Sozialethik. Die Aufgabe, die damit verbunden ist, ist die Durchführung eines jährlichen Treffens aller Fachvertreter, bei dem über das Vorgehen bei Studienplänen und bei Gespräche mit den Bischöfen beraten wird. Ferner ist es eine wichtige Gelegenheit, sich über die Entwicklungen im eigenen Fach auszutauschen, die Einschätzung aktueller Fragestellungen durch die Kollegenschaft wahrzunehmen und sich gegenseitig über Forschungsprojekte zu informieren. Außerdem muss der alle zwei Jahre stattfindende internationale wissenschaftliche Kongress inhaltlich und strategisch vorbereitet werden.

Das Amt des Vorsitzenden schien mir aber auch eine geeignete Plattform zu sein, um Diskurse in Gang zu bringen, aufzunehmen, sie fachlich zu akzentuieren oder zu öffnen. Aus dieser speziellen Bemühung sind insgesamt fünf Diskussionsbände hervorgegangen, deren jüngster über Organspende in diesem Jahr erschienen ist. In den anderen ging es um Kriterien der Biomedizin, um die Stammzellforschung, um die Zukunft der katholischen Sexualethik und um das Problem des Pluralismus. Es war mir dabei ein wichtiges Anliegen, bei der Auswahl der Autorinnen und Autoren Lagerbildung zu vermeiden. Zugleich versuchte ich, den Fokus der jeweiligen Problematik auf die Perspektiven verwandter oder benachbarter Wissensdisziplinen zu erweitern. So konnten so gut wie alle lebenden Moraltheologen im deutschsprachigen Bereich ein- oder auch mehrfach Berücksichtigung finden. Bei der Ausführung und Strukturierung der Themen konnte ich auf die Hilfe und Zuarbeit hochkompetenter und motivierter Mitarbeiter (in Freiburg Mathias Hugoth, in Saarbrücken Dr. Ulrich Rudnick, in München Dr. Melanie Lüking, Dr. Mark Achilles und Dr. Dr. Jochen Sautermeister) setzen. Dieses gemeinsame Arbeiten bildet sich in dem Band über die Organspende in der gemeinsamen Herausgeberschaft mit Jochen Sautermeister ab, der nach vielen Jahren als Wissenschaftlicher Mitarbeiter inzwischen selbst Professor für Moraltheologie geworden ist.

Das gemeinsame und interdisziplinäre Arbeiten scheint mir der wichtigste Weg zu sein, wie das Fach den neuen Herausforderungen und Problemen begegnen kann. Auch wenn es weiterhin Monografien und Gesamtdarstellungen Einzelner in Gestalt von Handbüchern geben wird, werden gegenüber der Öffentlichkeit, der Wissenschaftspolitik und auch der Kirche die Erkennbarkeit der herrschenden Meinung und zugleich die Vielfalt der Meinungen an Bedeutung zunehmen.

Theologische Ethik in sich verändernder Gesellschaft

Man kann sich fragen (und muss es vielleicht auch nach dem Ende der eigenen Berufstätigkeit), wie sich das Projekt theologischer Ethik im Kontext der Universität in der Zukunft weiter entwickeln kann. Ich selbst bin diesbezüglich durchaus zuversichtlich. Denn der Bedarf ist sehr groß, und die Ressourcen, aus denen die ethische Reflexion schöpfen kann und methodologisch gestaltet und organisiert wird – sei diese „gelegen oder ungelegen" (2 Tim 4,2) und „ohne Ansehen der Person" (Jak 2,1 und 1 Petr 1,17) – sind knapp.

Allerdings wird sich – soviel ist schon heute erkennbar – sowohl die ethische Reflexion als auch das Fach theologische Ethik selbst verändern. Negativ ausgedrückt wird das Geltendmachen von Autoritätsansprüchen, die Auseinandersetzung mit binnenkirchlichen Strukturen und allgemeingültigen Regelkatalogen für alle eine eher abnehmende Rolle spielen. Positiv formuliert zeichnen sich vier Herausforderungen ab, nämlich 1. unbeschadet der Geltung der ethischen Regeln für alle (Universalismus) eine stärkere Ausrichtung auf individuell angemessene Orientierung bzw. Lösungshilfen. Das hat etwas mit der Realisierung der pluralistischen Situiertheit auch der Ethik und der moralischen Lebensführung zu tun.

2. Die Selbstrevision christlicher Ethik im interkulturellen und im interreligiösen Vergleich. Das ergibt sich aus der Globalisierung nach außen wie nach innen.

3. Die vorbehaltlose Öffnung für die Erkenntnisse der Humanwissenschaften. Auch ethische Erkenntnis partizipiert an der Vorläufigkeit und Unvollständigkeit aller menschlichen Erkenntnis, aber sie kann sich nicht mit Berufung auf Festlegungen der Tradition der Erkenntnis von Zusammenhängen und Abhängigkeiten verweigern, auch wenn sie auf ihrer genuin theologischen Perspektive besteht. Die Kenntnisnahme der einschlägigen Ergebnisse der Humanwissenschaften wird zunehmen müssen.

4. Zunehmende Komplexität und Mehrstimmigkeit der ethischen Kommunikation in der Öffentlichkeit. Das ist eine Folge des Auftretens neuer ethischer Agenturen (neben den klassischen Medien virtuelle Netzwerke, NGOs, auch Betroffenen- und Interessenlobbies). Die Definitionshoheit über ethische Fragen wird also nicht mehr so selbstverständlich wie in der Vergangenheit bei den Kirchen und der Theologie gesucht werden. Und es wird gleichzeitig in der Gesellschaft eine gefährliche Sehnsucht nach einfachen Antworten geben, je undurchschaubarer und komplexer die Probleme werden. Gerade deshalb werden Kirchen und Theologie weiterhin gebraucht werden als Orte der Reflexion, der Distanzierung von der Selbstläufigkeit wirtschaftlicher Zusammenhänge und als institutionalisierte Chance, sich frei von unmittelbaren Eigeninteressen zu vergewissern, was dem und den Menschen eigentlich gut tut.

Der Theologie (und auch den Kirchen, die es als soziale Resonanzräume, Überlieferungssubjekte und Handlungsakteure im gesellschaftlichen Kontext braucht) wird die Bewältigung dieser Herausforderungen aber nur in dem Maße gelingen, wie sie gute Gründe einbringen können und die, die sie betreiben, sich transparent und ernsthaft in ihren Kontexten und bis in ihre Lebensführung engagieren; und wie sie glaubhaft machen können, dass die von ihr vertretenen moralischen Überzeugungen auch dazu beitragen, den Menschen zu helfen, besser und sinnvoller mit ihrem Leben zurechtzukommen. Mehr als auf Geschlossenheit und korporative Loyalität wird es dabei auf Authentizität, intellektuelle Redlichkeit und Nähe bei den Menschen ankommen.

Festschrift:
Jochen Sautermeister (Hg.): Verantwortung und Integrität heute. Theologische Ethik unter dem Anspruch der Redlichkeit: Freiburg i.Br. 2013.
Verzeichnis der Veröffentlichungen (bis Ende 2012) In: ebd. S. 474-506.

Antonio Autiero

Zwischentöne in einem theologischen Selbstporträt

1. Von der Zumutung, über sich selbst zu erzählen

Ich muss es gestehen: Über mich selbst zu erzählen, fällt mir nicht leicht. Die Idee, eine Autobiografie zu schreiben, hat nie im Horizont meiner Bestrebungen und Unternehmungen gestanden. Ein solches Vorhaben war und ist mir fremd. Warum es so ist, weiß ich nicht genau. Irgendwie betrachte ich es als Zumutung, mich selbst in den Mittelpunkt des Geschehens zu stellen und Segmente der eigenen Biographie inszenieren zu müssen, nachdem diese sortiert und rekonstruiert worden sind. All das verlangt nach einer inneren Haltung und äußeren Tatkraft, Erinnerungsstücke zuerst gehortet zu haben und sie dann auszugraben und zu elaborieren. Und schon da beginnt meine Schwierigkeit: von Kindheit an habe ich nie eine erkennbare Freude am Sammeln gehabt. Nie habe ich daran gedacht, Hobbymaterialien gezielt aufzubewahren. Auch Tagebücher sind nie meine Gattung gewesen. Die wenigen Versuche, damit anzufangen, sind schnell und schmerzlos gescheitert, obwohl ich immer gerne Textstücke phantasiert und geschrieben habe.

Andererseits ist mir aber klar, dass biographische Zugänge wichtige Momente auch für die Wahrnehmung von Ideenentwicklungen sein können. Denn es stellt sich eine Pendelbewegung ein, die vom Partikularen einer Existenzgestaltung zum Verständnis großräumiger Horizonte reicht: das Eine und das Andere vernetzen sich in ungeahnter Weise. Eine Beleuchtungsdynamik entsteht, die nahe und ferne Elemente miteinander verbindet. „Theologie ist Biographie" würde Herbert Vorgrimler reklamieren.[1] Und Klaus Demmer hat es in seinem letzten Buch noch deutlicher zu Wort gebracht; er stilisiert die „Einheit von Fragen und Erzählen" und schreibt ihr die Bedeutung und die Aufgabe zu, selbst die Theologie entstehen und sich entwickeln zu lassen: „Das bisher leitende Wort der Wende zum Subjekt mag weiterhin als Schlüsselwort dienen. Sein Kennzeichen ist das narrative Element. Der Gott Denkende, weil von ihm Ergriffene, erzählt sein Leben nach."[2]

So kann den folgenden Zeilen eine – wenn auch gewollt nüchterne und dünne – Skizze meines Selbstporträts anvertraut werden. Eine kleine Übung in diese Richtung habe ich schon einmal anlässlich meiner Abschiedsvorlesung

1 Vorgrimler, Herbert: Theologie ist Biographie. Erinnerungen und Notizen. Münster 2006.
2 Demmer, Klaus: Selbstaufklärung theologischer Ethik. Themen – Thesen – Perspektiven. Paderborn 2014, 179.

gemacht, als ich von den „Karten der Moral – theologisch neu gemischt“ sprach.[3]

2. Theologie als Option

Meine Begegnung mit der Theologie ist etwas, was ich mit der Metapher des Orgelspielens auf einer doppelten Tastatur verbildlichen könnte. Beide Aspekte haben mit dem Thema der Lebenswahl zu tun.

Zuerst war da die Entscheidung, ins Priesterseminar zu gehen und dort die theologische Ausbildung zu durchlaufen. Theologie begegnete mir als systematische und reflektierte Darstellung der in der Familie initiierten religiösen Erfahrung sowie als Grundlage für die priesterliche Lebensform und die Übernahme der Aufgabe, diese religiöse Erfahrung in der Praxis christlicher Gemeinden zu vermitteln und zu gestalten. Der erste Zugang zur Theologie war für mich also eher von pastoral-praktischem Typus.

Die Priesterausbildung begann ich mit 18 Jahren an der theologischen Fakultät meiner Geburtsstadt und Heimatdiözese Neapel nach dem klassischen Abitur im Jahr 1966. Es waren die wunderbaren Jahre des Konzilsklimas. Ich spürte und erlebte diese Zeiten mit besonderer Intensität als eine Epoche des Aufbruchs und der Erhellung von Horizonten. Ich habe manche Lehrer gehabt, die mich und meine Kommilitonen haben ahnen lassen, welche dunklen Szenarien in Theologie und Kirche mit dem Zweiten Vatikanischen Konzil überwunden werden konnten. Andere dagegen hatten Mühe, sich mit neuen Paradigmen vertraut zu machen, und schafften es letztlich nicht, sich in der Aufbruchsstimmung wiederzufinden. Diese Gegebenheiten, die nicht selten auch zu Konfrontationen und Vergleichen zwischen den Fronten führten, haben mir schon in den Anfangsjahren meiner Beschäftigung mit der Theologie das Gefühl und die Erkenntnis vermittelt, dass das Konzil nicht ein punktuelles Ereignis, sondern ein ständiger, lebendiger und auffordernder Prozess war und ist. Bejahung und Absage, Anpassung und Widerstand stehen immer da.

Dem pastoral-praktischen Zugang zur Theologie folgte aber schnell ein anderer. Nach der Priesterweihe 1972 und einem Jahr pastoraler Praxis konnte ich mich auf den Weg der theologischen Promotion begeben. Ich wechselte nach Rom und entschied mich für die Moraltheologie als Fach der Dissertation, auch mit Blick auf die künftige Lehrtätigkeit an der Heimatfakultät. Zur Auswahl des Faches trugen viele Faktoren bei, vor allem die Begegnungen und Gespräche mit Vertretern der Moraltheologie, die mich maßgeblich ge-

---

3 Autiero, Antonio: Die Karten der Moral – theologisch neu gemischt. Münster, 1. Februar 2013, in leicht gekürzter Fassung erschienen in: Fischer, Michael (Hg.): Erkenntnis und Verantwortung. Anthropologische und theologische Bezugspunkte für das Gesundheitswesen. Rheinbach 2015, 13-35.

prägt haben: In Neapel war es der Dominikanerpater Dalmazio Mongillo und in Rom der Redemptoristenpater Bernhard Häring. In unterschiedlicher und sich ergänzender Weise haben sie mir das Gespür für die Wahrnehmung der ethischen Fragestellungen vermittelt und die Elemente an die Hand gegeben, sie zu begreifen und zu reflektieren. Die Promotionsjahre an der Accademia Alfonsiana und überhaupt das Leben in Rom waren auch für meine persönliche Entwicklung sehr wichtig und konstruktiv. Ich erlebte die Herausforderung, in immer größeren Dimensionen zu denken und mich breiteren Räumen zu öffnen. Das Promotionsthema kam genau aus diesem Impetus heraus; es untersuchte die Anthropologie und die Theologie der Ehe bei Antonio Rosmini[4], einem Philosophen und Theologen des 19. Jahrhunderts, der großräumig denken und die Herausforderungen der Moderne ohne Scheuklappen aufnehmen konnte. Ein Wort von ihm habe ich für mich immer als Motto und Ansporn betrachtet: „Pensare in grande!"

Die nach der moraltheologischen Promotion im Jahr 1979 begonnene philosophische Promotion über Erasmus von Rotterdam und seine Schrift „De praeparatione ad mortem"[5] entwickelte in mir eine besondere Aufmerksamkeit für Themen der Medizinethik, die später immer deutlicher zu meinem besonderen Schwerpunkt wurden, was sich in meiner Lehr- und Forschungstätigkeit niedergeschlagen hat.

3. Über die Alpen

Eine Rückkehr nach Neapel fand zwar statt und auch die anfängliche Lehrtätigkeit an der dortigen theologischen Fakultät nahm Form an, doch geriet diese Phase relativ kurz und sie war auch nicht spannungsfrei. Der institutionellkirchliche Charakter und die stark auf Priesterausbildung fokussierte Ausrichtung der Fakultät wurden mir so eng, dass ich mich umschaute und nach Möglichkeiten der Horizonterweiterung suchte. Die während der römischen Studienjahre erworbenen Kenntnisse der deutschen Sprache und die mehrjährigen Ferienvertretungen in deutschen Pfarreien nutzte ich als Schlüssel zu der akademischen Welt der deutschen Theologie. Ein Forschungsstipendium der Alexander von Humboldt-Stiftung gab mir die Möglichkeit, 1983 nach Bonn zu gehen und am Seminar für Moraltheologie unter der Leitung von Franz Böckle zu arbeiten.

Es war für mich nicht nur ein Ortswechsel; es erwies sich schnell als eine erweiterte Lebens- und Arbeitsform. Die Dimensionen der universitären Theologie im Kontext öffentlicher, staatlicher Institutionen und die Präsenz und Einmischung theologischer Diskurse in Belange von gesellschaftlicher Trag-

4 Autiero, Antonio: Amore e coniugalità. Antropologia e teologia del matrimonio in A. Rosmini. Torino 1980.

5 Autiero, Antonio: Erasmo da Rotterdam, La preparazione alla morte. Roma 1984.

weite übten auf mich eine Faszination aus. Es war nicht nur die Bewunderung neuer Spielräume, sondern auch das Begreifen einer anderen Verantwortungsform der Theologie. Dass ein Transfer diese Modelle in den italienischen Kontext nicht leicht gewesen wäre, wurde mir immer klarer.

Es begann in mir ein Wahrnehmungsprozess, der nicht nur faktische Opportunitäten zeigte, sondern direkt mit der Reflexion über den epistemologischen Status der Theologie, ihrer Natur und Funktionen zu tun hatte. Auf die Moraltheologie zugespitzt bedeutet das, den Blickwinkel zu schärfen für das, was das II. Vatikanische Konzil mit der Option einer Theologie für die und in der Welt forderte. In meiner Bonner Zeit erlebte ich eine für mich bedeutende Abrundung der frühnachkonziliaren Ausbildungszeiten in Neapel und Rom mit der Weite von offenen Horizonten und gesellschaftswirksamen Perspektiven des Theologie-Treibens. Der Sprung über die Alpen war letztendlich ein Sprung in die Tiefe und Breite der Theologie.

4. Leben zwischen den Welten

1991 wurde ich auf den Lehrstuhl für Moraltheologie nach Münster berufen. Die Jahre davor waren beruflich und persönlich nicht leicht für mich. Das Stipendium der Humboldt-Stiftung ging zu Ende; kleine Lehraufträge hier und dort sowie Übersetzungsarbeiten, um mich „über Wasser zu halten"; eine gewisse innere Abneigung, nach Neapel zurückzukehren: all das bildete den Humus dieser Lebensphase, die ich trotz aller Unsicherheiten und finanziellen Engpässe doch nicht missen möchte. Ich habe daraus gelernt, auch dank der Erziehung meiner in bescheidenen Verhältnissen lebenden Herkunftsfamilie (5 Kinder, Vater Bahnangestellter, Mutter Hausfrau), mit Wenigem auszukommen, Ziele nicht aus dem Augen zu verlieren und die sich anbietenden Gelegenheiten realistisch einzuschätzen. Dann kam die Bewerbung auf den Lehrstuhl in Paderborn und fast gleichzeitig auf den in Münster. Es folgte der Ruf an die Westfälische Wilhelms-Universität als Nachfolger von Bruno Schüller und damit der Beginn einer neuen Lebensphase.

In Münster merkte ich sehr schnell, was die Vielfalt und die Lebendigkeit einer großen Fakultät bedeutet. Vor allem der Austausch und die Kooperationsprojekte mit vielen interessanten Kollegen waren ein Schatz, von dem ich über die ganzen Jahre profitieren konnte. Auch die Mitwirkung auf unterschiedlichen fakultäts- und universitätsinternen Ebenen und in anderen Gremien beanspruchte und bereicherte mich. Die langen Wirkungsjahre in Münster betrachte ich als eine anregende und produktive Zeit. Der Kontakt mit den vielen Studierenden, die Unterstützung von mehr als 30 Mitarbeiterinnen und Mitarbeitern, die Begleitung von zahlreichen Diplomanden, von 15 Promovenden und 5 Habilitanden stellen Meilensteine dar, die den Lebensraum der über 20 Dienstjahre gefüllt haben.

Die Frage, die mir sehr oft gestellt worden ist, wie ein sonnenverwöhnter Neapolitaner im nebeligen und kalten westfälischen Norden zurechtkommen kann, habe ich zwar hingenommen, aber nie richtig verstanden und beantwortet. Es war für mich beruflich und persönlich ein rundum erfülltes Leben.

Dazu kam noch eine zusätzliche Aufgabe: 1997 wurde ich zum Direktor eines Forschungszentrums für Theologie in der Stadt Trient berufen. Man hatte mich zuerst für ein dreijähriges Mandat bestellt, aber insgesamt habe ich diese Position dann bis 2011 innegehabt, was auch ein nicht unerhebliches Arbeitsvolumen und viele Reisen nach sich gezogen hat. Aber das Konstruktive und Bereichernde an diesem Zustand der gleichzeitigen Mitwirkung habe ich ständig gespürt. In Münster hatte ich meine klare Ortsbestimmung als Moraltheologe, in Trient dagegen hatte ich die Breite der theologischen Forschungsthemen zu bedienen. Das Eine hat dem Anderen gut getan. Moraltheologie habe ich vor dem Hintergrund der unterschiedlichen theologischen Fragestellungen als Teil des theologischen Gesamtdiskurses wahrgenommen, und die Forschungsgebiete in der Theologie habe ich in der Projektion ihrer ethischen, d. h. subjekts- und gesellschaftsbezogenen Relevanz verstanden. In diesen 14 Jahren pendelte ich nicht nur geographisch zwischen zwei Welten, sondern auch thematisch und fachlich. Und das tat nicht nur mir gut, sondern auch den Kollegen, Doktoranden, Stipendiaten und Studierenden, die mit mir von Italien nach Deutschland und umgekehrt pendelten. Ein inhaltliches Merkmal dieser Zeit war die Entwicklung einer Denklinie im Verständnis der Theologie als „public Theology". Mit besonderem Akzent und als Provokation für den italienischen Wirkungsraum gedacht entstand die Rede von einer „Teologia della città".[6] Sie war für mich die Entsprechung und die Vervollständigung jener Idee von Theologie im öffentlichen akademischen Raum, die ich beim Wechsel von Neapel nach Bonn Jahre zuvor kennengelernt hatte. Sie wirkte für mich als steter Ansporn, klerikale Engpässe in der Theologie zu überwinden und den gesellschaftlichen, säkularen Auftrag in ihr zu erkennen.

Eine weitere Dimension der Weltoffenheit meiner moraltheologischen Bemühungen konnte ich in der Zusammenarbeit mit den Initiatoren der zwei Weltkongresse der Moraltheologie erleben. Hier ist insbesondere der nordamerikanische Moraltheologe, Jesuitenpater James Keenan zu erwähnen. 2006 fand im italienischen Padua eine erste Versammlung dieser Art statt, an der etwa 380 Moraltheologen aus vielen Ländern teilnahmen. Die Begegnungen mit anderen Kulturen und der Austausch über Anliegen und Visionen der Moraltheologie weckten die berechtigte Erwartung, im Abstand von einigen Jahren eine zweite Weltkonferenz der Moraltheologie einzuberufen. Das Planning Committee von „Catholic Theological Ethics in the Word Church", in das ich 2007 berufen wurde, nahm die Arbeit auf und plante die zweite Konferenz für Juli 2010 in Trient. Die Mitwirkung des von mir dort geleiteten Forschungsin-

6 Autiero, Antonio (Hg.): Teologia nella città – Teologia per la città. La dimensione secolare delle scienze teologiche. Bologna 2005.

stitutes war ebenso selbstverständlich wie die gemeinsame Leitung des Kongresses durch James Keenan und mich. Die schöne Erfahrung des Zusammenkommens von mehr als 650 Moraltheologinnen und -theologen aus den fünf Kontinenten ist im Kontext unseres Faches eines der bedeutendsten Erlebnisse der jüngeren Zeit; sie inspiriert dauerhaft Initiativen und Vernetzungen und bringt kostbare Früchte hervor.[7]

5. Moraltheologe für wen?

Die Frage nach der eigenen Identität begleitet jeden von uns fordernd und herausfordernd. Sie stellt sich nicht nur in Bezug auf die Selbsterkenntnis und Selbstwahrnehmung, sondern sucht ständig nach unverzichtbaren, geschuldeten Relationen. Und das gilt sowohl für die personale als auch für die berufliche Identität. Nicht nur die Frage 'Wer bin ich?' fordert eine Antwort, sondern auch die 'Für wen bin ich da?' und letztendlich auch 'Mit wem bin ich, was ich bin und sein soll?'. Diese dynamische Verzweigung der Identitätsfrage tangiert auch den Theologen und den Moraltheologen, der nach einem geeigneten Platz für sein theologisches Arbeiten sucht.

Jenseits jeglicher reduktiver Versuchung oder einseitiger, polarisierender Rangordnung versteht sich Moraltheologie nach dem II. Vatikanischen Konzil als Dienst am Menschen und Begleitung zur Orientierung in Urteilsbegründungen und Entscheidungsprozessen. Die komplex gewordenen Lebensumstände schaffen für den Moraltheologen immer neue Wirkungsräume. Der technische Fortschritt wie auch die Wahrnehmung menschlicher Ambiguität, die Verflüssigung zwischenmenschlicher Bezüge wie auch hohe Ansprüche an Authentizität in der Gestaltung der Lebensformen strahlen einen Appell an die Theologie und an ihr ethisches Potenzial aus. Sie exkludieren den (moral)theologischen Diskurs grundsätzlich nicht, sie halten vielmehr den Radius für ihn offen. Selbstverständlich verlangen sie von ihm Offenheit und Transparenz, Empfindsamkeit und Kohärenz. Sie dulden keine selbstreferenzielle Genügsamkeit, keine unerklärbare Verwiesenheit auf eine lebensfremde Wahrheitsordnung.

Dass diese Sachlage nicht spannungsfrei ist, bleibt unbestritten. Der Moraltheologe muss sich dessen bewusst sein, dass sein Tun im Denken und Sprechen unter Bedingungen steht, denen er nicht nur im Lichte des theologischen Gehaltes seines ethischen Diskurses gerecht werden kann. Die Handlungsstruktur und die praktische Ausrichtung auch der theologisch konnotierten ethischen Erörterung verpflichtet im Wesentlichen zu einem lebensorientierten Blickwinkel, der nicht in Gegensatz zur göttlichen Offenbarung oder

7 Die Ergebnisse der Tagung sind in folgendem Band dokumentiert: Keenan, James F. (Hg.): Catholic Theological Ethics Past, Present, and Future. The Trient Conference. New York 2011. S. dazu meine Rezension, in: Studia Moralia, 50/2 (2012), 431-435.

kirchlichen Tradition gestellt werden darf. Die Einseitigkeit in der Optik, wenn von Moraltheologen die Treue zur Kirche eingefordert wird, ist bekannt und manchmal regelrecht fragwürdig. Kirchlichkeit scheint oft das Hauptkriterium zu sein, um Moraltheologen auf den Prüfstein zu stellen, deren Berufsweg zu begünstigen oder zu torpedieren. Persönlich ist mir diese delikate Angelegenheit nicht unbekannt, wenn ich an die mich betreffende Infragestellung der kirchlichen Orientierung bei der Erteilung des Nihil obstat zurückdenke.

Die Jahre meiner aktiven akademischen Tätigkeit und auch darüber hinaus haben mich in Situationen und Umfelder gestellt, wo moraltheologische Sichtweisen gesucht, erwartet und geschätzt wurden. Die Erfahrung zeigt eindeutig, dass man ohne eine Grundhaltung der Dialogbereitschaft und ohne die Suche nach geeigneter kommunikativer, undogmatischer Sprache nicht zurechtkommt. Die Mitwirkung in interdisziplinären, weltlichen Gremien (z. B. in der Zentralen Ethikkommission für Stammzellenforschung, der ich seit 2002 angehöre) modelliert das Profil des Moraltheologen mit neuen Konturen; sie erzieht ihn zu einer Form der Sensibilität und Beachtung der Gründe der Andersdenkenden und vor allem der existenziellen Situationen und der legitimen Erwartungen, die sich daraus ergeben.

Worauf es für mich schließlich ankommt und was ich bei guten Lehrern immer bewundert habe, ist das Ethos des Moraltheologen als das eines Menschen, der geduldig hinschaut, kompetent differenziert, Barrieren tatkräftig ausräumt, Klärungs- und Wachstumsprozesse weise begleitet, leidenschaftlich Orientierung und Handlungskraft anbietet.

6. Anliegen, die nie zum Ende kommen

Die Partitur der Zwischentöne dieses Selbstporträts möchte ich nun mit der Skizze einiger Anliegen abrunden, die mich stets beschäftigt haben und die immer noch – auch in der Zeit nach meiner Emeritierung im gewollt in die Metropole Berlin verlagerten Domizil – das Gerüst meiner moraltheologischen Figuration ausmachen. Es handelt sich um eine Skizze von Motiven und Noten, ja von Dimensionen des moraltheologischen Diskurses, wobei hier und dort der Rekurs auf bedeutende Texte der Tradition leicht erkennbar ist. Die Auflistung der Motive verbinde ich mit dem Verweis auf jeweils entsprechende, von mir verfasste Publikationen. Ich nenne vier Motive:

1. Zuerst ist die Kategorie der sittlichen Autonomie zu erwähnen. Das Glück, einen Lehrer in der Moraltheologie gehabt zu haben, der ein ausgewiesener Thomas-Kenner und -Forscher war (der oben erwähnte Dominikanerpater Mongillo), war für mich prägend. Er hat mich in den Reichtum dieses potenten Denkers eingeführt. Besonders wichtig war die Beschäftigung mit dem Text des Prologs der I-II der *Summa Theologiae*. Dort begegnet uns die Kategorie der *Imago Dei*, die für Thomas als Begründung der menschlichen, sittlichen Autonomie fun-

giert. In einem meiner ersten Aufsätze mit dem Titel "L'agire morale sotto il segno della complessità. Attualitá della lezione di Tommaso d'Aquino"[8] habe ich die Lektion des Thomas dargestellt und sie auf die Implikationen der Autonomievorstellung hin dekliniert. Dass diese Autonomie nicht autarkisch zu verstehen ist, resultiert deutlich aus dem Hinweis, dass der Mensch gerade eben kraft seiner Gottebenbildlichkeit und in der Teilhabe am göttlichen Gesetzt durch seine Vernunft eine besondere Verantwortung für sich und für die Welt übernimmt. Er wird „*sibi ipsi et aliis providens*".[9] Diese Ausrichtung hat für mich stets die Marke der Anschlussfähigkeit zu der Subjektphilosophie der Moderne und der kantischen Autonomievorstellung gehabt. Meine ausdrückliche Zuordnung in die Autonome Moral nimmt Begründung und Färbung gerade aus diesem Zugang von Thomas v. Aquin zum Verständnis der Sittlichkeit.

2. Gewissen als moralische Instanz ist die zweite Note. Die Gewissenslehre hat in der Geschichte der Moraltheologie erhebliche Variationen erfahren. Das Bedeutungsspektrum der Kategorie ist breit und differenziert genug gewesen, dass es jeweils zu unterschiedlichen Pointierungen gekommen ist. Die Beschäftigung mit dem Text von *Gaudium et Spes* Nr. 16 und die Auseinandersetzung mit Bernhard Häring, der an der Niederschrift dieses Textes maßgeblich beteiligt war, haben in mir eine besondere Aufmerksamkeit auf die Optik des Gewissens als Instanz der Genese des sittlichen Subjektes entstehen lassen. In dem Aufsatz über die Rezeption von *Gaudium et Spes* im Kontext ethisch-pastoraler Überlegungen habe ich versucht, die Bedeutung dieses Textes und die Implikationen der darin enthaltenen Optik zu thematisieren. Die Frage, ob die nachkonziliarische Lehre in offiziellen kirchlichen Stellungnahme (etwa die Enzyklika *Veritatis Splendor*) einen Weg hinter das Konzil zurück darstellt, konnte dabei nicht erspart bleiben.[10]
3. Während meines Bonner Aufenthaltes Mitte der 1980er Jahre und im Austausch mit Franz Böckle beschäftigte mich die Frage der Bedeutung und der Folgen der Klassifizierung der Moraltheologie als „Theologischer Ethik". Diese nicht nur linguistisch relevante Verschiebung verlangte nach neuer Verortung der Moraltheologie in ihren Bezügen zur philosophischen Ethik und zu den anderen theologischen Disziplinen (insbesondere zur Theologischen Anthropologie und zur Dogmatik). Die Note und das Motiv der rationalen, argumentativen

8 In: Asprenas 3 (1994), 337-348.

9 S. Th. I-II, 91, 2 c.

10 Autiero, Antonio: Die Rezeption von Gaudium et Spes im Kontext ethisch-pastoraler Überlegungen, in: Platten, Meiner/Sanders, Reinhardt (Hgg.), Rezeption des Zweiten Vatikanischen Konzils in Theologie und Kirchenrecht heute. FS für Klaus Lüdicke zur Vollendung seines 65. Lebensjahres. Essen 2008, 41-55.

Konfiguration des ethischen Diskurses werden in der erwähnten Akzent- und Terminologieverschiebung deutlicher und stellen Konsequenzen und Bedingungen für die logische Kohärenz und die Dialogfähigkeit der Moraltheologie dar. Diese Gedankenkonstellation ist zu einem Leitmotiv meiner Arbeit geworden. Ein Aufsatz über die Systematik ethischer Argumentation[11] gibt Auskünfte darüber und stellt die Frage in einen breiteren Kontext, wobei der Verweis auf unterschiedliche philosophische Traditionen und die Implikationen im Lichte anderer theologischer Fächer eine zentrale Rolle spielen.

4. Eine vierte Note betrifft die Bedeutung der Erfahrung für den Prozess der Genese und Geltung sittlicher Normen. Über die verminderte Relevanz des Erfahrungsbegriffs in der Tradition der Moraltheologie haben wir mittlerweile ausreichende Kenntnisse. Wir wissen auch, dass diese Marginalisierung der Erfahrung letzten Endes mit der metaphysisch-ontologischen Ausrichtung der Morallehre zu tun hat. Die Existenz war dementsprechend in den Rang von „Umständen" degradiert, was eine sekundäre und abgeleitete Bedeutung für die Entstehung und den Verpflichtungscharakter moralischer Ansprüche hat. Theologisch reflektiert ist nicht nur die Erfahrung des Einzelnen anzusprechen, sondern auch die der Glaubensgemeinschaft. Hier prallen ekklesiologische Bilder aufeinander, die in der Tradition die starke Trennung der Kirchenleitung und des Kirchenvolkes indiziert haben. Das doppelte Register der ekklesiologischen und der anthropologischen Perspektive habe ich im jüngsten Aufsatz über den *Sensus Fidelium* und die Moraltheologie gezogen, um die konstitutive Bedeutung der Erfahrung in ihrer Relevanz für die Sittlichkeitslehre zu thematisieren.[12] Es geht nicht nur darum, die Rolle der Empirie für die Moraltheologie aufzuwerten. Vielmehr ist die Frage der erlebten Erfahrung als Ort der Manifestation der Konsistenz und der Gültigkeit sittlicher Ansprüche neu zu stellen. Die Ermunterungen, die seit Kurzem aus dem Diskussionsklima und den Vorbereitungsdokumenten der Bischofssynode auf uns zukommen, sind gute Signale und produktive Impulse, die nicht unter den Tisch fallen sollten.

---

11 Autiero, Antonio: Zwischen Glaube und Vernunft. Zu einer Systematik ethischer Argumentation. In: Arntz, Klaus/Schallenberg, Peter (Hgg.): Ethik zwischen Anspruch und Zuspruch. Gottesfrage und Menschenbild in der katholischen Moraltheologie. Freiburg i. Br. 1996, 35-53.

12 Autiero, Antonio: The sensus fidellium and the magisterium from the Council to the present day: moral-theological reflections. In: Asian Horizons, Vol. 9 (2015) 1, 57-75.

7. Zum Schluss

Den Bericht über Fakten und Etappen meines Lebensweges und die Mitteilung von Anliegen und Erfahrungen als Moraltheologe habe ich gewollt in leisen Tönen zusammengestellt. Ich erzähle über einen Weg, der immer noch offen und unvollständig ist. Und ich spreche von einem Weg, den ich nicht allein gegangen bin. Nicht nur Lehrer und Meister haben diesen Weg begleitet, sondern auch Kolleginnen und Kollegen, Schülerinnen und Schüler, Freundinnen und Freunde, die mit ihren eigenen Anliegen, Forschungsinteressen und Kompetenzen diesen meinen Weg ständig herausgefordert, erweitert und bereichert haben.

Ein sichtbares Zeichen dieser Vernetzung ist die Festschrift, die mir anlässlich meiner Emeritierung gewidmet wurde.[13]

Ausführlicher bio-, bibliographische Hinweis unter:
http://www.uni-muenster.de/FB2/personen/moraltheologie/autiero.html

---

[13] Goertz, Stephan/Hein, Rudolf B./Klöcker, Katharina (Hg): Fluchtpunkt Fundamentalismus? Gegenwartsdiagnosen katholischer Moral. Freiburg i. Br. 2013

Gerhard Droesser

Querungen

Selbstbildung als hermeneutischer Prozess

Wer andere Menschen bilden will, muss selbst Bildungsprozesse durchlaufen haben. Er muss in Traditionen Stand gefunden haben, die er für wert hält, sie fortzusetzen und andere daran teilhaben zu lassen.

Traditionen sind nicht einfach da und drängen sich nicht unmittelbar auf. Sie wollen entdeckt und erneuert sein, müssen verstanden und in aktuelle Sinnhorizonte eingearbeitet werden. Aus einer Haltung der Distanz, der Möglichkeit des Sich-betreffen-lassens werden Fäden geknüpft und weiter gesponnen. Die Aneignung von Traditionen hat Wirkungen auf das deutende Ich und führt zu einer Erweiterung und Vertiefung des eigenen Selbstverständnisses. Die Einbeziehung des bedeutungshaltigen Anderen in die Texturen der Selbstidentität realisiert sich in einem langwierigen, womöglich lebenslangen Prozess der Sinnfindung, in dem im Wechselspiel von Frage und Antwort die vielen Möglichkeiten der Vermittlung durchexperimentiert werden. Jede stimmige Kontextualisierung aber kommt an ihre Grenzen und weist wieder über sich hinaus, das Verstehen wird weder mit dem Selbst noch seinem Anderen abschlusshaft fertig.

Die durch eine bestimmte Selbststruktur identifizierten Momente sind zu ihr identisch und nicht-identisch zugleich, sie behalten für sich eine Eigenbedeutung, einen Rest, der im Deuten nicht aufgeht. Gerade durch ihre widerspenstige Fremdheit sind sie relevant. Das Deuten bricht und erneuert sich an ihnen: „was hast du mir zu sagen?" Das Fremde am Anderen wahrzunehmen, verhindert die glatte strukturelle Schließung, verstört die Tendenz zur narzisstischen Selbstrechtfertigung.

Die Bildung eines Individuums zur Persönlichkeit lässt sich als die Bewegung eines offenen Systems beschreiben, das ständig aus einer Fülle von Daten das auswählt, was ihm zur integrierbaren und deutbaren Information wird. Sie hängt davon ab, was ihm aus dem unbestimmten Erlebnisstrom zum bestimmten und damit bestimmbaren Gegenstand oder Gegenüber wird, ein Sinnobjekt, das in irgendeiner Weise bezogen und präsent ist, und nicht spurlos verschwunden. Auch wenn es ins Unbewusste abgesunken ist, muss es doch ein Zeichen hinterlassen haben, an dem die Selbsthermeneutik ansetzen kann. Dann kann es aus dem verfügbaren Vorverständnis des Ichs hermeneutisch erschlossen und als konstitutives Moment seinem Selbst zugesprochen werden; eine Bedeutung, die, durch das Verstehen ins Licht des bewussten Erinnerns gerufen, vielleicht so stark ist, dass eine Revision der Selbstauffassung unabweisbar wird.

Eine individuelle Bildungsgeschichte bezieht sich auf Anderes, das sich aus dem Erleben zur Erfahrung kristallisiert, das uns begegnet. Wer oder was uns begegnet, ist nicht voraussehbar, nicht planbar: es ist zufällig. Es muss sich erst herausstellen, wieweit dieses zufällig Begegnende, das sich uns anbietet, für uns wichtig wird oder wieweit nicht, ob es uns weiterbringt oder eher hemmt. Es muss sich zeigen, wieweit das Erlebnis sich uns aufdrängt, sich festhakt und mit Beschlag belegt und wieweit wir es als das unsere – und mögen wir ihm auch lebenslang opponieren – anerkennen müssen. Wir lernen über uns gleichermaßen aus den Erfahrungen, die wir als negativ oder positiv beurteilen und nicht selten ändern sich auch die Kriterien unseres Urteilens.

Lebensgeschichtliche „Motive“ für den Aufbau der ethischen Theorie

Der Erzähler verhält sich zu sich als dem Selbst, das erzählt wird. Er weiß, dass sein vergangenes und darum darstellbares Selbst, in seinem Erzählen aufgehoben und reaktualisiert wird und er weiß auch, dass das Ende seiner Selbstgeschichte in einer Zukunft liegt, die eben jetzt noch nicht erfüllt ist und darum nur in unbewährten Vorstellungen antizipiert werden kann. Das Erlebte ist zu einem großen Teil vergessen, und zwar so gründlich, dass es gar nicht mehr reproduziert werden kann. Aber es geht bei einer berufsbezogenen Lebenserzählung auch gar nicht um psychische Erlebniszustände, auch nicht um die Erfahrungen, die zur Geschichte der privaten Person gehören. Die „intellektuelle Autobiographie“, wie es ein wenig hochtrabend heißt, ist eine Abstraktion aus dem Gesamt der Lebensgeschichte, obwohl eine reinliche Trennung natürlich gar nicht möglich ist.

Der Zuschnitt der Biographie auf die Berufslaufbahn ist nur insofern interessant, als aus ihr die Motive für den Theorieaufbau hervorgehen, auch wenn zwischen diesen und jenen keine Kausalität anzunehmen ist. Das Wort „Motiv“ soll in weitem Sinn genommen werden, als diffuses Vorverständnis, ein mehrdeutiges Substrat, ohne das die spätere theoretische Konstruktion freilich nicht zustande gekommen wäre. Thema ist die Genese der Theorie, die aus dem aktuellen Zustand zurück in ihre Aufbauphasen zerlegt wird. Die Plausibilität einer Theorie – auch eines Romans – muss sich freilich von innen her erweisen, durch die Differenziertheit und Kohärenz ihrer Argumentationen, durch die Einsichten, die der Text dem Leser eröffnet. Die biographische Fiktion gibt demgegenüber eine Außenansicht. Sie macht nur dann Sinn, wenn man zeigen kann, wie Theorie nicht-theoretische Erfahrungen ihres Autors aufnimmt und verwandelt. Auch eine Theorie mit hohem Allgemeinheitsgrad bleibt auf die Zeit, in der sie entstanden ist, bezogen. Sie ist nicht geschichtsjenseitig. Diese Einsicht könnte ihren Adressaten klar machen, dass sie Theorie nicht nur passiv rezipieren, sondern gemäß ihren eigenen Lebenssituationen weiterzudenken und zu verändern haben.

Theoriearbeit ist eine Weise der schöpferischen Produktion eines individuellen Subjekts. Dieses ist aber kein „außer der Welt hockendes Wesen" (Marx), sondern geistig und leiblich mit der Gesellschaftsgeschichte als seiner Umwelt verbunden. Gesellschaftsgeschichte ist kein unserem Lebensvollzug äußeres Abstraktum, sondern präsentiert sich Tag für Tag in den Aktionen, in denen Menschen: Individuen oder Institutionen, ihre Absichten realisieren und von denen wir immer, direkt oder mittelbar, betroffen werden.

Grundweisende Lektüren

„Draw a distinction" (George Spencer Brown). Welcher lebensgeschichtliche Ansatz markiert für die Nacherzählung den Sprung auf die Ebene der Theorie? Wie bilden sich der Gesichtspunkt, die grundlegenden Perspektiven und Strukturen, die dann im Laufe des Lebens variiert, modifiziert, negiert und aufgehoben werden können, immer aber bestimmend bleiben? Welche Erfahrungen führen in die Dimensionen und zu den Bezugspunkten, die die theoretische Produktion provozieren und an der sie ihren Halt findet?

Den Mitteilungen oder Texten – den in ihnen objektivierten Einsichten – anderer Menschen verdanken wir die Möglichkeit, nicht nur unseren Wissenshorizont zu erweitern, sondern mit dem, was uns wichtig ist, konfrontiert zu werden und in unserer Sprache so zu sagen, dass wir darüber für uns und für andere Zeugnis und Rechenschaft ablegen. Das gelingt nur, wenn der fremde Text nicht einfach beliebig aufgegriffen und als bloße Meinung trivialisiert wird, sondern wenn seine Strukturlogik analysiert, rekonstruiert und transformiert, wenn im Zuge dieses Nachverstehens sein Wahrheitsanspruch uns ergreift und überzeugt. Dann wird er als Deutungsfigur dem eigenen Selbst zugeeignet.

Einer der wegweisenden Texte der eigenen Theoriebildung war für mich Johann Gottfried Herders Schrift „Auch eine Philosophie der Geschichte zur Bildung der Menschheit". Was an ihr beeindruckte, war die Offenheit einer geschichtsphilosophischen Konzeption, die sich fixierten teleologischen Schemata der Geschichtsdeutung widersetzt, die die Kontingenz menschlichen Daseins ebenso ausspricht wie die Erfahrung der Vergänglichkeit gesellschaftlicher Lebensformen und kultureller Weltanschauungen und dennoch daran festhält, dass das Leben in seiner Fragilität und begrifflichen Unberechenbarkeit einen letzten Sinn macht.

Diese Leseerfahrung erlaubte, mich gegenüber naiven Fortschrittskonstruktionen jeder politischen Couleur kritisch zu verhalten und doch das Interesse an der Geschichte, an ihren Produzenten und Produktionen, ihren Sinnzusammenhängen und epochalen Wendungen weiter zu verfolgen. Herder konnte als Meta-Theorie und Kritik sich verabsolutierender Lebensdeutungen gelesen werden und leitete das Fragen auf die Bedingung der Möglichkeit der Relativität der Epochen und ihrer Selbstdeutungen und damit auf eine transzendentale Anthropologie: „Wer macht Geschichte und warum?" Und: „Wie wird sie erzählt?"

Die Problematik des Herderschen Konzepts blieb mir im Zuge seiner Rekonstruktion nicht verborgen: Dass die zur theoretischen Leitbestimmung erhobene Idee der Individualität nur zur Beschreibung von Kulturen und nicht zur Beschreibung der Individualität des Einzelmenschen verwendet wird. Gerade dadurch erhält seine Geschichtstheorie wieder einen fatalistischen Zug. Das Einzelleben wird der jeweils vorgegebenen kulturellen Totalität völlig immanentisiert.

Auch in meinem theologischen Denken wurde die Erfahrung der geschichtlichen Relativität der Religionen und des Christentums bestimmend. Aber Relativierung heißt ja nicht Vergleichgültigung, sondern Zurückführung der Vorstellung und Aussage in die historische und soziale Struktur, in der ihre Bedeutung überhaupt erst aufgeht. Eine aus dem Kontext gerissene Aussage ist tot. Die Unterscheidung zwischen geschichtlich bestimmten Aussagewerten und ihren Transzendenzverweisen – den „Chiffren" (Jaspers), zwischen den geschichtlich bestimmten religiösen Vorstellungen und der in ihnen inkarnierten religiösen Frage, wehrt ein positivistisches Offenbarungsverständnis ebenso ab wie eine flache Religionskritik. Gott offenbart sich in der Selbsterfahrung des Menschen.

Der Mensch handelt in der Geschichte, aber er geht weder durch sein „Woher?" noch durch sein „Wohin?" in ihr auf. Der letzte Bestimmungsgrund geschichtlicher Praxis ist die Freiheit. Freiheit und Freiheitsstrukturen sind das zentrale Thema des christlichen Glaubens und seiner Transformationen, selbst dann noch, wo diese sich in ihr Gegenteil verkehren.

Dieser Idee und ihren Implikationen nachzudenken, beschäftigte mich vor allem in der Tübinger Zeit, in der ich durch Thomas Pröpper angeregt und gefördert, meine bereits in München begonnene Lektüre Ernst Troeltschs vertiefen konnte, mich aber auch von Edward Schillebeeckx begeistern ließ.

Geschichtstheologische und geschichtsphilosophische Fragen sind von der Ethik nicht weit entfernt. „Geschichte" ist ja nur der Name, der objektivierende Begriff für das problematische Zusammenhandeln von Menschen und den daraus entstehenden Folgen und Nebenfolgen. Das Erkenntnisinteresse verlagerte sich entsprechend mehr auf die Sozialtheorie, die Frage nach dem „Wie" der Selbststrukturierung der geschichtlichen Akteure und ihrer Interaktionen, nach den Formen des sozial-individuellen Ethos.

Eine Theologie der pluralen Lebensformen – eine Ethik der Personwerdung

Universität ist Bildungsanstalt, sie ist keine Ausbildungsstätte. Sie ist aber auch nicht der verlängerte Arm der Moral oder Politik. Der „Beruf" des Theologen ist in einer individualisierten und sich ständig in neuen Milieus und Subkulturen differenzierenden Gesellschaft nach seiner materialen Seite nicht eindeutig zu bestimmen. Insofern scheint es mir für die akademische Lehre notwendig, gerade die allgemeine Formbestimmung – die „General Theory" – des Theologischen herauszuarbeiten. Diese kann nun wiederum nicht auf einen positiven und exklusiven Gottesbegriff rekurrieren. Zur Erfahrung wurde, dass der Gottesbegriff in einer differenzierten Gesellschaft in den verschiedensten Nuancen spielt und dass nicht nur die Expressionen des christlichen Glaubens in sich variieren, sondern ebenso seine säkularen Derivate, wie nicht anders die Manifestationen anderer Religionen sich vielfach verwandeln und verzweigen. Aber alle Träger unterschiedlicher weltanschaulicher Profilierung: Individuen, Gruppen, Organisationen, müssen doch miteinander leben und sollten ihre Energien produktiv auf die Erhaltung und ständige Reform der sie vermittelnden Sozialstrukturen wenden. Für viele Menschen ist die Überfülle an konkurrierenden Sinnangeboten schwer oder nicht erträglich. Sie reagieren darauf, sei es durch Selbstabschottung: Verkennung des Anderen, oder durch bedingungslose Selbstaufgabe und Identifikation mit den Fremdansprüchen. Beide Extreme führen zu ich-schwachen Identitäten und nicht zum Aufbau einer freien Persönlichkeit, die sich selbst und das andere Selbst grundsätzlich anerkennt, es führt zu Charakteren und Verhaltensweisen, die dem Werden einer die feinen Unterschiede schätzenden und dennoch sich selbstbewusst einigenden Gesellschaft nicht förderlich sind.

Dass unsere Gesellschaft das Potential individueller Kreativität nicht entfaltet, dass sie sie achtlos unterdrückt oder verspielt, dass sie damit ihr Niveau ständig gefährdet, ist für mich eine Herausforderung der christlichen Ethik. Aufgrund ihrer Traditionen – etwa der franziskanischen – und ihrer jahrhundertealten Erfahrenheit im Umgang mit dem Begriff und den Realitäten von Subjektivität, aufgrund ihrer reflexiven und hermeneutischen Kompetenzen, ist sie imstande, das individuell Besondere und das sozial Allgemeine so zu vermitteln, dass sie der Lebenspraxis selbstreflektierenden Subjekte zur Orientierung dienen könnte, dann freilich nur, wenn diese sich ins Gespräch ziehen lassen. Niemandem drängt sie sich auf. Sie lädt ein.

Der Ansatz der christlich autonomen Ethik liegt für mich darum bei der Daseinsanalyse, die jedem, der bereit ist, sich auf sie einzulassen, zugemutet wird: „Wer bin ich?" Die ethische Reflexion ist die Bedingung selbstkritischen und selbstbewussten Handelns. Welche Fragen und Antworten im Zuge dieser Analyse gestellt und gegeben werden, ist nicht mehr Thema der allgemeinen Ethik, sondern muss von den jeweiligen sich auf sich besinnenden Individuen selbst erfahren, erarbeitet und verantwortet werden. Die allgemeine Ethik fordert ihre Adressaten nur auf, die je eigenen Möglichkeiten zu erkennen, zu beurteilen, die angezielten Ideale zu wollen und zu übernehmen. Der existentielle Ansatz unterscheidet das „eigentliche“ Selbst von der Anonymität des „Man“ und stellt die Individualisierung als ein lebenslanges schwieriges Prozessgeschehen vor. Damit wird die Bedeutung der Lebensgeschichte und Lebenserzählung wichtig, die etwa bei Heidegger oder Sartre abgeblendet ist. Individualisierung ist kein Verfließen, sondern ein Sich-zusammenfassen – aber wiederum keine Kontraktion auf ein abstraktes Ich, sondern ein Unterscheiden und Einigen der vielen Stimmen, in denen der gesellschaftliche Andere in mir und außer mir und meine unwillkürlichen Reaktionen auf ihn sich geltend machen.

München

München leuchtete nicht. Ich begann das Studium der Philosophie in den späten 1960er Jahren, gerade als Kriegsdienstverweigerer aus Gewissensgründen anerkannt. Wie viele andere junge Menschen war ich von der Brutalität des Vietnamkrieges erschüttert.

Von der Universität erwartete ich viel und wurde von der Mediokrität der Massenuniversität schockiert. Ich wurde nicht gut empfangen. Mir war schnell klar, dass man als Individuum für die Institution und ihre Verwalter nichts anderes als eine Zahl war. Die dunkle Seite der Moderne erteilte ihre Lektion.

Auch das geistige Klima an der Universität, die Instrumentalisierung des moralischen Aufbegehrens durch eine mindestens potentiell stalinistische Ideologie, bedrückte: Wer dazugehören wollte, musste den Mitstudenten zeigen, dass er den Jargon beherrschte. Sollten die schneidenden Parolen, die ein paar Jahre später im deutschen Herbst zur Tat wurden, denn die Wahrheit sein? Es war die Epoche des Kalten Krieges, dessen Kälte auch die mitmenschlichen Beziehungen im Binnenraum der Gesellschaft erstarren ließ, die bleierne Zeit.

Der studentische Protest hatte seinen politikrelevanten Höhepunkt überschritten. Er war ja nur eine der sichtbarsten Erscheinungen des rapiden Wandels von traditionellen zu neu sich bildenden Lebensformen und Wertvorstellungen. Die Auseinandersetzungen zwischen den Vertretern des „Establishments“ und den Kritikern des „Kapitals“ aber waren immer noch heftig, in der Universität, auf der Straße, in den Medien – und nicht selten mit Gewaltbereitschaft und Gewaltanwendung gepaart.

Auf der Rückseite dieser mit oft fanatischer Leidenschaft und Aggressivität geführten Meinungskämpfe stellten sich dem aus der Provinz in die Metropole zugewanderten Studenten ganz andere Fragen, nämlich, wie er denn das eigene Leben existentiell glaubwürdig zu gestalten habe. Weder hatte ich Neigung, eine systemkonforme Rolle in einem Brotberuf einzunehmen, noch faszinierten die radikalen Parolen, die mir bald hölzern und abgestanden vorkamen.

Der Gedanke an die Möglichkeit einer Realisierung dieser spießbürgerlichen Utopie machte nicht anders Angst wie die Pläne der technokratischen Modernisierer, die gerade dabei waren, den urbanen Raum ohne viel Federlesens den Notwendigkeiten des sich steigernden Verkehrsaufkommens und der wachsenden Zahl der Stadtbewohner anzupassen und in eine seelenlose Agglomeration zu verwandeln. Beide Konzepte gaben auf die Frage nach der Bestimmung des individuellen Lebens keine Antwort. Erst in Tübingen fing ich an, mich eingehender mit dem Thema einer menschengerechten Stadt zu beschäftigen, am Soziologischen Seminar mit einer Arbeit über Webers Stadttheorie. Erlebnisse haben eine subkutane Langzeitwirkung.

In den sogenannten 68er Jahren waren die Fassaden bürgerlicher Wohlanständigkeit endgültig brüchig geworden. Jenseits der politischen Arena öffneten sich neue Wege der Selbstfindung, wer mochte der Devise „Make love not war“ widerstehen? Die bürgerliche Kleinfamilie galt als autoritäre kapitalistische Sozialisationsagentur. Gegen die sinnenfeindliche Sexualmoral rebellierte das Konzept der freien Liebe, auf der Ebene der Theorie von Herbert Marcuse inspiriert. Die Pille erlaubte die Demokratisierung und Trivialisierung der Bohème. Was damals als Tabuverletzung skandalisierte, ist heute längst domestiziert in das gesellschaftlich approbierte Angebot vielfältiger Partnerschaftsmodelle eingegangen und gehört zu den fast von jedermann akzeptierten Möglichkeiten, in ihrem Rahmen sein Leben nach eigener Vorstellung und Wahl zu gestalten.

Wie sollte es für mich im Denken weitergehen? Heideggers Kritik der Metaphysik ließ sich auf eine Kritik der Ersatzmetaphysiken der Moderne erweitern. Vermeintliche Gewissheiten, die sich vor allem in der Sprache verschanzten, waren zu destruieren. Die Gegenwartsgesellschaft schien plausibel durch die Absolutheit des Technischen bestimmt, das alle praktischen und religiösen Sinnstiftungen absorbierte. Wie sollte man in einer Welt der totalen Entfremdung leben können? In der die eine Position so gut wie die andere galt? Das Fragen, das ich in nächtelangen Diskussionen und ziellosen Fahrten durch die Stadt mit dem laisierten Dominikaner und Philosophen Leo Dümpelmann durchfocht, geriet in einen unendlichen Regress, in dem keine Antwort standhielt. Aber sie nötigte, den Spagat zwischen dem Endlichen und dem Unendlichen auszuhalten, immer wieder von den Ideen zu den Phänomenen, zur Alltagspraxis, zur Selbsterfahrung zurückzukehren, neue Deutungsansätze zu experimentieren und sie wieder zu verwerfen. Das verhinderte, der Trägheit des Herzens nachzugeben und sich im Gehäuse der Hörigkeit bequem einzurichten.

Obwohl mit den Reformen des großen Konzils einigermaßen vertraut, hielt ich zur Kirche Abstand. Erst durch die Münchener Oratorianer – Heinrich Kahlefeld – kam es zu existentiell bejahten Annäherungen, zur Erfahrung, dass kirchlich institutionalisierte Praxis und existentielles Sinnsuchen sich nicht per se wie Feuer und Wasser fliehen müssen. Zur wissenschaftlichen Theologie gelangte ich durch die Diskussionen in der „Basisgruppe Theologie“, kurioserweise einer „Roten Zelle“. Die Mitglieder waren sämtlich Studenten, die zur Universität und zur Gesellschaft in einem kritischen Verhältnis standen, die aber auch mit der revolutionären Phraseologie ironisch umgingen. Wir wollten einfach wissen, wie es „wirklich“ ist. Hätte man uns als menschenfreundliche Anarchisten bezeichnet, wir hätten es uns gefallen lassen. Hier fand sich die Möglichkeit, eigene Gedanken mitzuteilen, auszutauschen, frei zu diskutieren und gründlich zu lesen. Bei den Theologen konnte man dann auch über metaphysische Fragen sprechen: Wer ist Gott im nachmetaphysischen Zeitalter? Die Lektüren führten von Feuerbachs Religionskritik zu den „Pariser Manuskripten“ des jungen Marx, von Benjamin zu Bloch. Hegels Jugendwerk „Der Geist des Christentums und sein Schicksal“ ließ mich die tiefe Verwobenheit von gesellschaftlicher und religiöser Lebensform begreifen.

Die „Kritische Theorie“ wurde in ihren verschiedenen Akzentsetzungen durch Horkheimer, Adorno und Habermas zu einem wichtigen Gesprächspartner, der einerseits dazu verhalf, zu den Gegenwartsdiskussionen aufzuschließen, dessen Antworten andererseits nicht so überzeugend waren, dass man nicht in der Suche nach der eigenen Positionierung weitergetrieben worden wäre. Entscheidend blieb aber die Fragerichtung: Was macht eine Gesellschaft, was macht das individuelle Handeln vernünftig? Was macht es human? Diese auf befreiende Praxis angelegte Haltung ließ mich auch später den Wissenschaftsbetrieb, meinen Lebenskontext auf lange Jahre, immer mit kritisch-distanzierten Augen betrachten.

Das war nun freilich anders als die Kathedertheologie, der man zwar mit Achtung, aber auch mit gelindem Spott begegnete. Als die Examina nahten, löste sich die Gruppe auf und jedes ihrer Mitglieder ist dann seinen eigenen Weg gegangen.

Ohne Handgepäck waren wir nicht: Dass man nicht nur von Individuen, sondern von der Gesellschaft her denken müsse, dass Gesellschaften geschichtliche Veränderungen erfahren, dass Ideen auf die soziale Welt ihre Entstehung bezogen sind, dass die menschliche Geschichte zwar von Zwangsläufigkeiten bestimmt ist, aber doch auch Raum für freie Initiative lässt. Von der evangelischen Theologie war zu lernen, dass die von uns empfundenen Schwierigkeiten, sich die Wirklichkeit zurecht zu legen, auch von etablierten Professoren ernst genommen wurden. Das hatte ich weder in der Philosophie noch in der katholischen Theologie so erlebt. Falk Wagners Seminare zur „Logik“ Hegels zwangen zu minutiöser Interpretation, Satz für Satz und Wort für Wort. Heinrich Rombachs „Strukturontologie“ war das Gegengewicht, indem sie auf dem sensiblen Wahrnehmen der Phänomene und ihren individuellen Konstellationen bestand; so war der Versuchung, sich in Begriffsakrobatik zu verlieren, gewehrt.

Ernesto Grassi faszinierte zunächst, weil die Erneuerung einer konkreten Philosophie im Geist der italienischen Renaissance versprochen wurde. Aber was dieses „Konkrete“ denn für die individuelle und soziale Praxis der Gegenwart bedeuten solle, blieb unklar. Viel mehr bewegten mich die als Negativfolie dienenden Theorien, so die tiefsinnigen „Meditationes de prima philosophia“ und der „Discours de la Méthode“ des Descartes. Auch begann ich mich mit Vico und der politischen Philosophie Machiavellis zu beschäftigen. Heute werden mir die „Ars rhetorica“ und das „Exemplum“ wieder für die Arbeit an der ethischen Methodenbildung wichtig. Jedenfalls war damals das Wort „Humanismus“ gängige Münze und das gab erneut zu denken auf, was es mit dem Humanum denn auf sich habe. Der „real existierende Sozialismus“ hatte sich ja mehrfach diskreditiert durch die militärische Intervention in der Tschechoslowakei, durch die menschenverachtenden Phrasen und Politiken des DDR-Regimes. Jedoch: auch die jugoslawische „Praxis“-Gruppe diskutierte über „Marxismus und Humanismus“.

Bei Stephan Otto – auch er ein früherer Theologe – wurde ich mit den Grundschemata platonischer, plotinischer und auch thomasischer Philosophie vertraut gemacht. Dass Platon Ideen als Eröffnung von Fragehinsichten und nicht als ewige Wahrheiten versteht, machte mir Eindruck; und auch die Andersartigkeit der Methode, nämlich nicht mehr zwanghaft nach einer „absoluten“ Philosophie und exklusiven Weltanschauung zu suchen, sondern den Plural von Philosophien in eine reflektierende Geistesgeschichte aufzuheben, vermehrte das Wissen und vertiefte die Einsicht. Methodisch war zu lernen, philosophische Texte in knappen Strukturmodellen zu rekonstruieren und kritisch zu vergleichen. Hier waren mir dann auch unter dem Stichwort der „Kritik der Historischen Vernunft“ (Dilthey) die Aufgaben einer kritischen Hermeneutik, die Frage nach den Bedingungen der Geschichtserzählung, vorgewiesen. Von diesem Ansatz her fand ich zu den Themen, die um die Konstitution von Subjektivität kreisen und die mich seither beschäftigen: Was ist die innere Zeit, was ist die Leiblichkeit, etc.? Ich hatte mich an Argumentationslogiken abzuarbeiten, die mir später den Aufbau ethischer Konzepte erleichterten, etwa die Öffnung auf die philosophische Anthropologie (Scheler, Plessner, Gehlen).

Weder Grassi noch Otto hatten sich eingehender mit dem Deutschen Idealismus, weder mit Kant noch mit Hegel – befasst. Noch waren für sie die neuere Ethik, geschweige ihre politischen oder gar ökonomischen Spezialisierungen von Relevanz. Soziologie war terra incognita. Vieles war nachzuholen.

Tübingen

Anschluss zur expliziten ethischen Theorie sollte ich erst Mitte der 1970er Jahre während meines theologischen Studiums in Tübingen finden.

Die Mehrheit der Theologiestudenten war in dieser Zeit von einer gefühlvollen Jesus- und Lateinamerika-Romantik ergriffen. Das war sicher eine Nachwirkung der studentischen Bewegung von 1968. Man wollte anders sein als die etablierte Gesellschaft und Kirche, moralisch überlegen, ohne doch wieder die eigene bürgerliche oder kirchliche Karriere zu gefährden. Der Radikalenerlass riet zur Vorsicht. Die Revolutionen wurden unterdessen anderswo gemacht und ihre Bedeutung in den Medien kontrovers diskutiert. Die lateinamerikanischen Diktatoren traten die Menschenrechte mit Füßen, zu ihren Gräueltaten gehörte die Ermordung der Tochter des Tübinger Exegeten Käsemann, Elisabeth. Ein am Eingang aufgemalter Schriftzug wollte die Umbenennung des Theologicum auf ihren Namen.

Die Verbrechen der Militärjuntas waren unbestreitbar, aber die deutsche Politik, wohl unter dem Druck der USA, schien eher geneigt, sie als das kleinere Übel hinzunehmen, als stattdessen die gefürchtete sozialistische Weltrevolution zu befördern. Die Furcht vor dem Kommunismus und der RAF war in der bundesrepublikanischen Gesellschaft so stark, dass sie ein differenziertes, an Humanitätswerten orientiertes politisches Handeln mindestens erschwerte. Heute noch lebende Politiker wie Hildegard Hamm-Brücher geben zu, in der damaligen Situation versagt zu haben.

Auch für die BRD wurde eine Verstärkung des mit „Klauen und Zähnen" bewaffneten Polizeistaates gefordert. Straßenkontrollen durch mit Maschinenpistolen bewaffnete Polizei waren keine Seltenheit. War es da für Menschen guten Willens nicht das Naheliegende, sich einer „Theologie der Befreiung" zuzuwenden und sich mit „den Armen" zu solidarisieren?

Für mich waren weder der großtheoretische Ansatz der als Soziologie auftretenden objektivistischen Imperialismustheorie, noch die importierte Theologie der Befreiung, noch eine künstlich moralisierend aufgeheizte Gesinnung attraktiv. In all diesen Bemühungen machte sich wieder ein bedrohlicher Glaubenszwang geltend, dem ich doch gerade entkommen war. Zwar konnte man aus der Dependenztheorie vieles lernen, aber die Grundschemata blieben dogmatisch, simplifizierten die komplexe Wirklichkeit. Wie und ob man überhaupt die abweisende Fremdheit sozialer Realitäten überwinden, wie man phänomenologisch und begrifflich die „Sache selbst" angemessener präsentieren könne, war mir damals zwar nicht aufzulösen. Klar war aber, dass für einen nicht-ideologischen Theorieaufbau ein methodisch reflektiertes Iterieren zwischen den Erkenntnisperspektiven unabdingbar vorauszusetzen sei. Dass man Gesellschaften aus ihren eigenen Strukturen und Praxen verstehen müsse, um sie und ihre Defizite zu begreifen. Dass die Freiheit nicht schulmeisterlich von außen diktiert werden dürfe, dass sie nicht durch einen abstrakten Imperativ einzufordern sei, sondern dass sie nur aus den einer Gesellschaft gegebenen Chancen heraus wachsen könne. Dass der Freiheitsbegriff des von außen beobachtenden Theoretikers kein moralisch fordernder, sondern ein kritisch-hermeneutischer zu sein habe.

Es war Gerfried Hunold, gerade zum Ordinarius ernannt, der meine Studien zu Troeltsch sehr wohlwollend aufnahm und ihnen die entscheidende Wendung gab, sie in eine Grundlegung einer für die Gegenwart relevanten Ethik zu transformieren. Das war konsequent, sofern Troeltsch selbst seine Kulturtheologie auf eine Kulturethik angelegt hatte. Aber es ging um mehr als um eine immanente Rekonstruktion. Versucht wurde, die theologische Konstruktion durch Öffnung auf die Grundfiguren der Soziologie zur Selbstpräzisierung herauszufordern und zu bewähren. Es waren Verbindungen herzustellen zu Max Weber und zu Georg Simmel, zu Henri Bergson oder zu George Herbert Mead „Gesellschaft" und „Individuum" sollten nicht nur begriffliche Versatzstücke bleiben, sondern von innen her durchdacht werden. Hunold ließ gewähren, regte an, begleitete, ermutigte. Seinen Ansatz zu einer Theorie subjektiver Identität habe ich auf meine Weise weitergedacht.

In der Tübinger Zeit wurde ich in den Kreis um die praktischen Theologen Norbert Greinacher und Dietrich Rössler eingeladen. Greinachers Enthusiasmus für die Theologie der Befreiung suchte ich durch die Rezeption soziologischer Studien zu Lateinamerika auszugleichen; Rösslers kluge und oft spöttische, niemals verletzende Argumentationen ließen mich – in ihrer kritischen Affirmation des Christentums – die Vernunft der Religion und ihre humanisierende Funktion verstehen. Theologie wurde als freies ungeschütztes Denkgespräch erfahrbar. An der „Forschungsstelle für Theologie und Naturwissenschaften" – dem heutigen Forum Scientiarum – wurde ich durch Dieter Henke hart mit der Systemtheorie Niklas Luhmanns konfrontiert. Auch das hat seine Spuren hinterlassen.

In dieser Zeit – das kirchliche Lehramt hatte Hans Küng die Lehrbefugnis entzogen und Leonardo Boff gedemütigt – suchten die protestantische wie die katholische Ethik das Aggiornamento an das säkulare Wissen und damit den interdisziplinären Dialog. Verkrustete Positionen wurden aufgegeben, man konnte und wollte sich nicht länger den Sinn des Christlichen von äußeren Autoritäten diktieren lassen, man musste ihn vielmehr für sich selbst in Auseinandersetzungen mit den säkularen Gesellschaftstheorien entdecken. Alfons Auer verdankt sich das Schlüsselwort: Die Ethik begann sich als christlich autonom zu verstehen, das betraf ihre Form als Wissenschaft ebenso wie den Bezugspunkt ihrer Thematiken, der mit der Formel Wilhelm Korffs: „Wie kann der Mensch glücken?" oder mit Trutz Rendtorffs Leitwort der individuellen „Lebensführung" angesprochen ist. Leerformeln gewiss, die zur inhaltlichen Konkretion und Beschreibung alle Freiheit geben und auch nötigen. Die „Rehabilitierung der praktischen Philosophie", vorbereitet von Manfred Riedel und Joachim Ritter, die sich auf das Können und Sollen des freien und verantwortungsfähigen Menschen besann, hatte die theologische Ethik erreicht.

Die Ostpolitik Willy Brandts und seines Staatssekretärs Egon Bahr führte zu einer durchgreifenden Veränderung und Klärung der gesellschaftlichen Atmosphäre. Nach und nach fielen die Scheuklappen der politischen Ideologien. Es wurde versucht, mit einem bewundernswert zähen Pragmatismus, eine lebensdienliche Politik zu machen. Mein Interesse für Gesellschaft und Politik war geweckt. In dieser Zeit wurden mir auch die Verbrechen der Nazi-Periode, die die Elterngeneration verdrängt hatte, deutlicher. Bis heute beschäftigt mich – und Anlass dazu gibt es genug – wie und warum es zu Genoziden kommt. Eine fertige Antwort darauf habe ich nicht, aber die reservatio mentalis gegenüber blauäugigen theologischen Menschenbildern hat sich mir zur Haltung verfestigt.

Würzburg

In den Jahren vor und nach dem Fall der Berliner Mauer und des Eisernen Vorhangs konnte wieder neu gefragt werden: Worin liegt die Bestimmung des Menschen? Wie konstituiert sich ein individuelles Leben? Und wie wird es durch den gesellschaftlichen Kontext gefördert oder behindert? Wie bringt es sich in diesen ein?

Mir scheint, dass die Gesellschaft dieser Epoche den Umgang mit demokratischen Formen überzeugend realisiert hat; viele Menschen sind bereit, die demokratischen Partizipationschancen auch wahrzunehmen. Die Toleranz im Umgang mit Fremdem, die Bereitschaft, auch im Flüchtling den Mitmenschen zu erkennen und ihn zu integrieren, ist im Vergleich zu den 70er oder gar 50er Jahren beeindruckend erstarkt. Durch ihre Bildung, durch ihre weltweiten ökonomischen und touristischen Aktivitäten ist den Bürgern auch ein kosmopolitisches Ethos zugewachsen, die Bereitschaft zur Kommunikation, die Fähigkeiten zur kritischen Intervention und zum Aushandeln tragfähiger Kompromisse. Individualisierung gerät nicht notwendig unter das Diktat der consumer culture, sie erlaubt auch, das Projekt einer liberalen Gesellschaft aus vielen unterschiedlichen Gesichtspunkten in einer ethischen reflektierenden Praxis zu realisieren. Es ist keine Frage, dass die Gesellschaft voller Probleme steckt, dass aber doch eine große Bereitschaft besteht, diese wahrzunehmen und pragmatisch zu bearbeiten. Die ethische Theorie hätte ihre Funktion in der Darstellung, Klärung, Begleitung und Stützung dieses Ethos. Das komplizierte Zusammenspiel von Ordnungsfaktoren und individuellen Freiheiten, von allgemeinen und besonderen Interessen, muss von jeder Generation neu gelernt werden. Einem caesaristisch-charismatischen und gleichzeitig technisch-rationalem Politikstil sollte dieser Bildungsanspruch nicht geopfert werden.

Nach kurzen Intermezzi in Salzburg und Paderborn kam ich 1993 nach Würzburg und wurde 1996 mit der Leitung des Lehrstuhls für Christliche Sozialwissenschaft betraut. 2015 scheide ich endgültig aus dem Dienst aus. Eine lange Periode, die mich mit Lehre und Verwaltung vollauf beschäftigt hielt und die wie im Flug oder wie eine Nachtwache vergangen ist.

Es galt vor allem, einen komplexen Begriff von Subjektivität zu erarbeiten, in dem die naturalen und gesellschaftlichen Determinationen des individuellen Lebens ebenso wie dessen gesellschaftliche Bestimmung reflektiert werden. Die individuelle Identität differenziert sich in sich in der Übernahme sozialer Rollen, die es aus eigener Freiheit selbstverantwortlich zu gestalten hat. Damit war an soziologische Theorien anzuschließen: die Eigenlogik und das spezifische Ethos der gesellschaftlichen Subsysteme war zu erörtern. Das Insistieren auf ihrer Verschiedenheit führte konsequent dazu, auch die Verschiedenheit der klassischen sozialphilosophischen Entwürfe zu diskutieren, idealtypisch die ethischen Programme darzulegen, die häufig vermischt in die Alltagspraxis und ihre Selbstdeutungen eingreifen. Gerade die stringente Rekonstruktion von Theorieobjekten lässt auch die Grenzen ihrer Leistungskraft erkennen. Die Hermeneutik relativiert sich von innen her und wird zum Perspektivenwechsel genötigt. Sie legt sich nicht auf eine der möglichen Deutungen fest, vergleichgültigt sie aber auch nicht, sofern das ethische Urteilen im Verstehensvorgang ständig eingefordert ist. Das ethische Stellungnehmen wird nur in Bewegung gehalten.

In den Vorlesungen stellte ich die Argumentationsmuster vor, die für das Selbstverständnis der westlichen Gesellschaften fundierend sind. Der Schwerpunkt lag bei der politischen Ethik und ihren großen theologisch-philosophischen Traditionen, von Aristoteles zu Hegel und weiter. In ihrer Rekonstruktion versuche ich, die Verwirklichung der Freiheitsidee in ihren schwierigen geschichtlichen Durchbrüchen und Ambivalenzen zu verstehen. Die Modelle der politischen Tradition werden dabei nicht als bloßes chronologisches Nacheinander erfasst, sondern als Momente einer Begriffssynthese, die auf die Deutung der gesellschaftlichen Gegenwart ausgerichtet werden kann, eben weil sie ihr Komplement an den Reallogiken der Gesellschaft hat.

Auf eine spezifisch christliche Ethik, die als Rückvermittlung an die christliche Systematik etwa in der Weise Paul Tillichs durchaus geleistet werden könnte, habe ich verzichtet, schon um der Verwechslung mit einer kirchenfrommen Ethik vorzubeugen. Die politische Theorie der westlichen Moderne ist in ihrem Vertrauen auf die praktische Vernunft und ihrer entschiedenen Betonung der menschlichen Würde und der sie hegenden und gestaltenden Rechte eine Transformation der christlichen Tradition und nicht etwa ihre Auflösung. Die Geltungsansprüche ihrer Ideen blieben ohnmächtig, würden sie nicht durch religiöse Grundhaltungen getragen und belebt. Die Religion in ihren variationenreichen Expressionen ist die letzte sinnbegründende Macht, die sich in den Konstruktionen der praktischen Vernunft erkennt, sie dynamisiert und konkretisiert, sie kultiviert und transzendiert.

Moderne Gesellschaften sind ihrer Erscheinung nach komplex und unübersichtlich. Gerade darum ist es mir wichtig, die beachtlichen Chancen, die sie uns gewähren, ins Bewusstsein der Individuen zu rufen und sie auf die basalen Möglichkeiten einer sinnvollen Gestaltung ihrer Freiheitsbestimmung hinzuweisen. Klar zu machen ist, dass „Freiheit" nicht Beliebigkeit meint, sondern dass sie sich in konkreten Entscheidungen und persönlichen Haltungen verbindlich macht. Freiheit ist Verantwortung für sich selbst, gleichwesentlich Verantwortung für den Anderen und dessen Freiheitschance. Eine Freiheitskultur baut sich von unten her auf. Sie zeigt sich in der privaten, beruflichen und zivilgesellschaftlichen Dimension.

Im Lehrbetrieb einer theologischen Fakultät spielt die Sozialethik eher eine bescheidene Rolle. Die Verzerrungen, die sie in der Außenwahrnehmung anderer Disziplinen erleidet, wird nur noch von denen übertroffen, die der Theologie im Ganzen von den Vertretern anderer Wissenschaften her widerfahren. Was hofft der „Lehrer" seinen „Schülern" dennoch mitzugeben, wofür die anderen Fächer womöglich taub sind? Durch alle sachgebundenen Vermittlungen hindurch, war es immer meine Intention, zu selbstständigem, kreativem und phantasievollem Denken anzuregen. Das Lehren begibt sich dann auf den Weg des Dialogs, der sokratischen Maieutik. Jede Antwort wendet sich in ein weiterführendes Fragen um. Alles Gesagte steht immer wieder neu zur Disposition. Abschließende Sicherheiten gibt es nicht.

Wen spricht die Ethik an? Ich gehe davon aus, dass die Berufskarrieren unserer Studenten nicht so eindeutig sind, wie es am Anfang meiner Lehrtätigkeit wenigstens noch schien, nämlich, dass sie – durchschnittlich – nach dem Studium eine Anstellung bei Staat oder Kirche suchen würden. Heute sind nicht nur die Berufskonzeptionen und damit auch die Studienerwartungen viel differenzierter; auch kann erwartet werden, dass die tatsächlichen Lebensgeschichten viel häufiger als früher unerwartete und radikale Wendungen nehmen, dass die Tätigkeit des Erwachsenen und der gesellschaftliche Ort seiner Praxis vom Lebenskonzept des jungen Studenten beträchtlich abweicht. Die Hörer sind, was ihre religiöse Sozialisation und ihre theologischen Interessen angeht, schwer einschätzbar. Sie näher kennenzulernen, gibt die Universität wenig Gelegenheiten. Aber sie sind intellektuell aufgeschlossen, wenn man nur die rechte Sprache findet. Eine Situation, die mich an die Philosophievorlesungen erinnert, die ich noch in der Studienzeit an einer Fachhochschule für Sozialwesen hielt. Die Theorie muss ohne Qualitätsverlust in die Alltagssprache übersetzt werden, sich in ihr enthüllen.

Eine mit abstrakten Begriffen operierende Wissenschaftssprache ist freilich notwendig, wenn komplexe Themen bündig dargestellt werden sollen; die Bedeutung des Gedankens soll im Wort möglichst präzise präsentiert werden. Im abstrakten Begriff hat der Sprecher die Erlebnisse, die ihn bewegen, aufgehoben. Aber für den Hörer sind die Begriffe das erste; wenn sie ihm nicht fremd bleiben sollen, muss er sie mit seinem eigenen Erleben, seiner eigenen Alltagspraxis vermitteln. Er muss die Deutungsintention von Begriffen nachvollziehen, andernfalls verkommen sie zu bloßem Wissen, das den Wissensträger beherrscht, und mit dem er seinerseits, blind gegenüber den Phänomenen, die Lebenswirklichkeit zu beherrschen sucht.

Selbstwahrnehmung und Selbstreflexion können durch den Einsatz griffiger exempla geweckt und gestärkt werden. Die Entwicklung von Begriff und Anschauung gehen in prägenden „Denkbildern" (Benjamin) zusammen.

Die Lehre beschränkt sich aber nicht auf die fundamentalethische Theorie. In den Seminaren versuche ich, propädeutisch das Verständnis für aktuelle politische Krisen und Entwicklungen zu wecken und zu vertiefen. In jedem Semester wird das Thema gewechselt. Das ist einerseits sicher zu bedauern, andererseits entspricht es der lebensweltlichen Erfahrung, nach der wir uns ständig mit einer Vielheit von Szenarien beschäftigen, die sich auflösen und in andere Thematiken übergehen. Eine Fixierung auf ein exklusives Thema würde eben nicht in die Kunst der schnellen Gegenstandserfassung einüben. Dass diese zur Lebensgestaltung ebenso nötig ist wie der Selbstbegriff des autonomen Ich, würde übersehen.

Das von den Medien vorselektierte Geschehen und als relevant bewertetet Tagesgeschehen dient als Ausgangspunkt idealtypischer Konstruktionen, die das „Dass" des Faktischen in die Deutung des „Warum" aufzuheben suchen. Die Idealtypen werden durch Crossing verschiedener Erkenntnisperspektiven, der Historie, der Soziologie, der Politikwissenschaft etc. synthetisiert. Welche gesellschaftlichen Strukturen, welche historischen Entwicklungen, welche Erwartungen bestimmen das vordergründig sichtbare Handeln der Akteure? Was weiß man denn von der Neonaziszene oder vom italienischen Faschismus? Was von der Türkei oder der Ukraine? Wenig – obgleich viel über sie geredet wird.

Das methodische Ziel ist vor allem, aus der Rekonstruktion der Strukturen, Dynamiken, Konflikte etc. der eigenen oder fremden Gesellschaft die Lese- und Urteilskompetenz der Teilnehmer zu schärfen, ihnen zu helfen, einen eigenen reflektieren Standpunkt zu gewinnen und zu vertreten. Darüber hinaus sollten die Studenten die bestimmte Meinung eines Autors erkennen und sich ihr gegenüber auch dann kritisch verhalten können, wenn andere Meinungen nicht zugänglich sind. Das ist möglich, wenn an den Text sinnvolle Fragen gestellt werden, die er hätte beantworten können, aber nicht beantwortet hat. Die Arbeit im Seminar hat ihren Sinn nicht in sich selbst. Die Teilnehmer sollten das Thema nicht ad acta legen, sondern vom erreichten Erkenntnisniveau aus selbstständig im Fortgang der Ereignisse weiterverfolgen und weiterdenken können. Das erzielte Vorverständnis kann ebenso der Anfang des Verstehens auch anderer Themen sein und mit anderem Reflexionswissen kombiniert werden.

Die Ethik hat ihre eigene Perspektive. Sie kann mit dem Wissen der Experten nicht rivalisieren, sie lernt von ihnen. Was sie als Proprium vermitteln kann, ist das Lernen des Lernens, oder die Bestimmung des ethischen Selbstbewusstseins, sich grundsätzlich auf „Welt" zu erweitern, sich dem sich aufdrängenden Weltgeschehen nicht zu verweigern.

Die Realitäten der „Globalisierung" bleiben nicht ohne Wirkung auf die Sozialethik. Internationale Kontakte zu knüpfen, habe ich von Beginn meiner Professur an unternommen. Zunächst aus eigener Initiative wurden regelmäßig Dozenten aus dem europäischen Raum zu Gastvorträgen eingeladen. In manchen Fällen kam es zu längerfristigen Kooperationen: unter anderem mit dem Sozialpädagogen Germán Vargas Callejas in Santiago de Compostela, mit dem Philosophen Leonardo Rodriguez-Duplá in Salamanca. Mit dem Sozialethiker Stephan Wirz wurden im Turnus Projekte in Luzern und Würzburg und an der Paulus-Akademie in Zürich durchgeführt. Daraus sind Freundschaften entstanden. Diese Auslandskontakte wurden dann durch das Erasmus-Programm der EU gefestigt und verbreitert, wobei es nach wie vor galt, persönlich und vor Ort für das Zustandekommen eines Abkommens zu werben. Von vielen Kollegen wurde das wohl als Marotte betrachtet. Dennoch konnte ich einer nicht unbeträchtlichen Zahl deutscher Studenten und nicht nur Theologen zu einem Auslandsaufenthalt verhelfen, der unterschiedslos für jeden eine Bereicherung war. Deutlich weniger Studenten kommen zu uns, aber immerhin aus dem protestantischen Umeå und islamischen Ankara. Es mag sein, dass die eben erfolgte Okkupation dieser freien Assoziationen durch die Universitäts- und Fakultätsbürokratie effizientere Resultate zeitigt, auch wenn die Haltungen des gegenseitigen Vertrauens und der cordialité auf der Strecke bleiben.

Dass Studenten aus Indien, dem Kongo und Nigeria mit ihren Promotionsbegehren in verstärktem Maße zu uns kommen, verlangt eine verstärkte Zuwendung zu diesem Personenkreis. Neue Themen und Didaktiken müssen erarbeitet werden. Mein Konzept ist, die ausländischen Studenten nicht mit abstrakten Gesellschaftstheorien westlicher Provenienz zu belasten, sondern sie anzuregen, konkrete Problematiken ihres Heimatlandes zu analysieren und den Ort einer der jeweiligen Kultur entsprechenden Theologie zu entdecken. Immer sollte die Verstehensbewegung von Innen, der persönlichen Erfahrung, nach Außen, zur eigenständigen Beurteilung sozialer Sachverhalte führen. Das Angebot wird nicht immer angenommen und die Resultate sind nicht immer restlos überzeugend. Aber die Erwartung besteht, dass sich auch die durchschnittliche Qualität nach und nach verbessern lässt. Für den Mentor ist es eine reizvolle, nicht immer leicht zu bewältigende Herausforderung, sich mit fremden Mentalitäten und Gesellschaftsbildern auseinanderzusetzen.

Die Vertiefung und Intensivierung der Beziehungen zu katholischen Fakultäten anderer Länder gehört sicher zu den wichtigen Aufgaben auch der Sozialethik. Damit würde ein Beitrag zu einer sinnvollen Weltkommunikation und zur Durchformung der Weltkirche geleistet. Es setzt aber ein echtes wechselseitiges Interesse der potentiellen Partner voraus. Viele restriktive Ängste und Indifferentismen müssten überwunden werden. Die innerkirchliche Situation im Ausland, etwa in Frankreich, Spanien oder Polen, ist ja – abgesehen von der Schweiz – nicht so offen wie in Deutschland. Aber was heißt „offen"? In melancholisch durchtönten Stunden scheint mir der vielbeschworene Geist des Konzils nicht nur bei den anderen noch nie angekommen, bei uns aber auf jeden Fall, und ob für immer(?), vertrieben und darum davongeflogen. Nichts kann erzwungen werden.

Herbert Schlögel OP

Rhein, Main, Donau – Moraltheologische Stationen

Ein Rückblick auf den eigenen Weg in der Theologie birgt Chancen, aber auch Risiken. Chancen, weil er herausfordert, Erfahrungen und Motive ins Wort zu bringen. Das ist für mich – und damit stehe ich nicht alleine – eine prägende Erkenntnis gewesen, dass ich im Verfassen eines Textes – und sei er noch so fachlich – zugleich selbst zur Sprache komme.

Es birgt auch Risiken, weil es nicht einfach ist, die Balance zu halten zwischen dem persönlich Notwendigen und dem sachlich Wichtigen. Und im Rückblick sieht man manches anders, als es im konkreten Erleben in der vergangenen Zeit war.

Für wen ist das Ganze gedacht? Zur Information an die Kolleginnen und Kollegen, mit denen man zum Teil über Jahrzehnte verbunden ist, für die Jüngeren oder für den wissenschaftlichen Nachwuchs, für den Freundes- und Bekanntenkreis? Soll damit Werbung für das Fach verbunden sein? Wer wird überhaupt einen solchen Text lesen? Die Antwort muss hier offen bleiben, sehr wahrscheinlich ist von allem etwas in diesem Text vorhanden. Von meinem bisherigen Weg möchte ich jedoch festhalten, dass ich ihn als sinnvoll erfahren und aufs Ganze gesehen, um eine wichtige moraltheologische Kategorie aufzunehmen, Glück gehabt habe. Alle wichtigen Etappen und Phasen meines Lebens, die sich die längste Zeit an den drei Flüssen Rhein, Main und Donau abgespielt haben, deuten auch auf eine Entwicklung und Verbindung hin.

1. Kindheit und Jugend (Bonn)

Geboren bin ich 1949 in Nürnberg. Von meiner Nürnberger Kindheit ist mir vor allem meine „Liebe“ zum 1. FC Nürnberg geblieben. Durch den beruflichen Wechsel meines Vaters – er war Rechtsanwalt – zum Generalsekretär des Deutschen Roten Kreuzes 1957 zogen meine Eltern mit meinen drei Geschwistern und mir nach Bonn. Dort besuchte ich noch ein Jahr die Grundschule, um dann in ein von Redemptoristen geleitetes Gymnasium zu wechseln. Die Schule war mit dem Rad nur wenige Minuten von uns zuhause entfernt. Zu dieser Schule gehörte ein Internat. Da ich ein eher durchschnittlicher Schüler war, ist die Erinnerung an meine Bonner Gymnasialzeit durchwachsen. Neben positiven Erfahrungen mit Lehrern (sowohl Ordenspriestern wie Laien) habe ich auch eine negative mit einem Religionslehrer zu verzeichnen, der mich fünf Jahre unterrichtete. Berichte über sexuellen Missbrauch und vielfältige Formen von Demütigungen durch ihn, der auch Präfekt im Internat war, haben mich erschüttert. Auch wenn ich als externer Schüler davon nichts wusste und unmittelbar nicht betroffen war, so hatte ich seinem Auftreten und seinem Verhalten gegenüber immer eine abwehrende Distanz gespürt. Wie gesagt, in der Schule gab es auch positive Erfahrungen und vor allem meine Familie und ihr Umfeld wie mein Mitwirken in der kirchlichen Jugendarbeit erlebte ich als positiv und förderlich. Dass ich am Rhein angekommen war, zeigte sich u. a. auch daran, dass sich neben dem 1. FC Nürnberg der 1. FC Köln als weiterer Lieblingsclub dazugesellte. Ebenfalls war für mich prägend, dass ich ab dem 15. Lebensjahr Fußballschiedsrichter wurde. Ich sollte hier einiges lernen, was sich später für mich als sehr hilfreich erwies. In meinem Stadtteil, der neu in den 1950er Jahren gebaut wurde, war ich in der kirchlichen Jugendarbeit wie in der Schule mit Kindern und Jugendlichen aus dem selben Lebensumfeld zusammen. Unsere Väter arbeiteten fast alle in Ministerien oder entsprechenden Institutionen, die mit Bonn als Bundeshauptstadt zusammenhingen. (Das Wort „Väter" ist hier bewusst gewählt, denn in meinem damaligen Freundes- oder Bekanntenkreis ist mir keine Oberregierungsrätin, Ministerialrätin o. Ä. bekannt.) Durch den Sport lernte ich Menschen aus anderen gesellschaftlichen Bereichen kennen und schätzen.

Aus dem Rückblick deutlicher wahrnehmbar als im damaligen Erleben bewusst waren die Veränderungen im kirchlichen wie im gesellschaftlichen Bereich. Kirchlich zeigten sich die ersten Auswirkungen des II. Vatikanischen Konzils, besonders sichtbar in der Liturgie, aber auch in den ersten Pfarrgemeinderatswahlen. Gesellschaftlich war der Wandel dadurch spürbar, als in Bonn nicht mehr schulfrei bekamen, um ausländische Staatsgäste wie Queen Elisabeth, Charles de Gaulle oder John F. Kennedy zu begrüßen, sondern weil angekündigte Großdemonstrationen es unmöglich machten, mit dem Bus zur Schule zu kommen. Zwei Ereignisse meines Abiturjahres 1968 sollen zumindest noch Erwähnung finden: Das Erscheinen der Enzyklika von Papst Paul VI. *Humanae vitae* und der Einmarsch der Truppen des Warschauer Paktes in die damalige Tschechoslowakei.

In dieser gesellschaftlichen wie kirchlichen Umbruchsphase galt es, mein Studium zu wählen. Hier spielte für mich eine Rolle, dass mir in den letzten beiden Schuljahren der Religionsunterricht dank eines anderen Religionslehrers wieder zusagte und auch der Kaplan in meiner Pfarrei St. Paulus, Bonn-Tannenbusch, theologisch interessiert und den innerkirchlichen Veränderungen gegenüber sehr aufgeschlossen war.

2. Eintritt in den Dominikanerorden, Studium in Bornheim-Walberberg

Nach einer kurzen Zeit bei der Bundeswehr trat ich im Herbst 1968 in den Dominikanerorden ein. Ein Grund dafür lag sicher darin, dass das Studienhaus in Bornheim-Walberberg im Raum Bonn bekannt war und der Dominikanerorden aufgrund seiner Geschichte eine große theologische Tradition hatte. Die Mischung von Studium und Predigt, von Theorie und Praxis sagte mir zu.

Auch das gemeinsame Stundengebet sprach mich an. Beruhigend für mich war, dass meine Eltern keinerlei Druck auf mich ausübten, und mein Vater mir signalisierte, dass er mir selbstverständlich ein anderes Studium finanzieren würde, wenn ich zur Überzeugung käme, nicht länger im Orden bleiben zu können. Nach dem einjährigen Noviziat im westfälischen Warburg, das zum Erzbistum Paderborn gehört, kehrte ich wieder an den Rhein zurück, von Bonn aus gesehen flussabwärts nach Walberberg. Im Herbst 1969 war das Dominikanerkloster in Walberberg nicht nur äußerlich eine Baustelle, sondern der Konvent befand sich, wie andere Orden und Teile der gesamten Kirche, in einer Phase, in der das Wort Umbruch nur annähernd zutreffend die Situation beschrieb. Ein einschneidendes Zeichen dafür war, dass in den Jahren meines Studiums und auch noch danach viele Studierende den Orden verließen, bzw. Priester ihr Amt aufgaben. Ohne die vielfältigen Kontroversen hier aufzeigen zu wollen, erkannte ich schnell, wenn ich überleben wollte, musste ich meinen Weg gehen. Dies geschah selbstverständlich nicht in einer Abkapselung von anderen, Gemeinschaft war für mich ja ein wichtiger Grund, in einen Orden einzutreten, sondern in der Suche nach Mitbrüdern mit ähnlichen Auffassungen, wie ich sie hatte. Bewusst hielt ich in meiner persönlichen Frömmigkeit daran fest, Formen, die sich für mich als sinnvoll erwiesen haben, auch weiterhin zu pflegen.

Ein zentraler Grund für mich, Dominikaner zu werden, war mein Interesse an der Theologie. Zwei Dozierende sind für mich in meiner Walberberger Studienzeit (1969-1975) besonders wichtig geworden: In den ersten beiden Studienjahren Otto Hermann Pesch, der mit vielen praktischen Studientipps unterfüttert eine Einführung in den Glauben gab und uns Texte von Thomas von Aquin hilfreich erschloss. In einer Spezialvorlesung „Einführung in die Theologie Martin Luthers“ empfahl Pesch als grundlegende Lektüre das Buch von Gerhard Ebeling, Luther, Einführung in sein Denken (Tübingen 1964). Ferner Ambrosius Karl Ruf, von der Pastoraltheologie her kommend: Er brachte mich mit der Moraltheologie in Kontakt. Die Vermittlung – auch in Fortbildungen – stand für ihn im Vordergrund. Exemplarisch stehen dafür seine beiden Bände „Grundkurs Moraltheologie“[1], die während meiner Studienzeit entstanden. Anfang der 1970er Jahre wurden in der Moraltheologie wichtige Werke veröffentlicht, die ich als Student wahrnahm, wie Alfons Auer, Autonome Moral und christlicher Glaube (Düsseldorf 1971), Bruno Schüller, Die Begründung sittlicher Urteile (Düsseldorf 1973), und auch der Aufsatz von Joseph Ratzinger zur Frage nach der Unauflöslichkeit der Ehe (1972), in der er unter begrenzten Voraussetzungen die Möglichkeit sah, wiederverheira-

1 Ruf, Ambrosius Karl: Grundkurs Moraltheologie I: Gesetz und Norm. Freiburg i. Br. 1975; II: Gewissen und Entscheidung. Freiburg i. Br. 1977; vgl. auch: Ders., Sünde – was ist das? München 1972.

tet Geschiedene zu den Sakramenten zuzulassen[2]. Ein wichtiges kirchliches Ereignis fand ich mindestens ebenso spannend, was aber im Studium und im Orden wenig Beachtung fand: Die Gemeinsame Synode der Bistümer in der Bundesrepublik Deutschland (1972-1975), deren Vorbereitung schon früher begann.

In guter Erinnerung habe ich die Praktika während meines Studiums. Zwei möchte ich nennen: Ein Praktikum im Bistum Essen, in dem es besonders um die Präsenz der Kirche in den Betrieben (Betriebskerne) ging. Hier wurde die gesellschaftliche Verantwortung der Kirche in einem für mich unbekannten Feld spürbar. Zum ersten Mal fuhr ich in eine Zeche ein und besuchte verschiedene Großbetriebe. Das andere war ein Pflegepraktikum im Dominikus-Krankenhaus in Berlin-Hermsdorf, bei dem mir Themen wie Wahrheit am Krankenbett und Sterbebegleitung begegneten.

3. Pastorale Tätigkeit in Köln, St. Andreas, und Promotionsstudium in Bonn

In der Ausbildung der Dominikaner war es damals üblich, dass man nach der Priesterweihe noch ein bzw. zwei Jahr(e) im Ausbildungskonvent blieb. Im Jahr meiner Priesterweihe (1974) war schon absehbar, dass der reguläre Studienbetrieb in Walberberg eingestellt würde. Mein Freund und Mitbruder P. Dr. Manfred Entrich fragte mich, ob ich ihn nicht in Köln, St. Andreas, unterstützen könnte. Das letzte Studienjahr würde ich dann als Pendler zwischen Köln und Bornheim-Walberberg verbringen. Nach der Zustimmung der Oberen zog ich im Sommer weiter rheinabwärts nach Köln. Die Kirche St. Andreas in Köln beherbergt das Grab des Heiligen Albertus Magnus (gestorben 1280). Sie gehört, in der Nähe von Dom und Hauptbahnhof gelegen, zu den zwölf romanischen Kirchen Kölns. Eine zentrale Aufgabe war neben der Verkündigung vor allem, ein kontinuierliches Beichtangebot zu sichern. Für mich war die Umstellung vom Studienhaus in einen Seelsorgekonvent in exponierter Lage enorm. Für den Abschluss des regulären Studiums war dies nicht unbedingt förderlich, aber das störte mich nicht weiter. Es war klar, dass ich mein Studium ohne größere Probleme schaffen würde, und mein Hauptinteresse war es, als Prediger und Seelsorger tätig zu sein. Aber immerhin, mit einigem planerischen Geschick, konnte ich die Fahrten zu den Lehrveranstaltungen, das private Studium und die seelsorglichen Tätigkeiten koordinieren. Zu Hilfe kam mir auch, dass unweit des Konventes die sehr gut ausgestattete Diözesanbibliothek ihren Platz hatte. Der Abschluss des Studiums (1975) verband sich mit der Frage, wie es danach weitergehen sollte. Einerseits war klar,

2 Der Korrektheit halber sei erwähnt, dass Papst em. Benedikt XVI. die Schlussfolgerungen dieses Beitrags „vollständig überarbeitet" hat. Die beiden Textfassungen sind abgedruckt in: Herder-Korrespondenz 68 (2014) 609-612.

dass ich in Köln bleiben sollte und auch wollte, um die Kaplansstelle zu übernehmen. Die Kaplansstelle war zwar vor allem als Entgelt des Erzbistums Köln für das umfassende Beichtangebot an der Kirche gedacht. Zugleich integrierte sie aber den Stelleninhaber strukturell in die Seelsorge der Stadt und des Erzbistums Köln. Wie schon im Jahr davor wurde mir aber von den Mitbrüdern signalisiert, dass ich auch außerhalb der Advents- und Fastenzeit im Regelfall vom Beichtdienst freigehalten werden könnte. Andererseits zeigte sich auch mein theologisches Interesse, das in Predigten wie Glaubenskursen, die mein Mitbruder Manfred Entrich mit mir zusammen hielt, zum Ausdruck kam und auf positive Resonanz stieß.

Für mich war auffällig, dass meine Mitbrüder – angefangen vom Prior – einem Weiterstudium positiv gegenüberstanden. Dazu trug sicher auch einer der beeindruckendsten Dominikaner, denen ich begegnet bin, bei: P. Candidus Wiedemann (1901-1985). Aufgrund seiner eingeschränkten stimmlichen Möglichkeiten erhielt er damals die „Höchststrafe" im Dominikanerorden: Er durfte nicht „auf der Kanzel" predigen. Dies ließ in ihm – mittlerweile erblindet – ein anderes Charisma, man kann auch sagen, eine andere Form der Predigt wachsen: Er wurde ein vielgesuchter, und hier ist das Wort nicht paternalistisch gemeint, Beichtvater, eine überaus wichtige und verantwortungsvolle Aufgabe. P. Candidus sagte nicht nur zu mir: „Du musst studieren", sondern er brachte seine Auffassung ebenso anderen gegenüber zum Ausdruck. Einen wichtigen Hinweis gab mir Dr. Paul Josef Cordes, der spätere Kardinal, damals im Sekretariat der Bischofskonferenz als Referent für Glaubensfragen beschäftigt, den ich über P. Manfred kennenlernte. Nachdem ich ihm mein theologisches Interesse und meine Fragestellungen erläuterte, schlug er mir vor, mich an Professor Wilhelm Breuning in Bonn zu wenden, den er von der Sachkommission IV „Ehe und Familie" der Gemeinsamen Synode der Bistümer in der Bundesrepublik Deutschland her kannte. Bei meiner ersten Begegnung mit Wilhelm Breuning sprach ich zum einen über ein mögliches Forschungsprojekt, zum anderen aber über meine zeitlichen Ressourcen, die durch meine pastoralen Aufgaben begrenzt waren. In der inhaltlichen Konkretisierung, die in der ersten, für mich überaus positiv verlaufenden Begegnung, ihren Ausgang nahm, verständigten wir uns darauf, dass ich ausgehend von den Synodenerfahrungen mich mit dem Kirchenverständnis befassen sollte. Ein markantes Ereignis damals war für mich, dass die Bischöfe mit anderen „Ständen" im Volk Gottes um eine gemeinsame Lösung rangen. Dies zeigte sich besonders auch bei ethischen Fragen. Die Vermittlung von Ekklesiologie und Moraltheologie schien mir wichtig. Sie aber nicht auf die Gegenwart zu begrenzen erschien mir zugleich notwendig, um die damals geführte Diskussion besser einordnen zu können. Da sich verschiedene Arbeiten schon mit der Moraltheologie des zwanzigsten Jahrhunderts beschäftigten, hielt ich eine Begrenzung auf diesen Zeitraum für sinnvoll. Dabei ging es mir sowohl um die Frage, welche Auswirkungen das jeweilige Kirchenverständnis auf die Moraltheologie hatte als auch um die, welchen Stellenwert bei den neueren Veröffentlichungen die Ekklesiologie des II. Vatikanischen Konzils in der Moraltheologie finden würde. Die sich in der Moraltheologie nach dem Erscheinen der Enzyklika *Humanae vitae* abzeichnende Diskussion um die Kompetenz des Lehramtes in Fragen der Moral sah ich von Anfang an als einen sehr wichtigen, keineswegs aber als den einzigen ekklesiologischen Gesichtspunkt an. Da die Arbeit gleichermaßen Dogmatik wie Moraltheologie berühren würde, wollte Professor Breuning zu gegebener Zeit mit dem Bonner Moraltheologen Professor Franz Böckle sprechen. Zugleich bat er mich, von nun an am Hauptseminar in Dogmatik und dem vierzehntägig daran anschließenden Doktorandenkolloquium teilzunehmen.

Die Perspektive nach den Gesprächen mit Wilhelm Breuning beflügelte mich, obwohl die ersten Sitzungen des Hauptseminars und des Doktorandenkolloquiums für mich einen „Kulturschock" darstellten. Der Sprung von einer kleinen, im Auslaufen befindlichen Ordenshochschule zu einer großen und wichtigen katholisch-theologischen Fakultät war für mich enorm. Am Anfang hatte ich fast den Eindruck, ich hätte überhaupt noch keine Theologie studiert, fand mich aber zunehmend besser zurecht. Sehr bald besuchte ich auch ein Seminar bei Franz Böckle, das sich mit den Themen der Fundamentalmoral befasste. Sein Anliegen der „theonomen Autonomie", das er in seiner „Fundamentalmoral" (1977) entfaltet hat, wurde von ihm einprägsam vermittelt. Später übernahm er problemlos das Zweitgutachten und war einer der Prüfer beim Rigorosum.

In der Anfangsphase der Promotion, die sich mit der Zeit von 1900-1930 und dann mit der Neukonzipierung der Handbücher von 1930 bis zum II. Vatikanischen Konzil beschäftigte, beeindruckten mich vor allem zwei Moraltheologen: Joseph Mausbach (1861-1931) und Fritz Tillmann (1874-1953). Dies hatte primär sachliche Gründe, war aber bei mir auch biographisch eingefärbt. Beide waren nämlich Kölner Priester, Joseph Mausbach darüber hinaus von 1884-1889 in meiner Kölner Nachbarpfarrei St. Gereon Kaplan. Und als in Bonn Aufgewachsener und von der Bundeshauptstadt Geprägter fand ich seine Tätigkeit als Zentrumspolitiker und Mitwirkender bei den Religionsartikeln der Weimarer Verfassung spannend. Fritz Tillmann hatte von 1913-1940 den Lehrstuhl für Moraltheologie an der Universität Bonn inne, die er als Rektor von 1919-1921 leitete. Sein Name war mir schon von Kindesbeinen an bekannt, da in Bonn ganz in der Nähe der Universität eine Straße nach ihm benannt war.

Die Besonderheit meines Weiterstudiums lag darin, dass mein Lebensmittelpunkt und großenteils auch meine Arbeit in Köln waren. Da die Kölner Diözesanbibliothek mir sehr behilflich war, hatte ich alle notwendigen Unterlagen vor Ort. Darüber hinaus hatte ich das Glück, durch meine Gemeindetätigkeit auch zwei gelernte Bürofachkräfte kennenzulernen, die sich bereit erklärten, die notwendigen Schreibarbeiten für mich zu übernehmen. In einer Zeit, in der es noch keinen Computer gab, war das für mich eine erhebliche Erleichterung.

Die pastorale Tätigkeit umfasste verschiedene Bereiche wie Gottesdienst, Stundengebet, Glaubens- und Bibelkurse, (Wall-)Fahrten (Lourdes, Taizé, Israel) u. A. In den geprägten Zeiten half ich in der Beichtseelsorge mit. Dank des Einsatzes verschiedener Mitbrüder war es mir möglich, jeweils im Sommer eine zusammenhängende Zeit für meine Dissertation zu reservieren. Das Zusammenwirken von pastoraler Praxis und Studium bestimmte meine „Kaplanstätigkeit".

Intensiver beschäftigte ich mich in der zweiten Phase der Promotion mit dem II. Vatikanischen Konzil, der Lehramtsdiskussion im Zusammenhang mit *Humanae vitae* und der Würzburger Synode. Die aktuelle deutschsprachige Moraltheologie, auf die ich mich konzentriert hatte, wurde mir zunehmend vertrauter. Zwei Ereignisse im Jahre 1979 hatten Einfluss auf die Fertigstellung meiner Dissertation. Im April 1979 wurde ich in das oberste Leitungsgremium unserer Ordensprovinz gewählt mit der Folge, dass ich erst einmal mehrere Wochen an Beratungen teilzunehmen hatte mit zum Teil weitreichenden Entscheidungen. Zugleich planten wir im Konvent St. Andreas ein Albertjahr, da am 15. November 1980 sein 700. Todestag angemessen begangen werden sollte. Waren die Vorbereitungen auf dieses Jahr bereits intensiv, so wurden sie noch ‚getoppt' durch die Ankündigung von Papst Johannes Paul II., zu diesem Anlass nach Köln zu kommen, um das Grab des Heiligen Albert zu besuchen. Auch wenn ich nicht die Hauptverantwortung für die Vorbereitung in unserem Konvent dafür trug, so war ich doch entscheidend daran beteiligt. Von Bistumsseite wurde ich in ein Gremium zur geistlichen Vorbereitung auf den Papstbesuch unter Leitung von Weihbischof Dr. Hubert Luthe, dem späteren Bischof von Essen, berufen. Immerhin gelang es mir noch, die Dissertation zum Ende des Jahres 1979 abzugeben und die Promotion mit dem Rigorosum im Sommersemester 1980 erfolgreich abzuschließen. So konnte ich mich wenigstens in der zweiten Hälfte des Jahres voll auf die Veranstaltungen des Albertjahres und die Vorbereitungen des Papstbesuches konzentrieren. Die Dissertation wurde ein Jahr später veröffentlicht[3].

Einige Zeit nach dem Papstbesuch in Köln erreichte meine Ordensoberen und mich die Anfrage, ob ich bereit sei, wenigstens mit einer halben Stelle Referent für Glaubensfragen der Deutschen Bischofskonferenz und Sekretär der Glaubenskommission zu werden. Für diese Tätigkeit sei ich vom Erzbistum Köln vorgeschlagen worden. Nach einigem Zögern sagte ich zu, die halbe Stelle anzunehmen, um weiterhin pastoral tätig sein zu können. Nach dem vorbereitenden Gespräch mit Prälat Dr. Josef Homeyer, dem Sekretär der Bischofskonferenz, musste ich mich in der Glaubenskommission vorstellen. Vorsitzender war damals Kardinal Joseph Ratzinger. Ich kann nicht verhehlen, dass ich angespannt war, vor einem Gremium von Bischöfen und Professoren (Berater in der Kommission), die ich fast alle nur von Veröffentlichungen

3 Kirche und sittliches Handeln. Zur Ekklesiologie in der Grundlagendiskussion der deutschsprachigen Moraltheologie seit der Jahrhundertwende. Mainz 1982 (= WSAMA T 11).

kannte, Rede und Antwort zu stehen. Die Befragung war sehr wohlwollend, wobei mir auffiel, dass sowohl Kardinal Ratzinger wie auch einige der Professoren meine Doktorarbeit kannten. So setzte ich am 1. September 1981 meine Pendlertätigkeit von Köln rheinaufwärts nach Bonn wieder fort.

4. Referent im Sekretariat der Bischofskonferenz – Erste Schritte zur Habilitation

Die Tätigkeit als Glaubensreferent und Sekretär der Glaubenskommission erwies sich – obwohl sie nur eine halbe Stelle war – als sehr vielfältig. Im Gegensatz zu manchen Befürchtungen hatte ich mit den sogenannten „Nihil-obstat-Verfahren" für angehende Professoren nichts zu tun. Dies galt ebenfalls für kritische Anfragen, die im Regelfall von der Glaubenskongregation direkt an den entsprechenden Ortsbischof gerichtet wurden. Vor allem bestand meine Aufgabe in der Vorbereitung und Nacharbeit von Sitzungen und in der Unterstützung des Sekretärs der Bischofskonferenz bei der vielfältigen Korrespondenz. Eine sehr enge Zusammenarbeit ergab sich mit dem Vorsitzenden der Glaubenskommission, Kardinal Friedrich Wetter (München). Im Rahmen meiner Tätigkeit wurde ich mit ganz unterschiedlichen „Formalobjekten" konfrontiert. Als erstes mit dem Apostolischen Schreiben *Familiaris consortio* (1981). Es ging dabei nicht nur darum, bei der Vermittlung dieses Textes für die Öffentlichkeit die Bischöfe zu unterstützen, dieses Schreiben bildete auch den Hintergrund eines Gespräches, das 1982 in Rom zwischen Vertretern der Deutschen Bischofskonferenz unter Leitung von Kardinal Höffner und der Glaubenskongregation unter Leitung von Kardinal Ratzinger zum Thema „wiederverheiratet Geschiedene" stattfand. Ausgangspunkt war ein entsprechendes Votum der Gemeinsamen Synode. Bei diesem Treffen begegnete ich auch Dr. Karl Golser, meinem späteren Brixener Kollegen, dann Bischof von Bozen-Brixen, der auf diese Diskussion in seinem Bericht (Bd. 2, 284) ebenfalls hinweist. Ich nahm als Protokollant von deutscher Seite daran teil.

Weiter fielen in diese Zeit auch die Bischofssynoden „Buße und Versöhnung im Sendungsauftrag der Kirche" (1983) und „Der zwanzigste Jahrestag der Beendigung des II. Vatikanischen Konzils" (1985). Maßgeblich vom damaligen Professor Walter Kasper verfasst, der auch Sondersekretär der genannten Bischofssynode war, erschien 1985 der von der Deutschen Bischofskonferenz herausgegebene katholische Erwachsenenkatechismus „Das Glaubensbekenntnis der Kirche".

Mein ökumenischer Horizont erweiterte sich durch verschiedene regelmäßige Gesprächskontakte mit dem Kirchenamt des Rates der Evangelischen Kirche in Deutschland in Hannover, aber auch mit Einrichtungen auf katholischer Seite wie dem Deutschen Caritasverband, der Vertretung der Bischofskonferenz bei Regierung und Parlament (Katholisches Büro) u. A.

Die Tätigkeit als Referent und Sekretär einer Bischöflichen Kommission bringt eine strukturelle Einschränkung mit sich. Man selbst arbeitet im Hintergrund und den Bischöfen zu. Manchmal ist es die Aufgabe, dabei behilflich zu sein, unter den Bischöfen eine gemeinsame Stellungnahme zu ermöglichen. Es geht hier vor allem um ein integratives Engagement.

Eine intensivere Form der Zusammenarbeit ergab sich in der Glaubenskommission neben Professor Kasper auf dogmatischer Seite mit Professor Karl Lehmann, dem späteren Bischof von Mainz und Kardinal, wie mit Professor Hermann Josef Pottmeyer (Bochum), langjähriges Mitglied der Internationalen Theologenkommission; von moraltheologischer waren es Professor Franz Furger, damals Luzern, der früh als Direktor des Instituts für Christliche Sozialwissenschaften 1997 mit 62 Jahren verstarb, und Professor Alfons Auer, Tübingen. Mit ihm war ich ebenfalls in der damals neu gegründeten Gen-Arbeitsgruppe zusammen, die Weihbischof Luthe leitete.

Zu meiner Überraschung sprach mich am Rande einer Sitzung Alfons Auer darauf an, ob ich nicht im Fach Moraltheologie habilitieren wollte. An eine Habilitation hatte ich trotz meiner Promotion bisher nicht gedacht. Ein Grund lag darin, dass ich von meinem Werdegang her kein typisches Produkt einer Uni-Laufbahn war. Während meiner Zeit bei der Bischofskonferenz arbeitete ich nach wie vor pastoral in St. Andreas. Ich war allerdings erfreut, dass Auer mich mit dieser Frage konfrontierte, denn ich hatte in meiner Dissertation vorsichtig Kritik an seinem Buch „Autonome Moral und christlicher Glaube" geübt, was er aber in keiner Weise als problematisch ansah. Verstärkt wurde diese Überlegung durch den Moraltheologenkongress 1983 in Trier zum Thema „Der ethische Kompromiss", bei dem mein Doktorvater Wilhelm Breuning ein Referat zur Konsensfindung in der Kirche hielt. Da Kardinal Wetter, der eine Einladung erhielt, mich bat, an diesem Kongress teilzunehmen, war ich zum ersten Mal bei einem großen internationalen Moraltheologentreffen.

Auf diesem Kongress lud mich Professor Wilhelm Ernst (Erfurt) zum Treffen von Moraltheologen in Erfurt ein, das ebenfalls im Zwei-Jahres-Turnus zwischen den großen Kongressen stattfand. Aus heutiger Sicht kann man sich gar nicht mehr vorstellen, welcher Aufwand von Seiten der Einladenden getrieben werden musste und welche Kontrollen durchgeführt wurden, bevor man in Erfurt, am Ort des Philosophisch-Theologischen Studiums, eintraf. Ich habe die Begegnungen sowohl für die Dozierenden wie Studierenden dort als wichtig und für uns „aus dem Westen" als einprägsam erfahren. Es machte damals einen erheblichen Unterschied, ob man sich an einem Ort in einem westlichen Land oder aber in der sozialistischen DDR mit ihrem vielfältigen Überwachungssystem traf.

Parallel zu den Kontakten mit Moraltheologen stellte ich meinerseits erste Vorüberlegungen zur Habilitation an. Ich wandte mich an Professor Bernhard Fraling (Würzburg), den ich aus der Gen-Arbeitsgruppe kannte, und von dem ich bereits einiges für meine Dissertation gelesen hatte. Aufgrund meiner Kontakte zur EKD und den damit verbundenen Erfahrungen, dass ethische Themen zum Teil konfessionsspezifisch unterschiedlich bewertet werden, sah ich es als sinnvoll an, eine Fragestellung aus dem Bereich des evangelisch-katholischen Dialogs zu wählen. Bernhard Fraling erklärte sich bereit, mich bei einer Habilitation zu begleiten. Wir verständigten uns darüber, dass es für die ethische Diskussion weiterführender sein könnte, sich mit einem zentralen ethischen Grundbegriff zu beschäftigen, als ein konkretes Problem aus den vielfältigen speziellen Bereichen der Ethik zu wählen. Ein solcher zentraler Begriff war das Gewissen. Und hier brachte Bernhard Fraling dann den Namen von Gerhard Ebeling ins Spiel. Da mir sein Luther-Buch seit Anfang meines Studiums an bekannt war, und ich um seine Bedeutung wusste, stimmte ich sofort zu, mit ihm mein Projekt zu beginnen.

Parallel zu den Bemühungen, mich auf eine Habilitation einzustellen, musste ich mich um die Rahmenbedingungen kümmern. Meine Entscheidung, in Moraltheologie zu habilitieren, wurde von Seiten der Bischöfe verstanden.

So unproblematisch mein Weiterstudium in Bonn und meine Tätigkeit bei der Bischofskonferenz mit meiner Seelsorgetätigkeit in Köln zu verbinden waren, so galt es jetzt doch einige Schwierigkeiten im eigenen Orden zu überwinden. Als im Jahre 1985 bekannt wurde, dass ich vorhatte, in Moraltheologie zu habilitieren, wurde ich von verschiedenen Professoren darauf angesprochen, dass ich wohl als neuer Moraltheologe an die Fakultät in Fribourg/Schweiz kommen würde. In Fribourg hat der Dominikanerorden, dessen Ordensgeneral der Großkanzler der Kath.-Theol. Fakultät ist, bestimmte Rechte bei der Besetzung von Lehrstühlen. Franz Böckle, der als Schweizer die Situation in seinem Heimatland gut kannte, meinte, in meiner Funktion bei der Bischofskonferenz hätte ich über die Promotion hinaus wichtige Erfahrungen gesammelt, so dass ich auf alle Fälle in Fribourg beginnen könne. Ich sagte ihm wie auch anderen, die mich ansprachen, dass ich weder von Seiten des Ordens noch aus Fribourg einen Hinweis bekommen hätte. Die Stelle wurde dann anders besetzt.

Kurze Zeit danach traf ich in Köln P. Anselm Hertz. Er gehörte zu meiner Ordensprovinz und war u. a. Professor für Moraltheologie in Fribourg, einer der Herausgeber des Handbuch(s) der Christlichen Ethik (3 Bd. 1978-1982). Zum damaligen Zeitpunkt war er in Rom Generalassistent des Ordens für das intellektuelle Leben. Als ich ihn darauf ansprach, ob es im Orden die Überlegung gegeben hätte, mich für die Moraltheologie in Fribourg vorzuschlagen, antwortete er nur kurz: „Nein, diese Absicht hätte nicht bestanden“. Er wandte sich ab, und ich spürte, dass er mit mir nicht darüber sprechen wollte. Da die Sache entschieden war und ich mich hier auch nicht engagiert hatte, habe ich nicht weiter nachgehakt, aber es blieb eine für mich prägende Erfahrung: Mit den Bischöfen, mit denen ich zusammenzuarbeiten hatte, kam ich insgesamt gut, mit einigen sehr gut zurecht, mit der Glaubenskongregation hatte ich ein vernünftiges Arbeitsverhältnis, wichtige Vertreter des Faches erwarteten meine Berufung, aber der Verantwortliche in der Ordenskurie in Rom, ebenfalls aus meiner Ordensprovinz, ebenfalls Moraltheologe und in diesem Fall der entscheidende Mann, wollte mich nicht an dieser Stelle haben.

Meine Eingliederung in die moraltheologische Community schritt trotzdem weiter voran. Durch Bernhard Fraling vermittelt wurde ich Mitglied im „Innsbrucker-Kreis" von Moraltheologinnen und Moraltheologen, den damals Professor Hans Rotter (Innsbruck) leitete. Ab dem WS 1985/86 nahm ich an den als Blockseminaren gestalteten Doktorandenseminaren in Würzburg teil. In Köln St. Andreas war die Situation für mich von meinen zeitlichen Möglichkeiten her begrenzter als in früheren Jahren. Mitbrüder, die damals in der Seelsorge noch tätig waren, schieden aus Altersgründen aus, einige waren bereits gestorben. Eine personelle Verstärkung des Konventes, die vom Provinzial bereits zugesagt war, ließ sich dann doch nicht realisieren. Kurzum: Ich musste mehr Kraft und Zeit in Konventsarbeit und Pastoral investieren, die dann bei der Habilitation fehlte. Eine Änderung ergab sich für mich im Jahre 1987. Ein Jahr vor dem Provinzkapitel musste der Studienverantwortliche (Regens) neu bestimmt werden, und ich wurde gefragt, ob ich bereit sei, diese Aufgabe zu übernehmen, und nach Bornheim-Walberberg zu wechseln. Ich stimmte mit der Einschränkung zu, erst einmal „kommissarisch" berufen zu werden, da im kommenden Jahr das Provinzkapitel die entsprechenden Entscheidungen treffen müsste. Das Amt des Regens bedürfte ohnehin der Zustimmung des Ordensmeisters in Rom.

Zu meinem Aufgabenbereich gehörte, die Studierenden des Dominikanerordens, die ihr reguläres Theologiestudium in Bonn durchführten, zu begleiten, ordensspezifische Ergänzungsveranstaltungen und Fortbildungsmaßnahmen zu organisieren, bei möglichen Weiterbildungsstudien und Praktika von Mitbrüdern beteiligt zu sein usw. Was ich im Vorfeld nicht genügend bedacht hatte, war, dass es hier nicht nur zu unterschiedlichen Auffassungen mit Studierenden, sondern auch mit anderen Verantwortlichen im Ausbildungsbereich kommen könnte. Es zeigte sich für mich sehr schnell, dass Planungen und Entscheidungen von mir, von denen ich meinte, sie seien von der Sache her angebracht und von den Dokumenten des Ordens gedeckt und würden in meine Kompetenz fallen, von anderen abgelehnt und zum Teil auch bekämpft wurden. Nicht selten gab es Diskussionen über Zuständigkeiten. Das Ganze war für mich sehr belastend. Durch einen stabilen Freundeskreis aus meiner Kölner Zeit und auch meine Familie erfuhr ich große Unterstützung. Allerdings wurde mir auch bewusst, dass unter diesen Rahmenbedingungen die Fertigstellung der Habilitationsschrift keine großen Fortschritte machen würde. Meine Situation besprach ich offen mit Bernhard Fraling. Er schrieb daraufhin einen ausführlichen Brief an meinen damaligen Provinzial, indem er argumentierte, dass sich das Habilitationsvorhaben erfolgversprechend entwickle, die Arbeit in eineinhalb bis zwei Jahren fertiggestellt werden könne, wenn ich die nötige Freistellung erfuhr. Diesem Lösungsvorschlag stimmte mein Provinzial zu, und so wurde ich nach einem Jahr als kommissarischer Regens für die Habilitation in Würzburg freigestellt.

Allerdings nahm ich neben der Erleichterung, die Aufgabe in Bornheim-Walberberg abgeben zu können, die Erfahrung mit, dass in relativ kurzer Zeit zum zweiten Mal im Orden an einem wichtigen Punkt „meine Laufwege zugestellt wurden“. Für mich war zugleich klar, dass ich jetzt alle Kraft auf die Fertigstellung der Habilitation richten und mich dem Wettbewerb um eine Professur für Moraltheologie im deutschsprachigen Raum stellen müsste. Dazu kam passend, dass zum selben Zeitpunkt, als diese Entscheidung fiel, Professor Josef Rief mich nach Regensburg zu einer Gastvorlesung einlud, die ich im Juni 1988 zum Gewissensverständnis von Gerhard Ebeling hielt.

5. Habilitation in Würzburg – Beginn der Lehrtätigkeit

Die Rahmenbedingungen für meine Habilitation waren schnell und von Seiten meines Ordens auch positiv geklärt: Bezugspunkt in der eigenen Provinz war wieder Köln, St. Andreas, in Würzburg wohnte ich ab Herbst 1988 bei den Franziskaner-Minoriten in der Innenstadt. Mit ihrem Kölner Konvent bestand seit langem ein enger Kontakt, so dass die Gemeinschaft in Würzburg mich sofort unkompliziert aufnahm.

Bei der Beschäftigung mit Gerhard Ebeling (1912-2001) ging mir auf, dass ich seinem Gewissensverständnis nur angemessen gerecht werden konnte, wenn es zugleich in das Gesamt seines theologischen Werkes eingebettet würde. Herausfordernd war dabei, dass Ebeling an der Grunddifferenz zwischen katholischer und reformatorischer Theologie festhielt, zu einem Zeitpunkt, bei dem die ökumenischen Bemühungen darauf abzielten, diese zu überwinden. Neben der Beschäftigung mit dem Werk von Ebeling versuchte ich, mich in der Moraltheologie breit zu informieren, besuchte die Vorlesungen von Bernhard Fraling und ein Seminar zur ökumenischen Theologie beim späteren Zweitgutachter meiner Arbeit, dem Dogmatiker Professor Alexandre Ganoczy.

Von Bernhard Fraling, der von der Existentialethik Karl Rahners geprägt war, wurde mir die spirituelle Seite des Faches Moraltheologie besonders nahe gebracht. Aber auch zu wichtigen anderen Themen, die in den Lehrveranstaltungen zur Sprache gebracht und in (Buch-)Veröffentlichungen ihren Niederschlag fanden wie Sexualethik, bioethische Themen, die Beziehung zu den anderen Wissenschaften u. a. wurden meine Kenntnisse erweitert und vertieft. Gefördert wurde dies durch ein wohlwollendes und konstruktives Klima im Kreis der Doktorandinnen/Doktoranden und Habilitandinnen/Habilitanden. Eine ganze Reihe von ihnen sind später auf Lehrstühle berufen worden. Meinen sehr guten Erfahrungen mit dem Doktorandenseminar bei Wilhelm Breuning in Bonn folgten ebenso positive Eindrücke bei Bernhard Fraling in Würzburg.

Zwei Jahre nach meinem Wechsel nach Würzburg reichte ich dort Ende 1990 meine Habilitationsarbeit ein und wurde im darauf folgenden Sommersemester 1991 nach Habilitationskolloquium und -vortrag habilitiert. Nach Veröffentlichung meiner Habilitationsschrift[4] lud mich Gerhard Ebeling, der in einem Brief positiv auf meine Publikation reagiert hat, zu einem Besuch bei ihm nach Zürich ein. Zwei Gesprächspassagen sind mir heute noch in lebendiger Erinnerung: Sein „Bericht" über seine Zeit im Predigerseminar in Finkenwalde unter der Leitung von Dietrich Bonhoeffer und sein, wie ich meinte herauszuhören, erstaunter Hinweis, dass er in der katholischen Theologie mehr Beachtung finde und diese sich intensiver mit ihm beschäftigen würde als die evangelische Theologie: eine für mich sehr eindrückliche Begegnung mit einem großen evangelischen Theologen.

Nach meiner Habilitation zog ich wieder nach Köln, St. Andreas, und übernahm neben meiner Lehrverpflichtung als Privatdozent in Würzburg einen Lehrauftrag für Moraltheologie am Institut für Katholische Theologie an der Universität Köln. Weiter nutzte ich die Zeit, um einige Aufsätze – zum ersten Mal auch zu Themen der Bioethik – zu publizieren[5].

Die Jahre in Würzburg, die mit der ersten Teilnahme am Doktorandenseminar 1985 begannen, stellten für mich eine wichtige Weichenstellung dar. Die Stadt am Main mit ihrer Universität, der ich bis zu meiner Berufung als Professor als Privatdozent angehörte, markiert für mich den Übergang von einer bisher zweigleisigen Tätigkeit Pastoral/Weiterstudium, Pastoral/Referent u. a. zu einer klaren Priorität universitär-wissenschaftlicher Arbeit. Allerdings erfolgte dieser Überstieg – von meinem Lebensalter her gesehen –, relativ spät.

Einen der Bereiche, in denen ich meinen theologischen Horizont zu erweitern hatte, war die internationale Perspektive. Meine bisherige Ausbildung hatte ausschließlich in Deutschland stattgefunden. Nun war mir klar, dass ich mich trotz allem begrenzen musste und auch aufgrund meines Alters ein Forschungsaufenthalt im Ausland zum jetzigen Zeitpunkt nicht mehr möglich war. Da mir die US-amerikanische Moraltheologie aus den jährlich erscheinenden „Notes in Moral Theology" in der Zeitschrift „Theological Studies" und die Reihe „Readings in Moral Theology" schon bekannt war, ich darüber hinaus die USA interessant fand und die Sprache mir zumindest einigermaßen vertraut war, besuchte ich mit meinem Mitbruder P. Manfred 1993 zum ersten Mal die USA. Dank der Unterstützung von zwei Mitbrüdern, die in den 1980er Jahren in Köln zum Deutschkurs waren, konnte ich an der Graduate Theological Union in Berkeley, von der die Dominican School of Philosophy and Theology ein Teil ist, erste Einblicke in die Moraltheologie in den Staaten gewinnen und erste Kontakte knüpfen. Ebenfalls war ich bei dieser Reise zum ersten Mal im Dominican House of Studies in Washington, das gegenüber der

4 Schlögel, Herbert: Nicht moralisch, sondern theologisch. Zum Gewissenverständnis von Gerhard Ebeling. Mainz 1992 (= WSAMA T 15).

5 Die Aufsätze zitiere ich nicht gesondert; siehe dazu die Homepage des Lehrstuhls: http://www.uniregensburg.de/theologie/moraltheologie/personen/profdrherbertschloegel/literatur/index.html.

Catholic University liegt. Später kamen das Aquinas Institute of Theology in St. Louis (Missouri) und andere Universitäten wie das Boston College hinzu.

Im Herbst 1993 zog ich nach München in die Pfarrei St. Katharina von Siena um. Ein Dominikaner war dort Pfarrer und mit mir wohnte dort ein amerikanischer Mitbruder, der in München promovierte; so bildeten wir eine kleine Kommunität. Hier erreichte mich bald die Anfrage, ob ich im SS 1994 nicht die Lehrstuhlvertretung in Moraltheologie in Regensburg übernehmen könne, da der bisherige Lehrstuhlinhaber, Professor Eberhard Schockenhoff, nach Freiburg gewechselt sei.

6. Professor in Regensburg

Als ich im Sommer 1994 die Lehrstuhlvertretung für Moraltheologie übernahm, wurde mir im Laufe des Semesters signalisiert, dass der Berufungsausschuss mich an die erste Stelle platziert habe. Nach der Ruferteilung 1995 begann eine für mich mit vielfältigen Herausforderungen versehene, aus heutiger Sicht erste Phase an der Universität, weil sich bis zu diesem Zeitpunkt meine Aufgabe sich alleine auf die Vertretung des Faches Moraltheologie konzentrierte.

Zu Beginn meiner Regensburger Tätigkeit wurde ich gebeten, mich in der Universitätszeitung vorzustellen. Als Charakteristika „meiner“ Moraltheologie sprach ich von einer dreifachen Ausrichtung: pastoral, spirituell und ökumenisch. Von meinem bisherigen pastoralen Werdegang in Köln war diese Perspektive „naturgemäß“. Sie wurde bestärkt durch eine zunehmende Kenntnis der US-amerikanischen Moraltheologie. Das Buch „Profi und Profil. Zum Ethos pastoraler Berufe“[6] ist ein Niederschlag davon. Einen neuen Impuls erhielt die spirituelle Ausrichtung durch die Auseinandersetzung mit Veröffentlichungen von Professor James Keenan vom Boston College, der eine ganze Reihe von Beiträgen zu diesem Thema veröffentlicht hat. Im Band „Kirche – Moral – Spiritualität“ habe ich verschiedene Aufsätze zu diesem Thema publiziert[7]. Gewidmet habe ich sie Klaus Demmer, der 40 Jahre lang Professor für Moraltheologie an der Gregoriana in Rom war. Ihn habe ich durch die Lektüre seiner Veröffentlichungen wie durch zahlreiche Begegnungen (in Erfurt, Innsbruck, und bei Kongressen) kennen- und schätzen gelernt. Obwohl wir unterschiedliche Zugangsweisen zur Moraltheologie hatten, wurden meine Beiträge immer wohlwollend von ihm aufgenommen. Den Moraltheologen (die Moraltheologin) als Existenzdenker, als sittlich kompetente Person zu charakterisieren, war ein leitendes, mich sehr überzeugendes Anliegen von ihm.

---

6 Profi und Profil. Zum Ethos pastoraler Berufe. Regensburg 2000; diese Publikation habe ich meinem „Doktorvater“ Wilhelm Breuning zum 80. Geburtstag gewidmet.

7 Kirche – Moral – Spiritualität. Münster 2001 (= StudM 18).

In der Anfangsphase in Regensburg gelang es, einen Kreis von Studierenden zu gewinnen, die im Fach Moraltheologie promovieren bzw. habilitieren wollten. Aus einem Gespräch mit Professor Günter Virt (Wien) entwickelte sich die Idee eines gemeinsamen Oberseminars. Als Ort schlug er Seekirchen in der Nähe von Salzburg vor. Dieses Seminar im Herbst, bei uns vor Beginn des Wintersemesters, entwickelte sich zu einer inhaltlich wie menschlich gelungenen Einrichtung. Von 1997-2006 trafen wir uns jährlich in Seekirchen, wo wir im Umfeld der Pfarrei tagen konnten. Zwei Habilitationen aus diesem Kreis hatten unmittelbar mit Wien zu tun. Als Zweitgutachter war ich bei der Habilitation von Gerhard Marschütz in Wien[8], als Erstbetreuer in Regensburg bei Gunter Prüller-Jagenteufel[9] tätig. Beide sind heute Außerordentliche Universitäts-Professoren am Institut für Moraltheologie in Wien. Die Kontakte und verschiedenen Formen der Zusammenarbeit reichen bis in die Gegenwart.

Von den Promotionen der Anfangsphase ist die Arbeit von Monika Hoffmann zur Selbstliebe hervorzuheben[10], die seit ihrem Erscheinen bis heute in der moraltheologischen Literatur Beachtung findet.

Aufgrund der Aufgabenstellung der Moraltheologie, die in vielfältiger Weise im Dialog mit anderen Wissenschaften steht, war es mein Anliegen, interdisziplinäre Kontakte an der Universität aufzubauen, die sich dann in gemeinsamen Seminaren niederschlugen. Solche Kooperationen ergaben sich mit Lehrstühlen der Rechtswissenschaft, der Sportwissenschaft, der Volkswirtschafts- und der Betriebswirtschaftslehre. Mein interdisziplinäres Interesse bildete den Hintergrund für die Frage, ob ich an einem geplanten DFG-Graduiertenkolleg „Kulturen der Lüge“ mitwirken wollte. An diesem erfolgreich durchgeführten Projekt (2001-2004) arbeiteten zehn Lehrstühle aus sechs Fakultäten mit, aus der auch eine moraltheologische Dissertation entstand[11]. Eine große Hilfe bei der Antragstellung des Projektes war für mich P. Andreas-Pazifikus Alkofer, Franziskaner-Minorit, den ich aus meiner Würzburger Zeit gut kannte, und der jetzt Assistent am Lehrstuhl in Regensburg war. Da ich in der Zeit der Vorbereitung auf dieses Kolleg das Dekanatsamt (1999-2001) innehatte, waren meine zeitlichen Möglichkeiten begrenzt.

Darüber hinaus habe ich in dieser Phase verschiedene Seminare zusammen mit Kollegen aus anderen Diszplinen der Theologie durchgeführt.

---

8 Marschütz, Gerhard: Familie humanökologisch. Theologisch-ethische Perspektiven. Münster 2000 (= StudM 13).

9 Prüller-Jagenteufel, Gunter M.: Befreit zur Verantwortung. Sünde und Versöhnung in der Ethik Dietrich Bonhoeffers. Münster 2004 (= Ethik im Theologischen Diskurs 7); diese Arbeit erhielt 2004 den ersten Preis der Dr. Kurt-Hellmich-Stiftung für ökumenische Forschung.

10 Hoffmann, Monika: Selbstliebe. Ein grundlegendes Prinzip von Ethos. Paderborn 2002 (= Abhandlungen zur Philosophie, Psychologie, Soziologie der Religion und Ökumenik NF 50); das Verzeichnis aller Dissertationen ist zu finden: http://www.uni-regensburg.de/theologie/moraltheologie/forschung/dissertationsprojekte/index.html.

11 Flierl, Alexander: Die (Un-)Moral der Alltagslüge?! Wahrheit und Lüge im Alltagsethos aus der Sicht der katholischen Moraltheologie. Münster 2005 (= StudM 32).

Nach meiner Berufung zum Lehrstuhlinhaber erreichten mich verschiedene Ernennungen und Berufungen: Berater der Glaubenskommission der Deutschen Bischofskonferenz, Mitglied des Arbeitskreises evangelisch-katholischer Theologen, Mitherausgeber der internationalen katholischen Zeitschrift COMMUNIO. Einer ihrer Gründungsmitglieder war Joseph Ratzinger, der spätere Papst Benedikt XVI., der damals noch Lehrstuhlinhaber für Dogmatik in Regensburg war. Verschiedene andere Anfragen musste ich ablehnen, zumal ich im Dominikanerorden bereits im Vorstand des Instituts Pastoralhomiletik war und bin, und das bis heute meine pastorale Ausrichtung mit prägt.

In Regensburg fand ich gastliche Aufnahme in einer Wohnung auf dem Areal des Krankenhauses Barmherzige Brüder. Zugleich wurde ich Mitglied der Ethikkommission der Bayerischen Ordensprovinz. Durch mein Leben an diesem Ort wurden mir einige praktische ethische Probleme des Krankenhauses vertraut. Am Universitätsklinikum wurde ich für Veranstaltungen und Fortbildungen mit interdisziplinärer Ausrichtung eingeladen. Aus ihnen ging dann das Klinische Ethikkomitee hervor, dem ich über Jahre hin, bis 2014, angehörte. Es zeigte sich, dass bei unterschiedlichen Trägern und Formaten Themen aus dem medizin- und bioethischen Bereich am meisten „nachgefragt" wurden. Dies schlug sich dann in Veröffentlichungen nieder und in einem Buch, das ich zusammen mit Andreas P. Alkofer verfasste[12].

Er erhielt 2003 einen Ruf an die Theologische Hochschule Chur. Seine Habilitation in Regensburg schloss er im Jahr darauf ab[13]. Leider verstarb er plötzlich 2006.

Es gehört zu dieser ersten Phase in Regensburg, dass ich einen Band mit Beiträgen zur ökumenischen Ethik herausbringen konnte[14].

Eine erste einschneidende Veränderung meiner Arbeit in Regensburg kündigte sich schon seit längerem an. Im Rahmen der Spar- und Kürzungsmaßnahmen für kath.-theol. Fakultäten in Bayern wurden in Regensburg einige Professorenstellen gestrichen, u. a. diejenige für Christliche Sozialwissenschaften, wie die Bezeichnung damals lautete. Die Lehrveranstaltungen seien vom Lehrstuhl für Moraltheologie zu übernehmen; als Unterstützung würde ich eine zweite Assistentenstelle erhalten. Natürlich war ich von dieser Idee nicht begeistert, zumal mir die Andersartigkeit des Faches Christliche Sozialethik (CSE) im Blick auf institutionelle und strukturelle Bedingungen gesellschaftlichen Lebens bewusst war. Nun musste ich neue Vorlesungen aufbauen und mich dazu in eine mir nur zum Teil vertraute Materie einarbeiten. Hilfreich war für mich die Kollegin Marianne Heimbach-Steins (damals Bamberg / jetzt Münster), mit der ich seit unserer gemeinsamen Zeit in Würzburg in gu-

12 Was soll ich dir tun? Kleine Bioethik der Krankenseelsorge. Stuttgart 2003.

13 Alkofer, Andreas-P.: Konturen der Höflichkeit. Handlung – Haltung – Ethos –Theologie. Versuch einer Rehabilitation. Würzburg–Norderstedt 2005.

14 Wie weit trägt Einheit? Ethische Begriffe im evangelisch-katholischen Dialog. Münster 2004 (= Ethik im Theologischen Diskurs 9).

ter Verbindung stand, und die mir ihre Materialien zur Verfügung stellte. Zugleich gelang es der Fakultät – vor allem dank der Initiative von Professor Ulrich Leinsle –, für die weggefallenen Lehrstühle eine neue Professur für Theologische Anthropologie und Wertorientierung zu bekommen. So habe ich schließlich ab Sommersemester 2004 sozialethische Vorlesungen gehalten.

Eine weitere Änderung war für mich mindestens genauso folgenreich. Die Prüfungsordnung für Lehramtsstudierende in Bayern änderte sich mit dem Jahre 2002. In der Prüfungsordnung für das Lehramt wurde Moraltheologie und Sozialethik immer als ein Fach betrachtet; die Studierenden konnten wählen, ob sie ihre mündliche Staatsexamensprüfung beim Vertreter des Faches Moraltheologie oder des Faches Sozialethik machen wollten. Ebenfalls konnten sie sich für eine schriftliche Prüfung entscheiden, für die vom Ministerium zentral Themen eingeholt wurden. Das änderte sich mit der Prüfungsordnung 2002. Jetzt konnten die Lehramtsstudierenden (Gymnasium) nicht mehr wählen, ob sie schriftlich oder mündlich die Prüfung absolvieren wollten, sondern alle mussten eine mündliche Prüfung von 40 Minuten ablegen. Die Studierenden für das Lehramt an Grund-, Haupt- und Realschulen konnten sich zwar noch zwischen mündlicher und schriftlicher Prüfung entscheiden, aber da sich die Zahl der Dozierenden im Zuge der Strukturmaßnahmen verringert hatte, wurden die Verbleibenden mehr auch mit zentralen Themenstellungen seitens des Kultusministeriums gefordert. Zugleich stieg die Zahl der Lehramtsstudierenden deutlich an. Hatte die Fakultät in Regensburg im Wintersemester 2002/2003 noch ca. 550 Studierende, so waren es im Wintersemester 2008/2009 etwa 1000, von denen die allermeisten ein Lehramtsstudium durchführten. Da ich der einzige Prüfer für das Fach Moraltheologie/Sozialethik im Lehramtsstudium war, waren die Folgen für mich in dieser zweiten Phase, die in etwa von 2004-2009 reichte, enorm. Wegen des Mehraufwandes für Lehre und Prüfungen musste an anderer Stelle reduziert werden. Das waren die interdisziplinären Seminare, von denen ich nur noch eines mit der politischen Philosophie hielt, und Veröffentlichungen. Auch Anfragen nach stärkerer Mitarbeit in der akademischen Selbstverwaltung musste ich negativ beantworten. Immerhin gelang es mir, ein Thema, das mich von meiner Kölner Zeit an begleitete, „Sünde und Versöhnung" in einem Buch näher auszuführen[15]. Unterstützt wurde ich dabei von Kerstin Schlögl-Flierl und Bernhard Bleyer[16], die die Mitarbeiterstellen am Lehrstuhl innehatten. Ebenfalls verfasste ich einen größeren Beitrag zur Umweltethik für einen von mir mitherausgegebenen

15 Und vergib uns meine Schuld. Wie auch wir... theologisch-ethische Skizzen zu Versöhnung und Sünde. Stuttgart 2007.

16 Für seine Dissertation „Subjektwerdung des Armen. Zu einem theologisch-ethischen Argument im Zentrum lateinamerikanischer Befreiungstheologie. Regensburg 2009 (= ratio fidei 38) wurde Bernhard Bleyer 2008 mit dem Wissenschaftspreis des Deutschen Caritas-Verbandes (Lorenz-Werthmann-Preis) ausgezeichnet.

Band in der Reihe „Theologische Module“[17]. Hier vermittelte ich, wie später auch in anderen Aufsätzen, individual- und sozialethische Aspekte.

In den Jahren 2000-2006 war ich auch Mitglied der ökumenischen Arbeitsgruppe von katholischer Seite, die die jährliche „Woche für das Leben“ der Kirchen vorbereitete.

Durch die im Zuge der Bologna-Reform eintretende Modularisierung mit einer neuen Studienordnung sowohl für Magister- wie Lehramtsstudierende (2008) wurden die Anforderungen an die Zahl der Lehrveranstaltungen erhöht. Was sich als eine besondere Herausforderung für mich wie für den ganzen Lehrstuhl herausstellte, war das jahrelange Nebeneinander von alten Studienordnungen von Lehramt und Diplom und neuen Studienordnungen für Lehramt und Magister mit ihrem konsekutiven Aufbau. Dies hat zur Folge, dass immer für einen Bereich Prüfungsleistungen zu erbringen sind. Im Sommersemester 2011 fielen z. B. 134 und im Wintersemester 2011/12 146 Prüfungsleistungen an. Das Modulsystem fordert darüber hinaus sehr viel mehr Aufwand an Organisation und Durchführung, der vom Lehrstuhl zu leisten war. Dazu kam die Tatsache, dass am Lehrstuhl für Moraltheologie vermehrt Diplom- und Zulassungsarbeiten verfasst wurden, die eine entsprechende Begleitung verlangten.

Es war für mich schmerzlich, wegen der Unabweisbarkeit von Prüfungen und ihrer Organisation und der engeren Taktung von Lehrveranstaltungen und sicher auch wegen meiner nicht mehr in dem Maße wie in der ersten Phase vorhandenen physischen Möglichkeiten auf verschiedene Anfrage zur Mitarbeit in Sammelbänden und interdisziplinären Projekten verzichten zu müssen. Auch manches Thema für eine Veröffentlichung, das mich selbst gereizt hätte, musste ich „liegen lassen“.

Auf der anderen Seite war positiv, dass meine Mitarbeiterin Ursula Lorenz[18] und mein Mitarbeiter Alexander Merkl[19] ihre Promotionen abschließen konnten. Besonders hervorzuheben ist, dass Kerstin Schlögl-Flierl, deren Promotion ich bereits begleitet habe, 2014 ihr Habilitationsverfahren erfolgreich abschließen konnte[20] und zu Beginn des Jahres 2015 einen Ruf auf den Lehrstuhl für Moraltheologie in Augsburg erhalten hat. Sie hatte mich, zusammen mit Gunter Prüller-Jagenteufel, zu meinem 65. Geburtstag mit einer Festschrift

17 Umwelt und Ökologie. Theologisch-ethische Aspekte, in: Arntz, Klaus/Heimbach-Steins, Marianne/Reiter, Johannes/Schlögel, Herbert (Hgg.): Orientierung finden. Ethik der Lebensbereiche. Freiburg i. Br. 2008 (= Theologische Module 5), 127-165.

18 Lorenz, Ursula: Umweltethik – ein evangelisch-katholischer Vergleich. Göttingen 2013.

19 Merkl, Alexander: ‚Si vis pacem, para virtutes‘. Ein tugendethischer Beitrag zu einem Ethos der Friedfertigkeit. Münster 2015 (= Studien zur Friedensethik 54).

20 Schlögl-Flierl, Kerstin: Moraltheologie für den Alltag. Die Bußtheologie des Erzbischofs Antoninus von Florenz OP (1389-1459). Eine historische Arbeit in systematischer Absicht. Habil.-Schrift. Regensburg 2014.

überrascht[21]. Darin sind nahezu alle, deren wissenschaftliche Qualifikationsarbeiten ich begleitet habe, mit Beiträgen vertreten. Ebenso haben sich zahlreiche Kolleginnen und Kollegen an dieser Festschrift beteiligt. Dass darüber hinaus Anregungen von mir aufgegriffen wurden, hat mich sehr gefreut.

Schluss – Moraltheologische Wegstationen am Rhein, am Main und an der Donau

Wer die Geschichte des Rhein-Main-Donau-Kanals kennt, weiß, dass erst „künstlich" eine Verbindung zwischen dem Main und der Donau geschaffen werden musste, damit die drei Flüsse zusammenkommen konnten. Diese Verbindung scheint mir dennoch symptomatisch für meinen moraltheologischen Weg und die Verbindungen, die von Anfang an nicht vorgegeben, sondern sich im Laufe der Zeit erst entwickelt haben und mit diesen drei Flüssen eng zusammenhängen.

Hinter der dreifachen Ausrichtung „meiner" Moraltheologie – pastoral, spirituell und ökumenisch – zeigt sich eine ganzheitliche Auffassung, die den „Anspruch des Glaubens an die sittliche Lebensführung" (Konrad Hilpert) zum Ausdruck bringen will. Besonders gut gefiel mir hier die US-amerikanische Formulierung von „character and virtues". Ohne die normethische Diskussion gering schätzen zu wollen, die in vielfältigen Beiträgen, vor allem zur Bioethik, bei mir präsent ist, habe ich mich stärker der tugendethischen gewidmet. Dies entspringt der spirituellen Ausrichtung der Moraltheologie. In den von mir begleiteten Arbeiten kommt diese tugendethische Dimension, wie auch die Beziehung von Tugend- und Normethik, immer wieder zur Sprache. Selbstverständlich gehören beide zusammen. Die pastorale Seite der Moraltheologie habe ich in den letzten Jahren verstärkt in der „Annahme" der steigenden Anzahl der Studierenden (vor allem im Lehramtsstudium) gesehen. Andererseits war es positiv für das Fach Moraltheologie, Interesse von Studierenden zu spüren, von denen die meisten später an Schulen Religion unterrichten und andere im pastoralen Dienst tätig sind. Das Interesse am Fach zeigt sich auch an der verhältnismäßig hohen Zahl von Abschlussarbeiten, die im Bereich Moraltheologie/Sozialethik verfasst wurden. Ohne die entsprechende Gestaltung der Lehrveranstaltungen – auch von meinen Mitarbeiterinnen und Mitarbeitern – wäre dies so nicht möglich gewesen.

Die ökumenische Dimension, die durchgehend in meinen Veröffentlichungen präsent ist und sich in Dissertationen widerspiegelt, wurde bei mir immer wieder durch ökumenische Begegnungen unterstützt. Hier ist vor allem der Ökumenische Arbeitskreis evangelisch-katholischer Theologen zu nennen, der

21 Schlögl-Flierl, Kerstin/Prüller-Jagenteufel, Gunter M. (Hgg.): Aus Liebe zu Gott – im Dienst an den Menschen. Spirituelle, pastorale und ökumenische Dimensionen der Moraltheologie. FS Herbert Schlögel. Münster 2014 (= Studien der Moraltheologie NF 2).

von Kardinal Lehmann auf katholischer Seite geleitet wird. Andere ökumenische Anlässe und Begegnungen kommen hinzu. Im Rahmen der Regensburger Fakultät sind ökumenische Themen besonders durch die Dr. Kurt Hellmich-Stiftung präsent, deren Jury ich fast die ganze Zeit meiner Professur angehörte. Dort werden jährlich ökumenische Qualifikationsarbeiten mit einem Preis ausgezeichnet. Gerade bei ökumenischen Themen habe ich innerhalb der Fakultät eng mit meinem Kollegen Erwin Dirscherl zusammengearbeitet. Uns verbindet eine gemeinsame rheinische Nähe, zumal wir beide bei Wilhelm Breuning unsere Dissertation verfasst haben.

In den letzten Jahren wurde die ökumenische Dimension durch Seminare zur interreligiösen Ethik erweitert und Arbeiten mit interreligiösen Themen verfasst.

Für mich informativ und theologisch anregend verliefen die Diskussionen in der Glaubenskommission und im Herausgebergremium der Zeitschrift COMMUNIO. Von der Anlage der Zeitschrift her werden neben theologischen, philosophische, kulturelle, kirchen- und geistesgeschichtliche Fragestellungen behandelt.

Theologie, so wird manchmal gesagt, ist Biographie und wird geprägt durch Personen. Das gilt für mich uneingeschränkt. Leben an Flüssen hält in Bewegung und zeigt nichts Abgeschlossenes. Zu Anfang habe ich darauf hingewiesen, dass ich Glück gehabt hätte. Glück meine ich hier in zweifacher Bedeutung: Das, was mir geschenkt wurde, das Unverfügbare, theologisch gesprochen die Gnade und das, was ich selbst durch mein Engagement und meinen Einsatz habe einbringen können.

Ein geistlicher Weggefährte auf diesem Weg an den drei moraltheologischen Stationen war für mich der Heilige Albertus Magnus, der in Lauingen (Donau) geboren ist. Er war Dominikaner, Bischof und Kirchenlehrer und hat in drei für mich wichtigen Städten gelebt und gewirkt: Köln, Würzburg, Regensburg – am Rhein, am Main und an der Donau.

Festschrift:

Prüller-Jagenteufel, Gunter M./Schlögl-Flierl, Kerstin (Hgg.): Aus Liebe zu Gott – im Dienst an den Menschen. Spirituelle, pastorale und ökumenische Dimensionen der Moraltheologie. FS für Herbert Schlögel. Münster 2014 (= Studien der Moraltheologie NF 2).

Ingeborg Gabriel

Spannende Zeiten

Prolog

In Robert Musils Mann ohne Eigenschaften findet sich ein Dialog zwischen dem zum Kreis für die Organisation der Parallelaktion zur Rettung des Abendlandes durch Ideen gehörenden General Stumm von Bordwehr und dem Hauptbibliothekar der österreichischen Nationalbibliothek. Der General will, nicht zuletzt um der inspirierenden Diotima zu imponieren, unter den Millionen von Büchern (so der Text) jenes finden, das die wichtigsten Menschheitsideen enthält:

> „Und richtig fragt er sehr gehonigelt und diensteifrig, was der Herr General denn zu wissen wünschen. Nun, das hat mich ein wenig in Verlegenheit gebracht. – ‚Oh, sehr vieles' – sage ich gedehnt. ‚Ich meine, mit welcher Frage oder mit welchem Autor beschäftigen Sie sich?' ‚Kriegsgeschichtliches? ' sagte er. ‚Nein, gewiss nicht; eher Friedensgeschichtliches.' – ‚Historisch oder aktuelle pazifistische Literatur?' ‚Nein,' sage ich, das ließe sich durchaus nicht so einfach sagen. ‚Zum Beispiel eine Zusammenstellung aller großen Menschheitsgedanken', ob es das gibt, frag ich ihn listig…Er schweigt. ‚Oder ein Buch über die Verwirklichung des Wichtigsten?' – sag ich. ‚Also eine theologische Ethik?' meint er. ‚Es kann auch eine theologische Ethik sein' …“[1]

Die feine Ironie der Szene soll nicht über den Ernst der Frage hinwegtäuschen, die dieser wichtige Roman des 20. Jahrhunderts in immer neuen Ansätzen behandelt. Ethik und Theologie, eine sinngebende Reflexion des Menschlichen wie des Heiligen, scheint in der Moderne trotz Millionen von katalogisierten Büchern als ein aussichtsloses Unterfangen. Die „Verwirklichung des Wichtigsten“ findet sich in keinem Buch, ja sie lässt sich überhaupt nicht mehr finden. Dies gilt sowohl für den General als Repräsentanten der alten Ordnung wie auch für Ulrich als Mathematiker und Vertreter einer neuen Weltsicht.

Der Text weist so auf mehrfache Spannungen hin, unter denen ethisches wie theologisches Denken in der Gegenwart steht: der Spannung zwischen der schieren Menge an Wissen und einer ihm Orientierung gebenden Wahrheit, die zudem angesichts der Wissensflut irgendwie kurios und gesellschaftlich marginal erscheint; der Spannung zwischen Autorität und Freiheit, zwischen einer alten, von klaren Hierarchien geprägten Ordnung und einer neuen Gesellschaftsform, die auf individuellen Freiheitsansprüchen gründet und deren Konturen noch schwer erkennbar sind; weiters der Spannung zwischen der

1 Musil, Robert: Der Mann ohne Eigenschaften. Hamburg 1952, 461.

unaufhebbaren, ja durch mehr Freiheit sich weitenden Differenz zwischen der Welt, wie sie ist, und wie sie aufgrund der in ihr angelegten Möglichkeiten eigentlich sein sollte. Eben diese Spannung drückt sich im Roman als jene zwischen dem eigenen Lebensentwurf und dem berechtigten Gefühl des Ungenügens hinsichtlich seiner Verwirklichung aus. Diese und andere Spannungen kennzeichnen die Moderne mehr als jede andere Epoche. Spannungen treiben die Geschichte voran. Menschen und ganze Gesellschaften können von ihnen aber auch aufgerieben werden. So fand jenes Kaiserjubiläum, das die Mitglieder der Parallelaktion zur Rettung des Abendlandes durch Ideen für 1918 geplant hatten, bekanntlich nicht mehr statt. Die Welt hatte sich radikal verändert.

Auch das eigene Leben und Denken ist *nolens volens* einer bestimmten Epoche eingefügt und von ihr geprägt. In spannenden Zeiten zu leben heißt, diese Spannungen zu erkennen, sie durchzutragen und sie nach bestem Wissen und Gewissen zum Positiven hin zu verändern.

Lebens- und Denkweg

Ich wurde 1952 in Wels, Oberösterreich, geboren. Meine Kindheit war wesentlich geprägt durch die Erfahrungen der Vertreibung und Flucht der Familie aus dem naheliegenden Böhmen, wohin sie im 15. Jahrhundert als Bauern aus Westfalen eingewandert war. Meine Großeltern mütterlicherseits gehörten zum wohlhabenden kleinstädtischen Bürgertum; jene väterlicherseits waren Großbauern, wobei der Jüngste üblicherweise Priester wurde. Mein Großvater wich als erster von dieser Familientradition ab und erwarb ein Diplom an der Hochschule für Bodenkultur in Wien. Dort war er vor dem Ausbruch des Ersten Weltkriegs als Assistent tätig, eine Tätigkeit, die damals jedoch nicht ausreichte, eine Familie zu ernähren. Er blieb sein Leben lang ein begeisterter und wohl informierter Naturwissenschaftler. Nach 1945 wurde die Familie in alle Welt zerstreut, ein Teil nach Bayern, ein anderer nach New York und ein weiterer nach Argentinien. Nach dem Krieg studierte mein Vater Chemie, eines jener Studien, die nicht-österreichischen Staatsbürgern offen standen. Meine Mutter musste ihr Studium aufgeben, was sie zeitlebens bereute. Die familiären Erfahrungen trugen dazu bei, dass Bildung und Ausbildung einen sehr hohen Stellenwert besaßen. Ein Satz, den ich und meine beiden jüngeren Schwestern oft hörten, war: Das Einzige, was man Dir nicht nehmen kann, ist Dein Wissen. Als Kind spürte ich zudem die Spannung zwischen den beiden Kulturen, wiewohl diese ja lächerlich nahe beieinander lagen. So wollte mir in der Volksschule der oberösterreichische Dialekt so gar nicht von der Zunge und die „alte" Heimat der Eltern schien dem Kind oftmals realer als die neue, in der es lebte. In meiner Familie war man zwar katholisch getauft, aber faktisch gab es nur mehr Spuren des Christlichen. So lehrte mich meine Großmutter väterlicherseits zu Anfang meiner Schulzeit beten und eröffnete mir damit eine neue Realität. Der Religionsunterricht wurde für mich zu jenem Ort, wo man über diese spannende neue Welt mehr erfahren konnte. Vor allem sind mir die bebilderten Geschichten aus dem Alten Testament in Erinnerung: Moses am Berg Sinai und David gegen Goliath als Modell des Widerstands. Sie hatten etwas Heroisches und Inspirierendes an sich, wohingegen die Bilder aus dem Neuen Testament, wie sie da erschienen, eher blass und süßlich wirkten.

Im Welser Realgymnasium gab es gute Professoren (und eine Professorin) mit fundierten Fachkenntnissen, die Wissensgrundlagen vermitteln und echtes Interesse für ihren Gegenstand wecken konnten. Ich bin ihnen dafür bis heute dankbar. Religionsunterricht hatte ich in den ersten Jahren bei Dr. Eder, der Dozent für Dogmatik in Salzburg war. Sein Nachfolger hingegen war weniger mein Fall. Ich erinnere mich lebhaft an eine Stunde in der 5. Klasse, wo die Sündenlehre im Lehrplan stand. Irgendwann platzte mir der Kragen. Ich sagte: „Herr Professor, Gott ist kein Krämer!“, stand auf und ging hinaus. Geschichte und Deutsch, sowie zwei Jahre Philosophie waren prägend. Fremdsprachen lernte ich gerne und leicht. Ich organisierte mir daher zusätzlich Russischunterricht bei einer Privatlehrerin, Olga Alexandrowna, die nach dem Ersten Weltkrieg nach Wels geflohen war. Mehrere Jahre Klavierunterricht brachten hingegen weniger Erfolg, obwohl ich Musik passiv gern höre. Besser war ich im Sportfechten, wo ich in Turnieren Preise gewann. Ich gab es dann freilich zugunsten einer neuen Leidenschaft, dem Tanzen, auf.

Schwer belastet waren die Jahre durch den zu frühen Tods meiner besten Freundin durch einen Gehirntumor und den Tod meines Vaters, der 1966 bei einem Verkehrsunfall ums Leben kam, gerade als das Familienleben begann, auch finanziell wieder in gesicherteren Bahnen zu verlaufen. Bedrückend war zudem, dass solche Schicksalsschläge keine adäquate Deutung mehr fanden. „Das Leben geht weiter“ ist als humane Zielperspektive zu wenig, auch wenn es tatsächlich mit großer jugendlicher Lebensfreude weiter ging.

Damals kam nicht nur das Fernsehen auf, es boten sich auch neue Möglichkeiten, die mein Interesse an der weiten Welt beflügelten. Mit 16 bewarb ich mich um ein Stipendium des als Friedensdienst gegründeten American Field Service (AFS). Finanziert wurde es vom Chapter jener Stadt durch Flohmärkte für „seine Studentin“. Voll Spannung ging es im Juni 1968 mit dem Schiff in die Neue Welt, nach Long Beach, Kalifornien. Meine Gastfamilie, die Morgans, war ein Glücksfall. Wir sind bis heute in Kontakt. Auch mit anderen Jugendlichen, die in derselben Stadt lebten und aus exotischen Ländern wie Thailand, Singapur, Chile oder Norwegen kamen, entstanden teils lebenslange Freundschaften. Es war mein erstes Experiment mit Interkulturalität sowie mit Interkonfessionalität. Die Familie, in der ich lebte, war protestantisch. Nach einiger Zeit ging ich mit ihnen zum Gottesdienst, was mich aufgrund der stark anti-protestantischen Ausrichtung des vorkonziliaren Katholizismus zuerst einmal in Gewissenskonflikte stürzte. Sozial war sie jedoch republikanisch-konservativ und somit strikt gegen jegliche Sozialleistungen des Staates. Die Schule musste wegen Rassenkrawallen in diesem Jahr zeitweilig gesperrt werden. Ich lernte daraus, dass es in manchen Situationen schier unmöglich ist, sich Polarisierungen zu entziehen und dass der gesellschaftliche Friede zerbrechlich ist. Auch sonst war dies ein erstes intensives Lehrjahr in politischen Fragen, da politische Bildung, wenn auch amerikanistisch getönt, in den USA eine viel größere Rolle spielte als in Österreich. Da waren die Mitarbeit im amerikanischen Wahlkampf (ohne irgendeine Ahnung von amerikanischer Politik) und das Jugendparlament in San Francisco unter Ronald Reagan, dem damaligen kalifornischen Gouverneur. Diese Erfahrungen ermöglichten es mir als Jugendliche, eine Beziehung zum politischen Leben in einer Demokratie aufzubauen. Zudem hatte ich an der High School einen wunderbaren, sozial engagierten Lehrer in politischer Philosophie, Professor Levine, dem ich erste Begegnungen mit Platon und Aristoteles verdanke. Den Abschluss des Schuljahres bildete eine Busreise mit anderen Austauschstudenten quer durch die USA. Die Schlussveranstaltung fand vor dem Weißen Haus in Washington mit 3000 Jugendlichen aus aller Welt im Juli 1969 statt. Es war jener Tag, an dem der erste Mensch den Mond betrat – eine mehrfach faszinierende erste Erfahrung von Globalisierung.

In der 8. Klasse musste ich in allen Fächern den Stoff, den ich durch das Jahr in den USA versäumt hatte, nachholen. Die Frage des Studiums beschäftigte mich intensiv. Mich interessierte Literatur und Theater, Geschichte und Philosophie. Ich folgte dann aber doch dem Drängen meiner Familie, ein Brotstudium, Jus oder Wirtschaftswissenschaften, zu inskribieren. Ich entschied mich für letzteres, obwohl mich die juristischen Fächer, die auch Teil des Wirtschaftsstudiums waren, dann mehr interessierten als die ökonomischen. Nach zwei Jahren an der Hochschule für Welthandel wechselte ich an die Universität Wien. Das Studium der Nationalökonomie war dort weithin mathematisch und statistisch ausgerichtet. Der einzige Professor, dessen Vorlesungen geistesgeschichtliche Hintergründe thematisierten, war Erich Streißler, ein international anerkannter liberaler Ökonom. Vor allem aber verbrachte ich meine Zeit in der Geschichte und Philosophie, da die ursprünglich bevorzugte Germanistik damals in Wien nicht attraktiv schien. Das universitäre Klima zu Beginn der 1970er Jahre war von linken Gruppierungen und Splittergruppen geprägt: Marxisten, Trotzkisten, Leninisten, Trotzkisten-Leninisten u. ä. Ich hatte trotz mehrerer Versuche, Marx zu verstehen, für marxistische Theorien kein Ohr, obwohl ich mich manchmal von Freunden zu Veranstaltungen mitschleppen ließ. Sie schienen mir jedoch sozial abgehoben, intellektuell eher abstrus und politisch potentiell gewaltträchtig. Da waren mir Nietzsche, für den ich mich mit 17 begeistert hatte und Albert Camus mit seiner existentialistischen und atheistischen Ethik lieber. Die 1970er Jahre erscheinen zurückblickend, auch was die Lebensexperimente vieler Mitstudentinnen im Studentenheim betraf, eine chaotische Zeit. Meine vielseitigen Interessen ließen für derartige Experimente zum Glück keinen Raum und meine Halbwaisenpension machte es notwendig, dass ich meine Finanzen durch allerhand Jobs aufbesserte. Mein starkes Interesse an den Geisteswissenschaften hatte nicht zuletzt mit meiner Suche nach Welt- und Wertorientierung zu tun. Doch wie sollte man unter den Millionen Büchern das finden, das in der „Verwirklichung des Wichtigsten“ weiterhalf? Die Studienzeit brachte so auch die Erfahrung eines geistigen Vakuums: Die intellektuellen Traditionen Österreichs waren durch Vernichtung und Emigration der meisten Intellektuellen, vor allem der jüdischen, in der Zwischenkriegszeit abgerissen, was an der Wiener Universität schmerzhaft spürbar war.

Nach dem Abschluss des Studiums mit dem Magister der Sozial- und Wirtschaftswissenschaften bewarb ich mich für ein Post-Graduate Studium an der Diplomatischen Akademie in Wien, das ich 1976 mit dem Diplom beendete. Es war eine intellektuell und menschlich reiche Zeit mit längeren Auslandsaufenthalten in Moskau und Madrid. Nach dem Diplom bewarb ich mich um eine Stelle beim United Nations Development Programme (UNDP). Es folgten eineinhalb Jahre erste Berufserfahrungen in New York, einer Stadt mit vielen sozialen Gegensätzen, einem reichen kulturellen Leben und neuen Freundschaften. Die Wohnung teilte ich mit einer Bolivianerin, deren Vater als Präsident Boliviens von den Tupamaros erschossen worden war, und verkehrte so in der Gruppe der meist marxistischen Latinos. Da ich in einer Entwicklungshilfeorganisation arbeitete, wollte ich die Situation „im Feld“ möglichst bald kennenlernen und bewarb mich um einen Außenposten in Nepal. Zwischen 1977/78 war ich in der Hauptstadt Katmandu stationiert. Das materielle Elend sowie die ethnischen und religiösen Zerklüftungen des Landes mit seinen damals 8 Millionen Einwohnern (heute 24 Millionen) waren schwer zu ertragen. Zudem schien mir meine eigene Arbeit wenig effizient. Es war für eine Ausländerin schlicht unmöglich, sinnvolle Basisarbeit zu leisten. Um auf Dorfversammlungen etwas zu erreichen, musste man eine andere Schulung haben. Nepal war damals ein hinduistischer Staat (wiewohl das Christentum verboten war, wurde die Elite im Jesuitenkolleg ausgebildet). Hinduismus und Buddhismus übten auf mich keine exotische Faszination aus, wie dies bei vielen meiner Kollegen der Fall war. Ich beobachtete jedoch, dass sie Menschen, gerade auch den Armen, Würde gaben. So erinnere ich mich an das Bild von Frauen, die in der Frühe vor einem der kleinen Tempel in Katmandu opferten, an den Zug von Trauernden zu einer der Feuerbegräbnisstätten außerhalb der Stadt, sowie an die buddhistischen Tibeter, die mit ihren Gebetsmühlen die Stupas in der Nähe von Katmandu umkreisten. 1978 bekam ich aufgrund meiner Russischkenntnisse das Angebot einer festen Stelle in Ulan Bator in der Volksrepublik Mongolei. Die Entscheidung fiel mir nicht leicht, da ich mich gerade etwas in Nepal eingelebt hatte. Doch mein Vorgänger in Ulan Bator wollte nach sieben Jahren weg und machte mir den Posten so schmackhaft wie möglich. Die Lebens- und Wetterbedingungen in Ulan Bator waren hart. Nicht umsonst war die Stadt ein beliebter Exilsort für in Ungnade gefallene kommunistische Politiker, Spione u.ä. Doch es war nicht das extrem einfache materielle Leben in der kleinen *expatriate community*, das belastend war. Dies waren viel mehr die politischen Bedingungen unter dem Kommunismus. Menschen verschwanden, wie eine polnische Sekretärin, die von New York loszog und nie in Ulan Bator ankam oder ein Student, der in meinem Büro trotz meines wilden Gestikulierens das Regime kritisiert hatte. Das Büro wie die Wohnung waren „verwanzt", was soziale Kontakte sehr erschwerte. Ich erinnere mich jedoch auch an eine nette jüdische Familie, bei der ich zu Literaturlesungen und Festen eingeladen war. Ihre Mitglieder besuchten mich dann noch in Wien, als sie 1990 in die USA emigrierten.

In Ulan Bator war unter dem kommunistischen Regime eine einzige religiöse Stätte, ein buddhistisches Kloster, offiziell erhalten geblieben. Alle anderen religiösen Orte waren zerstört, wiewohl manchmal Blumen und Buddha Bilder an ihrer Stelle zu finden waren. Vor meinem Fenster hing ein russisches Plakat mit dem pseudo-religiösen Spruch: Die unsterblichen Gedanken Lenins werden ewig leben. So herrschte an diesem Ort „in der Mitte von Nirgendwo" ein fühlbarer und bedrückender Mangel an Transzendenz.

Zugleich hatte ich jedoch viel Zeit zum Lesen, und das Leben in der Mongolei stellte unausweichlich vor existentielle Fragen: Wie kann man unter unmoralischen Bedingungen moralisch sein? Geht das ohne Gott, ohne Transzendenz? Ich hatte mich mit allen möglichen Büchern eingedeckt, darunter einer Bibel und einigen mystischen Texten, über die ich eine intensive Korrespondenz mit jüdischen Freunden in New York führte, sowie auch über das Judentum selbst, das Geheimnis Gottes, die Gerechtigkeit sowie die Hoffnung, dass Elend und Verfolgung nicht das letzte Wort haben werden.

Nach der Zeit in der Mongolei als Vizeleiterin des UNO-Büros, die mich mit 28 Jahren fachlich mehr als forderte, bekam ich ein Jahr unbezahlter Karenz, um meine Studien in Wien fortzusetzen und mein Doktorat in Wirtschaftswissenschaften fertig zu schreiben. Das tat ich dann allerdings nicht mehr, sondern ging nach einiger Überlegung das Wagnis ein, Theologie zu studieren. Wenn ich mich heute frage, was mich dazu motiviert hat, meine erste Berufslaufbahn, die trotz aller Schwierigkeiten recht verheißungsvoll begonnen hatte, an den Nagel zu hängen, fällt die Antwort nicht leicht. Zuerst wollte ich verstehen, worauf ich mich mit dem christlichen Glauben eingelassen hatte: *Fides quaerens intellectum*. Es war aber wohl auch meine alte Liebe zu den Geisteswissenschaften sowie die neue Einsicht, dass Theologie zentral war, nicht nur für meine persönliche, sondern auch für eine gesamtgesellschaftliche Selbstvergewisserung. Religiös analphabetische Gesellschaften ohne Bezug zur Transzendenz sind anfälliger für pseudo-religiöse Ideologien. Die Ethik schien mir für teilsäkularisierte Gesellschaften der beste Anknüpfungspunkt, um Brücken in die Gesellschaft hinein zu bauen.

Meine Erwartungen wurden durch das Theologiestudium an der Universität Wien teilweise erfüllt. Es eröffnete mir neue Perspektiven und geistige Horizonte. Zugleich hatten viele der Antworten wenig mit den Fragen zu tun, die sich mir aufgrund meiner säkularen Erziehung, meiner sozialwissenschaftlichen Studien sowie meiner Realitätserfahrungen stellten. Ich hielt mich daher zuerst einmal an die Bibel als *norma normans* der Theologie, zudem hier das

Niveau wissenschaftlich hoch war. Beim Studium der Philosophie hingegen zeigte sich, dass ich durch das Studium der Wirtschaftswissenschaften positivistisch geprägt bzw. „verdorben" war. Die Metaphysik, die der allseits geschätzte P. Augustinus Wucherer-Huldenfeld unterrichtete, war mir schlicht nicht zugänglich. Als er bei der Prüfung auf den Gummibaum in seinem Zimmer zeigte, damit ich daran die ontologische Differenz entfalte, wollte ich redlicherweise nicht so tun, als ob ich glaubte, dass man von diesem speziellen Seienden zu einem wie immer gearteten Sein gedanklich vorstoßen könne. Das hat mir das *summa cum laude* „vermasselt". Sonst war der Unterricht an der Wiener Fakultät teils noch recht traditionell und nicht wenige, fachlich durchaus kompetente Professoren nahmen das Wort Vorlesung allzu wörtlich und dozierten vor 4-5 Studierenden. Im Übrigen arbeiteten sie an ihren Lexika und Monographien und waren in der Seelsorge engagiert.

Beruflich hatte ich rückblickend Glück: Rudolf Weiler vom Lehrstuhl für Ethik und Sozialwissenschaften bot mir (nachdem ich ein Jahr mein Studium als freie Mitarbeiterin beim österreichischen Fernsehen finanziert hatte) eine Assistentenstelle als Nachfolgerin von Arno Anzenbacher an, der eine Professur in Mainz antrat. So konnte ich im Februar 1982 mit der Arbeit am Institut beginnen, die mir aufgrund meiner Russischkenntnisse und Weilers besonderem Interesse für internationale Ethik zuteil geworden war. Das brachte in den nächsten Jahren eine mehrfache Belastung durch Studium, wissenschaftliche Zuarbeit und Einarbeitung in das Fach Sozialethik mit sich.

Was meine Diplomarbeit betraf, so entschied ich mich nach längerer Überlegung für das Alte Testament. Da an eine wissenschaftliche Laufbahn in der Theologie damals nicht zu denken war, schien mir ein biblisches Fach für eine Weiterarbeit in der Erwachsenenbildung, die mir damals als Berufsweg vorschwebte, am besten geeignet. Zudem gab es hier mit P. Georg Braulik OSB (damals Extra-Ordinarius) einen engagierten Lehrer und hervorragenden Wissenschaftler. Ich schloss dann noch eine friedensethisch ausgerichtete Dissertation an, die 1990 unter dem Titel „Friede in Israel" veröffentlicht wurde. Von Zeit zu Zeit in Kontakt mit alttestamentlichen Kollegen freue ich mich, wenn sie in der Forschung noch zitiert wird. Die Beschäftigung mit der Bibel Jesu war rückblickend für mich existentiell wichtig. Sie war eine Form des *ressourcement*, eine Befassung mit den theologischen Quellen und Fundamenten, die mir später half, den anderen Pol des *aggiornamento*, also die Gegenwartsfragen, sozialethisch zu reflektieren. Ich habe die Dissertation in Bibelwissenschaften daher nie bereut, wiewohl ich selbst Studierenden rate, möglichst bald herauszufinden, an welchem Zweig des riesigen Baums der Theologie sie ansetzen wollen; und ich bin Rudolf Weiler dankbar, dass er dieses Arrangement akzeptierte.

Die kirchliche Sozialrealität dieser Jahre war besonders in Wien nicht einfach und stellte für mich, die ich aus ganz anderen Erfahrungswelten kam, eine beachtliche Herausforderung dar. Da war zum einen die stark hierarchische Prägung des binnenkirchlichen Lebens, die es mit sich brachte, dass Laien und mehr noch Frauen im kirchlichen Gefüge eigentlich keinen Ort hatten. Das schien und scheint mir der christlichen Botschaft nicht zu entsprechen und zudem eine nicht verantwortbare Verschwendung von menschlichem und christlichem Potential zu sein. Zudem wurde der tatsächliche Grad an gesellschaftlicher Säkularisierung in der katholischen Kirche Österreichs damals schlechterdings nicht erkannt. Dass sich die katholische Glaubenspräsenz auf ganz gewisse und zudem schrumpfende Segmente der österreichischen Gesellschaft beschränkte, war schon damals klar erkennbar. Aufgrund der hohen Zahl an Getauften ging man jedoch weiterhin davon aus, dass – so ein bekannter Jesuit im Gespräch in den 1980er Jahren – ganz Österreich katholisch sei. Diese Illusion einer christentümlichen Gesellschaft verzögerte unter anderem die ernsthafte Beschäftigung mit der Frage nach Ort und Aufgabe des katholischen Christentums in einer pluralen Gesellschaft und damit auch jene nach dem theologischen Programm, das dieser Aufgabe entsprechen sollte. Die kirchliche Lage in Österreich spitzte sich weiter zu. In Wien war 1986 Hans-Hermann Groer zum Nachfolger Kardinal Königs ernannt worden. Ihm wurde 1987 Kurt Krenn als Weihbischof für Wissenschaft beigegeben. Der neue Kirchenkurs zielte darauf, Säkularisierungsprozesse aufzuhalten. Er entsprach zudem dem Wunsch politisch konservativer Kräfte, die sich mit dem auf Ausgleich zwischen den ideologischen Lagern bedachten Kurs Kardinal Königs nie hatten anfreunden können. Welche illusionären Erwartungen sich mit diesem Neo-Konservatismus verbanden, zeigt folgende Geschichte: Eines Tages kam mir ein Professor entgegen, hoch erfreut weil in der Seminarkirche wieder die alten Bänke (statt moderner Sessel) standen. Nun werden auch wieder mehr Seminaristen kommen, meinte er zufrieden. Der ehemalige Dogmatiker der Fakultät, Matthias Eichinger, bemerkte dazu scharfsichtig: der Katholizismus habe die Position der Kirche für eine längere Zeit stabilisiert. Dies war allerdings auf Kosten der Zukunft geschehen. Der kirchenoffiziell eingelegte Rückwärtsgang wirkte sich bremsend auf die mühsamen Versuche aus, in einer Zeit raschen Wandels an intellektuellem Terrain zu gewinnen. Er schadete der Kirche wie einer Gesellschaft, wo Kirche und Theologie durchaus eine Platzhalterfunktion für die sich verflüchtigende, von vielen jedoch als wichtig erachtete Transzendenz und Ethik weiterhin zuerkannt wird. So zeigt sich in der alltäglichen Arbeit und in vielen Gesprächen eine beachtliche Nachfrage nach einer fundierten Ethik und Sozialethik im öffentlichen Diskurs. Gäbe es mehrere Lehrstühle, einen für Grundlagen der Sozialethik, einen für Wirtschaftsethik, einen für ökologische Ethik und einen weiteren für politische Ethik und Menschenrechte, sie wären problemlos ausgelastet.

An der Wiener Fakultät gab es durchaus positive Änderungen: Die Zahl der Assistenten wuchs und dies brachte neue Beziehungen mit sich. Da es mir ein Anliegen war, das Ganze der Theologie im Blick zu behalten, organisierte ich über Jahre hinweg einen fakultären Jour fixe, in dem die neuesten Erkenntnisse in den einzelnen theologischen Fächern diskutiert wurden.

Angesichts der allgemeinen innerkirchlichen Polarisierungen verhärteten sich jedoch die Fronten im Fach Sozialethik, wo die Ablösung vom vorkonziliaren Naturrechtsdenken nicht zuletzt aus politischen Gründen langwieriger war als in der Moraltheologie und zu beachtlichen Spannungen zwischen den Fachvertretern führte. Beruflich ging ich daher in einer Art Nebel, was meine Zukunft betraf. Was mir hier half, waren die wissenschaftliche Unterstützung und persönliche Wertschätzung einiger Professoren, die meinen Lebensweg mit großem Feingefühl begleiteten.

Wichtig für mich waren in dieser Zeit der kirchlichen Inkulturation bereichernde Begegnungen und Gespräche, die Bibel und die Sakramente sowie der intellektuelle Reichtum theologischen Denkens. Geistig fühlte ich mich vor allem im Karmel beheimatet, wo ich immer wieder zur Ausrichtung des inneren Kompasses Zeit verbrachte. Enge Kontakte ergaben sich auch mit den Jesuiten und den Kleinen Schwestern von Charles de Foucauld, deren soziales Engagement ich schätze. Häufig war ich auf Reisen bei den Kleinen Schwestern zu Gast, wo ich unkompliziert und gastfreundlich viel über die soziale Lage des Landes lernen konnte. Eine Zeit lang überlegte ich, selbst in einen Orden einzutreten und setzte auch entsprechende Schritte, fand jedoch die Spannung zwischen den vielfach beengenden Traditionen und meinen eigenen Erwartungen, was Freiheitsräume und Wirkmöglichkeiten betraf, letztlich zu groß. Ich erinnere mich an einen Studientag in Freising, den ich viele Jahre später für die weiblichen Ordensoberen Deutschlands halten durfte, wo wir lange darüber diskutierten, ob die Position von Ordensfrauen oder Nicht-Ordensfrauen in der Kirche schlechter sei. Dass derartige Fragen keineswegs harmlos waren, zeigt sich daran, dass höchst begabte Frauen an den innerkirchlichen Spannungen dieser Jahre psychisch und physisch zerbrachen, wie die von mir sehr geschätzte Anne Jensen, die im selben Jahr wie ich als erste Professorin in Graz (1997) ernannt wurde und die mir kurz vor ihrem Tod (2008) ihre Geschichte erzählte. Ich habe damals einen Artikel „Requiem für eine Schwester" begonnen, ihn aber leider nicht vollendet.

Gesellschaftlich, politisch und sozial waren die 1980er Jahre eine Zeit gewaltiger Veränderungen. Der nationale soziale Konsens, der in den 1970er Jahren noch vorhanden war, wich Schritt für Schritt einer zunehmenden Individualisierung und der Suche nach personaler Identität und Authentizität. Dieser gesamtgesellschaftliche Trend, der sich mit der Bereitschaft zum Abbau des Sozialstaats verband, wurde durch das Weltereignis von 1989, die Implosion des Kommunismus und den Fall des „Eisernen Vorhangs", noch verstärkt. Beides brachte zwar für Europa einen politischen Aufschwung, der mit den Verträgen von Maastricht begann und mit der großen EU-Erweiterung 2004 (2007) einen ersten Abschluss fand. Zeitgleich führte jedoch ein triumphalistischer und durch die damals einsetzende Globalisierung zunehmend ungehemmter Kapitalismus, vor allem Finanzkapitalismus, zu neuen sozialen Verwerfungen, global, europäisch wie national. Er war und ist eine der Ursachen für gegenläufige und zunehmend friedensgefährdende nationalistische, islamistische oder anders religiös begründete Identitätspolitiken, sowie für die Ausbeutung der ökologischen Ressourcen weltweit. All dies forderte und fordert die Sozialethik heraus.

Da mein Vertrag nach der Dissertation verlängert wurde, stellte sich die Frage nach der Habilitation, die nun in Sozialethik angesiedelt sein sollte. Ich überlegte, wo ich andocken könnte. Da ich aufgrund meiner Stelle an Wien gebunden war, erwies sich dies insofern als nicht einfach, als hier alle Neuerungen im Fach aufs Schärfste missbilligt wurden. Am meisten hat mich der sozialethische Zugang von Wilhelm Korff geprägt, der dem erfahrungsbezogenen naturrechtlichen Ansatz von Johannes Messner keineswegs entgegen gesetzt war, jedoch eine verengte Repetition des Naturrechtsdenkens vermied.

Zudem war in Österreich ungeklärt: Können Frauen und Laien überhaupt habilitieren? Und wenn ja, in welchen Fächern? Ich beschloss trotz aller Unwägbarkeiten, es dann doch zu wagen. Das erste Thema, mit dem ich mich intensiv beschäftigte, war die Ethik von Simone Weil, die mich aufgrund ihres Lebenswegs, ihrer sozialen Kompromisslosigkeit und ihrer spirituellen Suche faszinierte. Nach einiger Zeit musste ich jedoch erkennen, dass ihr Platonismus für eine sozialethische Grundlegung nicht wirklich hilfreich war und eher auf eine Nebenschiene führte. Da mir die zentrale Frage des Faches das Verhältnis von Empirie und Ethik schien, begann ich mich mit der Sozialtheorie, Religionssoziologie und Modernedeutung Max Webers auseinander zu setzen. In der Habilitationsschrift wollte ich ausgehend von Webers genetisch-historischem und soziologischem Ansatz anhand seiner „Wirtschaftsethik der Weltreligionen" die Frage nach dem Verhältnis von Christentum und Moderne sowie den Konsequenzen für eine christliche Sozialethik stellen. Die Ausarbeitung blieb leider angesichts der Vielzahl von Arbeiten am Institut auf halbem Wege stecken. Die schon vor der Wende intensiven Mittel- und Osteuropa-Kontakte wurden in der Zeit nach 1989 weiter verstärkt. Es galt, Konferenzen und Exkursionen zu organisieren. Als Assistentin war ich zudem in alle Seminare und Publikationen des Lehrstuhlinhabers aktiv eingebunden. Außerdem hatte ich das Angebot des Grazer Sozialethikers Valentin Zsifkovits angenommen, einen Band über „Gewalt in Europa" für die von ihm herausgegebene Reihe „Sozialethische Perspektiven" zu schreiben. Ab 1995 war ich als Assistenzprofessorin überdies mit der Leitung der neu geschaffenen Abteilung für Internationale Ethik am Institut betraut.

Im Jahr wurde die Berufungskommission für die Nachfolge Weiler eingesetzt. Angesichts der gerade einmal halbfertigen Habilitation schien es mir nicht angebracht, mich zu bewerben. Als die Bewerbungen eingegangen waren – es gab nur zwei Habilitierte – meinte P. Schasching SJ in einem Telefongespräch über die Nachbesetzung: Eine Bewerbung fehlt mir. Ich fragte naiv: Welche? – Ihre. Ich erklärte ihm, warum ich davon Abstand genommen hatte. Seine gut ignatianische Antwort ist mir noch im Ohr: Man bietet sich an; die Entscheidung liegt sowieso nicht bei Ihnen. Ich wurde dann durch das besondere Instrument der Nachfrage unter die Kandidaten aufgenommen, verließ die Kommission als Mitglied, um sie beim Bewerbungsvortrag einige Monate später wieder zu betreten. Wie ungewöhnlich dieser Vorgang war, der in der Kommission einstimmige Zustimmung fand, war mir damals nicht bewusst. Meine Bewerbung nahm so ihren Lauf mit allen Unwägbarkeiten, die derartigen Verfahren anhaften, wie seit Max Webers „Wissenschaft als Beruf" bekannt ist. Der wohl geeignetste Kandidat wäre – dies zu vermerken, erscheint mir wichtig – der von mir hoch geschätzte Arno Anzenbacher gewesen, der sich allerdings nicht beworben hatte. Er hatte die Kölner Erklärung unterzeichnet. Ich erhielt dann als Zweitgereihte den Ruf für die Professur. Nur ein einziger Laie hatte damals eine Professur (für Religionswissenschaft) an der Fakultät inne. Für das Ministerium war das die billigste Lösung. Kardinal Schönborn, seit 1994 Erzbischof von Wien, war, wie sich auch später zeigte, bereit, Frauen für kirchliche Leitungsämter bzw. Professuren zu ernennen, wenn sich die Gelegenheit dazu bot. Zwei Jahre früher hätte ein derartiges Ansinnen keinerlei Chancen gehabt. Doch nun brachte der Kardinal ziemlich rasch Anfang 1996 für mich und einen weiteren Kollegen das Placet direkt aus Rom mit. Es war das erste Mal in der langen Geschichte der Wiener Katholisch-Theologischen Fakultät (gegründet 1384), dass eine Frau zur Professorin in römisch-katholischer Theologie ernannt wurde. Dies war nicht nur für mich persönlich wichtig. Es erscheint mir zudem bis heute ein Zeichen der Hoffnung, dass Mauern, die für alle Zeiten zementiert scheinen, auch in der Kirche plötzlich und unerwartet fallen können. Im Wintersemester 1996/97 begann ich – aus Spargründen zuerst für ein Jahr als Lehrstuhlvertreterin –, meine neue Funktion auszuüben. Die Übernahme des Lehrstuhls an einer großen theologischen Fakultät und die Ausarbeitung des Vorlesungszyklus stellten eine beachtliche Herausforderung dar. Es waren damals zwei verpflichtende Vorlesungen in philosophischer Ethik zu halten, die ich als Fundamentalethik und Sozialethik anlegte. Ich wählte dabei einen historischen Zugang in systematischer Absicht, um den Studierenden die Fähigkeit zum kreativen Umgang mit ethischen Modellen zu vermitteln, den ich in einer Freiheitskultur für wesentlich halte. Des Weiteren waren zwei dreistündige Vorlesungen aus Christlicher Gesellschaftslehre vorgesehen, die ich als politische und wirtschaftliche Ethik hielt, in die die katholische Soziallehre integriert war. Das Vorlesungsdeputat änderte sich in den folgenden Jahren mehrfach und liegt nun wieder bei acht Stunden, wobei allerdings für nur wenige Studierende alle sozialethischen Vorlesungen verpflichtend sind. Die Lehrstuhlbezeichnung änderte ich von „Ethik und Sozialwissenschaften" in „Sozialethik", da mir diese Fachbezeichnung prägnanter und der Sache angemessener erschien.

Welche Ängste vor der Theologie in dieser Zeit das kirchliche Klima prägten, wurde mir bei einer Konferenz im Jahre 1997 im Vatikan für die *docenti della dottrina sociale della chiesa* deutlich, an der ich als frisch gebackene Professorin teilnehmen konnte. In seiner Schlussrede verglich ein Kardinal die versammelten Theologen (und zwei Theologinnen) mit einem Stier, mit dem das Lehramt in eine Art Stierkampf verstrickt sei, was er durch entsprechende

Gesten unterstrich. Der Vergleich wirkte angesichts der offenkundigen Diskrepanz zwischen der Realität, die ein Blick in die Runde der sehr seriösen Kollegen bestätigte, und der Wahrnehmung eher erheiternd. Die Folgen dieser römischen Sicht für die Theologie waren freilich misslich.

Mit dem Lehrstuhl waren neben Forschung und Lehre vielfältige kirchliche und gesellschaftliche Aufgaben verbunden. Mein Ziel war es, dem kirchlichen und nicht-kirchlichen Öffentlichkeitsauftrag gerecht zu werden, der mit einer staatlich finanzierten Universitätsprofessur im Fach Sozialethik verbunden ist. Das schien mir umso wichtiger, als über Jahre hinweg kirchlich-konservative wie auch politisch-liberale Kräfte, wenn auch offenkundig aus konträren Motiven, die Schließung der theologischen Fakultäten betrieben. Zu diesem Öffentlichkeitsauftrag gehört die Mitwirkung in universitären Gremien, so über viele Jahre im Senat, aber auch in verschiedenen Kommissionen, Jurys und Kuratorien, wie jenem des Afro-Asiatischen Instituts, der Katholischen Sozialakademie u. ä. mehr. Wichtig war mir zudem eine gewisse publizistische Präsenz in Presse, Radio und Fernsehen, die sich inzwischen ausgeweitet hat.

Um die Jahrtausendwende fanden in Österreich zudem innerhalb weniger Jahre zwei große Universitätsreformen statt, die viel Vorbereitungsarbeit verlangten. Kleine Fakultäten wie die katholisch-theologische Fakultät hatten dafür eigentlich zu wenig Personal. Dazu kamen die mit dem Bolognaprozess verbundenen tiefgreifenden Reformen der Studienpläne sowie mehrfache Reformen des Dienstrechts, die je neue Ausgangsbedingungen für Assistenten und Assistentinnen schufen. Dabei schwang das Pendel häufig von einem Extrem ins andere. So gibt es nun nicht verlängerbare Vierjahresverträge, wodurch gute Nachwuchswissenschaftler nach einer Phase der Einarbeitung das Institut wieder verlassen müssen. Wie groß diese Umwälzungen waren, zeigt ein Wort des damaligen Rektors Georg Winkler vor dem Senat zum Universitätsgesetz 2002: „Gegründet von Rudolf dem Stifter, aufgelöst unter Elisabeth Gehrer“ (der damaligen Unterrichtsministerin). So schlimm kam es nicht. Die Autonomie und der breite Einsatz von Planungsinstrumenten zur Optimierung wissenschaftlicher Leistung brachten einen teils sinnvollen Zwang zur längerfristigen Planung mit sich, schossen aber aufgrund des damit verbundenen soziotechnischen Glaubens, Wissenschaft sei administrativ planbar, beachtlich über das Ziel hinaus, sodass der Zeitaufwand zu Lasten von Forschung und Lehre dem Nutzen oft nicht mehr entsprach. Diese kritische Anmerkung soll jedoch nicht vergessen lassen, dass theologische Fakultäten an staatlichen Universitäten weiterhin sehr gute Möglichkeiten für die eigene Forschung, für wissenschaftliche Kooperationen und Nachwuchsförderung bieten. Wien war schon vor der Wende von 1989 ein Angelpunkt der mitteleuropäischen Sozialethik. Diese Rolle verstärkte sich nachher. Da war und ist zum einen die Vereinigung für katholische Sozialethik in Mitteleuropa, die, von Weiler gegründet, ab 1991 von Helmut Renöckl ausgebaut wurde, deren Leitung ich 2010 übernahm. Zum anderen suchte ich die ökumenischen Kontakte in der Region zu stärken, was auch eine Frucht der Erarbeitung und Veröffentlichung des Sozialworts des Ökumenischen Rats der Kirchen (2003) war. Im Zuge dieses mehrjährigen Sozialwortprozesses, der zeitlich eng mit den beiden EU-Erweiterungen verbunden war, begann am Institut das Forschungsprojekt „Sozialethik aus ökumenischer Perspektive", in dem christliche Zugänge zum Diakonischen und Sozialen aus katholischer, orthodoxer und protestantischer Sicht miteinander ins Gespräch gebracht wurden.[2] Auf der Basis eines Grundlagenbandes veranstalteten wir gemeinsam mit den Assistenten und Assistentinnen in der Folge jedes zweite Jahr eine Konferenz zu einem zentralen sozialethischen Thema, so zu Gerechtigkeit und Solidarität (2005), Menschenrechten, Demokratie, Nation (2007), Aufarbeitung totalitärer Vergangenheit (2009), zu praktischen Fragen der Solidarität (2011) und zuletzt zur Ökologiethematik (2013).[3]

Zudem besteht seit 2012 ein CEEPUS Austausch-Programm (Central European Exchange Programme for University Studies) „Ethics and Politics in the European Context", an dem gegenwärtig 15 Partneruniversitäten aus Mitteleuropa aktiv beteiligt sind. Inspirierend waren die interdisziplinären Sommerakademien für Dissertanten und Dissertantinnen 2012 in Zagreb (Sozialethik in Mitteleuropa), 2013 in Bukarest und Sibiu/Hermannstadt (Demokratie) sowie 2014 in Košice (Zivilgesellschaft). Die nächste CEEPUS Summer School ist für Herbst 2015 zum Thema Nationalismus / Populismus in Europa gemeinsam mit dem Institut für Politikwissenschaft in Wroclaw (Polen) geplant. Eine treibende Kraft war Marijana Kompes, die als Assistentin am Institut, nun Junior Professorin an der Katholischen Universität Zagreb, dafür verantwortlich war.

Die interdisziplinäre Methode erwies sich nicht nur aus ökumenischer respektive interreligiöser Perspektive als fruchtbar. Sie ermöglichte es zudem, unterschiedliche Herangehensweisen zu sozialethischen Kernthemen kennen zu lernen und zu entwickeln. Erfahrungen dafür brachte ich aus dem interreligiösen Dialog mit, in dem ich seit den 1980er Jahren zuerst praktisch, später auch wissenschaftlich-sozialethisch engagiert war. Seit Mitte der 1990er Jahre stand der christlich-muslimische Dialog, für den Wien unter Professor P. Andreas Bsteh SVD über längere Zeit ein internationales Zentrum war, im Vordergrund. Die Dialoge liefen auf zwei Schienen, einer allgemein christlich-muslimischen und einer christlich-schiitischen mit je zwei interdisziplinären Konferenzen in Wien und Teheran. Die Themen waren sozialethisch ausge-

---

2 Vgl. Gabriel, Ingeborg/Papaderos, Alexandros K./Körtner, Ulrich H. J. (Hgg.): Perspektiven ökumenischer Sozialethik. Der Auftrag der Kirchen im größeren Europa. Mainz [2]2006 (englische Übersetzung: 2012).

3 Gabriel, Ingeborg/Gassner, Franz (Hgg.): Solidarität und Gerechtigkeit. Ostfildern 2007; dies. (Hg.): Politik und Theologie in Europa. Ökumenische Perspektiven. Ostfildern 2008; dies./Bystricky, Cornelia (Hgg.): Kommunismus im Rückblick. Ökumenische Perspektiven aus Ost und West (1989-2009). Ostfildern 2010; dies./Renöckl, Helmut (Hgg.): Solidarität in der Krise. Auf der Suche nach neuen Wegen. Würzburg 2012; dies./Steinmair-Pösel, Petra (Hgg.): Gerechtigkeit in einer endlichen Welt. Ökologie – Wirtschaft – Ethik. Ostfildern 2013.

richtet. Behandelt wurden Fragen politischer wie wirtschaftlicher Gerechtigkeit (Menschenrechte, Armut), von Gewalt und den Bedingungen von Toleranz, des Umgangs mit historischen Konflikten, sowie von Erziehung und Gleichheit. Ein weiteres Thema bildete die Hermeneutik der Heiligen Schriften. Diesen Gesprächen in einer Zeit, in der interreligiöse Dialoge noch selten waren, verdanke ich vielseitige interkulturelle Erfahrungen im Umgang mit unterschiedlichen ethischen Zugängen.[4] Auch hier eine Anekdote: Das erste Dialoggespräch mit schiitischen Gelehrten fand 1996 in Teheran statt. Ich hielt eines der Einführungsreferate zum Thema Gerechtigkeit. Nach längeren Überlegungen hatte ich ausgehend von der Annahme, dass der iranische Redner beim Koran ansetzen würde, entschieden, dass ich einen biblischen verbunden mit einem menschenrechtlichen Zugang wählen würde. Professor Khamenei basierte seine Ausführungen jedoch auf aristotelische Grundlagen und suchte so eine Brücke zwischen der islamischen und christlichen Aristotelesinterpretation herzustellen. Seit 2006 findet auf meine Initiative hin im Anschluss an dieses Dialogprogramm jedes zweite Jahr eine vom österreichischen Wissenschaftsministerium finanzierte Sommer- Universität (VICISU) im österreichischen Benediktinerstift Altenburg mit 40-50 Studierenden aus aller Welt, vor allem mit christlichem und muslimischem Hintergrund statt. In drei Wochen werden hier Einführungen in die beiden Religionen, wechselnde ethische Themenblöcke, vor allem über Menschenrechte und internationales Recht, von österreichischen und ausländischen Professoren gelesen und in der Campus Atmosphäre des Stifts intensiv diskutiert.[5]

Dies soll die Studierenden zum einen dazu befähigen, sich mit den theologischen Ethiken und der Sozialethik anderer Religionen auseinander zu setzen. Hier ist christliche Sozialethik nicht zuletzt aufgrund ihrer historischen Erfahrungen mit dem säkularen Staat gefordert. Zum anderen geben derartige Debatten vielfältige Impulse für die eigene Reflexion in der gegenwärtigen Weltsituation. Interreligiöse und interkulturelle Pluralität kann ein Reichtum sein, wenn er für die eigenen theologischen und ethischen Traditionen erschlossen wird. Dies setzt freilich voraus, dass sich die christliche Theologie und Ethik ausgehend von einem eigenen Profil diesen Fragen stellt. Anderenfalls kommt es zu abgrenzenden Profilbildungen, einem Trend, mit dem auch die Ökumene in den vergangenen Jahren zu kämpfen hatte.[6]

Meine soziologischen Kenntnisse sowie ökumenische und interreligiöse Kontakte konnte ich durch die Mitarbeit am Wissenschaftsprojekt von Peter L. Berger, Between Relativism and Fundamentalism vertiefen, das zwischen

---

4 Zur Methodik und den Publikationen in mehreren Sprachen, die aus diesen Dialogen hervorgegangen sind, vgl. Gabriel, Ingeborg/Like Rosewater: Reflections on Interreligious Dialogue, Journal of Ecumenical Studies, 45 (2010), 1-23.

5 Für nähere Informationen vgl. www.vicisu.com.

6 Gabriel, Ingeborg: Die Bedeutung der Sozialethik für die Ökumene. Ein Plädoyer. In: Una Sancta. Zeitschrift für ökumenische Begegnung 66 (2011), 171-179.

2006 und 2010 an der Boston University lief,[7] wo ich auch mein Sabbatsemester 2008 als Visiting Scholar verbrachte. Weiters waren diese Jahre durch die enge Zusammenarbeit mit den Kollegen von den Rechtswissenschaften und den Politikwissenschaften im interreligiösen und ökumenischen Dialog geprägt.[8]

Im Jahre 2008 übertrug mir die Bischofskonferenz die wissenschaftliche Leitung der österreichischen Kommission Iustitia et Pax. Da dies jene Organisation der katholischen Kirche ist, die mit der zivilgesellschaftlichen Arbeit im Hinblick auf sozialethische Strukturfragen im Gefolge des Zweiten Vatikanischen Konzils betraut wurde, konnte und wollte ich diese zusätzliche Aufgabe nicht ablehnen, auch wenn es einer personell entsprechend ausgestatteten Institution bedürfte, die die kirchliche Hierarchie in sozialen und politischen Fragen berät und als gesellschaftlichen Akteur auftreten kann. Hier wäre zudem eine noch stärkere europäische Vernetzung von Nöten.[9]

Abschließend einige knappe Überlegungen zu meinem wissenschaftlichen Zugang zum Fach, der durch das sozialwissenschaftliche Studium, die Erfahrungen mit sozialen Realitäten und Ideologien sowie das Theologiestudium, die Arbeit am Wiener Lehrstuhl und vielfältige Kontakte mit Kollegen und Kolleginnen geprägt ist.

Meinen Ausgangspunkt bildet, nicht zuletzt in Auseinandersetzung mit dem klassischen Naturrechtsdenken, die Pastoralkonstitution *Gaudium et spes* mit ihrer Verpflichtung auf einen Dialog von Kirche und Welt. Der Text ist nicht nur aufgrund seines lehramtlichen Gewichts von programmatischer Bedeutung, sondern auch, weil er jenes Terrain beschreibt und ausleuchtet, auf dem sich eine christliche Sozialethik in modernen pluralistischen Gesellschaften sowie in der sich globalisierenden Weltgesellschaft zu bewähren hat. Einige Teile dieses Programms harren weiterhin der Bearbeitung, was angesichts seiner Breite nicht weiter verwundern sollte.[10] Denn eine methodische Verschränkung von Sozialwissenschaften (einschließlich der Rechtswissenschaften) mit einer gesellschaftlich und geschichtlich sensiblen Anthropologie und Sozial-Ethik, die in eine sowohl fundierende wie transzendierende christliche Theologie weitergeführt wird, also kurz gesagt: eine theologische Ethik, ist of-

7 Vgl. dazu Berger, Peter L. (Hg.): Between Relativism and Fundamentalism. Cambridge 2010; darin: Gabriel, Ingeborg: Christianity in an Age of Uncertainty. A Catholic Perspective (124 -151).

8 Vgl. Gabriel, Ingeborg: Menschenrechte und Religionen. Kann der Brückenschlag gelingen? Theologische Stolpersteine und Ressourcen. In: Schinkele, Brigitte/Kuppe, René/Schima, Stefan u.a. (Hgg.): Recht Religion Kultur. FS für Richard Potz zum 70. Geburtstag. Wien 2014, 87-101; dies.: Human Rights from a Theological Perspective. In: Nowak, Manfred/Januszewski, Karolina M./Hofstätter, Tina (Hgg.): All Human Rights for All. Manual on Human Rights. Wien 2012, 25-33.

9 Für die Zeit von 2013-2016 habe ich die Aufgabe einer Vizepräsidentin von Iustitia et pax Europa übernommen.

10 Vgl. Gabriel, Ingeborg: Christliche Sozialethik in der Moderne. Der kaum rezipierte Ansatz von Gaudium et Spes in: Tück, Jan-Heiner (Hg.): Erinnerung an die Zukunft. Das Zweite Vatikanische Konzil. Freiburg i. Br. ^{2}2013, 605-621.

fenkundig ein höchst anspruchsvolles Unterfangen. In der Pastoralkonstitution selbst wird dieser methodische Dreischritt zudem in die einzelnen Bereiche angewandter Ethik hinein ausbuchstabiert. Damit wurde das so genannte Zwei-Stockwerke-Schema, das zwischen dem Natürlichen und dem Übernatürlichen strikt unterschied, wie die damit verbundene A-Historizität und A-Kontextualität des katholischen Naturrechtsdenkens überwunden. Zugleich verlor die katholische Soziallehre als Sozialverkündigung wie auch als wissenschaftliches Fach freilich ihr traditionelles theoretisches Fundament, was bis heute spürbar ist. Eine Weitung durch die Einbeziehung der Sozialwissenschaften, die allerdings schon vor dem Konzil an mehreren Lehrstühlen, so vor allem auch in Wien, Tradition hatte, sowie eine Füllung der theologischen Leerstelle im sozialen Denken sind notwendig und bestimmten die wissenschaftliche Arbeit der letzten Jahrzehnte.[11] Mit dem naturrechtlichen Vernunftrecht hatte man zwar eine Herausforderung der Aufklärung aufgegriffen (was im ökumenischen wie interreligiösen Dialog vielfach positiv angemerkt wird), zugleich jedoch einen Parallel-Diskurs geschaffen, der nach dem Zerfall des Milieukatholizismus zu mangelnder Anschlussfähigkeit an sozialethische Debatten und zum Relevanzverlust führen musste. Eben diese Defizite sucht der Ansatz von *Gaudium et spes* zu überwinden, indem er im Begriff der „Zeichen der Zeit" die sozialwissenschaftliche, ethische und theologische Ebene miteinander verschränkt. Die Zeitbezogenheit der Analyse verlangt dabei, dass die jeweiligen politischen und sozialen Fragen die Agenda der Sozialethik mitbestimmen, die damit notwendig regional wie national unterschiedlich akzentuiert sein wird. Die für das Fach konstitutive Verwiesenheit von Sozialwissenschaften, Ethik und Theologie wirkt sich freilich nicht auf alle Fragestellungen in gleicher Weise aus. Etwas vereinfachend gesagt: Je fundamentaler die Thematik ist, umso mehr wird die ethische und letztlich theologische Argumentation von Bedeutung sein, wie sich am Beispiel Menschenwürde verdeutlichen ließe.

Die Bedeutung der Sozialwissenschaften für die sozialethische Arbeit ist inzwischen unbestritten, wiewohl der interdisziplinäre Dialog im Konkreten höchst anspruchsvoll bleibt. Dies hat zum einen mit dem exponentiellen Wachstum an Forschungsarbeiten in den unterschiedlichen, sich weiter ausdifferenzierenden Sozialwissenschaften zu tun, wodurch die Rezeption ihrer Erkenntnisse wesentlich vom Mut zur Lücke getragen sein muss. Zum anderen sind sozialwissenschaftliche Methoden und Einsichten selbst von anthropologischen und vielfach auch geschichtsphilosophischen Prämissen geprägt, z. B. macht die liberale Ökonomik weit reichende diesbezügliche Annahmen, die

11 Vor allem letztere hatte sich, wie die für die konziliare Wende maßgebliche nouvelle théologie zeigte, säkularisierend auf die als natürliche Ordnung konzipierte politische und soziale Sphäre und spiritualisierend auf die als übernatürliche Ordnung verfasste Glaubenssphäre ausgewirkt, vgl. Gabriel, Ingeborg: Autonomie der irdischen Wirklichkeiten. Reflexionen zu einer komplexen Konzilsmetapher. In: Delgado, Mariano/Sievernich, Michael (Hgg.): Die großen Metaphern des Zweiten Vatikanischen Konzils. Freiburg i. Br. 2013, 267-286.

im mathematisch-statistisch orientierten Mainstream ebenso wie die ethischen Fragestellungen weitgehend ausgeklammert werden. Die Anknüpfung an sozialwissenschaftliche Diskurse setzt demnach nicht zuletzt eine ideologiekritische Reflexion der jeweiligen Prämissen voraus. Der Sozialethik kommt so im interdisziplinären Gespräch eine rezeptive wie auch kritische Rolle zu, die – wie deutlich zu machen ist – der Intention der Sozialwissenschaften selbst entspricht, die von ihrer Genese her moralischen Anliegen verpflichtet sind. Fachvertreter und -vertreterinnen sind freilich oft durchaus positiv überrascht, von dieser ethischen Grundierung ihrer Wissenschaft zu erfahren. Nicht nur die Sozialethik ist so auf die Sozialwissenschaften angewiesen, sondern diese sind in Gefahr, inhaltlich zu verflachen, wenn sie den Zugang zu der in den geistesgeschichtlichen Grundlagen gespeicherten, ethischen und theologischen Tiefendimensionen nicht mehr thematisieren.[12] Wiewohl dies vielfach durch eine immer ausgefeiltere Methodik kompensiert wird, spüren wache Zeitgenossen, dass eine Erosion dieser Grundlagen ein beachtliches Vakuum hinterlässt. Das bietet Chancen für eine Sozialethik, sofern sie sich davon herausfordern lässt, und erscheint zudem für die Zukunft des Faches wie der Theologie insgesamt und ihrer Relevanz innerhalb der Universität von Bedeutung. Trotz aller Diskontinuitäten und Transformationen sowie der notwendigen Bescheidenheit zeigt sich darin letztlich, dass moderne Theorien, Entwicklungen und Begriffe im westlichen Kontext, der teils auch global geworden ist, auf den Schultern christlich-theologischen Denkens stehen und daher für ihr Verständnis dieses Hintergrundwissens bedürfen. Die sozialethische Reflexion wird daher trotz positivistischer (und evolutionistischer) Infragestellungen in Zukunft an Bedeutung gewinnen. Die Frage nach dem zu verwirklichenden Humanen, nach dem guten und friedlichen Leben, stellt sich in einer Weltgesellschaft, die um einen Humanismus als Leitkultur ringt, sowohl aus säkularer Perspektive wie auch aus jener der unterschiedlichen Religionen, weshalb säkulare wie religiöse Begründungen des Sozialethischen nicht zuletzt auch politisch wichtig sind.[13]

In meiner gegenwärtigen Arbeit gehe ich von den Menschenrechten als Rückgrat der internationalen und nationalen Rechtsordnungen und als, wie mir scheint, bestem Ansatz für eine national, europäisch und international anschlussfähige christliche Sozialethik aus. Dieser Zugang ist dann freilich sowohl individualethisch wie auch theologisch zu vertiefen.[14] Dabei geht es zum

---

12 Vgl. Gabriel, Ingeborg: „In der Welt, aber nicht von der Welt". Die katholische Kirche im öffentlichen Raum. In: Ivanišević, Alojz (Hg.): Re-Sakralisierung des öffentlichen Raums in Südosteuropa nach der Wende 1989? Frankfurt 2012, 17-34; ausführlicher: Gabriel, Ingeborg: Political Theology under the Conditions of Modernity. A Catholic Perspective. In: ders./Papanikolaou, Aristotle/Stoeckl, Kristina (Hgg.): Political Theology in Orthodoxy (im Erscheinen).

13 Gabriel, Ingeborg: Weltethos in Bewegung. Zwischen religiöser und säkularer Ethik. In: Bader, Erwin (Hg.): Weltethos und Globalisierung. Münster 2008, 149-163.

14 Vgl. Gabriel, Ingeborg: Naturrecht, Menschenrechte und die theologische Fundierung der Sozialethik. In: Vogt, Markus (Hg.): Theologie der Sozialethik, Freiburg i. Br. 2013 (= QD 255), 229-251.

einen um die menschenrechtlich durch Abwehrrechte zu garantierenden Freiräume (Religionsfreiheit, Meinungsfreiheit u. ä.), die auch für das kirchliche Engagement in der Zivilgesellschaft wesentlich sind, wie auch um die gesellschaftliche und politische Partizipation in der Demokratie.[15] Die sozialen Menschenrechte erlauben es zudem, die ganze Breite der sozialen Fragen (Gesundheit, Bildung, Sozialstandards, aber auch ökologische Themen u. ä.) sozialethisch in den Blick zu nehmen.

Dabei erscheint es angesichts der Schwächung moralischer Orientierungen in unseren Gesellschaften wichtig, die individualethischen Grundlagen sozialer Ordnungen differenziert zu thematisieren. Es gilt demnach eine Handlungstheorie bereitzustellen, die Normen, Tugenden und Vorbilder als Voraussetzung von und Pendent zu institutionell verwirklichter Gerechtigkeit reflektiert.[16] Gerade auch angesichts zunehmender Verengungen in ethischen Diskursen erweist sich die Rückbindung der Sozialethik an eine Individualethik demnach als unverzichtbar. Da sich moderne Gesellschaften über eine Gerechtigkeit definieren, die nicht zuerst über die (immer unzuverlässige) menschliche Moral, sondern über Strukturen geschaffen werden soll, kommt der Sozialethik in ihr eine Schlüsselrolle zu, um konstruktiv-kritisch an gerechteren sozialen Ordnungen in Politik, Wirtschaft und Ökologie mitzuwirken. Zugleich ist jedoch zu explizieren, dass Strukturen ihrerseits auf ein Fundament an humanen Einstellungen und Überzeugungen sowie an praktizierter Moral angewiesen sind.

Für die Sozialethik selbst ist zudem – dies wäre die in *Gaudium et spes* eingemahnte dritte Argumentationsebene – eine stärkere Rückbindung an die Theologie im engeren Sinn, d.h. an Bibelwissenschaften, Fundamentaltheologie und Dogmatik, weiterhin ein Desiderat. Dabei geht es vor allem darum, dem Spannungsbogen zwischen dem angesagten *aggiornamento* und dem damit unabdingbar verbundenen *ressourcement* zu entsprechen.[17] Die Offenlegung des eigenen Profils erscheint zudem in pluralen Gesellschaften als eine Frage intellektueller Redlichkeit. Individualethisch ginge es hier um eine engere Verbindung von Ethik und Aszetik, da Spiritualität ohne Ethik weitgehend leer und Ethik ohne Spiritualität eher dürr ist. Dies zeigt auch das Schlagwort „Mystik und Politik“, das jedoch die ethische Zwischenebene allzu leicht überspringt. Fragen der christologischen und pneumatologischen Fundierung der Anthropologie wären hier ebenso wesentlich, wie eine Einbe-

15 Vgl. Gabriel, Ingeborg: Globalisierung und Demokratie. In: dies. / Schwarz, Ludwig (Hgg.): Weltordnungspolitik in der Krise. Paderborn 2011, 91-110.

16 Gabriel, Ingeborg: Wozu taugt die Tugend? Überlegungen zur Aktualität der Tugendethik. In: Baier, Karl/Riedenauer, Markus (Hg.): Die Spannweite des Daseins: Philosophie, Theologie, Psychotherapie und Religionswissenschaft im Gespräch. FS für Augustinus Wucherer-Huldenfeld zum 80. Geburtstag. Wien 2011, 199-219.

17 Vgl. Vogt, Markus / Gabriel, Ingeborg / Küppers, Arnd / Schallenberg, Peter / Veith, Werner: Theologien in der Sozialethik - Eine Einführung, in: Markus Vogt (Hg.): Theologie der Sozialethik. Freiburg i. Br. 2013 (= QD 255), 7-22.

ziehung der eschatologischen und ekklesiologischen Dimension der Sozialethik. Gerade letztere ist insofern bedeutsam, als hier die Frage in den Blick kommt, was Sozialethik als Sozialstrukturenethik zu einer (ge)rechteren Sozialgestalt der Kirche selbst beitragen kann und muss.

Ein derartig umfassendes Forschungsprogramm ist angesichts der täglich drängenden Anfragen sowie universitärer und gesellschaftlicher Herausforderungen kaum einlösbar. In der Alltagsarbeit ist man als Sozialethikerin buchstäblich mit Millionen von Büchern, von einer Unzahl von Autoren und Autorinnen sowie mit deren sozialwissenschaftlichen, sozialphilosophischen und theologischen Positionen konfrontiert. Man steht immer vor der Qual der Wahl, mit welchen es am meisten lohnt, sich auseinander zu setzen und welche Themen am drängendsten sind. Man ist mit dem Unbehagen konfrontiert, das sich angesichts der Spannung zwischen wissenschaftlicher Spezialisierung und der Notwendigkeit einer ethischen „Vogelperspektive" einstellt. Wiewohl diese Spannungen wesentlich zur Ethik und Theologie gehören, werden sie doch durch das exponentielle Wachstum an Wissen und die zunehmende Komplexität der politischen, sozialen und wirtschaftlichen Gegebenheiten sowie die Fülle an Literatur in den einzelnen Fächern weiter verstärkt. Sich „dem Wichtigsten" oder besser dem Gerechten und Guten anzunähern, stellt sich so als ebenso notwendiges wie kühnes Unterfangen dar, dem sich die Vertreter und Vertreterinnen des Faches tagtäglich um des Menschen willen zu stellen haben.

Epilog

> „Wohl dem, der sagen kann, ‚als', ‚ehe' und ‚nachdem'. Es mag ihm Schlechtes widerfahren sein oder er mag sich in Schmerzen gewunden haben: sobald er imstande ist, die Ereignisse in der Reihenfolge ihres zeitlichen Ablaufs wiederzugeben, wird ihm so wohl, als schiene ihm die Sonne auf den Magen… Sie lieben das ordentliche Nacheinander von Tatsachen, weil es einer Notwendigkeit gleichsieht, und fühlen sich durch den Eindruck, dass ihr Leben einen ‚Lauf' habe, irgendwie im Chaos geborgen."[18]

Musils „Mann ohne Eigenschaften" demonstriert so gerade die Unmöglichkeit einer Biographie unter den Bedingungen der Moderne. Denn was fehlt, ist die wichtigste Voraussetzung einer solchen: der Glaube an die Möglichkeit eines zusammenhängenden Lebenslaufs, ohne den das Leben in eine schier unübersehbare Zahl von Fakten zerfallen muss. Sinn und Ordnung des Lebens kann es nur geben, wenn eine das eigene Dasein übersteigende Transzendenz, also Gott, sie stiftet. Nur unter dem Vorzeichen der Gnade wird seine Darstellung auch nicht zur philisterhaften Selbstbespiegelung und nur unter diesem Vor-

---

18 Zitiert nach: Berghahn, Wilfried: Robert Musil in Selbstzeugnissen und Bilddokumenten. Reinbek 1963, 12 u. 144.

zeichen kann die ethische Spannung ertragen werden, zwischen der, die man ist, und der, die man sein sollte.

Josef Römelt CSsR

Freiheit ist das größte Geschenk Gottes an den Menschen – so sehr, dass er auch ihre Grenzen geborgen hält

Wenn man Einblick in den Hintergrund eigener persönlicher und biografischer Entscheidungen geben möchte, welche hinter dem wissenschaftlichen Werk stehen, muss es dabei nicht gleich um Bekenntnisse gehen, wie sie Augustinus als erster existenzieller Theologe preisgegeben hat. Aber es geht schon darum, ein wenig von dem offen zu legen, was man sonst vielleicht eher im „Geheimnis des eigenen Herzens" bewahrt und das im persönlichen Hintergrund des eigenen Versuchs wissenschaftlicher Theologie steht.

Ein solches Unternehmen ist nicht ganz, um es vielleicht etwas dramatisch zu sagen, ungefährlich. Wer durchschaut schon die Hintergründe der eigenen Entscheidungen, persönlicher Motivationen und auch des Ehrgeizes, um sie nicht in einer Idealisierung des Selbst darzubieten: „... ego nolo fallere me ipsum, ne mentiatur iniquitas mea sibi"[1]. Und das in einer Zeit, welche Identität geradezu als gelungene mediale Präsentation und aufbereitete Performance versteht, ja immer wieder herausfordert. Eigentlich habe ich mir geschworen, mich genau diesem Diktat der heutigen Zeit konsequent zu verweigern. Aber es ist durchaus sinnvoll, durch die Kennzeichnung persönlicher Hintergründe die Begrenztheit der eigenen wissenschaftlichen Position, auch ihre Aufrichtigkeit und angezielte Offenheit für Korrektur, Ergänzungen und Diskussion ein wenig verständlicher zu machen.

So möchte ich gleich zu Beginn versuchen, die Mitte meines Denkens zu bestimmen – eine Mitte, die mir selbst bei dieser hier verlangten Rückbesinnung auf den eigenen Weg klarer wird.

Das persönliche Denken ist eingelassen in die großen geschichtlichen und kulturellen Spannungen, die für mich die Gegenwart prägen: das irgendwie gegebene Ineinander zwischen den wie auf einen Höhepunkt zusteuernden Anstrengungen freiheitlich-technischer Kultur – ein Höhepunkt, den ich gerne mit einem Zitat von Niklas Luhmann kennzeichne: Dass „die Politik mehr Macht, die Familie mehr Liebe, die Wissenschaft mehr Wahrheit erreichen kann (kann!) als je zuvor"[2] – und den zugleich damit unmittelbar gegebenen Grenzerfahrungen genau dieser Sehnsucht nach „vollendeter Humanität" (G.B. Vico). Seit der Wende von 1989/90 ist mit der Auflösung der strikten ideologischen Teilung des Globus die Hoffnung auf eine umfassende, an Freiheit und Wohlstand über den Erdball hinweg entfaltete Lebenswirklichkeit

---

1 Frei übersetzt: „Ich will mir nicht auch noch etwas in die eigene Tasche lügen, so dass sich meine Falschheit sogar selbst betrügt". Aurelius Augustinus, Confessiones, Erstes Buch, V. Kapitel.

2 Luhmann, Niklas: Ausdifferenzierung des Rechts. Beiträge zur Rechtssoziologie und Rechtstheorie. Frankfurt a. M. 1999 (= stw 1418), 152f.

ganz sicher aufgebrochen. Selbst wenn niemand zu sagen vermag, wie in der Vielfalt der Kulturen und Traditionen das Ziel dieser Entwicklung genau aussehen mag: Es ist doch spürbar, dass das, was sich mit den Stichworten vom global village über die offene Beteiligung aller am internationalen Austausch von Gütern und Ideen bis hin zur moralischen sowie rechtlichen Absicherung der Humanität (Menschenrechte) verbindet, die innere Dynamik ist, welche die modernen Gesellschaften bis in ihre säkularisierte Gestalt hinein irgendwie antreibt. Und doch wird diese Bewegung genauso unmissverständlich konterkariert durch die gegenwärtigen Erfahrungen der ökologischen Krise, der neuen und viel unübersichtlicher gewordenen Gefährdungen des Weltfriedens (man erinnere nur an die neuen Formen des Terrorismus) und durch die – kann man es so beschreiben? – „Aufdeckung“ des individualistischen Missverständnisses des Menschenrechtsethos innerhalb der westlichen Welt.

Mitten in diesem Gegensatz ist es mir immer darum gegangen, die Hoffnung des christlichen Glaubens auszulegen. In einer Weise, die mit der Ungleichzeitigkeit zu kämpfen hat: Im Raum der katholischen Kirche gibt es noch immer Herausforderungen, die aus der nicht eingelösten Versöhnung mit der Moderne, mit der Größe menschlicher Freiheit und der darin begründeten Würde stammen. Aber zugleich ist es notwendig, die Maßlosigkeit freiheitlich-technischer Kultur im Namen des christlich begründeten Wissens um die Erlösungsbedürftigkeit und um die Einseitigkeit der Hoffnung zu korrigieren, die nur auf einer grenzenlos erscheinenden Entfaltung von Freiheit und Wohlstand basiert.

Was vielleicht nach außen hin wie eine Unentschiedenheit erscheinen könnte – das dauernde Bemühen um Vermittlung zwischen extremen Positionen, Extremen sei es im Namen moderner Emanzipation, sei es im Namen traditioneller Skepsis und kulturpessimistischer Kassandrarufe – das ist mir vielmehr die entscheidende Anforderung gerade an die theologisch-ethische Reflexion heute geworden. Und mein Beten und Denken kreist darum, aus der Kraft des christlichen Glaubens genau die Unterscheidungsgabe zu gewinnen, welche den Mut und das Vertrauen in die Möglichkeiten und Fähigkeiten des Menschen groß macht[3], aber zugleich die Demut und Bitte um Gottes Hilfe für seine Begrenztheit, Ohnmacht und Korrumpierbarkeit einzufordern wagt, auch gegenüber einem säkularisierten und glaubenslosen Denken – eine Demut und Suche nach Gott, die wirkliche Menschlichkeit erst möglich machen[4].

---

3 „Erst dort, wo man sich als freies Subjekt vor Gott verantwortlich erfährt und diese Verantwortung übernimmt, begreift man, was Eigenständigkeit ist und dass sie im selben Maß wächst und nicht abnimmt mit der Herkünftigkeit von Gott.“ (Rahner, Karl: Grundkurs des Glaubens. Studien zum Begriff des Christentums. Zürich 1999 (= Sämtliche Werke 26), 87). „Darum ist Christus am radikalsten Mensch und seine Menschheit die selbst mächtigste, freieste...“ (Rahner, Karl: Zur Theologie der Menschwerdung. In: ders.: Schriften zur Theologie Bd. 4. Einsiedeln [3]1962, 137-155; hier: 151)

4 „Die Maße des Menschen werden verändert, und zwar nicht nur partiell – für die begrenzte Welt der biblischen Glaubenden –, sondern progressiv total.“ (v. Balthasar, Hans Urs: Theodramatik 2/1: Der Mensch in Gott. Einsiedeln 1976, 362)

Doch diese Bestimmung soll nicht wie eine Art Glaubensbekenntnis unvermittelt für sich stehen. Aus den lebensgeschichtlichen Entwicklungen, die ich erleben durfte, wird vielleicht der tiefere Zusammenhang einer solchen theologisch-ethischen Position deutlicher.

Der unbedingt theologische Ausgangspunkt der Reflexion

Eine wesentliche Prämisse hat mein moraltheologisches Arbeiten immer geprägt. Es betrifft die theologische Wurzel der ethischen Reflexion im Raum des Glaubens und der Kirche. Ich bin ganz sicher nicht in allem meinen Oberen gehorsam gewesen (zum Beispiel als es darum ging, nach meiner Promotion an der Accademia Alfonsiana tätig zu werden, was ich aufgrund meiner gesundheitlichen Situation nicht tun konnte): Aber das Weiterstudium im Bereich der theologischen Ethik, das notwendig war, weil unser Ordensseminar in Hennef einen Moraltheologen brauchte, habe ich übernommen, obwohl es meinem Naturell nicht entsprach. Ich wäre lieber Philosoph oder Dogmatiker geworden. Der harte gesellschaftliche Streit, der auch (kirchen)politische Weitblick und die oft unerbittliche Positionierung, welche die Moraltheologie verlangt, lassen mich bis heute daran zweifeln, ob ich dieser Aufgabe überhaupt gewachsen bin. Die Entscheidung dafür allerdings hatte zur Folge, dass ich die Moraltheologie immer von der Dogmatik her zu gestalten versucht habe (vgl. schon das Promotionsthema[5], das ich meinem Lehrer Hans Rotter verdanke).

Für viele Kollegen scheint nach meiner Wahrnehmung eine solche Form der theologischen Ethik zu einer Spiritualisierung und rationalen Unschärfe zu führen. Aber gerade im Blick auf die Entwicklungen, welche sich im Kontrast zu der Zeit unmittelbar nach dem Zweiten Vatikanum gegenwärtig aufgeben, ist für mich eine solche klare theologische Begründung notwendiger als je.

Der große Streit innerhalb der deutschen Moraltheologie der 1970er und 1980er Jahre zwischen „autonomer Moral im christlichen Kontext“ und „Glaubensethik“ setzte ein gesellschaftliches und säkulares Gegenüber voraus, das in der freiheitlichen, demokratischen und menschenrechtlich begründeten Kultur ein eindeutiges vernünftiges Ethos besitzt. Autonome Moral kümmert sich darum, die eigene Position darin fast bis hin zur Aufgabe der eigenen weltanschaulichen Implikationen verständlich zu machen. Glaubensethiker suggerierten einen Kontrast, welcher eigene theologische Identität und Voraussetzungen nur in einem strikten Gegenüber zu allen anderen Ansätzen vermitteln zu können glaubte.

---

5 Personales Gottesverständnis in heutiger Moraltheologie auf dem Hintergrund der Theologien von Karl Rahner und Hans Urs von Balthasar. Innsbruck 1988 (= Innsbrucker Theologische Studien 21).

Heute gibt es den Optimismus freiheitlicher und technischer Gesellschaft und eines in ihr sich ausdrückenden weltumspannenden Menschenrechtsethos so nicht mehr (vielleicht hat es ihn auch in dieser schlaglichtartigen Charakteristik nie gegeben). Zu krass sind die schon kurz angesprochenen Grenzerfahrungen in Ökologie, Friedensethik, Globalisierung (bis hin zur Finanzkrise), in den biowissenschaftlichen und genetischen Revolutionen, medialer Digitalisierung und Beschleunigung usw., als dass ein solcher eigensinniger Stolz noch möglich ist.

Dieser Wandel hat auch für das Gespräch zwischen Glaube und Gesellschaft, Kirche und freiheitlicher Kultur, Moraltheologie und Ethik ein neues Umfeld geschaffen. Seit dem Zweiten Vatikanischen Konzil sind auf Seiten der wissenschaftlichen Theologie die Inhalte des christlichen Glaubens konsequent auf ein naturwissenschaftliches und freiheitliches Selbstverständnis des modernen Menschen hin vielfach ausgelegt worden. Angefangen von der Exegese, die sich historisch kritisch versteht und das biblische Wort in diesem Sinne aufzuschließen versucht, über die Hermeneutik der Dogmen, welche das Entstehen der Glaubensüberzeugungen im Weg der kirchlichen Glaubensgemeinschaft als sich vertiefendes Selbstverständnis des Volkes Gottes vor dem sich offenbarenden Gott Jesu Christi erkennt: Immer geht es einer solchen theologischen Wissenschaft um die Reflexion der „Selbstmitteilung Gottes" (Karl Rahner), der Solidarität Gottes bis in seine Fähigkeit, in der Begegnung mit der menschlichen Freiheit mitleiden zu können („Theodramatik" [Hans Urs von Balthasar]), um seine „Compassion" (Johann Baptist Metz). Und in den Krisenerfahrungen moderner Kultur entsteht eine Ahnung dafür, was „postsäkulares" Denken (J. Habermas) in einer gewissen religiösen Offenheit irgendwie aufnehmen kann: Dieser theologische Horizont ermöglicht es auch dem Menschen erst, wirklich sich selbst zu finden und zu sich selbst zu kommen. Das ist der bleibende Anspruch des Glaubens auch an die moderne Welt[6].

Ein kulturwissenschaftliches Profil heutiger Moraltheologie?

Katholische Moraltheologie verändert in diesem Sinne nach meinem Verständnis ihr Profil vom alten naturrechtlichen Paradigma weg hin zu den modernen ethischen Orientierungsleistungen. Sicherlich gibt es noch den Versuch, heute die alte Wesensethik im Sinne phänomenologischer Überlegungen in ihrer personalen Orientierungskraft vorzutragen. Die klassische Wesensethik der Naturrechtslehre wird in einem solchen, für mich noch immer bedeutsamen Konzept in eine existenzielle und personale Wesensethik übersetzt. Wesenseinsichten in grundlegende anthropologische Gegebenheiten menschli-

6 Römelt, Josef: Der kulturwissenschaftliche Anspruch der theologischen Ethik. Freiburg i. Br. 2011 (= QD 242).

cher Existenz ergeben sich nicht mehr aufgrund der Behauptung prinzipieller Strukturen von Natur. Sondern sie erscheinen als unverzichtbare Dimensionen des existenziellen Lebensvollzuges des Menschen, die – soll er in dieser Integrität (im Sinne seiner Personwürde) nicht nachhaltig zerstört werden – ethisch unbedingt relevant sind. Die gesamte Wende der Moraltheologie nach dem Zweiten Vatikanischen Konzil vom Naturrecht hin zu einer personalen Ethik (wenn man so will zum Personrecht[7]) erschließt in diesem Sinne eine ethische Hermeneutik, welche sich in der Sorge vor der Zerstörung des Menschen in seiner innersten Selbstwirklichkeit bewährt. So wird aus der Wesensethik eine Ethik der Würde des Menschen – verstanden als freie und ganzheitliche Person. Das Wesen des Menschen, der Mensch als Person verlangt danach den ethischen und rechtlichen Schutz dieser seiner tiefsten Ganzheit. Es ist zugleich die Integrität, die dem Menschen in der Schöpfung als Gabe Gottes geschenkt ist. In diesem Sinne verbinden sich in einer solchen Konzeption philosophische und theologische Ethik unmittelbar miteinander.

Mich hat dabei gegenüber allen Versuchen der Revitalisierung des Naturrechts, welche die berechtigten kritischen Anliegen der katholischen Theologie in die heutige Zeit zu transportieren versuchen und die es im Zuge dieser personalen Wende auch gegeben hat[8], doch eher ein Ansatz interessiert, welcher sich der Anstrengung der unbedingt nachmetaphysischen Suche heute stellt. Das erfordert, die ganze unsichere Aufspaltung der heutigen Ethik auf dem Hintergrund naturwissenschaftlicher offener Wissenszuwächse, gesellschaftlicher Deutungsdivergenzen und Interessenkämpfe ernst zu nehmen[9] und die Stellen zu identifizieren, an denen moderne Kultur von sich selbst her auf die theologische Fragestellung hin offen und auf sie angewiesen ist.

Die Darstellung dieser Offenheit im kulturwissenschaftlichen Paradigma ist sicherlich nicht die einzig mögliche. Aber sie bietet nach meinem Dafürhalten tatsächlich am ehesten ein Sprach- und Reflexionsgewand, in dem die Viel-

---

7 Angefangen von Bernhard Häring bis hin zu Alfons Auer, Franz Böckle, Bruno Schüller, Klaus Demmer, Hans Rotter u.a.

8 Z.B. Martin Rhonheimer, Eberhard Schockenhoff.

9 Um es in theologisch-ethischer Analogie zu der kritischen Auseinandersetzung Rahners mit der theologisch hoch konzentrierten Vision Balthasars auf der Ebene dogmatischer Theologie zu sagen: „Was nützt mir eine Symphonie, die nur Gott hören kann?“ Karl Rahner zu Hans Urs von Balthasars „Die Wahrheit ist symphonisch“ zitiert in: Henrici, Peter (Hg.): Hans Urs von Balthasar – ein großer Churer Diözesan. Freiburg i. Ue. 2006 (= Schriftenreihe der Theologischen Hochschule Chur 7), 52. Naturrechtsansätze und Wesensethik versuchen es immer nach meiner Wahrnehmung, auch für die moralische Urteilsfindung die unübersichtliche Wirklichkeit sehr rasch auf einfache Grundlinien hin zu ordnen. Man kann danach „in der Erkenntnis sehr tief in die Struktur des Menschen eindringen, ohne befürchten zu müssen, daß die einzelnen Aspekte der Erfahrung uns in die Irre führen. Man kann sagen, daß die Komplexität der Erfahrung des Menschen doch von ihrer grundsätzlichen Einfachheit überragt wird. Die 'Komplexität' dieser Erfahrung selbst aber, und in ihrem Gefolge des menschlichen Erkennens, besteht sowohl aus der Erfahrung, wie jeder von uns sie von sich selbst hat, als auch aus der Erfahrung der anderen Menschen, sowohl aus der inneren Erfahrung als auch aus der äußeren. All das macht im Erkennen eher ein einziges Ganzes aus, als daß es eine Komplexität nach sich zieht.“ Wojtyla, Karol: Person und Tat. Freiburg i. Br. 1981, 15

schichtigkeit gegenwärtiger wissenschaftlicher Rationalität, die Berechtigung des weltanschaulich begründeten Standpunktes der Theologie (wenn sie diesen offenlegt) und die bleibende „metaphysische Offenheit" heutiger Zeit deutlich werden. Sie wird nur problematisch, wenn sie, wie heute oft, lediglich im Sinne einer abstrakten Analyse möglicher ethischer Argumentationsformen in kulturellen Zusammenhängen betrieben wird. Dort, wo die theologische Ethik nicht mehr den Mut hat, den „kulturwissenschaftlichen Anspruch" einer theologisch-ethischen Synthese im Kontext des Glaubens und damit verbundene verbindliche ethische Positionen darzustellen, wird sie bedeutungslos. Ich habe mich immer darum bemüht, dieses Profil klar und deutlich hervortreten zu lassen – gerade aufgrund der Fähigkeit zu Differenzierung und transdisziplinärer Offenheit. Das ist anstrengend, weil man häufig weder Applaus aus dem innerkirchlichen, noch aus dem säkularen Raum bekommt[10].

Umweltethik und Bioethik

Und so ist mir deutlich geworden, wie sehr es zum Beispiel im Blick auf die ökologische Ethik gilt, ehrlich zu lernen von umweltpolitischen Bewegungen, die von außen in die christlichen Kirchen hineingekommen sind und in ihnen auf fruchtbaren Boden gestoßen sind. Es ist unsinnig darüber zu streiten, ob der christliche Geist einem nicht-christlichen Umweltethos überlegen oder unterlegen ist. Aber angesichts dessen, dass die ökologische Krise unbestreitbar eine der brisantesten und hoch-ethischen Herausforderungen an die freiheitlich-technische Gesellschaft darstellt, ist es für mich erstaunlich zu sehen, dass dieses Bewusstsein zumindest in seiner Radikalität und Dringlichkeit erst – ähnlich wie das Menschenrechtsethos – von außen in die Kirche und Theologie hineingetragen werden musste. Dort ist es aber mit ganz großem Engagement aufgenommen und weitergedacht worden.

Die These allerdings, dass das Christentum geradezu schuld am ökologischen Fiasko sei, hat mich nie überzeugt[11]. Sie vergisst einfach, dass der christliche Glaube ja gerade innerhalb vieler jetzt technisch am höchsten entwickelten Kulturen immer deutlicher verloren gegangen ist bzw. keine Rolle spielt – und das nicht erst seit heute. Es ist eine Dynamik, welche gerade Teile der Industrieländer im Zuge der Industriellen Revolution zunehmend begleitet

10 Theologisch-integrative Ansätze suchen immer nach den einfachen letzten Grundstrukturen, „die die Welt zusammenhalten". Das Feld säkularer wissenschaftlicher Forschung zerfällt demgegenüber in die so widersprüchliche Kakophonie gegensätzlicher (Detail)Erkenntnisse. Es geht (durchaus im Sinne der theologischen Integration!) darum, gerade diese Fülle auf klare und tragfähige moralische Orientierung hin zu strukturieren! Das auszuhalten und davor nicht zu fliehen, ist nach meiner Erfahrung schon eine ganz wesentliche Dimension heutiger moraltheologischer Arbeit. Sie hat darin aber auch ihre eigene faszinierende Spannung.

11 Vgl. etwa Amery, Carl: Das Ende der Vorsehung. Die gnadenlosen Folgen des Christentums. Reinbek 1972.

oder sogar geprägt hat. Mit dem Verschwinden oder Fehlen der christlichen Ausrichtung müsste dann ja – bleibt man bei einer ganz schlichten Logik – genau das Maß an Balance möglich sein, welche die technischen und die umweltethischen Herausforderungen benötigen. Es bedrückt mich, dass Geschichte hier oft einfach halbiert wird. Dem Christentum werden all die Entwicklungen angelastet, welche als bedrohlich und zerstörerisch wahrgenommen werden. Dem freiheitlich-technischen Denken wird nur dann die zerstörerische Wirkung zugerechnet, wenn es auf christliche Wurzeln zurückgeführt werden kann. Dass sich die ökologisch gefährliche, auf die Macht des Menschen einseitig konzentrierte Haltung aber gerade in Zerstörung der theologischen Einsicht in die bleibende Abhängigkeit und Begrenztheit des Menschen entwickelt hat, ist für mich kulturgeschichtlich überaus deutlich. Diese Einsicht bildet jedoch mit eine wesentliche Voraussetzung dafür, eine angemessene Abwägung zwischen Verzicht und Freude an der Technik, zwischen Entfaltung von Freiheit und Maßhaltung, zwischen Zukunftsoptimismus und wachsamer Vorsicht vornehmen zu können. Die Rückgewinnung des Christlichen kann und muss hier unbedingt mithelfen, in diese Mitte zurückzufinden.

In der ökologisch-ethischen Debatte hat es mich deshalb immer gestört, dass der Einsatz für Umwelt, Pflanze und Tier gelegentlich mit einem geradezu penetranten Gestus der Herabwürdigung des Menschen verbunden ist. Mir kommt vor, dass nur (die im Christentum immer präsente) Ehrfurcht auch vor dem Menschen – seinen Bedürfnissen, seiner Hilflosigkeit, seiner Sehnsucht – zugleich die Ehrfurcht vor den sensiblen Gleichgewichten der Natur fördern kann. Auch die Ehrfurcht vor der mitgeschöpflichen „Kreatur".

In den bioethischen Debatten nehme ich es im Sinne dieses kulturwissenschaftlichen Gespräches aber als einen – bei aller Differenzierung konkreter Positionen gegenüber einzelnen Techniken und Anliegen – breiten theologischen Konsens wahr: Die Gefahr, dass der Mensch in seinem Freiheitsdrang und Machtanspruch über die Natur den Menschen in seinem innersten Geheimnis auch zerstören kann, wird immer wieder, mal radikal pessimistisch, mal gemäßigt offen, zum Ausdruck gebracht. Die Fragestellungen berühren dabei nicht mehr fundamentale Optionen wie sie etwa vor allem in den 1980er Jahren formuliert worden sind: Ist die Technik insgesamt ein anmaßendes Teufelswerk oder Ausdruck gerade der Gottebenbildlichkeit, von der das jüdisch-christliche Menschenbild spricht? Muss man Gentechnik und Atomphysik insgesamt verwerfen oder sind sie Entfaltung des biblischen Gestaltungsauftrages der Erde? Es sind vielmehr die kasuistischen Probleme, die hier bedrängen – freilich mit nicht weniger Dringlichkeit als große umfassende Deutungsansprüche: Überschreitet die Präimplantationsdiagnostik nicht endgültig die Schwelle zum Anspruch auf das Wissen um den lebenswerten Menschen[12]? Vermarktet die Möglichkeit von Biopatenten die letzten Grundlagen

---

12 „Geschöpflichkeit des Ebenbildes drückt eine Intuition aus, die … auch dem religiös Unmusikalischen etwas sagen kann." Es geht um den Widerstand gegen das Risiko, „Freiheiten [zu] zerstören,

menschlichen Lebens und schafft damit ein Machtverhältnis, das die einen den anderen bedingungslos ausliefert[13]? Oder geht es immer wieder nur um Hilfe zur Überwindung von ganz konkretem Leid im Dienst an menschlichen Konfliktsituationen, an den Grenzen des Lebens?

Die lehramtlichen Aussagen sind auf dem Hintergrund der Pontifikate Johannes Pauls II. und Benedikts XVI. bis an den Rand moraltheologischer Dogmen gegangen[14]. Sie haben deutlich machen wollen, dass die Verfügung über einen Menschen – etwa in der bewussten direkten Tötung am Anfang des Lebens und am Ende des Lebens – nicht nur die freiheitliche Gesellschaft in ihren Grundrechten zerstört, sondern in einem unüberbrückbaren Gegensatz zum Willen Gottes als Schöpfer und Lebensspender steht. Diese Verkündigung versteht sich ausdrücklich als Gegengewicht gegen die Versuchungen einer immer weiter entwickelten Technik. Hier liegt auch der Grund, weshalb die Stimme des Lehramtes in diesen Punkten sehr aufmerksame Aufnahme erfahren hat. Für meine immer abwägende Haltung in diesen Fragestellungen ist sie ein wichtiger Ausgangspunkt.

Friedensethik

In der friedensethischen Diskussion ist die Verunsicherung jeglicher selbstgewisser Konzeptionen – sei es die aus der Theorie vom gerechten Krieg sich vielfältig ausdifferenzierenden Gedankenwelt zum gerechten Frieden, sei es die emphatische Position des Pazifismus – mit Händen zu greifen. Die faktischen Aporien, zwischen Menschenrechtsverletzungen und völkerrechtlichen Prinzipien abwägen zu müssen, vernünftige Überlegungen zur vielfach politisch und sozial, militärisch und strategisch ausgewogenen Überwindung gewalttätiger Konflikte und eben nicht nur symbolische Erinnerung an die Notwendigkeit, dass Frieden tatsächlich das Ende jeglicher Waffengewalt, das aus den Händen Legen der Waffen meint – das quält die gegenwärtige Zeit.

Auch diese Erfahrung ist für mich ein sehr sprechendes Beispiel dafür, wie sehr Glaubens- und Sinnantworten mit ganz konkreten Sachfragen verbunden werden müssen, um theologisch-ethische und säkulare moralische Antworten in der gemeinsamen Suche formulieren zu können. Es mutet vielleicht ein wenig hilflos an, als Horizont der ganz unmittelbaren und unvermeidbaren Ab-

---

die unter Ebenbürtigen bestehen, um deren Verschiedenheit zu sichern". Habermas, Jürgen: Glauben und Wissen, in: Friedenspreis des Deutschen Buchhandels 2001. Jürgen Habermas. Ansprachen aus Anlaß der Verleihung. Frankfurt a. M. 2001, 53f.

13 Auf diesem Hintergrund wirken die Äußerungen von James Watson, Entdecker der Doppelklickstruktur der DNA, heute unglaublich anachronistisch: Vgl. Polygamie und Rassen-Intelligenz: Die kruden Thesen des Biologie-Genies, Spiegel online vom 4.10.2007 (www.spiegel.de/wissenschaft/mensch/polygamie-und-rassen-intelligenz-die-kruden-thesen-des-biologie-genies-a-509328.html, abgerufen am 25.1.2015)

14 Vgl. Johannes Paul II., Enzyklika *Evangelium vitae* über den Wert und die Unantastbarkeit des menschlichen Lebens (1995), in: Verlautbarungen des Apostolischen Stuhls 120, Nr. 57 u. 62.

wägungen im Blick auf spezielle Konfliktformen, auf militärische, politische, kulturelle und soziale Fragen die religiös motivierte Geduld zu benennen, die auch in den kompliziertesten Situationen die Hoffnung auf den Frieden nicht aufgibt. Eine Geduld, die auch den pazifistischen Impuls aufzunehmen versucht. Aber diese Geduld, die sich aus der Hoffnung auf den bleibenden Beistand Gottes nährt, erscheint gleichwohl als unverzichtbar – gerade angesichts des so viele Dimensionen berührenden und widersprüchlichen Bündels der Friedensethik.

Chancen und Grenzen der Ethikberatung

Die Beteiligung der beratenden Kompetenz der Theologie an Ethikkommissionen und der ethischen Beratung in den verschiedenen Institutionen freiheitlicher Demokratie, die sich aufgrund solcher Unsicherheit in vielen Bereichen ergeben hat, fasziniert mich. Zum einen drückt und trägt sie das hochsensible Gespür für den steigenden Bedarf an moralischer Klärung innerhalb der modernen Gesellschaft aus, die sich auch für den Beitrag religiöser Wirklichkeitserfahrung interessiert. Und es ist bezeichnend, dass die Kirche gerade hier als eine hilfreiche Instanz wahrgenommen wird und die theologische Kompetenz für die Klärungsprozesse herangezogen wird. Ja, sie erfahren darin eine ganz ausgezeichnete Wertschätzung und einen bleibenden Respekt. Dafür bin ich sehr dankbar! Ist das nicht ein Beleg dafür, dass das kulturwissenschaftliche Gespräch wirklich ein Gespräch ist – mit echtem Interesse an den verschiedenen Perspektiven, auch an der Erfahrung des Glaubens?

Auf der anderen Seite bleibt eine gewisse Ambivalenz. Das Hineingezogen-Sein der Ethik in die Kalküle parteipolitischer Macht, die Instrumentalisierung der Moral für Ziele der Durchsetzung und die Unterwerfung der Ethik auch unter eine nach einem bloßen Mehrheitsprinzip aufgebaute demokratische Abstimmungsmechanik lassen merkwürdige Situationen entstehen. Die Frage, inwieweit Politik und Gesellschaft tatsächlich für Beratung durch die Ethik offen ist, ist ein eigenes Problem.

Es ist für mich immer sehr schwierig gewesen, in meinen beratenden Beiträgen zu Ethikkommissionen, Ethikkomitees und Enqueten das ethische Denken den notwendigen (politischen) Kompromissen zu unterwerfen, welche die Mechanismen der Macht und andere Rücksichten kennen. Moralische Optionen einer mehrheitlichen Entscheidung anzuvertrauen, scheint mir per se verfehlt. Das begreift jeder, der den Ernst der ethischen Herausforderungen auch nur ein wenig verstanden hat.

Dort, wo sich die politische Dynamik auch noch mit der medialen Darstellung verquickt, habe ich sie als äußerst problematisch erlebt. Kollegen, die hier einen Großteil ihrer Energie investiert haben, sind mir fremd geblieben.

Dabei steht die Ethikberatung im Krankenhaus unter anderen Vorzeichen. Aber auch sie hat es nach meiner Erfahrung noch immer schwer, ihre entlastende Bedeutung gegenüber der eindimensionalen Logik rein ärztlich motivierter medizinischer Entscheidungsfindung zur Geltung zu bringen.

Und doch: Bei meiner eigenen Tätigkeit habe ich vielfältig die Achtung nicht nur durch christliche Politiker, Ärzte oder andere Beteiligte erlebt. Menschen mit ganz unterschiedlichem weltanschaulichem Hintergrund haben mit Interesse nach Begründungen gefragt, die sich auch aus theologischen Argumenten speisen. Und sie haben das besondere Gespür der Kirche vor allem für das Geheimnis des Lebens durchaus begriffen. Das hat mich in meiner Arbeit immer sehr ermutigt.

Kirche und Gleichberechtigung

Es gibt einen Bereich, der mich im Blick auf das hier immer wieder beschriebene Gespräch zwischen Theologie und säkularer Wissenschaft, Kirche und Gesellschaft, Glaube und freiheitlicher Kultur je länger, desto mehr beschäftigt. Dabei wird die Spannung zwischen dem Respekt vor der menschlichen Freiheit und einer kritischen Wahrnehmung ihrer Grenzen, wie sie ganz am Anfang als entscheidende gegenwärtige Herausforderung beschrieben wurde, überaus deutlich. Es ist die Frage nach einer angemessenen theologisch-kritischen Würdigung der Anliegen der Gleichberechtigung der Frau.

Ich möchte die Spannung in Bezug auf diese Frage aus meiner Perspektive so umreißen: Die katholische Kirche bildet zusammen mit der orthodoxen Kirche die Glaubensgemeinschaft, welche innerhalb der christlichen Traditionen die Rückbindung an die Wurzeln des Christentums im Kontext einer aus heutiger Sicht „patriarchalischen" Kultur auch im gegenwärtigen Umfeld nicht relativieren möchte, im Umfeld menschenrechtlich begründeter Emanzipation. Für die Frage nach der Gleichstellung der Frau ist aber – sagt man es pointiert – nicht die Religionsfreiheit, sondern die Diskriminierungsfreiheit das entscheidende Grundrecht. Und dieses Grundrecht gerät mit den konkreten geschichtlichen Einkleidungen biblischer Sprache, kirchlicher Traditionsgestalt und sakramentaler Form in Konflikt. So nehme ich es wahr: Denn nur der Mann hat Zugang zum Amt. Nur er spendet die Sakramente.

Die Durchsetzung des Grundrechtes der Gleichheit kommt auch innerhalb der freiheitlichen Gesellschaften erst spät[15] im Verlauf der Demokratisierung (Stichworte sind das Frauenwahlrecht, Beteiligungsgerechtigkeit im Arbeitsleben usw.) zum Zuge. Aber sie ist die Initialzündung im Blick auf die Überwindung schon ganz allgemein gesellschaftlich verstandener patriarchalischer Denkmuster und gesellschaftlicher Strukturen. Weil die veränderte Stellung

15 Verglichen mit der Religions- und Gewissensfreiheit, welche gemeinhin als Keimzelle grundrechtlicher Ordnung und menschenrechtlicher Ethik verstanden wird: Vgl. Jellinek, Georg: Die Erklärung der Menschen- und Bürgerrechte. Ein Beitrag zur modernen Verfassungsgeschichte. München ^{3}1919.

der Frau auch die Möglichkeit einschließt, in ganz anderer Weise die Lebenswirklichkeit und Erfahrungswelt ihres Geschlechts mit einzubringen und zu entfalten. Dieser Prozess scheint noch immer nicht vollständig abgeschlossen.

Die katholische Kirche hält zu diesem Entwicklungsgang Distanz aufgrund der symbolischen Zusammenhänge, in denen sie die sakramentale Gestalt der Kirche und ihre Verfassung eingebettet sieht. Und dieses Kräftefeld ist theologisch nicht einfach zu überspringen und im Sinne des Vorrangs menschenrechtlicher oder feministischer Paradigmen aufzulösen.

So geht es für eine theologische Ethik der Gleichberechtigung nach meinem Verständnis darum, innerkirchliche Wandlungsprozesse aus der Mitte der Theologie und dem konkreten Leben der kirchlichen Communio heraus zu ermöglichen. Veränderungen, die zugleich die kritische Distanz im Blick auf eine Deutung von Gleichberechtigung wahren, die sich als Anspruch selbst gegen historische Wurzeln des christlichen Glaubens wendet. Offenbarung als heilsgeschichtliche und an ihre Traditionsgeschichte gebundene Erfahrung wird sich nie von den Dimensionen der kulturellen Konkretheit des Glaubens befreien lassen. Das Sakrament der Eucharistie ist in seiner symbolischen Bindung an die wichtigen Formen der Speise des Palästina der Zeit Jesu, also an Brot und Wein, partikular und universal zugleich. Lässt sich in diesem Sinne die Frage nach der angemessenen Repräsentatio Christi nicht losgelöst von der Gender-Wirklichkeit beantworten? Kann nur der Mann im Amt den Gottmenschen Jesus repräsentieren?

Sicherlich: Es geht um den Gehorsam gegenüber dem sich frei offenbarenden Gott. Seine Sprache, die einen konkreten geschichtlichen Platz hat, lässt sich nicht auf menschenrechtliche Systematik reduzieren. Vielleicht könnte aber eine konkrete Praxis im Dienst an der Weitergabe des Glaubens doch den konkreten ekklesialen und lebenswirklichen Kontext (und das in einem die gesamte Weltkirche umspannenden Konsens!) schaffen, in dem im Blick auf die sakramentale Gegenwart Christi, welche die äußerliche Gestalt des Geschlechtes transzendiert, das äußere Symbol männlicher Semantik zurücktritt. Es geht um einen Konsens, der diese Vergegenwärtigung Jesu in den Ämtern der Kirche nicht mit einer antikirchlichen Emanzipation verwechseln lässt[16].

Es geht bei dieser Frage nicht um das Ende von Diskriminierungen und Überwindung von Machtverhältnissen, die theologisch mit dem sakramentalen

16 Auch hier gilt für mich, was Walter Kasper über das Verhältnis zwischen modernem Freiheitsverständnis und christlicher Freiheit gesagt hat: Es gibt eine Analogie zwischen ihnen. Aber sie sind nicht dasselbe! (Vgl. Kasper, Walter: Theologische Bestimmung der Menschenrechte im neuzeitlichen Bewußtsein von Freiheit und Geschichte. In: Schwartländer, Johannes (Hg.): Modernes Freiheitsethos und christlicher Glaube. Beiträge zur juristischen, philosophischen und theologischen Bestimmung der Menschenrechte München/Mainz 1981 (= Entwicklung und Frieden. Wissenschaftliche Reihe 24), 285-302, hier: 288; Das heißt: Es gibt eine Analogie zwischen christlicher Gleichstellung zwischen Frau und Mann (vgl. Gen 1,27) und moderner Gleichberechtigung. Aber sie sind nicht einfach dasselbe! Der christliche Glaube kennt eine Beschreibung des Geschlechterverhältnisses, das sich im letzten nur aus der tieferen Beziehung von Frau und Mann zu Gott verstehen lässt.

Dienst in der Kirche, also der Ausübung der Ämter und der Spendung der Sakramente durch das Amt nie verbunden gewesen sind. Und doch stellt sich die Frage: Kann die Leben spendende Gegenwart Gottes ganz an der rein menschlichen Wirklichkeit gleicher Würde von Frau und Mann vorbeigehen, indem sie diese in Amt und Feier der Sakramente nicht zur Geltung bringt? Ja, ist die ganz eigene Zeugenschaft der Frau für die Erfahrung von Leben und Liebe als Geschenk Gottes nicht auch Teil genau dieser sakramentalen Erfahrung, in der sie in irgendeiner Weise doch einen Raum des Ausdrucks bräuchte[17]? Kann es sich die Kirche leisten, einen ganzen Lebensvollzug, wie er in der unterschiedlichen Weise von Frau und Mann erfahren wird, so sehr in den Hintergrund ihrer doch im Christentum so bedeutsamen sakramentalen Vermittlungsgestalten zu rücken? Ohne den Bezug auf ein ganz wichtiges Lebenswissen und eine tiefe Lebenserfahrung zu verlieren?

Dort, wo Frauen und Männer gemeinsam in der Pastoral für die Weitergabe des Glaubens an den Gott Jesu Christi wirken, entstehen nach meinem Verständnis die Wertschätzung und der Lebensraum, in dem sich auch die rechtlichen Strukturen angemessen und in Treue zum Evangelium fassen lassen. Ich sehe ganz sicher keine Lösung darin, von außen sozusagen machtpolitischen Druck ausüben zu wollen, um so innerkirchliche Reform zu bewirken.

Diese etwas kompliziert wirkenden hoch theologischen Gedanken könnte man vereinfacht so ausdrücken: Ich hoffe sehr, dass die Zeit einmal reif sein wird, um hier einen Weg in der gläubigen Einheit der katholischen Kirche gehen zu können, der ihre Unitas nicht gefährdet, aber mutig dem Wort des Evangeliums Jesu Raum gibt: „Denn wer den Willen meines himmlischen Vaters erfüllt, der ist für mich Bruder und Schwester und Mutter." (Mt 12,50)

Christliche Beziehungsethik, Missbrauchsskandal und Memorandum

In diesem Sinne der Warnung vor rein machtpolitischen Interpretationen innerkirchlicher Wege und Diskussion habe ich auch die Haltung der Fachtheologie im und nach der Aufdeckung des Missbrauchsskandals als äußerst ambivalent erlebt. In einseitiger Weise wurde die Verantwortung der Bischöfe angefragt, ja sogar das lehramtliche Konzept im Bereich der Sexualethik dafür verantwortlich gemacht, dass im Raum der Kirchen in der achtziger Jahren sexueller Missbrauch nicht aufgedeckt wurde.

Es ist eigenartig, dass Moraltheologie, die ja nun selbst unter den Bedingungen nach dem Zweiten Vatikanum über 50 Jahre lang das innerkirchliche Klima hat mitprägen können, meint, selber keine Verantwortung für die Sexualethik innerhalb katholischer Glaubensgemeinschaft zu tragen. Wie ist es möglich, dass es die Fachtheologie erst 50 Jahre nach dem Zweiten Vatikani-

---

17 Es mögen die Dogmatiker beurteilen, wie dieser Ausdruck in Bezug auf die Vielgestaltigkeit des Amtes (Diakonat, Priestertum, bischöflicher Dienst) theologisch verantwortet aussehen kann.

schen Konzil wagt, im Bereich der Sexualethik Dinge auszudrücken, von denen sie sagt, dass sie im Raum der Kirche nicht geäußert werden konnten? Ich habe mich nie gescheut, sexualethische Fragestellungen aufzugreifen und konkret zu benennen[18]. Sicherlich ist es die Aufgabe der Theologie, wirksam und durchsetzungsstark Impulse zur Reform kirchlicher Lehre in diesem Bereich bereitzustellen. Wie in keinem anderen wird hier deutlich, wie sehr die Freiheit des Menschen einen Respekt erfordert, der sich mit den Kategorien des traditionellen Naturrechts nur sehr schwer darstellen lässt. Diese Einsicht gilt mitunter auch für seine Verwandlung in ein Personrecht, wenn sie mit der Absicht der bloßen Aufrechterhaltung traditioneller Positionen verbunden wird (wie oben angesprochen). Die Belastung von Menschen durch eine moralische Verkündigung, welche der Intimität menschlicher Freiheit gerade im Lebensbereich der Vertrautheit von Liebe, Partnerschaft und Familie nicht gerecht wird, ist eine schlimme Entstellung der Botschaft des Evangeliums. Unsere Elterngeneration hat mit dieser Erfahrung zurechtkommen müssen. Aber ich habe es als eine Art Doppelmoral erlebt, das Lehramt (in diesem Fall die deutschen Bischöfe) mit der Bewältigung des Skandals allein zu lassen und genau in einem solchen Moment eine Chance zu sehen, um Anliegen der Kirchenreform öffentlich vorzutragen. In einer Öffentlichkeit, die nicht nur ehrliches Interesse an der Bewältigung von Unrecht hat, sondern auch machtbezogene Mechanismen der Manipulation kennt. Ich habe deshalb das Memorandum nicht unterschrieben, weil es sich in einen Zusammenhang hineingestellt hat, den ich nicht verstanden habe. Hat es in der ganzen Zeit davor an Mut gefehlt, im innerkirchlichen Raum wirklich ehrlich zu sein? Das finde ich äußerst beschämend für alle Beteiligten – gerade auch für die professionellen Theologen.

Daraus folgen nicht als Konsequenz eine Theologie im Getto und ein Rückzug aus dem Gespräch mit der modernen Welt. Gerade die Sexualethik erscheint – um es noch einmal zu verdeutlichen – als ein Bereich, in der die schlichten naturrechtlichen Grundsätze als solche nicht mehr hilfreich sind. Sexualität erweist sich als ein vielfältiges Ineinander von Bedürfnissen der Geborgenheit, der zwischenmenschlichen Kommunikation, der Beziehung zum eigenen Leib, der Vitalisierung und Entspannung im eigenen Leben.

Und dennoch gibt es auch hier tatsächlich Grunddimensionen, welche den Menschen vor Ausnutzung und Hilflosigkeit schützen. Die Kirche nennt es Wesenseigenschaften. Moderne Gesellschaft spricht von letzten menschenrechtlichen Prinzipien. Vermutlich ist es gar nicht so schwer, hier Verbindungen herzustellen und dabei das Helfende und Schützende des Glaubens deutlich zu machen.

Natürliche Rahmenbedingungen wirklich menschlicher Sexualität sind deshalb nach meinem Verständnis nicht einfach bedeutungslos. Es wundert mich

---

18 Vgl. etwa: Freiheit, die mehr ist als Willkür. Christliche Ethik in zwischenmenschlicher Beziehung, Lebensgestaltung, Krankheit und Tod. Regensburg 1997 (= Handbuch der Moraltheologie 2).

zutiefst, dass die moderne Emanzipationsbewegung ausgerechnet beim Menschen selbst die ökologischen Rücksichten völlig ausblendet. Mag die Naturrechtstradition der Kirche in Bezug auf das Sexualethos wirklich bedrückend eng sein: aber Erziehung zur Beziehungsfähigkeit kann doch nur dort wirklich in Einklang auch mit vitalen natürlichen Grunderfahrungen gelingen, wo der Mensch am tiefsten mit seiner Körperlichkeit, mit seinem Leib verbunden ist – in der Erfahrung der Sexualität. Auf diese Frage gibt ein rein platonisches und spiritualisiertes Beziehungsdenken keine Antwort. Besonders im Blick auf die Bewertung der gleichgeschlechtlichen Liebe, aber auch in Bezug auf die Empfängnisverhütung gibt es nach meiner Kenntnis nur wenige moraltheologische Positionen, die sich hier um den Ausgleich traditioneller und emanzipatorischer Anliegen bemühen.

Es ist dies ein sehr plastisches Beispiel für die Ungleichzeitigkeit der moraltheologischen Arbeit heute mit ihren bezeichnenden Spannungen: Innerkirchlich für eine wirklich tragfähige Liberalität um der Offenheit menschlichen Lebens willen zu werben und darauf zu bestehen, alte Zöpfe abzuschneiden. Aber zugleich in die Gesellschaft hinein die berechtigten Anliegen des theologischen Wissens um die Einbindung menschlicher Freiheit, um die ganzheitlichen Voraussetzungen von Glück und auch moralischer Integrität zu transportieren.

Der Bolognaprozess und die Reform der Studiengänge

Der Bologna-Prozess bietet in diesem Sinne für die Theologie eigentlich die Chance, ihr eigenes Profil im Umfeld der Universität in einer guten Weise zur Geltung zu bringen. Die Theologie hat sich schon immer um eine Vielfalt der Kompetenzen bemüht, die sich nicht nur in wissenschaftlicher Rationalität erschöpft. Wenn es gelingt, die heutige Suche nach einer lebensweltlich besseren Anschließbarkeit akademischer Welt und ihre Ausrichtung auf die Vermittlung effizienter Kompetenzen hin – so verstehe ich die wesentlichen Anliegen der heutigen Reform der Universität – im Sinne der eigenen glaubenswissenschaftlichen Anliegen fruchtbar zu machen, dann „steckt da sehr viel drin“[19]: Es lassen sich Rationalität und Spiritualität sowie kirchliches Engagement miteinander verbinden.

Gerade auch die Entwicklung neuer Studiengänge, welche eine Vielzahl von nicht-theologischen Kompetenzen (im Bereich von Wirtschaft, Kultur und Sozialwissenschaften/Politik) mit theologischen Inhalten zu verbinden erlaubt (vgl. zum Beispiel Studiengänge wie „Theologie und Management“ oder „Theologie und Wirtschaft“ oder „Theologische Inhalte der Kunstgeschichte“

19 Und das gilt trotz des immens gestiegenen bürokratischen Aufwands, der mit der Reform verbunden ist. Dass er in dieser Weise notwendig ist, das leuchtet mir nicht ein und scheint mir die Sache unerträglich zu verkomplizieren.

usw.), bietet eine große Chance für die Theologie, eine bleibende Heimat an der Universität auch im Kontext zunehmender Entchristlichung zu behalten.

Die größte Enttäuschung meiner Arbeit als Hochschullehrer und Forscher für mich war und ist dabei aber die Erfahrung, wie sehr die akademische Theologie in Deutschland diese Prozesse im Sinne der eigenen Karrierebezogenheit umgesetzt hat. Auf dem Hintergrund meiner Vergangenheit in der Ordenshochschule habe ich die Arbeiten von Kollegen immer sachbezogen rezipiert und mein gesamtes Suchen innerhalb der Theologie und im Gespräch mit dem Kanon wissenschaftlicher Disziplinen breit auf die Einsichten anderer bezogen. Kleinere oder größere Rezensionsartikel waren immer mein Anliegen[20]. Ich habe entdeckt, dass demgegenüber eine Politisierung wissenschaftlicher Forschung Platz greift. Einflussbereiche abzusichern durch eine bewusste Veröffentlichungsstrategie, das Einbeziehen und Heraustrennen aus dem wissenschaftlichen Diskurs, das alles musste ich als Haltungen wahrnehmen, die mir persönlich sehr fremd sind[21]. Hier wird der Kampf um Einfluss und Geltung aus einem bestimmten gesellschaftlichen, vor allem machtpolitisch orientierten Kontext bereitwillig übernommen. Es bleibt eigentlich nur, dazu auf klare Distanz zu gehen. Die Zukunft liegt nicht in einer solchen Wissenschaft, schon gar nicht in der Theologie, sondern in einem Konzept, das die lebensweltliche sowie existenzielle (in diesem Sinne eben auch religiöse, ja konfessionelle) Bezogenheit und rationale Vermittlung aufrichtig und ohne Taktik miteinander ins Gespräch bringt. Innerhalb der Theologie bezieht sich diese Haltung auch auf den Umgang mit ihrer kirchlichen Rückbindung sowie der

---

20 Rezensionsartikel: Moraltheologische Antworten auf die gegenwärtigen biomedizinischen Herausforderungen im internationalen Vergleich. In: Hilpert Konrad/Mieth Dietmar (Hgg.): Theologische Beiträge zum gesellschaftlichen Diskurs. Freiburg i. Br. 2006 (= QD 217), 294-312; Von der autonomen Moral im Kontext des Glaubens zur christlichen Ethik in pluralistischer Gesellschaft. In: FZPhTh 52 (2005) 764-770. (Wils, Jean-Pierre: Versuche über Ethik. Freiburg i. Ue. 2004 (= Studien zur theologischen Ethik 108); Lob-Hüdepohl, Andreas (Hg.): Ethik im Konflikte der Überzeugungen. Freiburg i. Ue. 2004 (= Studien zur theologischen Ethik 105); Jans, Jan (Hg.): Für die Freiheit verantwortlich. FS für Karl-Wilhelm Merks zum 65. Geburtstag. Freiburg i. Ue. 2004 (= Studien zur theologischen Ethik 107); Literaturbericht: Unauflösliche Ehe - zwischen dogmatischen Idealen und pastoralen Zwängen. In: OrdKorr 37 (1996) 119-122; Literaturbericht: Von der "Überbevölkerung" bis zum "gläsernen Menschen". Die Würde des Lebens als zentrales Problem theologischer Ethik heute. In: Ordkorr 36 (1995) 101-103; Von der Autonomie zur Authentizität der Freiheit. Die "Studien zur theologischen Ethik" als Kaleidoskop gegenwärtiger Fundamentalmoral. In: FZPhTh 41 (1994) 560-573; Literaturbericht: Christliche Ethik im Dialog. Eine Würdigung der ökumenischen Ethik Hermann Ringelings (= Rezension: Ringeling, Hermann: Christliche Ethik im Dialog (= Studien zur theologischen Ethik 32)). In: OrdKorr 34 (1993) 482-484; Literaturbericht: Vom Heimatrecht partnerschaftlicher Liebe in der Kirche, in: OrdKorr 32 (1991) 97-101.

21 Es ist wirklich eine herbe Enttäuschung und zeigt die starke Säkularisierung der Theologie an den staatlichen Fakultäten, dass solche Strategien, die man bisher lediglich einflussreichen Branchen nachgesagt hat (Medizin, Recht usw.), auch in ihr immer stärker werden. Nicht im Verhältnis römischer Behörden zu meiner Arbeit (am Beginn steht durchaus eine kritische Anfrage zu meiner Theologie im Nihil-Obstat-Verfahren), sondern in deutscher Lehrstuhlpolitik am Rande (behindertenrechtlicher) Legalität und moralischer Integrität habe ich die problematische Gestalt heutiger Wissenschaftskultur in und außerhalb der Kirche kennengelernt. Wirkliche Wertschätzung habe ich sicher auch erfahren, vorrangig aber bestenfalls berechnende Kollegialität.

vorbehaltlosen Offenheit sowie der ehrlichen Teilnahme am rationalen und gesellschaftlichen Diskurs.

Die Neugestaltung der Universität steht nach meiner Auffassung ganz im Dienst der transdisziplinären Zusammenarbeit der Fächer. Dahinter steht der Druck der Grenzerfahrungen freiheitlicher und technischer Kultur. Wissenschaft wird damit in einen sehr ernsten Dienst genommen. Es ist der Dienst eben an diesem humanen Antlitz der Welt, von dem weiter oben die Rede war. Man kann die Hoffnung darauf, dass das Menschenrechtsethos stark genug ist, diese Menschlichkeit auch angesichts der gegenwärtigen Krisenerfahrungen bleibend zu sichern, geradezu als die letzte metaphysische Hoffnung der modernen Welt verstehen. Die Theologie muss das Gespräch mit dieser Hoffnung aufnehmen.

Für den Beitrag des einzelnen Wissenschaftlers würde das bedeuten, dass er sich den Anforderungen der transdisziplinären Kooperation bereitwillig zur Verfügung stellt, und im Blick auf eigene selbstbezogene Interessen Bescheidenheit übt und den objektiven Herausforderungen heutiger Forschung und Lehre den Vorrang gibt.

Ich bin fest davon überzeugt, dass Moraltheologie ohne ihre starken und prononcierten Wurzeln in einem christlichen Gottesverständnis, wie es das Zweite Vatikanum der modernen Welt angeboten hat, ihren Auftrag nicht erfüllen kann. Der Sinn der personalen Wende der Theologie seit der Mitte des letzten Jahrhunderts wird von dort her eigentlich erst richtig verständlich. Die katholische Theologie hat den christlichen Glauben in seiner personalen Tiefe und menschlichen Radikalität neu verstehen gelernt. Sie spricht von einem menschenfreundlichen Gott, der die Freiheit des Menschen achtet und der sich um ihn kümmert, ja sogar seine Grenzen und Schuldfähigkeit noch einmal auffängt, weil er unter den Lasten des Lebens vielfach bedrängt wird. So kann man die anthropozentrische Wende der Dogmatik, die vielfach beschrieben worden ist, in eine moraltheologische Kurzformel bringen: Gott als Selbstmitteilung, die mitleidende Solidarität Gottes in der Geschichte, seine Compassion, die Ausdeutung der Theodizeefrage bis hin in die Beschreibung der Ohnmacht Gottes im Kreuz selbst, die gleichwohl Erlösung bezeichnet. Für die Moraltheologie bedeutet das, dass sie sich angesichts der moralischen Risiken der tiefen Verunsicherung und auch Hilflosigkeit moderner Kultur mit ausliefert. Aber ihr Anspruch ist, dass die Beziehung zu Gott unverzichtbar ist, um in diesen Risiken das humane Antlitz der Welt nicht aufs Spiel zu setzen.

Das Gebet ist mir immer eine Hilfe gewesen, um in den Stellungskämpfen, den Anerkennungskämpfen und Konkurrenzkämpfen innerhalb der Gesellschaft und innerhalb der Kirche das Maß zu halten, das darauf vertraut: Nicht wir selbst gestalten allein, sondern wir sind (auch) getragen und werden dort, wo wir begrenzt bleiben, ergänzt durch die größere Weisheit Gottes. Kirche und Theologie müssen vor der Freiheit des Menschen keine Sorge haben – ja gerade dann, wenn sie die Grenzen dieser Freiheit konkret benennen, um erfahrbar zu machen, dass Gott ihr auch dort seinen Schutz zusagt, wo sie mit der eigenen Ohnmacht und Schuld konfrontiert ist.

Foto: Visvaldas Grauslys

Marianne Heimbach-Steins

Christliche Sozialethik – theologisch und kontextuell. Begegnungen, Klärungen, Horizonterweiterungen

I. Biographische und berufliche Stationen

Einen Tag nach der Ankündigung des Zweiten Vatikanischen Konzils durch Papst Johannes XXIII. bin ich am 26. Januar 1959 in Köln geboren – ein Kind der Konzilszeit von Anfang an. Wenige hundert Meter vom Rhein entfernt wuchs ich in einem Dorf südlich der Kölner Stadtgrenze zusammen mit einem älteren und zwei jüngeren Brüdern in einer rheinisch-katholischen Familie auf. Die kirchliche Verwurzelung war so selbstverständlich wie die politische Orientierung an der CDU. Beide Eltern hatten studiert, Bildung, Musik und soziales Engagement galten ihnen auch für uns Kinder als hohe Güter. Als Kinder der Baby-Boom-Generation sind meine Brüder und ich mit vielen Gleichaltrigen aufgewachsen. Einen Kindergarten hat keiner von uns besucht. Die Arbeitsteilung zwischen den Eltern war traditionell; meine Mutter hatte mit der Eheschließung ihren Beruf als Lehrerin aufgegeben; erst als mein jüngster Bruder 1973 aufs Gymnasium wechselte, wagte sie – nach siebzehn Jahren „Pause“ und mit Rückenwind durch den damit befassten „Familienrat“ – den Schritt zurück in den Beruf.

Wegen der Kurzschuljahre zur Umstellung des Einschulungstermins auf den Herbst währte meine Grundschulzeit nur gut drei Jahre (1965-1968); in diese Zeit fiel auch die Umwandlung der katholischen Volksschule in eine Gemeinschaftsgrundschule. Als ich im Herbst 1968 zum Neusprachlichen Gymnasium in Köln-Rodenkirchen wechselte, einer noch jungen, schnell wachsenden Schule, die von einem ehrgeizigen Gründungsdirektor mit elitärem Anspruch geführt wurde, wusste ich noch nichts von den Epoche machenden „68er“ Ereignissen. In der „Sexta“ begannen wir mit vier Parallelklassen zu je 48 Kindern (bis zur „Quarta“ waren die Klassen um je ungefähr ein Viertel „geschrumpft“). Während wir anfangs einen älteren Klassenlehrer hatten, der gerne von seinen Erfahrungen als Soldat im zweiten Weltkrieg erzählte, wuchs bald der Einfluss der jungen „68er“ im Schulkollegium. Manchen von ihnen verdanke ich intensive Gelegenheiten zur Auseinandersetzung, nicht zuletzt um religiöse und kirchliche Themen. Die Schule wurde für mich mehr und mehr zu einem Ort, an dem ich Position beziehen – oder mich zurückziehen – musste. Vieles, was mir im Elternhaus als wertvoll und selbstverständlich gültig vermittelt worden war, wurde in Frage gestellt. Einige unserer Lehrer waren, was uns während der Schulzeit selbst nicht bewusst (und nie thematisiert) wurde, aus der DDR oder aus anderen Ländern des sozialistischen Machtbereichs geflohen. Erst spät habe ich realisiert, wie einseitig das Europabild war, das uns in der Schule vermittelt worden war. Im Geschichtsunterricht spielten die Französische Revolution und der Nationalsozialismus eine herausragende Rolle, über das europäische Mittelalter habe ich hingegen wenig erfahren. Trotz des emanzipatorischen Pathos der jungen Lehrergeneration hat das vorherrschende Blockdenken den Eisernen Vorhang auch in unseren Köpfen reproduziert. Meine erste Reise nach Polen – bei Gelegenheit eines Besuchs einer Bamberger Fakultätsdelegation in Oppeln Ende der 1990er Jahre – hat mir diesen Mangel deutlich vor Augen geführt.

Studium – Berufsorientierung – Promotion

Von Kinderzeiten an hatte ich Lehrerin werden wollen. Gegen Ende der Gymnasialzeit stellte ich diese Absicht zwar kurzzeitig in Frage, begann aber doch zum WS 1977/78 Theologie und Germanistik für das Lehramt an Gymnasien zu studieren. Gerne wäre ich schon zum ersten Semester an eine weiter entfernte Universität gegangen, aber unsere Eltern, die gleichzeitig vier Kinder in Ausbildung hatten, beschieden ihre „Großen", erst einmal „von zu Hause aus" anzufangen, d.h. in Bonn. Nach drei Semestern wechselte ich mit bereits abgeschlossenem germanistischem Grundstudium nach Würzburg und legte dort ein Semester später die vorgeschriebene Zwischenprüfung in Theologie ab. Im Frühjahr 1979 war ich in die bischöfliche Studienförderung Cusanuswerk aufgenommen worden und erhielt ein Teilstipendium, was mich zusammen mit den bescheidenen Einkünften aus einer studentischen Hilfskraftstelle am dogmatischen Seminar finanziell weitgehend unabhängig vom Elternhaus machte. Übrigens wollte man mich trotz eines sehr guten Abiturs und der bereits zurückgelegten Studienzeit in Würzburg zunächst nicht immatrikulieren: Mein nordrhein-westfälisches Abitur wurde im Freistaat als unzureichend angesehen (in der Tat hatte ich die damals bestehende, aus meiner heutigen Sicht nicht unbedingt lobenswerte Möglichkeit genutzt, die Abiturprüfung ohne ein naturwissenschaftliches Prüfungsfach abzulegen). Ich weiß nicht mehr, wie – jedenfalls wurde das Problem gelöst, und ich habe – nach einem zweisemestrigen Intermezzo an der Universität Fribourg/Schweiz – im Sommersemester 1983 das erste Staatsexamen für das Lehramt an Gymnasien an der Universität Würzburg abgelegt.

Meine Studienfächer hatte ich aus Interesse gewählt; anregender und herausfordernder Schulunterricht in beiden Fächern hatte dazu ohne Zweifel beigetragen. Bereits in den Bonner Semestern habe ich imponierende theologische Hochschullehrer erlebt (soweit dies für eine Studienanfängerin in unserer großen Alterskohorte möglich war), darunter Franz Böckle und Ernst Dassmann, deren Vorlesungen ich hörte. Die vielleicht wichtigste theologische Lehrveranstaltung, die ich in Bonn erlebte, war der „Grundkurs", der unter der

Leitung von Hans Jorissen und dem damaligen Spiritual des Collegium Albertinum, Wolfgang Kraft, regelmäßig am Samstagvormittag (!) stattfand. Lektüregrundlage war Bernhard Weltes Buch „Determination und Freiheit“. Die Diskussionen zielten nach meiner Erinnerung darauf, uns Studienanfängern die „existentiale“ Dimension des Theologietreibens zu erschließen; das Engagement und die persönliche Glaubwürdigkeit der Lehrenden weckte Begeisterung. Prägend für meinen weiteren Weg wurde in der Bonner Zeit zudem die Begegnung mit einer Dozentin der mediävistischen Germanistik. In der Theologie gab es während meiner Studienzeit an keiner der Universitäten, an denen ich studierte, auch nur eine einzige weibliche Dozentin; nicht nur in der Professorenschaft, sondern auch im akademischen Mittelbau bin ich ausschließlich männlichen Lehrern begegnet. Dr. Doris Walch (verh. Walch-Paul), an deren Proseminar über mittelalterliche religiöse Lyrik ich im WS 78/79 teilnahm, war den Studierenden sehr zugewandt, widmete sich intensiv unseren Arbeiten, die sie außerordentlich streng bewertete, lud uns auch zu sich nach Hause ein und suchte das persönliche Gespräch. Sobald sie einen Funken Begeisterung wahrnahm, ermutigte sie eigenständiges Arbeiten, Entdecken und Forschen. Bei ihr habe ich mit einer rezeptionsgeschichtlichen Untersuchung über einen mittelalterlichen Marienhymnus meine erste ziemlich eigenständige Forschungsarbeit geschrieben. Wochenlang habe ich daran gearbeitet und schließlich eine über 40 Schreibmaschinenseiten umfassende Darstellung abgegeben, die von den Texten des 9./11. Jahrhunderts bis zu den im „Gotteslob“ enthaltenen modernen Adaptionen reichte. Natürlich sprengte das opusculum den Rahmen einer Proseminar-Hausarbeit bei weitem, aber es wurde angenommen. Frau Dr. Walch war sehr angetan, umso mehr irritierte es mich, dass sie es erst nach einigem Zögern mit „sehr gut“ bewertete und mir eröffnete, sie habe diese Note so gut wie nie vergeben (heute weiß ich, dass sie das höchste Prädikat in ihrer langen akademischen Tätigkeit insgesamt nur zweimal vergeben hat – der andere derart Ausgezeichnete ist ein heute emeritierter Professor der Evangelischen Theologie). Gerade weil meine Generation unter den Lehrenden der Theologie kaum weibliche Identifikationsfiguren antreffen konnte, wurde mir die Begegnung mit Doris Walch bleibend wichtig; nach meiner Promotion habe ich den Kontakt zu ihr wieder aufgenommen und pflege ihn bis heute.

In Würzburg hat mich Rudolf Schnackenburg nachhaltig für die neutestamentliche Exegese begeistert; von ihm bekam ich bald die erste Aufforderung zu promovieren. Intensiv habe ich auch alte Kirchengeschichte/Patrologie bei Jakob Speigl studiert, in dessen etwas monoton vorgetragenen Vorlesungen man sehr genau zuhören musste, um die gut versteckten Pointen nicht zu verpassen. Bei ihm habe ich meine Staatsexamensarbeit über eine Reihe von Predigten des lateinischen Kirchenvaters Petrus Chrysologus, der im 5. Jh. in Ravenna lebte, geschrieben. Eine solche Schwerpunktsetzung war im Lehramtscurriculum nicht vorgesehen, aber immerhin möglich. Überhaupt habe ich die damalige Freiheit des Studiums geschätzt und genutzt: Im Hauptstudium widmete ich mich sechs Semester lang dem, was mir wichtig und reizvoll erschien, um mich dann, gemeinsam mit kleinen Lerngruppen in beiden Fächern, zwei Semester lang auf ein ohnehin kaum kalkulierbares zentrales Staatsexamen vorzubereiten.

In dem Moraltheologen Bernhard Fraling (1929-2013) traf ich in Würzburg einen Lehrer, in dessen Seminaren ich sehr viel gelernt habe und dessen persönliche Ausstrahlung, die von absoluter Integrität, Nüchternheit und Bescheidenheit bestimmt war, mich sehr angesprochen hat. Neben klassisch moraltheologischen Themen bot Fraling, der selbst intensiv zur niederländischen Mystik des Spätmittelalters geforscht hatte, auch Seminare zur spirituellen und mystischen Tradition des Christentums an. Mit ihm vereinbarte ich gegen Ende des Studiums ein Promotionsvorhaben, in dem ich meine beiden Studienfächer zusammenführen konnte: Meine Idee, das Werk Mechthilds von Magdeburg „Ein fließendes Licht der Gottheit“ (die erste mystische Schrift in deutscher Sprache) und die Grundlagen ihrer Kirchenkritik zu untersuchen, war insofern gewagt, als die lange angekündigte kritische Edition noch nicht erschienen war; mein von Fachleuten bestärkter Optimismus, die Edition stehe unmittelbar bevor, erwies sich als trügerisch. Gleichwohl konnte ich das Vorhaben nach der Referendarzeit für das Lehramt an Gymnasien zügig realisieren, wiederum unterstützt durch ein Stipendium des Cusanuswerkes und großzügig begleitet von Bernhard Fraling, der mich sehr frei arbeiten ließ, aber immer ansprechbar war. Er hat für mich das Verständnis und die Rolle des „Doktorvaters“ so geprägt, dass ich mich, als ich selbst Verantwortung für Doktorandinnen und Doktoranden zu übernehmen begann, in wesentlichen Punkten an seinem Vorbild orientiert habe.

Münster zum Ersten (1987-1996)

Im Frühjahr 1987 war ich gerade von einem siebenmonatigen Forschungsaufenthalt in Leuven, zu dem ich mich wegen der dort exzellenten Bibliothekssituation entschlossen hatte, nach Würzburg zurückgekehrt, als überraschend ein Angebot aus Münster kam: Dort hatte zum Sommersemester 1987 der Schweizer Moraltheologe und Sozialethiker Franz Furger (1935-1997) die Leitung des Instituts für Christliche Sozialwissenschaften (ICS) übernommen und suchte für eine der Assistenzstellen ausdrücklich eine Nachfolgerin, möglichst promoviert mit allgemeinem theologisch-ethischem Know-how. Ermutigt durch meinen Doktorvater, bewarb ich mich und trat – nach einer äußerst unkomplizierten Verständigung mit meinem künftigen Chef – schon ab Juli 1987 ins Team des ICS ein. Die Doktorarbeit wurde über den Sommer fertig, promoviert wurde ich in Würzburg im Februar 1988.

In den fast neun Jahren am ICS wurde Franz Furger mir ein prägender Mentor.[1] Seine Art, das Institut zu leiten, war von Großzügigkeit und demokratischem Geist geprägt, er delegierte Verantwortung und suchte das Gespräch. Zu meinen Aufgaben gehörte neben den Verpflichtungen in der Lehre und vielfältiger Zuarbeit für Franz Furger von Anfang an die Redaktion des „Jahrbuchs für Christliche Sozialwissenschaften", dem wir bald durch die Einführung von Jahresthemen ein deutlicheres Profil geben konnten (was nicht ohne heftige Konflikte innerhalb der „Zunft" durchzusetzen war). Franz Furger hat in den knapp zehn Jahren, die ihm bis zu seinem unerwartet frühen Tod am 5. Februar 1997 blieben, von Münster aus prägenden Einfluss auf die Entwicklung der deutschsprachigen Christlichen Sozialethik genommen, nicht zuletzt durch die Qualifizierung einer großen Zahl von Doktorandinnen und Doktoranden sowie der Begleitung von vier Habilitanden, von denen drei sozialethische Lehrstühle übernommen haben.

Der Schritt nach Münster war für meinen beruflichen Weg von großer Tragweite: Eine Post-Doc-Stelle (sie wurde damals noch nicht so genannt) anzutreten, erschien mir nur in Verbindung mit der Entscheidung zur Habilitation sinnvoll. Diese Zielsetzung war für eine Frau in der Theologie noch alles andere als selbstverständlich und jedenfalls eine riskante Entscheidung. Ich erinnere mich, dass Franz Furger in Bezug auf meine Person zunächst bei Bischof Lettmann anfragte, ob dieser meiner Habilitation zustimmen würde. Mit der abgeschlossenen Berufsausbildung als Gymnasiallehrerin im Gepäck fiel mir die Entscheidung leichter – ich hatte einen „Plan B", war noch ungebunden und mit 28 Jahren relativ jung; ich fühlte mich frei, den Weg einzuschlagen. „Ungebunden" blieb ich nicht mehr lange: Mit meinem cusanischen Studienfreund Georg Steins, der in Münster bei Erich Zenger arbeitete, verband mich bald mehr als die gemeinsame Liebe zur Theologie; wir heirateten im Frühjahr 1989.

Nach intensiven und anregenden sozialethischen „Lehrjahren" wurde ich im Sommersemester 1994 in Münster habilitiert (zu meinem Habilitationsvorhaben komme ich später). Franz Furger vermerkte im ICS-Tätigkeitsbericht des Jahres 1993/94, es sei die erste Habilitation am ICS seit 20 Jahren gewesen. Der Abschluss kam rechtzeitig, um mich auf die damals zur Wiederbesetzung ausgeschriebenen Stellen bewerben zu können. An vielen theologischen Fakultäten stand ein Generationenwechsel an, und (endlich) erwachte das Bewusstsein dafür, dass die Kollegien nicht zwingend reine Männerdomänen bleiben sollten. So hatte ich zeitlich parallel zum Habilitationsverfahren im Sommersemester 1994 in rascher Folge vier Mal Gelegenheit zum „Vorsingen", in Bamberg, Bochum, Würzburg und Paderborn, und wurde auf drei Listen platziert.

1 Vgl. meinen Beitrag über ihn: Franz Furger (1935-1997). In: Lienemann, Wolfgang/Mathwig, Frank (Hgg.): Schweizer Ethiker im 20. Jahrhundert. Der Beitrag theologischer Denker. Zürich 2005, 235-258.

Bamberg (1996-2009)

Bei zwei ersten Plätzen an den Universitäten Bochum und Bamberg entschied ich mich wieder für den Weg nach Süden. Von Bamberg aus wurde das römische „nihil obstat" beantragt. Das Verfahren dauerte 15 Monate (später erfuhr ich, dass bestimmte Fachvertreter gegen meine Berufung – letztlich erfolglos – intrigiert hatten). Die Aussicht auf einen weiteren Ruf aus Würzburg (vom zweiten Listenplatz) brachte mich nicht mehr davon ab, nach Bamberg zu gehen, wo ich zum Sommersemester 1996 meine Tätigkeit am Lehrstuhl für „Christliche Soziallehre und Allgemeine Religionssoziologie" aufnahm, übrigens als erste ordentliche Professorin an einer Katholisch-Theologischen Fakultät in Bayern. Mit Sabine Demel, die zeitgleich als Lehrstuhlvertreterin für Kirchenrecht in Bamberg tätig wurde, kam eine weitere Kollegin. In einem Professorium, in dem es unter den Kollegen vorher erst zwei „Laien" gegeben hatte, sorgte das gleichzeitige Auftauchen zweier (noch recht junger) Frauen anfangs mindestens in Fragen des Kommunikationsstils für eine gewisse Verunsicherung.

Die kleine, aber lebendige Fakultät und die überschaubare Größe der (ehemals auf 3500 Studienplätze ausgelegten) Universität Bamberg boten mir sehr gute Möglichkeiten, das akademische „Handwerk" zu lernen. Über die Fakultät hinaus übernahm ich bald Verantwortung in verschiedenen Senatskommissionen und als Universitätsfrauenbeauftragte (gemeinsam mit der Germanistin Ingrid Bennewitz). Als Senatorin, Prodekanin und Dekanin sammelte ich über die Jahre vielfältige Erfahrungen im System Universität und knüpfte Kontakte in alle Fakultäten. Besonders wichtig wurde die Zusammenarbeit mit der Islamwissenschaftlerin Rotraud Wielandt, mit der ich in der Verantwortung für das DFG-Graduiertenkolleg „Anthropologische Grundlagen und Entwicklungen im Christentum und Islam" (1998-2007) kooperierte. Darauf aufbauend konnten wir gemeinsam mit dem Politikwissenschaftler Reinhard Zintl im Jahr 2004 das „Zentrum für Interreligiöse Studien" (ZIS) errichten, dessen erste Direktorin ich wurde. Das ZIS samt seinem Masterstudiengang „Interreligiöse Studien" war seinerzeit eine der bundesweit ersten derartigen Lehr- und Forschungseinrichtungen. Auch mit den benachbarten evangelischen Ethikern konnte ich intensiv zusammenarbeiten: Heinrich Bedford-Strohm, der bis zu seiner Wahl zum Bayerischen Landesbischof auf evangelischer Seite den systematisch-theologischen Lehrstuhl innehatte, wirkte im ZIS mit, und wir begleiteten gemeinsam mehrere Qualifikationsarbeiten. Hans Günter Ulrich, der an der Evangelisch-Theologischen Fakultät in Erlangen lehrte, und ich führten mehrfach gemeinsam Seminare durch und arbeiteten, teils auch in größeren kollegialen Konstellationen, immer wieder an Fragen einer ökumenischen Sozialethik. Hans Ulrich gewann mich schließlich auch für die Mitarbeit in der Societas ethica (s.u.).

Viel Zeit und Kraft widmete ich dem in den Jahren 2004/05 erschienenen sozialethischen Lehrbuch, das aus einer bayernweiten sozialethischen Kooperation entstand.[2] Ausgangspunkt für dieses Unternehmen war ein Notstand in der Lehre: Es gab zentrale Staatsexamina, aber außer der Prüfungsordnung kein gemeinsames Curriculum, an dem die Studierenden sich hätten orientieren können. Ich kannte die völlige Unberechenbarkeit dieser Situation aus eigener Erfahrung, und so war es mir ein Anliegen, Abhilfe zu schaffen. Die meisten Kollegen im Freistaat ließen sich für das Vorhaben eines gemeinsam zu schreibenden Lehrbuchs gewinnen; auf welche Herausforderung wir uns damit einließen, entdeckten wir erst nach und nach. Verschiedene Denkansätze und -stile lehrbuchtauglich zu integrieren, war alles andere als einfach; zudem wuchsen unsere eigenen Erwartungen und Ansprüche mit der Intensität der konkreten Arbeit. Über mehrere Jahre trafen wir uns jedes Semester regelmäßig im Caritas-Pirckheimer-Haus in Nürnberg (dank der Gastfreundschaft des damaligen Direktors Heimo Ertl), um zunächst das Gesamtkonzept, nach und nach dann die einzelnen Beiträge gründlich zu diskutieren und in einem oft harten Ringen das notwendige Maß an Abstimmung und Kohärenz mit der größtmöglichen Freiheit der Einzelnen auszutarieren. Die Orientierung an der sozialethischen Idee der Beteiligung/Partizipation wurde dabei zum roten Faden. Gemeinsam mit Rudolf Zwank, dem Lektor des Pustet-Verlags, entschieden wir erst im Arbeitsprozess, das Material in zwei Bänden zu publizieren. So erschienen zunächst die „Grundlagen", ein Jahr darauf die „Konkretionen", in die wir auch damals noch recht neue Felder wie Bildungsethik, Medienethik und eine sozialethische Reflexion auf die Institution Kirche aufnahmen.

Kaum ein Jahr nach meiner Berufung nach Bamberg starb völlig überraschend Franz Furger. Einige seiner „verwaisten" Münsteraner Doktoranden kamen zur Promotion zu mir. So traurig der Anlass war, der Aufbau meines SchülerInnenkreises wurde dadurch beschleunigt. In den 13 Jahren, die ich in Bamberg lehrte, konnte ich elf Promotionen und eine Habilitation bis zum Abschluss begleiten; etliche DoktorandInnen sowie zwei Habilitanden sind mir nach Münster gefolgt. Am ICS hat sich der Doktorandenkreis internationalisiert, die empirisch basierten und interdisziplinär aufgestellten Projekte haben deutlich zugenommen. Insgesamt begleite ich regelmäßig ca. ein Dutzend PromovendInnen.

Die Bamberger Jahre waren durch die politische Auseinandersetzung um die Zukunft der theologischen Fakultäten in Bayern geprägt. Vom Landesrechnungshof monierte Überkapazitäten heizten die Diskussion an; Bamberg als kleine Fakultät wurde immer wieder öffentlich in Frage gestellt, was nicht gerade zur Steigerung der Studierendenzahlen führte. Die nächstgelegene größere Fakultät verfolgte zeitweise eine recht aggressive Politik gegen die kleine Nachbarin in der Annahme, von der Schwächung Bambergs selbst profitieren

2 Vgl. Heimbach-Steins, Marianne (Hg.): Christliche Sozialethik. Ein Lehrbuch, Band 1: Grundlagen. Regensburg 2004; Band 2: Konkretionen, Regensburg 2005.

zu können. Und die (wie sich bald zeigen sollte übereilte) Entscheidung des Bamberger Erzbischofs im Frühjahr 2004, die Ausbildung von Pastoralassistenten zu beenden, die in meine Amtszeit als Dekanin fiel, wurde ein zusätzlicher „Sargnagel" für die Fakultät. Nach einem höchst intransparenten, ohne jede Beteiligungsmöglichkeit für die betroffene Fakultät und Universität durchgeführten Verfahren wurde sie durch einen Zusatz zum Konkordat im Jahr 2007 für 15 Jahre „sistiert" und auf ein Institut zur Ausbildung von Religionslehrern „zurückgebaut". Mit den vorhandenen Kräften suchten wir nach Wegen, das theologische Angebot in Bamberg zu stabilisieren und attraktiv zu halten, auch nach dem Verlust des theologischen Promotionsrechts. Indem wir einen Kooperationsvertrag mit der Theologischen Fakultät in Erfurt zur wechselseitigen Annahme von Doktoranden (Dr. phil. / Dr. theol.) schlossen, leisteten wir Pionierarbeit in der Modellierung einer länderübergreifenden Zusammenarbeit zwischen theologischen Instituten und Fakultäten; das Modell wurde später in der Kooperation zwischen der Katholisch-Theologischen Fakultät in Münster und dem Institut für Katholische Theologie in Osnabrück aufgegriffen.

Münster zum Zweiten (seit 2009)

Obwohl ich sehr gerne an der Universität Bamberg gearbeitet hatte, bestärkten die deutlich ungünstiger gewordenen Rahmenbedingungen nach dem Ende der Fakultät mich darin, noch einmal eine neue Herausforderung zu suchen.[3] In Münster wurde Karl Gabriel als Direktor des ICS pensioniert; in Tübingen war bald darauf die Nachfolge von Dietmar Mieth zu regeln. Das Verfahren in Münster gestaltete sich kompliziert und zog sich so lange hin, dass ich die Hoffnung, diesen für die Sozialethik besonders attraktiven Lehrstuhl übernehmen zu können, schon weitgehend aufgegeben hatte. In der Zwischenzeit hatte ich mich auch in Tübingen beworben – mit dem Ergebnis, dass ich schließlich fast zeitgleich an beiden Universitäten verhandeln konnte. Wissenschaftliche und private Gründe (mein Mann lehrte seit langem als Professor für Altes Testament an der Universität Osnabrück) sowie das deutlich bessere Angebot der Universität sprachen für Münster; ich nahm den Ruf an. Nach Münster zurückzukehren und die Leitung des ICS übernehmen zu dürfen, war genau die Herausforderung, die ich mir gewünscht hatte. Den mit dem Namen Franz Hitze verbundenen, 1893 gegründeten, ältesten sozialethischen Lehrstuhl und das von Joseph Höffner 1951 gegründete Institut, von dem öffentliche Präsenz und Wirksamkeit erwartet wird, zu leiten, stellte mich vor einen

3 Während der Bamberger Zeit hatte ich mich zweimal an andere Universitäten beworben: Anfang 2000 nach Bonn, wo das Verfahren nach zweimaliger Ein- und wieder Ausladung zum „Vorsingen" und einer Dauer von mehr als drei Jahren im Mai 2003 eingestellt wurde – das traurige Ende des dortigen Lehrstuhls für „Christliche Gesellschaftslehre"; und nach Freiburg, wo meine Bewerbung schon in der ersten Runde aussortiert wurde.

hohen Anspruch. Dessen war ich mir ebenso bewusst wie der Tatsache, dass ich eine ganz andere Fakultät vorfinden würde als die, an der ich 15 Jahre zuvor habilitiert worden war. Mich reizte das Potential, das ich mir von dem Institut samt dem „Jahrbuch für Christliche Sozialwissenschaften“, von der großen Münsteraner Fakultät mit ihrem differenzierten Fächerspektrum, den vielen Studierenden und Studiengängen und von der sehr großen Universität versprach.

Mit mir wechselte mein langjähriger Mitarbeiter Dr. Alexander Filipović nach Münster, der die Assistentenstelle einschließlich der Jahrbuchredaktion übernahm und sich den neuen Aufgaben mit großem Elan widmete. Aus Berufungsmitteln konnte ich eine weitere (befristete) Mitarbeiterstelle besetzen, die zur Entwicklung von Forschungsprojekten genutzt werden konnte. Weitere Möglichkeiten versprach die Mitgliedschaft im Exzellenzcluster „Religion und Politik“; es sollten noch andere Perspektiven hinzukommen. Die vielfältigen Potentiale mit den Anforderungen des Alltags in Lehre, Forschung und Selbstverwaltung auszubalancieren, erweist sich seither als Daueraufgabe, umso mehr, als ich zusätzlich überuniversitäre Aufgaben, u.a. die Mitarbeit im Fachkollegium 107 (Theologien) der DFG und den Vorsitz im Universitätsrat der Universität Bamberg (2011-2015), in den ich nach meinem Wechsel an die Universität Münster als ehemalige Bamberger Professorin berufen worden war, wahrzunehmen hatte.

II. „Katholische Soziallehre“ – „Christliche Sozialwissenschaften“ – „Christliche Sozialethik“ – Deutungskonflikte

Meine Habilitation in Münster führte zur Verleihung der Venia legendi für das Fach „Christliche Sozialwissenschaften (Christliche Sozialethik)“. Die (unübliche) Kombination zweier Fachbezeichnungen war auf meinen, von Franz Furger ausdrücklich unterstützten Wunsch hin gewählt und spiegelt die Umbruchsituation des Faches in den 1990er Jahren. Als ich in den späten 1980er Jahren anfing, mir ein Verständnis des Faches und einen Platz darin zu erarbeiten, galt der Begriff „Christliche Sozialethik“ noch als „protestantisch“. Die „Katholische Soziallehre“ neuscholastisch-naturrechtlicher Prägung bestimmte vielerorts die Erwartungen an das Fach und seine Vertreter. Es herrschte, der Begriff zeigt es an, eine enge Bindung der wissenschaftlichen Disziplin an die kirchliche Sozialdoktrin vor. Die methodischen und hermeneutischen Umbrüche der Theologie im Kontext des Zweiten Vatikanums hatten die „katholische Soziallehre“ noch kaum erreicht.

Die Münster-spezifische (und von dort an verschiedene andere Universitäten „exportierte“) Fachbezeichnung „Christliche Sozialwissenschaften“ setzt demgegenüber einen klaren Akzent auf ein eigenständiges wissenschaftliches Profil einerseits und auf die sozialwissenschaftliche Fundierung des theologischen Faches; jedoch ist die dem Kontext des Werturteilsstreits verhaftete Etikettierung in der heutigen Wissenschaftslandschaft alles andere als selbsterklärend und zudem nicht spannungsfrei zu einem vornehmlich ethischen Verständnis des Faches. Jene Wissenschaftler, die sich dem Fach aus der Perspektive der theologischen Ethik widmeten (in meiner Lehrergeneration v.a. Wilhelm Korff und Franz Furger und viele Kolleginnen und Kollegen, die sich zeitgleich mit mir qualifizierten), arbeiteten sich an der irritierenden Ungleichzeitigkeit zwischen „Katholischer Soziallehre", „Christlichen Sozialwissenschaften" oder „Christlicher Gesellschaftslehre" und den theologischen Aufbrüchen der Zeit ab. In der Systematischen Theologie hatten u.a. die Neue Politische Theologie und die Rezeption der lateinamerikanischen Befreiungstheologie, in der Moraltheologie die Ausarbeitung der „Autonomen Moral im christlichen Kontext" zu inhaltlichen und methodischen Neuorientierungen geführt, von der zeitgleichen Entwicklung einer feministischen Theologie und Ethik ganz zu schweigen. Der Umbau zur „Christlichen Sozialethik" bildete folglich ein zentrales Moment der Auseinandersetzung um die Identität des Faches in den letzten ca. 15 Jahren des 20. Jahrhunderts und kann theologiegeschichtlich als ein „Zeichen der Zeit" in den politischen Wende- und Nachwendejahren gelten.

Von Mönchengladbach nach Berlin

Bis weit in die 1990er Jahre hinein dominierte jedoch fachpolitisch „Mönchengladbach": Der als Heimat des „Volksvereins für das katholische Deutschland" für die katholisch-soziale Bewegung geschichts- und symbolträchtige Standort der „Katholischen Sozialwissenschaftlichen Zentralstelle" der Deutschen Bischofskonferenz war Schauplatz der jährlichen Tagungen und „Ordinarienkonferenzen". Präsidiert wurden die Tagungen von Anton Rauscher SJ, Professor in Augsburg und Direktor der Zentralstelle seit 1963, der nach meiner Erinnerung auch über Referenten und Rederecht entschied. Für die sog. „Nachwuchswissenschaftler" waren diese Veranstaltungen wenig einladend: Man fühlte sich allenfalls geduldet, gelegentlich auch examiniert, zumal wenn man wie wir Münsteraner als Mitarbeiter(in) eines Kollegen kamen, der einerseits als nicht ganz „zuverlässig" im Sinne der Fortführung der Doktrin galt, andererseits aber mit der Leitung des ICS und der Herausgeberschaft des Jahrbuchs eine Schlüsselposition im Fach innehatte.

Die Erfahrung zunehmender Erstarrung führte zunächst dazu, dass sich Anfang der 1990er Jahre die damals „jungen Sozialethiker/innen" einen eigenen Diskussionsraum schufen: das „Forum Sozialethik". Es verstand sich als „Initiative von und für Nachwuchswissenschaftler/innen aus dem Bereich der Christlichen Sozialethik, die den Austausch über Grundsatzfragen und aktuelle

Themen suchen und sich dafür eine eigene Plattform schaffen wollen".[4] Dessen erste Tagung, organisiert von Hans-Joachim Höhn und mir, fand mit 25 Teilnehmerinnen und Teilnehmern Anfang September 1990 im Sozialinstitut Kommende in Dortmund statt. Dessen damaliger Leiter, Dr. Reinhard Marx, begegnete der Initiative freundlich. Franz Furger unterstützte unser Projekt von Anfang an und ermöglichte jährliche Berichte im Jahrbuch; diese Tradition wird bis heute gepflegt. Das „Forum Sozialethik" hat seither eine Erfolgsgeschichte geschrieben, die von dem heutigen „wissenschaftlichen Nachwuchs" sehr dynamisch weiterentwickelt wird.[5]

Dieser erste Aufbruch war in gewisser Weise Modell gebend, als im Jahr 2000 einige der jüngeren SozialethikerInnen, die inzwischen selbst Professuren innehatten, eine neue Tagungsinitiative starteten, die sich bald als der jährliche Treffpunkt der „Zunft" etablierte und „Mönchengladbach" in dieser Funktion ablöste: Unter dem programmatischen Namen „Sozialethisches Werkstattgespräch" trafen wir uns in der Katholischen Akademie in Berlin. Ein in Kooperation mit der Akademie organisierter, an das „politische Berlin" adressierter öffentlicher Abend gehört seither regelmäßig zum Programm. Nicht zufällig widmete sich die erste Tagung dem Selbstverständnis der Christlichen Sozialethik. In seinem Tagungsbericht resümiert Wilfried Lochbühler, mit der Tagung sei „ein lange ausstehender (im Grunde genommen überfälliger) Dialog über Stellenwert, Selbstverständnis und Methoden des Fachs christliche Sozialethik begonnen" worden, zudem seien „das Konzept des offenen Werkstattgesprächs, die konstruktive fachliche Diskussion und die gute persönliche Atmosphäre der Tagung positiv hervorgehoben"[6] worden; derlei wäre nicht der ausführlichen Erwähnung wert gewesen, wäre es nicht eine so neue und befreiende Erfahrung für die Teilnehmenden gewesen.

Differenzierungen im Fach

Die Zugangswege zur Sozialethik wurden vielfältiger; neue Ansätze, die den Paradigmenwechsel von der „Katholischen Soziallehre" zur Christlichen Sozialethik beförderten, kamen zum Tragen.[7] Dass FachvertreterInnen mit unter-

---

4 Vgl. Heimbach-Steins, Marianne: Paradigmen der Sozialethik. Bericht über die erste Tagung der Initiative „Forum Sozialethik". In: JCSW 32 (1991), 329-339, hier: 329; und www.jcsw.de (online-Journal).

5 Regelmäßige Publikationen (nicht nur von Tagungsberichten wie in den ersten Jahren, sondern auch von Dokumentationsbänden) sowie neuerdings die Gründung von Arbeitsgemeinschaften zu bestimmten Themen zeugen von der Lebendigkeit des Projekts und von dem Engagement derer, die es tragen.

6 Lochbühler, Wilfried: Das Selbstverständnis der Christlichen Sozialethik. Bericht über das Werkstattgespräch der Sektion ‚Christliche Sozialethik' in der ‚Internationalen Vereinigung für Moraltheologie und Sozialethik' in Berlin (28.2.-01.03.2000). In: JCSW 42 (2001), 285-289.

7 Eine gewisse Rolle spielte dabei der Wechsel einiger junger WissenschaftlerInnen von der Moraltheologie zur Sozialethik, was nicht nur, aber auch mit den hohen Risiken und lehramtlichen

schiedlichen Qualifikationsprofilen zum Zuge kamen, galt manchen als Politikum.[8] Die von Joseph Höffner normativ vertretene (von ihm am ICS konsequent verfolgte) Auffassung, wer Professor der Christlichen Sozialwissenschaften werden wolle, müsse neben der theologischen Qualifikation ein Studium der Volkswirtschaftslehre absolviert haben, wurde via facti relativiert. Hatten in der Aufbauphase der Bundesrepublik Deutschland herausragende Repräsentanten mit eben diesem Qualifikationsprofil – wie Höffner, Nell-Breuning, Wallraff u.a. – das Bild des Faches und die der Zeit entsprechenden ordnungspolitischen Schwerpunkte auf nationalstaatlicher Ebene erfolgreich und mit beachtlicher Langzeitwirkung geprägt, so musste sich unsere Generation in der weltanschaulich pluralisierten, zunehmend entchristlichten Gesellschaft der (Nach-)Wendezeit, im Prozess der europäischen Einigung und der wachsenden weltweiten Polarisierungen auf neue Herausforderungen und veränderte Kommunikationsbedingungen einstellen und einlassen. Das Fach musste sich tiefgreifend verändern, wenn es gesellschaftlich relevant und wissenschaftlich anschlussfähig bleiben sollte.

Nicht zuletzt galt es, neue gesellschaftliche Herausforderungen aufzugreifen und mit geeigneten sozialwissenschaftlichen, sozialphilosophischen und theologisch-ethischen Theorieangeboten zu bearbeiten, u.a. die Folgen der ökologischen Krise, die ökonomische wie informationelle Globalisierung, die zunehmende soziale Zerklüftung der Gesellschaft, die weltanschauliche und religiöse Pluralisierung, die Veränderung von Lebensformen und Geschlechterrollen. Die Themenpalette des Fachs wurde deutlich breiter, die individuellen Forschungsprofile wurden spezieller. Eine insgesamt kleine Zahl von FachvertreterInnen sieht sich herausgefordert, ein enorm breites Themenspektrum zu „bedienen", während sie gleichzeitig mit erheblich gewandelten Anforderungen der akademischen Lehre nach dem Bologna-Prozess, der fortgeschrittenen Ökonomisierung von Forschung und Lehre sowie einem wachsenden Legitimationsdruck auf die Theologie als Wissenschaft umgehen müssen.

Restriktionen in wichtigen Bereichen der Moraltheologie zu tun hatte. Vor allem für sog. „LaientheologInnen" war es mehr als riskant, in der Qualifizierungsphase an strittigen Themen in der Moraltheologie zu arbeiten oder sich auch nur zu Fragen etwa der Sexual-/Beziehungsethik zu äußern; bekanntermaßen wurden gerade in diesem Fach nicht wenige theologische Karrieren seitens des kirchlichen Lehramtes durch Verweigerung der Lehrerlaubnis verhindert.

8 Vgl. hierzu: Rauscher, Anton: Christliche Gesellschaftslehre als Fachgebiet. In: Die Neue Ordnung 49 (1995) 404-410. Ohne Namen zu nennen, sprach er einer Reihe von Zugängen zur Sozialethik, die gerade von HabilitandInnen im Fach vertreten wurden, Wissenschaftlichkeit bzw. sozialethische Kompetenz grundlegend ab. Auf diesen fachpolitisch ambitionierten Versuch, Definitionshoheit über die „richtige" Katholische Soziallehre zu behaupten, reagierte (der u.a. mit angegriffene) Franz Furger mit einem Text, der unter dem Titel erschien: Christliche Sozialethik in pluraler Gesellschaft. In: Stimmen der Zeit 214 (1996), 487-496. Er zeichnete darin ein Bild des „Sozialethikers" als interdisziplinär aufgeschlossenen Dialogpartners. Es war eine der letzten Interventionen Furgers vor seinem frühen Tod, vgl. dazu: Heimbach-Steins, Marianne: Franz Furger (1935-1997) (wie Anm. 1).

Zur „Mehrsprachigkeit“ herausgefordert

Gesellschaftliche und politische Aufmerksamkeit ist für christlich-sozialethische Interventionen nur dann zu erreichen, wenn sich Fachkompetenz und ein klares Profil mit geschickter Öffentlichkeitsarbeit und Vernetzung im interdisziplinären Wissenschaftskonzert und in den adressierten Sektoren der Gesellschaft verbinden. Keine/r kann als einzelne/r das ganze sozialethische Spektrum abdecken, die individuellen Forschungsschwerpunkte und die jeweils gepflegten Kooperationsbeziehungen zu außertheologischen Bezugswissenschaften haben sich je nach Spezialisierung und akademischem Umfeld diversifiziert.

Die Sozialethik ist herausgefordert, sich „mehrsprachig“ ausdrücken zu können, theologisch auskunftsfähig zu sein und das, was sie von anderen wissenschaftlichen und gesellschaftlichen Stimmen unterscheidbar macht, auszuweisen. Die Sprache derer sprechen zu können, die sie erreichen will, und vielfältige Übersetzungsarbeit zwischen ethischer Theorie, gesellschaftlicher und kirchlicher Praxis zu leisten, ist ebenso wichtig, wie das Ohr am Puls der Zeit zu haben, Deutungskompetenz für die „Zeichen der Zeit“ zu entwickeln und möglichst vorausschauend Themen aufzugreifen, die für ein gerechtes und friedliches Zusammenleben in einer immer komplexeren Gesellschaft auf allen Ebenen von der einzelnen Kommune bis zu großräumigen globalen Konstellationen wirklich relevant sind. Die Fähigkeit und Bereitschaft zu pointierten Wortmeldungen ist unverzichtbar, um sorgfältige und nachvollziehbare Argumentation auf einer ausgewiesenen theoretischen Basis öffentlich hör- und rezipierbar zu machen.

Sozialethische Themen werden nicht im akademischen Elfenbeinturm erfunden, sondern sozusagen „auf der Straße“, in den modernen Foren des Meinungsaustauschs und nicht zuletzt in den Randbereichen der öffentlichen Aufmerksamkeit gefunden. Von der gesellschaftsethischen Disziplin der Theologie ist – vermutlich mehr noch als von manchen anderen theologischen Fächern – zu erwarten, dass sie einerseits affiziert und inspiriert ist von den zeitgeschichtlichen Entwicklungen und andererseits selbst eine wache Zeitanalyse betreibt. Sie kann m. E. nicht anders als „kontextuell“ betrieben werden. In meinem bisherigen wissenschaftlichen Werdegang kann ich verschiedene „Knotenpunkte“ meines Bemühens identifizieren, dieses fachliche Selbstverständnis zu konkretisieren.

III. Kontextuelle theologische Sozialethik – Profilbildung und Arbeitsschwerpunkte

Zum fünfzigsten Jubiläum des ICS (2001) lud Karl Gabriel als Institutsdirektor zu einer Fachtagung unter dem Titel „Gesellschaft begreifen – Gesellschaft gestalten" ein. Kolleginnen und Kollegen wurden gebeten, ihren eigenen sozialethischen Ansatz darzulegen und im Hinblick auf das (mögliche) Ende des nationalstaatlichen Zeitalters zu konkretisieren.[9] Das war keine geringe Aufgabe für mich, die ich seit gerade fünf Jahren einen Lehrstuhl hatte und meinen „Ansatz" allenfalls als *work in progress* beschreiben konnte. Ich stellte meine Skizze unter eine Formel, auf die ich seither immer wieder zurückgegriffen habe: „Sozialethik als kontextuelle theologische Ethik". Thesenartig beschrieb ich meinen Reflexionsstand zum Verhältnis von Universalität und Partikularität in der Ethik, erörterte die Bedeutung der (Selbst-)Reflexion der Ethik treibenden Subjekte sowie der Erfahrungen und Orte, von denen her sie eine ethische Perspektive entwickeln (am Beispiel Geschlechterdifferenz), und schließlich die Rückbindung an die Deutungsressourcen der biblischen und kirchlichen Tradition als Moment der expliziten Kontextualisierung einer theologischen Sozialethik.[10] Damit setzte ich, wie mir heute scheint, Orientierungsmarken für meine sozialethische Herangehensweise und die daraus erwachsenden Schwerpunkte. Sie hatten ihr Fundament in einer Phase intensiver Arbeit an der theologischen Profilierung der Sozialethik und an ihrer Verhältnisbestimmung zur kirchlichen Sozialverkündigung in den 1990er Jahren.

Theologische Profilierung der Sozialethik

Aus der Moraltheologie und aus der Mystikforschung kommend, fragte ich nach einer theologischen Profilierung der Sozialethik. Ende der 1980er Jahre war dieses Thema keineswegs en vogue. Viel eher stand das Ringen um Überwindung einer neoscholastisch enggeführten Naturrechtslehre und um philosophische Anschlussfähigkeit im Vordergrund, was – v.a. dank der Arbeiten von H.-J. Höhn – zunächst zu einer starken Rezeption der Diskursethik führte. Die theologische Identität und Verortung des Faches, die ich für mein Habilitationsvorhaben wählte, war bestenfalls als Randfrage präsent. Die Abwägung möglicher Herangehensweisen und Konkretionen führte mich zu einer Untersuchungskonstellation, die eine theologische Sachfrage im Gespräch mit einer konkreten Person behandelt. Ich nahm mir das Schrifttum der französischen Christin Madeleine Delbrêl (1904-1964) vor, die in einem weitgehend entchristlichten und militant atheistischen Arbeitermilieu in der Banlieue von Paris seit den frühen 1930er Jahren ein sozial und politisch engagiertes christliches Gemeinschaftsleben jenseits der traditionellen Pfade von Orden und verfasster Kirche geführt hatte und damit zu einer Pionierin der „missionarischen" Aufbrüche der französischen Kirche geworden war. Als ich mich intensiver mit ihr zu befassen begann, war sie in Westdeutschland weitgehend

9 Die Tagungsbeiträge sind veröffentlicht in: JCSW 43 (2002).

10 Vgl. Heimbach-Steins, Marianne: Sozialethik als kontextuelle theologische Ethik – eine programmatische Skizze. In: JCSW 43 (2002) 46-64.

unbekannt und in Frankreich ziemlich vergessen. Offenbar war die Zeit der politischen Wende gleichwohl ein Kairos für ihre (Wieder-)Entdeckung: Anfang der 1990er Jahre entstanden in Deutschland unabhängig voneinander drei größere Studien über die Französin; ihre Rezeption in wissenschaftlichen und kirchlichen Kontexten hat seither einen beachtlichen Aufschwung genommen.

Mich interessierte, wie das christliche Bekenntnis handlungsleitend wird bzw. wie sittliche Urteilsbildung im Hinblick auf gesellschaftliche, politische und ideologische Fragen auf dem Fundament christlicher Glaubensorientierung konkrete Gestalt annimmt. Die der ignatianischen Spiritualität verwandte Grundstruktur der Unterscheidung der Geister, die ich in den Reflexionen Madeleine Delbrêls zu sozialethisch relevanten, meist konfliktiven Konstellationen freilegen konnte, wurde für mich zum Ausgangspunkt der schrittweisen Entwicklung meines eigenen Verständnisses einer kontextuellen theologischen Sozialethik, das ich – wie oben angedeutet – jedoch erst später explizit ausformuliert habe. Mit dem Habilitationsprojekt habe ich mir zugleich durch das Studium französischer Theologen, nicht zuletzt des Dominikaners Marie-Dominique Chenu, der in Deutschland damals zwar als bedeutender Thomas-Forscher, aber weder als theologischer Zeitkritiker und Sozialethiker noch als Inspirator des Zweiten Vatikanums zur Kenntnis genommen wurde, eine ganze sozialethische „Welt" erschlossen.

Sozialethik des kirchlichen Lebens – sozialethische Kompetenz der Kirche

Die Klärung des theologischen und sozialwissenschaftlichen Charakters der Sozialethik und die Fokussierung auf das ethische Selbstverständnis als Integrationsmoment beider Fragerichtungen wurden mir zu einer dauerhaften Herausforderung. Sozialethik als „Brückenfach" zu den Gesellschaftswissenschaften innerhalb der Theologie und die kritische Begleitung der Institution Kirche als eine ihrer unerlässlichen Aufgaben zu verstehen, markiert ein Feld der Reflexion, das ich selbst und etliche meiner Schülerinnen und Schüler immer wieder beackert haben. Aufgrund dieser theologischen Perspektivierung hat sich die Profilierung einer „sozialethischen Ekklesiologie" zu einem Schwerpunkt meiner Forschung entwickelt. Dafür stehen u.a. meine Bamberger Antrittsvorlesung (Dezember 1996) zum Thema „Einmischung und Anwaltschaft. Zur sozialethischen Kompetenz der Kirche"[11] und ein fünf Jahre später erschienenes Buch unter dem Titel „Einmischung und Anwaltschaft. Für eine diakonische und prophetische Kirche"[12].

Christliche Sozialethik lässt sich in dem dreipoligen Spannungsfeld Wissenschaftssystem – Gesellschaft, Wirtschaft und Kultur – Kirche als religiöse Institution verorten und „findet" ihre Themen eben darin. Sie arbeitet mit

11 Veröffentlicht in: Ethica 5 (1997), 255-276.
12 Mainz 2001.

aufmerksamer Beobachtung und Analyse der Zeitläufte und greift ethische Herausforderungen, die den gesellschaftlichen Dynamiken inhärent sind, wachsam, möglichst vorausschauend auf. Ihrem Selbstverständnis gemäß kann sie sich nicht auf eine Elfenbeinturm-Position zurückziehen und von einem vermeintlich übergeordneten Richterstandpunkt ausschließlich via deductionis über die moralische Güte und Richtigkeit gesellschaftlicher Verhältnisse befinden. Vielmehr wird sie in einer dialektischen Annäherung und Deutung das gesellschaftlich Erfahrene ethisch evaluieren und Orientierungen erarbeiten und begründen, die der Ermöglichung eines guten Lebens für jeden Menschen verpflichtet sind. Werturteile und Normvorstellungen, die dieser Orientierung notwendigerweise zugrunde liegen, werden ihrerseits dem Praxistest in einem konkreten Erfahrungsraum ausgesetzt und kontextuell erprobt.

Konsultationsprozess und Gemeinsames Wort der Kirchen (1997)

Ein solches Verständnis sozialethischer Urteilsbildung, das in der nachkonziliaren Sozialverkündigung vielleicht am deutlichsten in dem Apostolischen Schreiben *Octogesima adveniens* Pauls VI. (1971) Gestalt gewonnen hatte, wurde in Deutschland in den 1990er Jahren in dem Konsultationsprozess zur Vorbereitung des Ökumenischen Wirtschafts- und Sozialwortes *Für eine Zukunft in Solidarität und Gerechtigkeit* (1997) konkret. Dem ökumenischen Sozialwort, dessen drittes Kapitel den Grundriss einer ökumenischen Sozialethik enthält, war ein zweijähriger gesellschaftsweit angelegter Konsultationsprozess vorausgegangen – ein Novum in der Geschichte sozialethischer Stellungnahmen der Kirchen in Deutschland. Am ICS haben wir den Prozess von Anfang aufmerksam mitverfolgt; Franz Furger war als Berater der Kommission VI der Deutschen Bischofskonferenz an dessen Genese unmittelbar beteiligt. Denn die Initiative zu dem Projekt (es gab Vorbilder in verschiedenen anderen Ortskirchen) ging auf den Hildesheimer Bischof Josef Homeyer (1929-2010), den – neuen Ideen nicht abgeneigten – Vorsitzenden dieser Kommission, zurück: Wenige Jahre nach der politischen Wende nahm man Abstand von dem überkommenen Modell, für das bevorstehende „Superwahljahr" (1994) einen „Wahlhirtenbrief" vorzubereiten. Ein Diskussionsprozess wurde initiiert, zu dem alle Interessierten in der Gesellschaft eingeladen werden sollten.[13] Das Projekt, in das sukzessive die Evangelische Kirche in Deutschland und die Arbeitsgemeinschaft Christlicher Kirchen einbezogen wurden, fand überwältigende Resonanz. Nach einer vorbereitenden Phase wurden in den ca. zwölf

13 Vgl. zu dessen Vorgeschichte und Verlauf: Heimbach-Steins, Marianne/Lienkamp, Andreas: Eine kleine Revolution. In: Für eine Zukunft in Solidarität und Gerechtigkeit. Wort des Rates der Evangelischen Kirche in Deutschland und der Deutschen Bischofskonferenz zur wirtschaftlichen und sozialen Lage in Deutschland. Eingeleitet und kommentiert von Marianne Heimbach-Steins und Andreas Lienkamp (Hgg.) unter Mitarbeit von Gerhard Kruip und Stefan Lunte. München 1997, 11-29.

Monaten der Konsultation ungezählte Veranstaltungen und Beratungsrunden in Bistümern, Gemeinden und Verbänden, aber auch jenseits der kirchlichen Strukturen initiiert; mehr als 2.500 Stellungnahmen im Umfang von ca. 30.000 Seiten Text gingen ein. Die Ergebnisse wurden in zwei Clearingstellen der Kirchen gesammelt und ausgewertet (die Vorgehensweise war transparent). Auf dieser Grundlage wurde das in der Verantwortung der Kirchenleitungen veröffentlichte Kirchenwort erarbeitet.

In der Zeit des Konsultationsprozesses wohnten mein Mann und ich mit Hauptwohnsitz in der Nähe von Hildesheim, wo mein Mann für die Fortbildung von Priestern und pastoralen Mitarbeitern zuständig war. Ich war auf Bistumsebene am Konsultationsprozess beteiligt und hatte einen „kurzen Draht" zu Bischof Homeyer (nachdem ich die Professur in Bamberg angetreten hatte, wurde ich auch Beraterin in der Kommission VI). Ende Januar 1997, kurz ehe das Sozialwort erschien, rief Bischof Homeyer mich zu Hause (inzwischen in Bamberg) an und bat mich, möglichst zeitnah für eine Kommentierung des Kirchendokuments in Buchform zu sorgen. Die Idee nahm ich gerne auf – aber nicht allein. Ich bat Andreas Lienkamp, damals Dozent für Sozialethik an der Akademie des Bistums Essen Die Wolfsburg und dort ebenfalls intensiv mit dem Konsultationsprozess befasst, um Zusammenarbeit. Zusätzlich gewannen wir Gerhard Kruip sowie Stefan Lunte, der bereits bei der COMECE tätig war, zur Kommentierung bestimmter Abschnitte des Dokuments. Der Kommentar[14] erschien etwa sechs Wochen nach dem Sozialwort. Es war eines der ersten und ambitioniertesten meiner Kooperationsprojekte – und prägend für meinen Arbeitsstil, der weniger solistisch als kooperativ ist.

Der Konsultationsprozess und das Sozialwort haben mich über Jahre beschäftigt; wir haben am Lehrstuhl in Bamberg und in kollegialer Zusammenarbeit mit den Kommentatoren den Rezeptionsprozess beobachtet und analysiert und mehrfach dazu publiziert; eine meiner Doktorandinnen arbeitete über die ekklesiologische Relevanz des Prozesses.[15] Im Abstand von zehn Jahren haben Andreas Lienkamp und ich noch einmal eine Bilanz und eine Bestimmung bleibender Aufgaben versucht.[16] Der Verlauf der jüngsten, nach meiner Einschätzung eher halbherzig betriebenen „Ökumenischen Sozialinitiative" (2014) hat den Stellenwert des Projektes der 1990er Jahre noch einmal unterstrichen. Dessen Gelingen war ganz wesentlich dem Einsatz und der Weitsicht Bischof Homeyers zu verdanken. Anlässlich der Verleihung der Ehrendoktorwürde an den Hildesheimer Bischof durch die Universität Hannover am 27. November 2002 – ich hatte die Ehre, die Laudatio zu halten – habe ich an die Schlüsselrolle erinnert, die ihm für den Prozess zukam, indem er dieses

14 Vgl. FN 13.

15 Vgl. Judith Wolf: Kirche im Dialog. Sozialethische Herausforderungen der Ekklesiologie im Spiegel des Konsultationsprozesses der Kirchen in Deutschland (1994-1997). Münster 2002 (= Ethik im Theologischen Diskurs 3).

16 Vgl. Heimbach-Steins, Marianne/Lienkamp, Andreas: „Für eine Zukunft in Solidarität und Gerechtigkeit" – eine Relecture nach 10 Jahren. In: Stimmen der Zeit 132 (2007), 457-470.

„Abenteuer“ (Hermann Barth) von Anfang an zu seiner Sache machte und unbeirrt daran festhielt.[17] Persönlich habe ich den Prozess als wegweisend für einen (leider seither kaum weiterentwickelten) Stil der Zusammenarbeit zwischen Wissenschaft, Kirchenleitungen und der Vielfalt kirchlicher und gesellschaftlicher Engagementträger erlebt und blicke dankbar auf viele Begegnungen mit VerantwortungsträgerInnen in allen diesen Bereichen zurück, die damals mit großer Wachheit die gesellschaftlich-politische – man könnte auch sagen: diakonische und prophetische Dimension der Kirche – zu ihrer Sache gemacht haben.

Biblische Hermeneutik und christliche Sozialethik

Zur theologischen Profilierung der Sozialethik gehört nicht nur die Aufgabe, das Verhältnis zur lehramtlichen Sozialverkündigung und zur Institution Kirche als einer sozialethisch relevanten Akteurin zu reflektieren, sondern auch die genuin theologischen Quellen und die methodischen und hermeneutischen Voraussetzungen zu klären, unter denen wissenschaftlich verantwortlich darauf zurückzugreifen ist. Im Hintergrund aller konkreten Sachfragen bleibt an den für Theologie und theologische Ethik spezifischen Erkenntnisquellen und Deutungsressourcen ebenso zu arbeiten wie an dem Verhältnis, in dem sie zu den Quellen der Erfahrung und der philosophisch sich artikulierenden Vernunft stehen. Dieser Aufgabe habe ich mich immer wieder gestellt, nicht zuletzt mit der Frage nach Möglichkeiten und Modi einer biblischen Rückbindung sozialethischer Deutungsarbeit und Urteilsbildung. Die Fragerichtung und die Möglichkeit, daran zu arbeiten, haben für mich ihren Ort nicht nur an der Universität, sondern auch in der Arbeitsgemeinschaft mit meinem Mann, der mit seinen Arbeiten zur kanonisch-intertextuellen Lektüre und Schriftauslegung mir eine Basis zur theologisch-interdisziplinären Verständigung bietet, wie ich sie in meinem Theologiestudium (noch) nicht kennenlernen konnte. Wir haben in den zurückliegenden Jahren auch gemeinsam zum Verhältnis von biblischer Hermeneutik und christlicher Sozialethik publiziert; als Frucht mehrjähriger Zusammenarbeit in und mit meinem Oberseminar haben wir zusammen mit einigen meiner DoktorandInnen einen Diskussionsband zum Thema herausgegeben.[18] Aktuelle Debatten um theologisch-ethische Positionen und das Ringen um Modi theologischen wie kirchlichen Sprechens zeigen, wie wichtig es ist, dieses Feld zu bestellen. Nicht zuletzt unter dem Eindruck des neuen Stils von Papst Franziskus scheint es mir besonders dringlich, Krite-

---

17 Vgl. Heimbach-Steins, Marianne: Laudatio auf Bischof Dr. Josef Homeyer. In: Görtz, Heinz-Jürgen (Hg.): Theologie im Kontext. Dokumentation der akademischen Feier aus Anlass der Verleihung der Ehrendoktorwürde an Bischöfin Dr. Dr. h.c. Margot Käßmann und Dr. Dr. h.c. Josef Homeyer am 27. November 2002. Hannover 2003.

18 Vgl. Heimbach-Steins, Marianne/Steins, Georg (Hgg.): Bibelhermeneutik und Christliche Sozialethik. Unter Mitarbeit von Alexander Filipović und Kerstin Rödiger. Stuttgart 2012.

rien prophetischen Sprechens und des Anspruchs prophetischer Rede im kirchlichen Kontext präziser zu klären.

IV. Christliche Sozialethik und Menschenrechtsethik – Menschenrezeption im kirchlichen Kontext

Die Frage nach dem Charakter prophetischer Rede enthält eine strukturelle Frage, die für die Modellierung theologischer Ethik, aber auch jeder anderen kontextuellen Ethik von grundlegender Bedeutung ist: die Spannung von Universalität und Partikularität. Sie fordert in systematischer Hinsicht grundlegende Erörterungen zu Struktur und Reichweite von Gerechtigkeitskonzeptionen, deren Verhältnis zu Entwürfen des guten Lebens sowie zu Entdeckung, Begründung und Implementierung menschenrechtlicher Geltungsansprüche heraus. Thematisch ergibt sich daraus eine Vielzahl menschenrechtsethischer Fragestellungen, die ich als grundsätzlich universalistisch dimensionierte, jedoch unbedingt kontextuell rückzubindende Probleme aufgenommen und in zunehmend dichter Verwobenheit konkretisiert habe.

Sozialethik der Bildung

Der Impuls des Konsultationsprozesses und des Gemeinsamen Wortes der Kirchen wirkte eine Zeitlang in der Initiative „Beteiligung schafft Gerechtigkeit“ weiter, in der verschiedene katholische Akteure in thematischen Arbeitsgruppen gesellschaftlich drängende Fragen aufgriffen. Eine dieser Gruppen befasste sich mit Bildungsgerechtigkeit und veröffentlichte eine viel beachtete Stellungnahme „Lebenslanges Lernen in der Perspektive von Beteiligungsgerechtigkeit“. Eine Kontroverse zwischen Gerhard Kruip, damals Direktor des Forschungsinstituts für Philosophie in Hannover, und mir über einige Positionen dieses Papiers führte zur Entwicklung eines gemeinsamen Forschungsschwerpunktes zu Fragen der Bildungsgerechtigkeit. Das Thema war in der Sozialethik bis dato kaum bearbeitet; mit unserer Initiative waren wir jedoch à jour. Während die gesellschaftliche Öffentlichkeit vom „PISA-Schock“ (Ende 2001) ereilt wurde und die darauf folgenden bildungspolitischen Weichenstellungen einen Boom der empirischen Bildungsforschung auslösten, trommelten wir eine kleine Gruppe von Kolleginnen und Kollegen aus verschiedenen theologischen Disziplinen sowie aus der Pädagogik und aus bildungsbezogenen Praxisfeldern zusammen, bei denen wir ein einschlägiges wissenschaftliches und ethisches Interesse vermuteten. Unserer Initiative folgten u.a. Regina Ammicht Quinn, Christof Mandry, Andreas Lienkamp, Andreas Lob-Hüdepohl und Heinrich Bedford-Strohm. Aus einem ersten Kolloquium in Bamberg (2002) ging der Band „Bildung und Beteiligungsgerechtigkeit“ hervor.[19] In der Folge entwickelten Gerhard Kruip und ich unser gemeinsames Forschungsprojekt zum Menschenrecht auf Bildung „Das Menschenrecht auf Bildung. Sozialethische Grundlegung und Kriterien der politischen Umsetzung in Deutschland“ (2006-2011). Dafür konnten wir Fördermittel der DFG einwerben. Dr. Axel Bernd Kunze und Katja Neuhoff M.A. als Mitarbeitende erarbeiteten im Projektzusammenhang eigene Qualifikationsarbeiten. Begleitend richteten wir die Reihe „Forum Bildungsethik“ im Bertelsmann-Verlag[20] ein, veranstalteten eine Reihe interdisziplinärer Fachtagungen und knüpften zahlreiche wissenschaftliche und politische Kontakte. Insbesondere die Diskussionen mit Pädagogen, Erziehungswissenschaftlern und Bildungsphilosophen, die untereinander häufig mindestens so große Verständigungsschwierigkeiten hatten wie mit uns, boten herausfordernde, manchmal auch klärende Konstellationen des wissenschaftlichen Gesprächs. Expertise aus anderen Disziplinen, u.a. der Sozialpädagogik und der Ökonomie, gewannen wir für den Wissenschaftlichen Beirat, mit dem wir regelmäßig unsere Forschungsentwicklung diskutierten. Nicht zuletzt durch die Tagungen, für die wir – je nach Themenschwerpunkt – neben weiteren SozialethikerInnen auch Kolleginnen und Kollegen aus anderen Fächern sowie Expertinnen und Experten aus der Bildungspraxis, der Politik und der Menschenrechtsarbeit gewinnen konnten, entwickelte sich allmählich über unsere kleine Arbeitseinheit hinaus ein neuer sozialethischer Themenstrang. Fragen der Bildungsgerechtigkeit sind heute in der deutschsprachigen Sozialethik etabliert; die Arbeit daran entwickelt sich beständig fort. In meinem Forschungsportfolio bleibt die Bildungsethik auf der Tagesordnung; in den letzten Jahren habe ich u.a. zu den bildungsethischen Aspekten gesellschaftlicher Inklusion und zum kirchlichen Bildungsengagement gearbeitet und neben einer weiteren Dissertation[21] eine Reihe entsprechender Abschlussarbeiten begleitet. Das DFG-Projekt erwies sich auch über das bearbeitete Thema hinaus für mich als wegweisend für die Modellierung von Forschungsvorhaben.

Ethische Fragen im Feld von Asyl und Migration

Unter dem Gesichtspunkt gesellschaftlicher Integration/Inklusion bzw. Beteiligung verbinden sich Bildung und Migration heute scheinbar selbstverständlich miteinander; politisch wie gesellschaftlich ist diese Verknüpfung aber relativ neu. Für mich begann die Annäherung an den Themenkomplex Migration Mitte der 1990er Jahre im gesellschaftlichen Kontext der Asylrechtsnovelle,

---

19 Vgl. Heimbach-Steins, Marianne/Kruip, Gerhard (Hgg.): Bildung und Beteiligungsgerechtigkeit. Sozialethische Sondierungen. Bielefeld 2003.

20 Vgl. https://www.wbv.de/buchreihen/forum-bildungsethik.html.

21 Vgl. Noweck, Anna: Katholische Schulen – beteiligungsgerecht? Eine sozialethische Untersuchung unter besonderer Berücksichtigung des Capabilities Approach. Bielefeld 2013 (= Forum Bildungsethik 11).

durch die das Individualgrundrecht auf Asyl weitgehend ausgehöhlt wurde. Zunächst griff ich die – im Jahr 2015 wieder hochaktuelle – Frage des Kirchenasyls auf, fokussiert auf die Verantwortung christlicher Gemeinden und der christlichen Kirchen in Deutschland angesichts der Zuflucht suchenden Flüchtlinge. Später nahm ich verstärkt grundlegende ethische Aspekte sowie europäische und internationale Dimensionen des Themas in den Blick. Meine Antrittsvorlesung als Professorin in Münster im Sommersemester 2010 galt dem Thema „Migration und Zugehörigkeit";[22] die Frage der Kriterien von Zugehörigkeit im rechtlichen, politischen und gesellschaftlich-kulturellen Sinn scheint mir eine Zentralperspektive der Migrationsethik zu sein. Vor- und nachher habe ich eine Reihe migrations- und integrationsethischer Beiträge erarbeitet, u.a. eine Skizze zu ethischen Aspekten der Migration nach Europa für ein US-amerikanisches Handbuch.[23] Mehrfach bin ich auf die genderspezifische Problematik der internationalen „Fürsorgeketten" eingegangen.

Frauen- und Genderforschung

Die weibliche Arbeitsmigration, die großräumige ökonomische und soziale Wirkungszusammenhänge in den Blick rückt, verweist zugleich auf einen Forschungsschwerpunkt, der mir als Sozialethikerin von Anfang an zugewachsen und mit der nach und nach geleisteten theoretischen Unterfütterung konkreter praktischer Fragestellungen immer wichtiger geworden ist: Die Menschenrechte von Frauen und Mädchen sowie die genderspezifischen Differenzierungen innerhalb sozialethischer Gerechtigkeitsreflexion. Eine feministische Ausrichtung war mir nicht unbedingt „in die Wiege gelegt". Sie ist mir mit der Entwicklung meiner Berufsidentität als Theologin und Sozialethikerin schrittweise zugewachsen. Einen gewissen Anfangsimpuls setzten an mich herangetragene Erwartungen, zu „Frauenfragen" im Kontext der „katholischen Soziallehre" Stellung zu nehmen. Anfang der 1990er Jahre begann ich erste Studien zum Frauen- und Männerbild in der lehramtlichen Sozialverkündigung. Ein Vortrag zum Thema „Hat die katholische Soziallehre die Frauen vergessen?", den ich 1991 auf Einladung des Katholisch-Sozialen Instituts in Bad Honnef hielt, brachte mir eine (nicht ungefährliche) Polemik des Kollegen Lothar Roos ein: Ausschließlich auf der Basis eines missverständlichen Agentur-Berichts über diese Tagung ätzte er in der Kirchenzeitung des Erzbistums Freiburg, „der blinde Eifer eines unerleuchteten Feminismus" scheine nun auch „die ‚katholische Soziallehre' in sein Feindbild einordnen zu wollen",

22 Vgl. Migration und Zugehörigkeit. Sozialethische Perspektiven, JCSW 51 (2010), 15-40.

23 Vgl. Heimbach-Steins, Marianne: International Migration in a Post-colonial World. In: Collier, Elizabeth/Strain, Charles (Hgg.), Religious and Ethical Perspectives on Global Migration, Lanham (Maryland) 2014, 87-107.

und bescheinigte mir fachliche „Ahnungslosigkeit".[24] Für eine noch nicht mit dem römischen nihil obstat ausgestattete „Nachwuchswissenschaftlerin" war das mindestens unschön. Franz Furger riet, den Vorgang – die Berichterstattung samt meiner Gegendarstellung und meinem Vortrag sowie die Einlassung von Roos und einen Brief, den Furger an den Kollegen gerichtet hatte – Bischof Lettmann zuzuleiten; so geschah es.

Einige Jahre später war ich zur Mitwirkung an einem von Ulrike Gentner (Heinrich-Pesch-Haus, Ludwigshafen) geleiteten Projekt zur Geschlechtergerechtigkeit in der politischen Bildung eingeladen, für das ich eine umfangreiche Expertise zum Frauen- und Männerbild und zu Geschlechterverhältnissen in der lehramtlichen Sozialverkündigung und der christlichen Sozialethik schrieb.[25] Römische Dokumente gaben immer wieder Anlass zur Auseinandersetzung, insbesondere jene, die dem Kampf gegen die sog. „Gender-Ideologie" oder den „Genderismus" gewidmet sind. Die wissenschaftliche Auseinandersetzung mit Gendertheorien ist eine wichtige Aufgabe theologischer Ethik; die Kritik der meist sehr grobmaschig polemischen Gegen-Ideologien ist als Beitrag zur theologischen Aufklärung und Qualitätssicherung sowie zur Unterscheidung der Geister unumgänglich. Die üblichen Muster der Argumentation (bzw. Agitation) und der Verzicht auf hermeneutische Reflexion v.a. im Rekurs auf die Bibel in bestimmten Stellungnahmen, etwa in dem Papier der Kongregation für die Glaubenslehre „Zu einigen Fragen der Zusammenarbeit von Frauen und Männern in der Kirche und in der Gesellschaft" (2004) oder in Artikeln des offiziösen, vom Päpstlichen Rat für die Familie verantworteten „Lexikon Familie"[26], verlangen nach theologischer Kritik und machen die Notwendigkeit einer sorgfältigen und zugleich öffentlich kommunikablen wissenschaftlichen Auseinandersetzung überaus deutlich.[27] Das Thema, das im Kontext der Römischen Synode zur Familienpastoral (2014/15) einen besonderen hype erfährt, zieht sich durch das kirchliche Schrifttum der vergangenen zwei Jahrzehnte, ohne dass die wissenschaftlich-theologische Genderforschung darin auch nur die feinsten Spuren hinterlassen hätte.

---

24 Vgl. Roos, Lothar: Blinder Eifer. Leserbrief. In: Konradsblatt. Wochenzeitung für das Erzbistum Freiburg 1992/7 (16.2.1992), 28. Die Redaktion des Konradsblattes druckte meine Gegendarstellung zu dem Tagungsbericht der Katholischen Nachrichtenagentur direkt neben dem Leserbrief des Kollegen ab.

25 Vgl. Heimbach-Steins, Marianne: Sichtbehinderung. Das Geschlechterverhältnis in der Wahrnehmung christlicher Sozialethik. In: Gentner, Ulrike (Hg.): Geschlechtergerechte Visionen. Politik in Bildungs- und Jugendarbeit, im Auftrag der AKSB. Königstein i. Ts. 2001; Meine Studie habe ich mit einigen Aktualisierungen in die 2009 erschienene Monographie „... nicht mehr Mann und Frau" (Gal 3,28). Sozialethische Studien zu Geschlechterverhältnis und Geschlechtergerechtigkeit. Regensburg 2009, integriert.

26 Hg. vom Päpstlichen Rat für die Familie; deutsche Übersetzung: Paderborn 2007 (ital. Orig. 2003).

27 Vgl. dazu u.a. meine Überlegungen in: „... nicht mehr Mann und Frau" (Gal 3,28). Sozialethische Studien zu Geschlechterverhältnis und Geschlechtergerechtigkeit. Regensburg 2009, 163-177.

Eine gendersensible kontextuelle Sozialethik muss dieses Phänomen als nicht zu ignorierenden Kontextfaktor kritisch aufgreifen. Sie bleibt aber nicht dabei stehen, sondern leistet ihrerseits orientierende Beiträge zur Förderung von Geschlechtergerechtigkeit in gesellschaftlichen wie kirchlichen Zusammenhängen. In diesem Sinne habe ich eine Reihe von Beiträgen zu den Menschenrechten von Frauen und Mädchen, zu Maßnahmen und Instrumenten zur Förderung von Geschlechtergerechtigkeit im öffentlichen Raum, im Feld der Familie und im Spannungsfeld der Vereinbarkeit von Erwerbstätigkeit und Sorgeaufgaben erarbeitet.

Geschlechter- und Generationengerechtigkeit in der Familien- und Sozialpolitik

Diese Fragestellungen verweisen auf ein weiteres Arbeitsfeld: Seit etwa einem Jahrzehnt habe ich mich verstärkt auch Fragen der Familien- und Sozialpolitik bzw. der Lebenslaufpolitik gewidmet, sowohl im Kontext der sozialpolitischen Meinungsbildung im Zentralkomitee der deutschen Katholiken (ZdK), dem ich seit 1996 angehöre, als auch in eigener wissenschaftlicher Arbeit. Wesentliche Impulse hierzu verdanke ich der langjährigen Zusammenarbeit mit Eva Welskop-Deffaa, die während ihrer Tätigkeit als Abteilungsleiterin Gleichstellung im Bundesministierum für Familie, Senioren, Frauen und Jugend (BMFSFJ) und als Sprecherin des Sachbereichs Gesellschaftliche Grundfragen im ZdK diesbezüglich wichtige Projekte auf den Weg gebracht hat. Besonders inspirierend war für mich die Mitwirkung an mehreren sozialwissenschaftlich und juristisch ausgerichteten Konferenzen zum Verhältnis von geschlechtsspezifischen Rollenleitbildern im Spannungsfeld von Eigenverantwortung, privater und öffentlicher Solidarität. Gemeinsam mit Eva Welskop-Deffaa, dem Soziologen Carsten Wippermann und anderen konnte ich in der Folgezeit zur Erarbeitung eines intern heftig diskutierten, schließlich im November 2013 veröffentlichten Grundsatzpapiers des ZdK zur Sozialen Lebenslaufpolitik beitragen.[28] Begleitend zu diesem Projekt konzipierten wir am ICS den Jahrbuchband „Sozialethik für eine Gesellschaft des langen Lebens“[29], um das sozial- und familienpolitische Spannungsfeld von Geschlechter- und Generationengerechtigkeit sozialethisch gründlicher auszuloten. Sowohl mit einem seit 2013 von der DFG geförderten Projekt zu Begriff und Kriterien des Kindeswohls als auch mit der Arbeit an Fragen der Pflege, Pflegearbeit und Pflegepolitik führen wir die sozialethische Erforschung sozialpolitischer Her-

28 Zusätzlich zu der von der Vollversammlung beschlossenen Erklärung erschien ein ausführlicherer Grundlagentext; vgl. zu beiden Dokumenten: http://www.zdk.de/veroeffentlichungen/erklaerungen/detail/Soziale-Lebenslaufpolitik-Zukunft-wagen-in-einer-Gesellschaft-des-langen-Lebens-216s/.

29 JCSW 53 (2012).

ausforderungen, auch mit besonderer Aufmerksamkeit auf Genderaspekte, am Institut weiter.

Menschenrechtsrezeption in der Kirche – Ernstfall Religionsfreiheit

Geschlechtergerechtigkeit und die Auseinandersetzung mit Gendertheorien sind nicht die einzigen menschenrechtlich relevanten Themen, die den sozialethischen Blick wiederum auf die Kirche und ihre Lehre zurücklenken. Seit der Bamberger Zeit habe ich Fragen der Menschenrechtsrezeption in der Lehre der Kirche, insbesondere die Anerkennung des religiösen Freiheitsrechts, in Forschung und Lehre bearbeitet. Eine Einladung zu den Salzburger Hochschulwochen im Jahr 2000 gab mir Anlass, einen größeren Beitrag zur „Bekehrung" der Kirche zu den Menschenrechten auszuarbeiten.[30] Nachhaltige Impulse verdanke ich der Mitarbeit in der Arbeitsgruppe Menschenrechte der Deutschen Kommission Justitia et Pax, der ich seit 2004 angehöre, unter der Leitung von Heiner Bielefeldt, mit dem ich auch in anderen Kontexten wiederholt zusammenarbeiten konnte. In Münster habe ich diesen Themenkomplex im Rahmen des Exzellenzclusters „Religion und Politik" weiter verfolgt, zunächst mit einem Projekt zu Recht und Ethos der Religionsfreiheit (2009-2012), das ich gemeinsam mit Daniel Bogner durchführte. Daraus ging u.a. meine Monographie „Religionsfreiheit – ein Menschenrecht unter Druck" (2012) hervor. Bei Tagungen zur Religionspolitik in Deutschland konnten wir eine Reihe von TheologInnen, theologischen EthikerInnen, Juristen und PolitikwissenschaftlerInnen zusammenführen. Zum fünfzigsten Jubiläum der Enzyklika *Pacem in terris* veranstalteten wir im Herbst 2013 eine Tagung zu Stand, Chancen und theologischen Bedingungen der Umsetzung menschenrechtlicher Standards in der katholischen Kirche,[31] die zugleich den Startpunkt für ein Netzwerk menschenrechtsbezogener theologischer Forschung bildete. Wiewohl religionspolitische Fragen ebenso wie die bildungsethischen Themen nicht zum „klassischen" Kanon der Sozialethik zählen, drängen sie unter den gegenwärtigen Bedingungen einer auf nationaler, europäischer wie globaler Ebene weltanschaulich und religiös pluralisierten und sich zunehmend polarisierenden Gesellschaft unweigerlich auf die Tagesordnung. Für die gesellschaftliche Integration und die Erhaltung des sozialen Friedens wie des Weltfriedens stellen sie ganz offensichtlich, nicht selten im dramatisch unmittelbaren Wortsinn, burning issues dar.

---

30 Vgl. Heimbach-Steins, Marianne: Menschenrechte in Gesellschaft und Kirche. Lernprozesse – Konfliktfelder – Zukunftschancen. Mainz 2001, 11-51.

31 Dokumentation. In: JCSW 55 (2014).

Das „Memorandum" – ein theologischer Zwischenruf

An dieser Stelle möchte ich an eine Initiative erinnern, die eng mit den Desideraten der Menschenrechtsrezeption in der Kirche, mit Partizipation und mit Gerechtigkeit zu tun hat, sich aber nicht in der abgewogenen Sprache der Wissenschaft und auch nicht in deren üblichen Formaten artikulierte: das am 4. Februar 2011 in der Süddeutschen Zeitung veröffentlichte „Memorandum", das für einige öffentliche Unruhe, bei vielen kirchenleitenden Persönlichkeiten auch für erheblichen Unmut sorgte und uns viel Zustimmung, aber auch herbe Kritik und Verleumdungen eintrug. Das Memorandum „Kirche 2011. Ein notwendiger Aufbruch" hatten 144 ProfessorInnen der katholischen Theologie aus den deutschsprachigen Ländern unterzeichnet; in den Wochen nach der Veröffentlichung stieg die Zahl der Unterzeichner auf 309; der Text wurde in Windeseile in 13 Sprachen – incl. Chinesisch – übersetzt und fand ein weltweites Echo.[32] Hintergrund der Wortmeldung war die tiefe Krise der Kirche nach der Aufdeckung der Dimensionen des sexuellen Missbrauchs an Kindern und Jugendlichen durch Priester und Ordensleute. Konkreter Anlass für die bewusst den öffentlichen Raum nutzende Intervention war der vom Vorsitzenden der Deutschen Bischofskonferenz, dem Freiburger Erzbischof Zollitsch, im Herbst 2010 angekündigte Dialogprozess (damals hieß er noch so), der jedoch bis dato nicht wirklich in Fahrt gekommen war.

Das Memorandum basiert explizit auf dem Kirchenverständnis des Zweiten Vatikanums, macht den Anspruch christlicher Freiheit stark und fokussiert konkrete Spannungsfelder zwischen Kirchenstrukturen, Morallehre und christlicher Praxis, vor allem jene, die nur wenige Jahre später in der von Papst Franziskus einberufenen Synode zur Familie endlich offen diskutiert werden. Sowohl manche Theologen als auch prominente Kirchenmänner haben mit heftiger Polemik darauf reagiert, u.a. Kurienkardinal Walter Kasper, der in der FAZ argumentierte, nicht die Kirchenkrise, sondern eine Gotteskrise sei das Problem; die AutorInnen des Memorandums hätten mithin an der eigentlichen Problematik vorbeigeschrieben.[33] Damit wurde nicht nur der Metzsche Begriff der Gotteskrise ziemlich gewaltsam beansprucht, auch die vorgeschlagene Dichotomie von Gottes- und Kirchenkrise schien uns im Horizont einer katholischen Ekklesiologie irritierend. Mein Mann und ich haben uns mit dieser Argumentation in einem gemeinsamen Vortrag bei der Konferenz der Europäischen Gesellschaft für Katholische Theologie in Brixen 2013 noch einmal theologisch auseinandergesetzt.[34]

---

32 Vgl. http://www.memorandum-freiheit.de/.

33 Kasper, Walter: Theologen-Memorandum – Kommen wir zur Sache! In: Frankfurter Allgemeine Zeitung, 2011, Nr. 35, 9. Abgedruckt in: Könemann, Judith/Schüller, Thomas (Hgg.): Das Memorandum. Die Positionen im Für und Wider. Freiburg i. Br. 2011, 148-152.

34 Vgl. Heimbach-Steins, Marianne/Steins, Georg: Gotteskrise statt Kirchenkrise. Eine Fehldiagnose als Argument. In: Lintner, Martin (Hg.): God in Question. Religious Language and Secular Languages. Brixen 2014, 303-313.

Dem Memorandum wurde Vieles vorgehalten, u.a., dass es keine theologische Abhandlung sei, zu wenig argumentiere und keine Lösungen für die kritisierten kirchlichen Miss- und Stillstände anbiete. Das alles ist von einem knappen öffentlichen Zwischenruf aber nicht zu erwarten. Stein des Anstoßes war außer den inhaltlichen Reformforderungen gerade die Öffentlichkeit der Äußerung; man warf den AutorInnen „Entfremdung" von der Kirche, mangelnde Kirchlichkeit u.ä. vor; manche Bischöfe überlegten ernsthaft, den Urhebern mit Disziplinarmaßnahmen zu begegnen, und erklärten die „Memorandisti", wie es bald hieß, zu personae non gratae in kirchlichen Bildungseinrichtungen. Das altbekannte Modell, den Feuerlöscher zum Brandstifter zu erklären, funktionierte auch hier. Über die Formen theologischer Kritik lässt sich ohne Zweifel streiten; innerkirchliche Kritik als angeblichen Ausweis mangelnder Kirchlichkeit abzuwehren, ist eine reflexartige, ungerechte Unterstellung. Dass theologische Verantwortung in der Kirche nicht allein mittels öffentlicher Zwischenrufe wahrgenommen werden kann, bestreitet niemand – am allerwenigsten die AutorInnen und UnterzeichnerInnen des Memorandums.[35] Aber eine Kirche, die die Öffentlichkeit nicht erträgt, verrät ihren eigenen Anspruch und macht sich schwächer, als sie sein müsste. Theologie darf sich die Öffentlichkeit nicht verbieten lassen und muss auch innerhalb der Kirche und ihr gegenüber in diesem Sinne politisch agieren, um ihrer Verantwortung als kritische Reflexionsinstanz gerecht zu werden.

V. „Theologiepolitik" – Netzwerke – Internationalisierung

Theologische Forschung und Lehre ist von institutionellen Rahmenbedingungen der Universität, aber auch der Kirche geprägt und in gewisser Weise abhängig. Zuweilen entwickelt sie sich ungleichzeitig zu gesellschaftlichen Dynamiken; das zeigt auch die Geschichte der Christlichen Sozialethik. Unsere Generation hat aus entsprechenden Erfahrungen Konsequenzen gezogen und das Gesicht der Disziplin allmählich verändert. Die Gründung des „Forum Sozialethik" und die „Neuerfindung" der sozialethischen Tagungen in Berlin waren in diesem Sinne fachpolitische Schritte. Heute stehen für die Theologie als ganze wie für die Sozialethik neue Herausforderungen ins Haus. Es kann nicht unberücksichtigt bleiben, dass die Christliche Sozialethik als theologische Disziplin in den römischen Normen für die Theologenausbildung bisher nicht abgesichert ist (als eigenes Fach gibt es sie nur im deutschsprachigen Raum). Gut ausgebildete SozialethikerInnen werden in vielen kirchlichen und gesellschaftlichen Handlungsfeldern gesucht, aber der Rückbau von Fakultäten reduziert zusehends die Ressourcen des Fachs, und die Chancen für eine nächste

35 Argumente zu den im Memorandum angesprochenen Themen legten wir zeitnah in Buchform vor: Heimbach-Steins, Marianne/Kruip, Gerhard/Wendel, Saskia (Hgg.): „Kirche 2011: Ein notwendiger Aufbruch". Argumente zum Memorandum. Freiburg i. Br. 2011.

Generation forschungsinteressierter junger Kolleginnen und Kollegen, an der Universität ihren Platz zu finden, sind mindestens so unsicher, wie es für meine Kollegen und mich der Fall war. Angesichts der „Flurbereinigungsprozesse“ in der akademischen theologischen Landschaft besteht wenig Anlass zu unbeschwertem Optimismus. Gleichwohl können Erfahrungen, die gerade Theologinnen meiner Generation gemacht haben, vielleicht auch Jüngeren Inspiration zur Entwicklung eigener Strategien geben, um im Spannungsfeld theologischer Wissenschaft zwischen Gesellschaft und Kirche „bewohnbare“ Orte zu finden.

Theologie als Wissenschaft und diese Wissenschaft als Beruf betreiben zu können, war für Frauen meiner Generation nicht selbstverständlich. Umso mehr ist mein Weg wesentlich von der Erfahrung geprägt, nicht nur als Einzelne unterwegs zu sein. Sich zu organisieren, Netzwerke zu bilden und Widerständen in den Systemen von Wissenschaft und Kirche solidarisch und politisch zu begegnen, wurde für uns zu einer mit der „theologischen Existenz“ eng verbundenen Herausforderung. Wir konnten im Studium noch nicht an Professorinnen Maß nehmen; nach theologischen Orten von Frauen in und außerhalb der Universität fragend, trafen wir in der Theologie auf Pionierinnen wie Gabriele Miller (1923-2010) und Elisabeth Gössmann[36] (*1928). Nach dem Maßstab männlicher Karrieremuster waren sie an den Machtasymmetrien des patriarchalen Wissenschaftssystems „gescheitert“; sie beeindruckten und ermutigten uns gerade dadurch, dass sie sich trotz vielfältiger Zurückweisungserfahrungen nicht hatten brechen lassen und, für ihre „Sache“ hoch engagiert, sich Orte erschlossen hatten, an denen sie wirkungsvoll, mit eigener Stimme und hohem wissenschaftlichem Anspruch Theologie trieben.

Die Frage nach Zugängen, ggf. nach Kompromissen, Anpassungserwartungen und -bereitschaft oder nach Alternativen diesseits oder jenseits der etablierten Systemlogiken von Universität und Kirche beschäftigte uns ebenso intensiv wie die Frage, wieviel Feminismus wir uns leisten konnten/sollten, ob und welche Zusammenschlüsse gut und mit den beruflichen Zielen verträglich sein würden. Dass die Beteiligten für sich unterschiedliche Antworten fanden, dass es Kontroversen und Separierungen gab, ist nicht erstaunlich.

Dennoch gibt es eine Geschichte von Vernetzungen und Solidarisierungen unter Theologinnen zu erzählen, die Viele von uns zum Aufbruch und zu notwendigen Auseinandersetzungen (einschließlich des Aushaltens von Ohnmachtserfahrungen gegenüber der Dominanz intransparenter Strukturen und der sie nutzenden Funktionäre) befähigt hat und für viele Kolleginnen stilbildend und prägend geworden ist.

Prominenter Anlass, die Frage nach der Beteiligung akademisch qualifizierter Theologinnen innerhalb der deutschsprachigen katholischen Theologie ex-

---

36 In meinem Dekanat verlieh die Theologische Fakultät der Universität Bamberg als erster Frau Elisabeth Gössmann am 26. Juni 2003 die Ehrendoktorwürde, vgl. Dokumentation. In: Bamberger Universitätsreden Heft 10 (2003).

plizit zu stellen, war die Neuauflage des Lexikons für Theologie und Kirche, die unter der Federführung des damaligen Rottenburger Diözesanbischofs Walter Kasper seit Anfang der 1990er Jahre vorbereitet wurde. Es gehört zu den großen Verdiensten von Annette Schavan und Stefanie Spendel (Sr. Aurelia Spendel OP) als Fachberaterinnen der LThK-Redaktion, die Beteiligung von Theologinnen in diesem Großprojekt energisch eingefordert zu haben. Der noch schwachen Sichtbarkeit und dem gerne benutzten Argument „wir würden ja gerne Frauen einbeziehen, aber es gibt ja keine …" war nur durch Initiativen zur Vernetzung wirksam zu begegnen. Bestehende Strukturen kamen uns dabei zu Hilfe: 1993 hatte der Katholische Deutsche Frauenbund (KDFB) seine „Theologische Kommission" wiedergegründet und eine Reihe junger Theologinnen – unter anderen die meisten, die in den 1990er Jahren Professuren übernehmen sollten – in diesem thinktank versammelt. Bald entstand die Idee, eine regelmäßige Begegnungsmöglichkeit zu etablieren: Als Kooperationsveranstaltung des KDFB und der Akademie der Diözese Rottenburg-Stuttgart fand 1993 das erste „Hohenheimer Theologinnentreffen" statt.[37] Die alle zwei Jahre stattfindende Tagung bot Gelegenheit zu persönlicher Begegnung, fachlichem Austausch und unvergessenen Festen, nicht aber die notwendige Kontinuität und die Möglichkeit wirksamer Interessenvertretung. Daher entschlossen wir uns zur Gründung eines Vereins, der Netzwerkbildung und Vertretung der Anliegen akademisch tätiger katholischer Theologinnen unterstützen sollte (Programmatik und Adressierung wurden mit der Zeit erweitert). Im Jahr 1998 wurde der Verein AGENDA – Forum katholischer Theologinnen e.V. gegründet.[38] Als eine der wenigen im Gründungskreis, die bereits eine ordentliche Professur hatte, wurde ich gebeten, den Vorsitz zu übernehmen. Sieben Jahre lang habe ich den Verein geleitet.

In diese Zeit fielen unter anderem die ungerechten und leidvollen nihil obstat-Verweigerungen für Regina Ammicht Quinn in den Berufungsverfahren in Augsburg und Saarbrücken. Wir hatten in dieser Auseinandersetzung keinerlei Macht, konnten unsere Kollegin nur menschlich begleiten und die kirchliche Strategie, jeden Fall als Einzelfall zu isolieren, durch unsere eigene Politisierung und durch direkte Interventionen bei den zuständigen Bischöfen delegitimieren. Zu dieser Zeit wurde der Verein von den Führungspersönlichkeiten der katholischen Kirche in Deutschland (noch) ignoriert. Besonders deutlich wurde das, als wir im Jahr 2001 in gemeinsamer Verantwortung mit der Deutschen Sektion der Gesellschaft für Europäische Theologie (ET) unter der Leitung des Dresdner Kollegen Albert Franz eine Tagung zur nihil obstat-Problematik mit dem Präfekten der Römischen Bildungskongregation, Zenon

37 Einen anschaulichen Rückblick auf die schwierigen Anfänge gibt Dagmar Mensink in: Heimbach-Steins, Marianne/Eckholt, Margit (Hgg.): Im Aufbruch. Frauen erforschen die Zukunft der Theologie. Ostfildern 2003, 213-217.

38 Vgl. http://www.agenda-theologinnen-forum.de/startseite.html.

Kardinal Grocholewski, veranstalteten.[39] Die Tagung, die natürlich wahrgenommen und kommentiert wurde, firmierte – etwa in den Äußerungen von Bischof Lehmann – immer nur unter der Flagge der ET. AGENDA kam nicht vor. Es dauerte Jahre, bis sich das änderte.

Mit der Zeit haben wir den Handlungsradius des Vereins ausgeweitet. Vernetzungen mit anderen Vereinigungen, zum einen mit der überkonfessionellen ESWTR, zum anderen mit dem Netzwerk katholischer Theologinnen in Lateinamerika (Teologanda), führten zu einer Erweiterung der Wahrnehmung (nicht zuletzt der Arbeitsbedingungen, die für die Kolleginnen an kirchlichen Einrichtungen in vielen lateinamerikanischen Ländern bei weitem restriktiver sind als an staatlichen Universitäten in Deutschland). Es entstanden neue Dialogräume und kooperative Arbeitsmöglichkeiten, gemeinsame Tagungen und Veröffentlichungen wurden organisiert, und es wuchs das Bewusstsein für die Bedeutung öffentlicher Sichtbar- und Hörbarkeit.

Internationalisierung als ethische Aufgabe

Die Notwendigkeit von Vernetzung und Internationalisierung habe ich in diesen und anderen Kontexten daher nicht nur als eine strategische Forderung wahrgenommen, die sich in akademischen Evaluationsprozessen und leistungsbezogenen Vergütungssystemen zunehmend geltend macht. Vielmehr erlebe ich dies für die theologische und sozialethische Fortentwicklung als der Sache nach geboten und als unerlässlich, wenn wir als TheologInnen und SozialethikerInnen in den kirchlichen wie in den politischen Prozessen und Problemen in Europa und auf der globalen Ebene wissenschaftlich handlungs- und gesprächsfähig sein wollen. Wegweisende Erfahrungen in dieser Hinsicht mache ich seit vielen Jahren in der „Societas ethica. Europäische Gesellschaft für ethische Forschung“, mit der mich erstmals Franz Furger in den frühen 1990er Jahren bekannt gemacht hat und der ich Ende der 1990er Jahre, dank eines Impulses von Hans Ulrich, beigetreten bin. Zwei Amtsperioden lang (2003-2011) war ich als Vorstandsmitglied mitverantwortlich für die jährlich an einem anderen Ort in Europa stattfindenden Tagungen dieses Zusammenschlusses europäischer EthikerInnen aus Theologie und Philosophie. Ein weiteres Lernfeld bietet der globale Zusammenschluss „Catholic Theological Ethics in the World Church“, der seit nunmehr gut zehn Jahren von James Keenan SJ und einem internationalen Team, das sich um ihn herum gebildet hat, moderiert wird und sich als Netzwerk über alle Kontinente sehr dynamisch entwickelt. Inzwischen formiert sich auch in Europa mit seiner starken sprachlichen Diversifizierung und den disparaten Bedingungen zwischen Nord und Süd,

39 Vgl. meinen Beitrag zu dieser Tagung: Erfahrungen mit dem nihil obstat-Verfahren aus der Sicht von Betroffenen. Statement im Rahmen der Tagung "Theologie und Lehramt im Gespräch", 30./31.3.2001. In: Bulletin ET 12 (2001) 1, 65-72.

West und Ost allmählich eine Struktur der länderübergreifenden Zusammenarbeit zwischen katholischen EthikerInnen; daran mitzuarbeiten, erlebe ich als eine sehr lohnende und wichtige Aufgabe und als eine Möglichkeit zunehmender Horizonterweiterung.

Jochen Sautermeister

Moraltheologie und Christliche Sozialethik 1990-2015. Ein Kapitel theologisch-ethischer Zeitgeschichte

1. Einführung: Herausforderungen für das theologische Ethik-Treiben heute

Ein zeitgeschichtlicher Überblick über die Theologische Ethik[1] im deutschsprachigen Raum der letzten 25 Jahre steht vor der Aufgabe, auch die vielfältigen Faktoren in den Blick zu nehmen, die das Ethik-Treiben innerhalb der katholischen Theologie mitbestimmen. Dies bildet in wissenssoziologischer Hinsicht nicht nur den Verstehenshintergrund für die Auswahl der Themen, die der moraltheologischen und sozialethischen Reflexion zugeführt werden, sondern auch für die Art und Weise, wie diese Themen ethisch reflektiert werden. Letzteres ist vor allem deshalb ausschlaggebend, weil hier über die Kommunikabilität, Argumentativität und Diskursivität eines theologischen Fachs im Spektrum der Wissenschaften, im öffentlichen Raum sowie in gesellschaftlich-politischen Orientierungs- und Normierungsprozessen entschieden wird.[2] Während die ethische Relevanz und Problematik spezifischer medizinischer, (bio-)technischer, medialer, sozialer, politischer, demografischer oder ökologischer Herausforderungen und Entwicklungen auf dem Boden mehr oder weniger geteilter lebensweltlicher Erfahrungsräume oder professionalisierter Handlungsfelder erörtert werden können – ohne dass deshalb schon die verschiedenen ethischen Problemwahrnehmungen konvergieren müssten –, bilden doch der ethische Problemzugang und die Art der ethischen Deliberation unterschiedliche (theoretische) Vorverständnisse ab, die nicht so ohne Weiteres erfahrungsbasiert miteinander abgeglichen werden können.

Da eine Analyse der ethisch relevanten Entwicklungen der letzten 25 Jahre (1990-2015) ein eigenes Forschungsprogramm darstellen würde, seien im Folgenden nur schlagwortartig sieben ausgewählte Ereignisse bzw. Entwicklungen genannt, die als Hintergrundfolie für das Verständnis der Praxis theologi-

[1] Die Rede von der Theologischen Ethik ist letztlich eine Abstraktion für eine in sich differenzierte theologische Disziplin, die wissenschaftlich die Ethizität und den ethischen Anspruch des christlichen Glaubens selbst reflektiert. Genau genommen sind es theologische Ethikerinnen und Ethiker mit ihrem Ethik-Treiben, die die systematische Bestimmung dessen, was Theologische Ethik ist und welche Aufgaben ihr zukommen, formen und ausgestalten. Insofern sind autobiografische Zeugnisse ein Beitrag nicht nur zur materialen, sondern auch zur formalen Selbstreflexion des Faches.

[2] S. Demmer, Klaus: Selbstaufklärung Theologischer Ethik. Themen – Thesen – Perspektiven. Paderborn 2014.

scher Ethik zu beachten sind. (1) Mit dem Fall des „Eisernen Vorhangs", der Wiedervereinigung Deutschlands, des Zerfalls der Sowjetunion und der Osterweiterung der Europäischen Union hat sich der Austausch und der Dialog zwischen politisch, wirtschaftlich, soziokulturell und weltanschaulich unterschiedlich geprägten Lebensräumen sehr verstärkt und zu neuen sozialen, politischen, rechtlichen, aber eben auch ethischen und theologischen Fragestellungen und Herausforderungen in Demokratien[3] geführt. (2) Damit einher geht ein fortschreitender, vor allem ökonomisch dominierter Globalisierungsprozess, der sich auch auf die vielfältigen Sektoren der Wirtschaft und der Finanzmärkte auswirkt und neben Chancen auch neue Abhängigkeiten und Vulnerabilitäten hervorruft, die die Schere zwischen Arm und Reich auf der Welt forcieren und so zu neuartigen Regulierungs-, Verantwortungs- und Gerechtigkeitsfragen führen.[4] (3) Maßgeblichen Anteil an diesen Entwicklungen haben auch die weltweite digitale Vernetzung und Verbreitung der Massenmedien.[5] Internet und technische Entwicklungen mobiler Geräte führen zu einem enormen Anstieg an Informationsgewinnung und -austausch sowie an Datenspeicherung, was erheblichen Einfluss auf das Kommunikationsverhalten und auf die Prozesse der Informationsverarbeitung oder das Zeit- und Mobilitätsbewusstsein hat. Auch führt dies zu neuen Regulierungserfordernissen (Datenschutz, Recht auf Privatsphäre, geistiges Eigentum) und erfordern neue Verhältnisbestimmungen von privat und öffentlich. (4) Die zahlreichen technischen Innovationen verändern viele Lebensbereiche bis in die alltägliche Lebensführung hinein. Deren positiven wie negativen langfristigen Folgen auf kognitive Strukturen oder Auswirkungen auf Gesundheit und Selbstbestimmung sind noch nicht absehbar. Besondere Beachtung verdienen auch biomedizinische und biotechnologische Entwicklungen, die zum einen neue Formen der menschlichen Selbstgestaltung versprechen bzw. der Selbstmanipulation eröffnen und zum anderen grundsätzliche Fragen nach dem anthropologischen Selbstverständnis und dessen praktische Konsequenzen provozieren. (5) Das gewachsene Bewusstsein für die anthropogene Verursachung von Klimaveränderungen und Umweltzerstörung mit massiven globalen Auswirkungen, die inzwischen weder zu übersehen noch zu leugnen sind, intensivieren die internationalen Bemühungen um eine gemeinsame Weltverantwortung, wobei die Lasten der klimatisch bedingten Veränderungen ungleich verteilt sind und auch hier Gerechtigkeitserwägungen und Fragen des Maßhaltens dringlich

---

[3] S. hierzu den 28. Kongress der Internationalen Vereinigung für Moraltheologie und Sozialethik 1997 in Münster zum Thema „Ethik in der Demokratie – Demokratie in der Ethik?": Autiero, Antonio (Hg.): Ethik und Demokratie (StdM 8). Münster 1998.

[4] Zum Thema Globalisierung s. den 30. Kongress der Internationalen Vereinigung für Moraltheologie und Sozialethik 2001 in Wien zum Thema „Ethische Perspektiven im Globalisierungsprozess": Virt, Günter (Hg.): Der Globalisierungsprozess. Facetten einer Dynamik aus ethischer und theologischer Perspektive (SThE 95). Freiburg i.Ue./Freiburg i.Br. 2002.

[5] S. hierzu den 26. Kongress der Internationalen Vereinigung für Moraltheologie und Sozialethik 1993 in Salzburg zum Thema „Moral in einer massenmedialen Kultur": Wolbert, Werner (Hg.): Moral in einer Kultur der Massenmedien (SThE 61). Freiburg i.Ue./Freiburg i.Br. 1994.

werden lassen. (6) Mit dem Fall des „Eisernen Vorhangs“, des Aufkommens eines islamistischen Terrorismus, der mit den Anschlägen vom 11. September 2001 in den Vereinigten Staaten einen Höhepunkt erreichte und militärische Interventionen zur Folge hatte, einer weiteren Destabilisierung und Umordnung nationaler wie internationaler Machtverhältnisse in verschiedenen Weltregionen, bis hin zum sogenannten Arabischen Frühling, der – entgegen seiner freiheitlichen Ursprungsintention – in zahlreichen Ländern der arabischen Welt blutige Konflikte und Bürgerkriege nach sich zog, sind neue Probleme einer internationalen Sicherheitspolitik und Sicherheitsarchitektur entstanden, für die bislang noch keine überzeugenden Lösungen gefunden wurden. (7) Schließlich sind auch die in jüngster Zeit sich verschärfenden Herausforderungen zu nennen, die durch Flucht und Migration hervorgerufen werden und neben praktischen Versorgungsfragen auf nationaler Ebene die Aufgabe der Integration und auf internationaler Ebene die der Kooperation und interkulturellen Verständigung mit sich bringen. Insofern fundamentalistische und fanatische Strömungen Reaktionen auf die verschiedenen Prozesse und Folgen der Globalisierung darstellen, stellen sich – grundsätzlich gesprochen – hier besonders die Fragen nach Identität und Identitätsbildung in entgrenzten Räumen.

Mit diesen schlagwortartig charakterisierten ausgewählten Entwicklungen verbindet sich also eine zunehmende Internationalisierung und Globalisierung ethischer Herausforderungen (Armut und Hunger, Gesundheit und Bildung, wirtschaftliche Regulierungen, Natur und Klima, digitale Medien und Information, kulturelle und religiöse Pluralität sowie Überzeugungskonflikte[6], Migration oder Sicherheit und Terrorismus), die das Bewusstsein für die Eigenbedeutung regionaler und lokaler, allgemein gesprochen: partikularer Beschreibungsformen und Denkbewegungen sowie geschichtlich gewachsener soziokulturell umgrenzter Ethosgestalten für das Verstehen faktischer Praktiken und deren Regulierungsmöglichkeiten verstärken. Sie tangieren die neuzeitlichen und modernen Vorstellungen von ethischer Rationalität selbst und drängen zur Grundlagenreflexion bzw. lassen diese modifizieren und divergieren.

Diese „neue Unübersichtlichkeit“ (J. Habermas) hat zur Folge, dass das regelethische Bemühen um moralische Universalität von lebensweltlich gewachsenen und kommunitär tradierten Wertvorstellungen und Sinneinsichten abstrahieren muss, ohne diese jedoch selbst generieren zu können[7]. Allgemeinheit und Partikularität stehen in einem Spannungsverhältnis, das nicht nur theoretisch, sondern auch biografisch und gesellschaftlich eine zentrale Herausforderung für die ethische Rationalität darstellt.

---

6 S. hierzu den 31. Kongress der Internationalen Vereinigung für Moraltheologie und Sozialethik 2003 in Berlin zum Thema „Ethik im Konflikt der Überzeugungen“: Lob-Hüdepohl, Andreas (Hg.): Ethik im Konflikt der Überzeugungen. (SThE 105). Freiburg i.Ue./Freiburg i.Br. 2004.

7 Vgl. Honnefelder, Ludger: Was soll ich tun, wer will ich sein? Vernunft und Verantwortung, Gewissen und Schuld. Berlin 2007, 137-139.

Folgen solcher Spannungsverhältnisse, die im vielgestaltigen und zugleich diffusen Ruf nach Verantwortungsübernahme in unterschiedlichen Handlungsfeldern das Bewusstsein für die Grenzen eines jeden Normsystems zu erkennen geben, wenn es nicht von Personen in ihren jeweiligen Verantwortungsbereichen umgesetzt wird, sind die verschiedenen Versuche, Orientierung zu finden.[8] Der Appell, die Menschenwürde zu achten, erscheint dann als Chiffre für die Beanspruchung, moralisch zu sein und verantwortlich zu handeln, was sich dann weiter in den Menschenrechten zu materialisieren hat. Die Konkretion der Menschenrechte[9] und deren jeweilige kontextuelle Auslegung und Umsetzung, vor allem aber deren politischen und institutionellen Durchsetzungsbemühungen, können dabei mitunter so interessengeleitet sein, dass dies – im ungünstigen Fall – die Berufung auf Menschenrechte selbst diskreditiert oder – im günstigen Fall – das Bemühen um eine interessenunabhängige, gleichsam allgemeingültige Interpretation und Anwendung verstärkt. Dadurch kann den Menschenrechten dann aber wieder jene handlungsleitende Bestimmtheit verloren gehen, die man für ihre Implementierung und Durchsetzung in konkreten soziokulturellen und politischen Kontexten und Konstellationen benötigt.

Vergleichbares gilt auch für Theologie und Kirche. Kirche als normative Weltgemeinschaft wie auch als regionaler und lokaler Erfahrungs- und Handlungsraum tradiert und formuliert selbst Wert- und Sinneinsichten und legt diese normativ aus. Die theologisch-ethische Reflexion nimmt darauf kommentierend, kritisierend, explizierend oder kreativ weiterdenkend Bezug. Doch auch hier ist festzustellen, dass mit einer Zunahme an Konkretion jene kulturellen Divergenzen zu beobachten sind, die sich nicht so ohne Weiteres auf ein einheitliches handlungsleitendes Ethos harmonisieren lassen, selbst wenn – je nach Handlungsfeld unterschiedlich ausgeprägt – seitens des römischen Lehramts Weisungen zu moralischen Fragen mit sittlichkeitsdefinierenden Aussagen unterschiedlicher Konkretheit verlautbart werden. Insofern sich Moraltheologie und Sozialethik als kognitivistische Ethik verstehen, steht die theologische Ethik vor der Aufgabe, sich zu diesen moralischen Positionierungen im Raum von Kirche mit öffentlich-politischem und privat-persönlichem Anspruch reflexiv zu verhalten und die theologische wie ethische Bedeutung der Kontextualität des Praktischen in Erinnerung zu halten.[10]

---

8 S. hierzu den 29. Kongress der Internationalen Vereinigung für Moraltheologie und Sozialethik 1999 in Tilburg/Bovendonk zum Thema „Verantwortung – Ende oder Wandlungen einer Vorstellung? Orte und Funktionen der Ethik in unserer Gesellschaft“: Merks, Karl-Wilhelm (Hg.): Verantwortung – Ende oder Wandlungen einer Vorstellung? Orte und Funktionen der Ethik in unserer Gesellschaft (StdM 14). Münster 2001.

9 S. etwa Durst, Michael/Münk, Hans J. (Hg.): Theologie und Menschenrechte (Theologische Berichte 31). Freiburg i.Ue. 2008 sowie das Jahrbuch für Christliche Sozialwissenschaften 55 (2014) zum Thema „Menschenrechte in der katholischen Kirche“.

10 Vor allem mit dem Pontifikat von Papst Franziskus werden hier Hoffnungen bzw. Erwartungen verbunden, s. hierzu etwa Kasper, Walter: Papst Franziskus – Revolution der Zärtlichkeit und der Liebe. Theologische Wurzeln und pastorale Perspektiven. Stuttgart 2015, 67-74.

Gemäß all diesen Herausforderungen kann es nicht verwundern, dass sich die theologisch-ethischen Bemühungen der letzten 25 Jahre im deutschsprachigen Raum als vielschichtig und vielgestaltig erweisen. Dies entspricht der ethischen Situation insgesamt, wie Walter Lesch bereits Mitte der 1990er Jahre feststellte: „Wir verfügen heute weder über die Supertheorie rationaler Ethikbegründung noch über effiziente und konsensfähige Strategien, moralische Einsichten beispielsweise in wünschenswerte politische Maßnahmen umzusetzen.“[11]

2. Moraltheologie und Christliche Sozialethik unter dem Anspruch ethischer Rationalität

2.1. … im Haus der Wissenschaften

Im Bestreben, denkerisch den ethischen Herausforderungen in unserer Welt zu begegnen und praktische Orientierungshilfen zu geben,[12] lässt sich eine zunehmende Diversifizierung von theologischen wie auch philosophischen-ethischen Referenztheorien beobachten.[13] Wenngleich sich in der Ethik-Geschichte schon immer unterschiedliche, zum Teil einander ausschließende Begründungsfiguren und Argumentationsmuster für die Rechtfertigung normativer Aussagen finden lassen, so hat sich dies in den letzten Jahrzehnten erheblich verstärkt. Unter dem Eindruck postmoderner Infragestellungen von übergreifenden theoretischen Systementwürfen einerseits sowie der biografie- und kontextbezogenen Unempfindlichkeit von Moralsystemen, die vom konkreten Menschsein abstrahieren, andererseits stehen die verschiedenen theoretischen Ansätze ethischer Rationalität:[14] Neben naturrechtlich-personalistischen An-

---

[11] Lesch, Walter: Transformation theologischer Ethik. Zur theologischen Rezeption einer Diskurstheorie der Moral, in: Lesch, Walter/Bondolfi, Albert (Hg.): Theologische Ethik im Diskurs. Tübingen/Basel 1995, 1-23, hier: 1.

[12] S. etwa Goertz, Stephan: Weil Ethik praktisch werden will. Philosophisch-theologische Studien zum Theorie-Praxis-Verhältnis (ratio fidei 23). Regensburg 2004.

[13] S. hierzu den 34. Kongress der Internationalen Vereinigung für Moraltheologie und Sozialethik 2009 in Frankfurt/Sankt Georgen zum Thema „Die Bedeutung der Philosophie für die Theologische Ethik“: Schuster, Josef (Hg.): Die Bedeutung der Philosophie für die Theologische Ethik (SThE 128). Freiburg i.Ue./Freiburg i.Br./Wien 2010; sowie Kruip, Gerhard: Fortschritte im Selbstverständigungsprozess. Ansätze, Methode und Themen der Sozialethik, in: Herder Korrespondenz Spezial – Glauben denken. Theologie heute – eine Bestandsaufnahme (2008), 45-48, hier: 45. Exemplarisch: Droesser, Gerhard: Freiheitspraxis im Prozess. Zur geschichtsanthropologischen Grundlegung einer Theologie des Ethischen (FIE 4). Frankfurt a.M. u.a. 1992; oder Lesch, Walter: Übersetzungen. Grenzgänge zwischen philosophischer und theologischer Ethik (SThE 139). Freiburg i.Ue./Freiburg i.Br./Wien 2013.

[14] Vgl. Holderegger, Adrian (Hg.): Fundamente der theologischen Ethik. Bilanz und Neuansätze (SThE 72). Freiburg i.Ue./Freiburg i.Br./Wien 1996.

sätzen finden sich im Anschluss an John Rawls[15] vertragstheoretische, im Anschluss an Jürgen Habermas diskurstheoretische[16], im Anschluss an Martha Nussbaum neoaristotelische[17], im Anschluss an Paul Ricoeur hermeneutische[18], im Anschluss an Axel Honneth anerkennungstheoretische[19], im Anschluss an Alan Gewirth kantianisch inspirierte rationale Ansätze wie auch an narrative[20], kommunitaristische, pragmatistische[21] oder liberale Zugänge anschließende theoretische Ansätze.

Ohne dass mit dieser typisierenden Aufzählung bereits eine Vollständigkeit erreicht wäre, vermittelt sie doch eine Vielfalt an Ansätzen und Methoden innerhalb von Moraltheologie und Christlicher Sozialethik. Diese Pluralität ist nicht nur der Einsicht geschuldet, dass verschiedene Fragestellungen innerhalb der Angewandten Ethik aufgrund der immanenten Sachlogik der unterschiedlichen Handlungsfelder eine je adäquate methodische und referenztheoretische Annäherung an human-, sozial-, natur- und geisteswissenschaftlichen Bezugsdisziplinen erfordern. Vielmehr ist diese Heterogenität bereits auf ethischer, philosophischer und theologischer grundlagentheoretischer Ebene vorzufinden, wobei auch der Nachvollzug von manchen „intellektuellen Modeströmungen“[22] nicht immer auszuschließen ist. Mag diese Heterogenität auch bedauert werden, so spiegelt sich in ihr doch eine ernsthafte Redlichkeit wider, der (normativen) Wirklichkeit möglichst ethisch angemessen zu begegnen.

Das sich daraus ergebende Potenzial selbstkritischer Methodenreflexion erweckt den Eindruck, dass übergeordnete Systementwürfe innerhalb von Moraltheologie und Christlicher Sozialethik zunehmend schwieriger, wenn nicht gar unmöglich geworden sind. So ist es bezeichnend, dass systematische Entwürfe, die über – häufig aus dem universitären Vorlesungsbetrieb und Vortragstätigkeiten erwachsenen – Einführungsbücher[23] oder thematische Ab-

---

15 S. Bormann, Franz-Josef: Soziale Gerechtigkeit zwischen Fairness und Partizipation. John Rawls und die katholische Soziallehre (SThE 113). Freiburg i.Ue./Freiburg i.Br./Wien 2006.

16 S. Lob-Hüdepohl, Andreas: Kommunikative Vernunft und theologische Ethik (SThE 47). Freiburg i.Ue./Freiburg i.Br./Wien 1993.

17 S. etwa Winkler, Katja: Anthropologische Aspekte in Gerechtigkeitstheorien – Martha Nussbaums Capabilities approach und die christliche Sozialethik. In: Fürst, Alfons/Müller, Klaus (Hg.): Natur und Normativität. Münster 2010, 87-103.

18 S. Mandry, Christof: Ethische Identität und christlicher Glaube. Theologische Ethik im Spannungsfeld von Theologie und Philosophie. Mainz 2002.

19 S. Bohmeyer, Axel: Jenseits der Diskursethik. Christliche Sozialethik und Axel Honneths Theorie sozialer Anerkennung. Münster 2006.

20 S. Mieth, Dietmar (Hg.): Moral und Erzählen. Narrativität im Spannungsfeld von Ethik und Ästhetik. Tübingen 2000.

21 S. Filipovič, Alexander: Erfahrung, Vernunft, Praxis. Christliche Sozialethik im Gespräch mit dem philosophischen Pragmatismus. Paderborn 2015.

22 Lesch: Transformation theologischer Ethik (s. Anm. 11), 3.

23 Z.B. Gründel, Johannes (Hg.): Leben aus christlicher Verantwortung, Ein Grundkurs. 3 Bde. Düsseldorf 1991-1992; Anzenbacher, Arno: Christliche Sozialethik. Einführung und Prinzipien. Paderborn/München/Wien/Zürich 1998; Hunold, Gerfried W./Laubach, Thomas/Greis, Andreas (Hg.): Theologische Ethik. Ein Werkbuch. Tübingen/Basel 2000; Heimbach-Steins, Marianne (Hg.): Christliche Sozialethik. Ein Lehrbuch. 2 Bde. Regensburg 2004-2005; Marx, Reinhard/Wulsdorf,

handlungen hinausgehen, ausgesprochen selten sind. Im Unterschied zu früher stellt das Handbuch in der Moraltheologie kein selbstverständliches Genus mehr dar, das es nur noch in Ausläufern gibt;[24] eine bemerkenswerte Ausnahme stellt das ökumenisch erarbeitete dreibändige Handbuch der Christlichen Ethik[25] dar. Der Rückgang mag nicht einfach darauf zurückzuführen sein, dass in diesem Zeitraum das Lexikon für Theologie und Kirche in der dritten Auflage erschienen ist, das mit seinen zahlreichen und teilweise umfangreichen ethischen Artikeln[26] nicht unerhebliche Kapazitäten vieler theologischer Ethikerinnen und Ethiker gebunden hat. Vielmehr ist dies die Folge einer aus wissenschaftstheoretischen und inhaltlichen Gründen überwundenen Manualistik und des zunehmenden Erfordernisses von fachinterner Kooperation und Interdisziplinarität[27], um theologisch-ethisch „auf der Höhe der Zeit“ zu sein; gerade diese Entwicklung würde vielmehr die Erarbeitung eines Handbuchs zu einer theologisch-ethischen Methodologie erfordern, dessen Einlösung allerdings noch aussteht. Dass sich dies in Einzelfragen oder bereichsspezifischen Ethiken anders verhält[28], lässt sich durch einen Verweis auf deren thematische Konzentration und sachimmanente methodische Kohärenz erklären. Oder anders formuliert: Der theoretische Graben zwischen der Angewandten Ethik und der Allgemeinen Ethik ist so groß, dass er anscheinend kaum zu überbrücken ist und die einzelnen Bereichsethiken grundlagentheoretische Reflexionen eigener Art erfordern. Dass die Neustrukturierung der Studienordnungen im Rahmen des Bologna-Prozesses einen systematisch-disziplinären Zugang

---

Helge: Christliche Sozialethik. Konturen – Prinzipien – Handlungsfelder. Paderborn 2002; Römelt, Josef: Christliche Ethik in moderner Gesellschaft. 2 Bde. Freiburg i.Br. 2008; Ernst, Stephan: Grundfragen theologischer Ethik 2009; Marschütz, Gerhard: theologisch ethisch nachdenken. 2 Bde. Würzburg 2009-2011; Hilpert, Konrad: Zentrale Fragen christlicher Ethik. Für Schule und Erwachsenenbildung. Regensburg 2009; Wilhelms, Günter: Christliche Sozialethik. Eine Einführung. Paderborn/München/Wien/Zürich 2010; Schockenhoff, Eberhard: Theologische Ethik, in: Sajak, Clauß Peter (Hg.): Christliches Handeln in Verantwortung für die Welt. Paderborn 2015, 113-168.

[24] S. Weber, Helmut: Allgemeine Moraltheologie. Ruf und Antwort. Graz/Wien/Köln 1991; Peschke, Karl-Heinz: Christliche Ethik. 2 Bde. Trier 1995-1997; Weber, Helmut: Spezielle Moraltheologie. Graz/Wien/Köln 1999; Römelt, Josef: Vom Sinn moralischer Verantwortung. Zu den Grundlagen christlicher Ethik in komplexer Gesellschaft (Handbuch der Moraltheologie 1). Regensburg 1996; Römelt, Josef: Freiheit, die mehr ist als Willkür. Christliche Ethik in zwischenmenschlicher Beziehung, Lebensgestaltung, Krankheit und Tod (Handbuch der Moraltheologie 2). Regensburg 1997; Römelt, Josef: Jenseits von Pragmatismus und Resignation. Perspektiven christlicher Verantwortung für Umwelt, Frieden und soziale Gerechtigkeit (Handbuch der Moraltheologie 3) (unter Mitarbeit von Michael Schramm). Regensburg 1999.

[25] Hertz, Anselm/Korff, Wilhelm/Rendtorff, Trutz/Ringeling, Hermann (Hg.): Handbuch der Christlichen Ethik. 3 Bde. Freiburg/Basel/Wien 1978-1982 (aktualisierte Neuausgabe 1993).

[26] Vgl. hierzu das aus den ethischen Beiträgen und deren Bearbeitung entstandene Lexikon der christlichen Ethik. 2 Bde. Hrsg. v. Gerfried W. Hunold unter Mitarbeit von Jochen Sautermeister. Freiburg i.Br. 2003, dem eine eigenständige Fachsystematik zugrunde liegt.

[27] S. hierzu Hunold, Gerfried W./Beckmann, Dorothee (Hg.): Grenzbegehungen. Interdisziplinarität als Wissenschaftsethos (FIE 11). Frankfurt a.M. u.a. 1995.

[28] S. hierzu etwa das Lexikon der Bioethik. 3 Bde. Hrsg. v. Wilhelm Korff/Lutwin Beck/Paul Mikat. Gütersloh 1998.

zur theologischen Ethik zudem eher erschwert als begünstigt, sei dabei nur am Rande erwähnt.

2.2. … in der Ethikberatung

Der mit den gestiegenen ethischen Herausforderungen in einer pluralen Welt[29] einhergehende Orientierungsbedarf hat zu einer wachsenden Bedeutung institutionalisierter Ethikberatung geführt. So sind Vertreterinnen und Vertreter aus Moraltheologie und Christlicher Sozialethik nicht nur Mitglieder in klinischen Ethikkomitees, die sich mit ausgewählten Fällen aus der medizinischen Praxis befassen, sondern auch in übergeordneten regionalen, nationalen und internationalen Ethikkommissionen, die der Politikberatung sowie der Unterstützung gesellschaftlicher Überlegungsprozesse und berufsethischer Regulierungen und Selbstvergewisserung dienen.[30] Neben dem Deutschen Ethikrat (zuvor: Nationaler Ethikrat), der Zentralen Ethikkommission der Bundesärztekammer oder den (Bio-) Ethik-Kommissionen verschiedener Bundesländer ist hier auch die Zentrale Ethikkommission für Stammzellenforschung zu nennen, die am Robert-Koch-Institut als Genehmigungsbehörde in Berlin angesiedelt ist, sowie europäische (z.B. European Group on Ethics in Sciences und New Technologies), schweizerische und österreichische Kommissionen.

Die Aufgabe solcher Kommissionen, in denen theologische Ethiker vertreten sind, besteht in den meisten Fällen darin, „zwischen konkurrierenden Verfassungszielen, Überzeugungen, Gruppen und Interessen verantwortbare und zugleich gangbare Wege zu suchen. Dies ist ein Ausdruck dafür, dass ihre Reflexion [sc. der theologischen Ethik; J.S.], ihre Expertise und vielleicht auch ihre Nähe zu dem, was die Bürger denken, geschätzt wird. Aber es kostet auch viel Arbeit und Einsatz, die, in die Dokumente eingegangen, anonym bleiben.“[31] Auf diese Weise kann die Theologie zu Meinungsbildungsprozessen innerhalb der Gesellschaft beitragen. Dabei lässt sich beobachten, dass mancher Vorbehalt, Theologen seien schlicht und ausschließlich Interessenvertreter kirchlicher Positionen, entkräftet werden kann und dann die ethische Ex-

---

[29] S. hierzu den 35. Kongress der Internationalen Vereinigung für Moraltheologie und Sozialethik 2011 in München-Freising zum Thema „Theologische Ethik im Pluralismus“: Hilpert, Konrad (Hg.): Theologische Ethik im Pluralismus (SThE 133). Freiburg i.Ue./Freiburg i.Br./Wien 2012.

[30] S. hierzu etwa Hilpert, Konrad: Institutionalisierung bioethischer Diskurse als Schnittstelle von wissenschaftlichem und öffentlichem Diskurs. In: Hilpert, Konrad/Mieth, Dietmar (Hg.): Kriterien biomedizinischer Ethik. Theologische Beiträge zum gesellschaftlichen Diskurs (QD 217). Freiburg/Basel/Wien 2006, 356-379; Virt, Günter: Zur Ethik der Ethikkommissionen, in: Sautermeister, Jochen (Hg.): Verantwortung und Integrität heute. Theologische Ethik unter dem Anspruch der Redlichkeit, Freiburg i.Br. 2013, 246-257; oder Hilpert, Konrad: Wozu sind Ethikkommissionen gut?. In: Stimmen der Zeit 230 (2012), 12-22.

[31] Hilpert, Konrad: Spannungsvolles Terrain. Moraltheologie im Kreuzungsbereich theologischen Denkens. In: Herder Korrespondenz Spezial – Glauben denken. Theologie heute – eine Bestandsaufnahme (2008), 41-44, hier: 44.

pertise von Moraltheologen und Christlichen Sozialethikern anerkannt wird. Auf diese Weise können Ethikkommissionen selbst zu einer Bewährungsprobe für die Überzeugungskraft theologisch-ethischer Rationalität einerseits und die Akzeptanz der Bedeutung kommunikabler religiöser Sinnpotenziale für gesellschaftliche Herausforderungen andererseits werden.

2.3. … im öffentlichen Diskurs

Mit Blick auf breitenmediale öffentliche Diskurse fällt auf, dass katholisch-theologische Ethikerinnen und Ethiker als Gesprächspartner vorrangig dann gefragt sind, wenn es um bestimmte „Reiz-Themen“ oder um die Kommentierung kirchlicher Positionierungen oder Ereignisse geht. Ohne diese Bedeutung schmälern zu wollen – kann sie doch etwa vorrangig für den binnenkirchlichen Raum oder im kirchlich-eigentümlichen Sprachduktus Geäußertes für andere interpretierend und kommunikativ so aufbereiten, dass die intendierten Sinngehalte und Themen auch kirchlich Distanzierten näher gebracht werden können –, scheint ihnen doch die Zuerkennung einer hermeneutischen Erschließungskompetenz ethischer und gesellschaftlicher Konstellationen und Herausforderungen nicht mehr von allen zugebilligt zu werden. Theologie und Kirche sind Stimmen innerhalb des öffentlichen Diskurses zu moralischen Fragen – neben anderen –, die umso erfolgreicher daran partizipieren und konstruktive Beiträge leisten, je mehr sich von der „fundamentalistische[n] Versuchung der Sehnsucht nach Eindeutigkeit“ [32] distanzieren.

2.4. … in der Kirche

Selbstverständlich wirken auch in kirchlichen Kommissionen und Gremien Moraltheologen und Christliche Sozialethiker mit. Allerdings ist die theologisch-ethische Beratung im Raum der Kirche – abgesehen von Kommissionen der Bischofskonferenzen, von diözesanen oder verbandlichen Gremien und Arbeitsgemeinschaften oder anderer kirchlicher Institutionen wie dem Deutschen Caritasverband – sowie deren Relevanz von außen oft nicht sichtbar. Das Öffentlichwerden innerkirchlicher Missstände, vor allem der Missbrauchsskandale, die Benennung notwendiger Veränderungen durch das Memorandum[33], das Einsetzen des mehrjährigen innerkirchlichen Dialogprozesses[34] und nicht zuletzt der von Papst Franziskus initiierte und geförderte weltkirchliche, regionale und lokale Diskussionsprozess besonders zu Fragen von

---

32 Lesch: Transformation theologischer Ethik (s. Anm. 11), 1.

33 S. hierzu Heimbach-Steins, Marianne/Kruip, Gerhard/Wendel, Saskia (Hg.): „Kirche 2011: Ein notwendiger Aufbruch“. Argumente zum Memorandum. Freiburg i.Br. 2011.

34 S. hierzu Kirschner, Martin/Schmiedl, Joachim (Hg.): Der Dialog geht weiter. Ergebnisse und Perspektiven des Gesprächsprozesses. Freiburg i.Br. 2015.

Partnerschaft, Ehe und Familie im Horizont einer zeitgemäßen Evangelisierung führen jedoch zu einem verstärkten Ruf nach theologisch-ethischer Reflexion.

Insofern Moraltheologie und Christliche Sozialethik in besonderer Weise mit der Lebenswirklichkeit verbunden sind und Fragen des guten Lebens und der Gerechtigkeit nicht nur abstrakt, sondern auch konkret behandeln, ist der theologischen Ethik eine moralische Sensibilität und Verantwortung eigen, die sowohl „ad extra" in die Welt hinein als auch „ad intra" in den Raum von Kirche gerichtet ist. Das hat zur Folge, dass die bereits erwähnte Pluralität innerhalb von Moraltheologie und Christlicher Sozialethik je nach Themenfeld nicht immer spannungsfrei zu kirchlich-lehramtlichen Positionen steht. Dies hält die Frage nach dem wissenschaftlichen und kirchlichen Selbstverständnis beider Fächer und nach dem je besseren Verstehen des moralischen Sprechens von Kirche in der jeweiligen Zeit virulent. Es zeichnet sich ab, dass das Einlösen theologisch-ethischer Rationalität im Raum von Gesellschaft und Kirche immer dann an Überzeugungskraft gewinnt, wenn sie in ihren Reflexionen, Analysen und Perspektiven möglichst wenig durch sachfremde externe Faktoren beeinträchtigt wird. Auf diese Weise gelingt es ihr am besten, ihrer Brückenfunktion zwischen verschiedenen Wissenschaften als auch zwischen Kirche und Gesellschaft wahrzunehmen.

3. Theoretische Zugänge und thematische Schwerpunkte

Trotz der konzeptionellen Vielfalt innerhalb der beiden theologisch-ethischen Disziplinen lassen sich mehrere thematische Schwerpunkte identifizieren, die in den letzten 25 Jahren vorrangig behandelt wurden und zentrale ethische Herausforderungen in Gesellschaft und Kirche abbilden, aufgreifen und bearbeiten. Während es sich hierbei zumeist um theologisch-ethische Fragestellungen handelt, die der Speziellen Moraltheologie bzw. der Angewandten Ethik zuzuordnen sind, lassen sich gleichsam auf deren theoretischen Rückseite Grundlegungsfragen sowie wissenschaftstheoretische und erkenntnistheoretische Schwerpunktsetzungen identifizieren, die dem Bereich der Allgemeinen Moraltheologie bzw. der Allgemeinen Ethik angehören.[35]

---

[35] Da es im Rahmen dieses Beitrags nicht möglich ist, sämtliche bedeutenden Publikationen der deutschsprachigen theologischen Ethik, die zu den einzelnen Themen zwischen 1990 und 2015 erschienen sind, aufzuführen, werden vorrangig solche Veröffentlichungen genannt, die aus den großen zweijährlich stattfindenden Fachkongressen der Internationalen Vereinigung für Moraltheologie und Sozialethik erwachsen oder maßgeblich von der Fachgemeinschaft getragen sind. Die exemplarische Erwähnung weiterer Publikationen dient dagegen eher der Illustration, ohne dass deshalb die Qualität oder Relevanz nicht genannter Literatur geschmälert werden soll. Letzteres lässt sich ohnehin erst aus der zeitlichen Distanz heraus beurteilen.

3.1. … der Allgemeinen Ethik

Während seit den 1960er Jahren – maßgeblich entzündet an der Diskussion um die Enzyklika *Humanae vitae* und um verantwortete Elternschaft – zunehmend Normbegründungsfragen und die Frage nach dem Proprium christlicher Ethik, die auf die Kontroverse zwischen der sogenannten Glaubensethik und der sogenannten Autonomen Moral hin vereinfachend stilisiert wurde, in den Vordergrund traten, haben sich ungefähr seit Ende der 1980er, Anfang der 1990er Jahre die grundlagentheoretischen ethischen Fragestellungen[36] erweitert. Parallel zur sogenannten Rehabilitierung der Praktischen Philosophie, des Aufkommens einer Philosophie der Lebenskunst und des Wiederauflebens der Tugendethik[37] ist versucht worden, innerhalb der theologischen Ethik den Graben zwischen im engen Sinne moralischen einerseits und strebensethischen Reflexionen andererseits aus systematischen Gründen[38] zu überbrücken.

Gehörte die Tugendethik seit den Anfängen der christlichen Ethik ununterbrochen zum moraltheologischen Kernbestand, so galt es nun, das Verhältnis einer Ethik des Guten bzw. des guten Lebens mit einer Ethik des Gerechten zu reflektieren und zu bestimmen.[39] Die strikte Trennung zwischen Moral und Ethik wurde dahingehend relativiert, dass die Frage nach Konkretionen der Menschenrechte sowie die Wahrung bzw. Förderungen von Bedingungen menschenwürdiger Selbstbestimmung abhängt von inhaltlichen Vorstellungen dessen, was für ein gutes Leben in bestimmten politischen, soziokulturellen, ökonomischen und ökologischen Kontexten aus guten Gründen gehalten wird. Dahinter stand auch die Einsicht, dass sich moralisches Handeln aus Sinnressourcen motiviert, die in spezifischen Leitvorstellungen gelingenden Lebens verankert sind.[40] Damit kam die ethische Frage nach dem guten Leben in ihrer normentheoretischen Bedeutung in den Blick, wobei auch deren personethische Bedeutung für Fragen der individuellen Lebensführungen weiter entfaltet wurde.

Mit der Bezugnahme auf die Identitätskategorie wurde die Absicht verbunden, personale Selbstverwirklichung auf der Basis human-, sozial- und geisteswissenschaftlicher Erkenntnisse theoretisch besser zu erfassen und den Di-

---

[36] S. etwa Holderegger, Adrian/Wolbert, Werner (Hg.): Deontologie – Teleologie. Normtheoretische Grundlagen in der Diskussion (SThE 135). Fribourg i.Ue./Freiburg i.Br./Wien 2012.

[37] S. etwa Schuster, Josef: Moralisches Können. Studien zur Tugendethik. Würzburg 1997.

[38] S. etwa Schockenhoff, Eberhard: Grundlegung der Ethik. Ein theologischer Entwurf. Freiburg i.Br./Basel/Wien 2007.

[39] S. Schaupp, Walter: Gerechtigkeit im Horizont des Guten. Fundamentalmoralische Klärungen im Ausgang von Charles Taylor (SThE 101). Freiburg i.Ue./Freiburg i.Br./Wien 2003; oder Mack, Elke, Gerechtigkeit und gutes Leben. Christliche Ethik im politischen Diskurs. Paderborn/München/Wien/Zürich 2002.

[40] Vgl. Heimbach-Steins, Marianne (Hg.): Ressourcen – Lebensqualität – Sinn. Gerechtigkeit für die Zukunft denken (Gesellschaft – Ethik – Religion 1). Paderborn/München/Wien/Zürich 2013.

mensionen der Leiblichkeit[41], der Lebensführung[42] und der Lebensgeschichte[43] ethisch Rechnung zu tragen, in ihren Hoffnungsgestalten der Sinnsuche[44] wie auch in ihren Abgründigkeiten und Brüchen[45]. Dass auf diese Weise auch die Gewissensthematik in Verbindung mit der Frage, was die moralische Identität[46] einer Person ausmacht, eine neue Ausrichtung erfahren hat, die die schlichte Gegenüberstellung von subjektivem Gewissen und objektiver Norm bzw. eine nicht unproblematische einseitige Zuordnung aus Aporien herauszuführen vermochte,[47] verdient eigens Erwähnung. Mit dieser Sensibilisierung für lebensgeschichtliche und soziokulturelle Faktoren bei der Bestimmung zentraler Bedingungen dessen, was die moralische Identität einer Person und ein gutes Leben[48] ausmachen, kamen aber auch jene empirischen Strukturen in den Blick, die die Ethik in ihrer Bedingtheit selbst reflexiv werden lässt. So wurde zum einen angesichts der gewachsenen neurobiologischen Erkenntnisse und poststrukturalistischer Einsichten die Frage nach dem moralischen Subjekt, nach der (Willens-)Freiheit[49] und den Möglichkeiten sittlicher Selbstbestimmung virulent.[50] Zum anderen – vor allem aufgrund der enorm gestiegenen biotechnologischen Möglichkeiten der menschlichen „Selbstverbesserung" – wurde die Frage nach der Natur im Sinne des unbeliebig Verfügbaren im Unterschied zum menschlich Gemachten erneut dringlich, um ethische Grenzen der biotechnologischen Selbstmanipulation zu ermitteln.

---

41 S. hierzu den 32. Kongress der Internationalen Vereinigung für Moraltheologie und Sozialethik 2005 in Hamburg zum Thema „Körperlichkeit – Identität. Begegnung in Leiblichkeit": Hoppe, Thomas (Hg.): Körperlichkeit – Identität. Begegnung in Leiblichkeit (SThE 121). Freiburg i.Ue./Freiburg i.Br./Wien 2008.

42 S. Laubach, Thomas: Lebensführung. Annäherung an einen ethischen Begriff (FIE 24). Frankfurt a.M. u.a. 1999.

43 S. etwa Sautermeister, Jochen: Identität und Authentizität. Studien zur normativen Logik personaler Orientierung (SThE 138). Freiburg i.Ue./Freiburg i.Br./Wien 2013.

44 S. Lutz, Ralf: Der hoffende Mensch. Anthropologie und Ethik menschlicher Sinnsuche. Tübingen/Basel 2012.

45 S. hierzu den 27. Kongress der Internationalen Vereinigung für Moraltheologie und Sozialethik 1995 in Bonn/Köln zum Thema „Leiden": Höver, Gerhard (Hg.): Leiden (StdM 1). Münster 1997.

46 S. Haker, Hille: Moralische Identität. Literarische Lebensgeschichten als Medium ethischer Reflexion. Tübingen/Basel 1999; sowie Breitsameter, Christof: Identität und Moral in der modernen Gesellschaft. Theologische Ethik und Sozialwissenschaften im interdisziplinären Gespräch. Paderborn/München/Wien/Zürich 2003.

47 S. etwa Schlögel, Herbert: Nicht moralisch, sondern theologisch. Zum Gewissensverständnis von Gerhard Ebeling. Mainz 1992; Noichl, Franz: Gewissen und Ideologie. Zur Möglichkeit der Rekonstruktion eines unbedingten Sollens. Freiburg/Basel/Wien 1993; Schockenhoff, Eberhard: Wie gewiss ist das Gewissen? Eine ethische Orientierung. Freiburg/Basel/Wien 2003; Fonk, Peter: Das Gewissen. Was es ist – wie es wirkt – wie weit es bindet. Regensburg 2004; Schmitt, Hanspeter: Sozialität und Gewissen. Anthropologische und theologisch-ethische Sondierung der klassischen Gewissenslehre. Münster 2008; oder Bormann, Franz-Josef/Wetzstein, Verena (Hg.): Gewissen. Dimensionen eines Grundbegriffs medizinischer Ethik. Berlin 2014.

48 S. Schlögl-Flierl, Kerstin: Das Glück – literarische Sensorien und theologisch-ethische Reaktionen. Eine historisch-systematische Annäherung an das Thema des Glücks. Berlin 2007.

49 S. etwa Schockenhoff, Eberhard: Theologie der Freiheit. Freiburg i.Br. 2007.

50 S. etwa Holderegger, Adrian/Sitter-Liver, Beat/Hess, Christian W./Rager, Günter (Hg.): Hirnforschung und Menschenbild. Beiträge zur interdisziplinären Verständigung. Basel 2008.

Im Unterschied zu einer neuscholastisch ausgerichteten Vorstellung vom sittlichen Naturgesetz[51] ging es hier um das Bemühen, im Sinne von empirischen Konstitutionsbedingungen jene Grenzerfahrungen zu formulieren, die auch im Rahmen der moralischen Selbstbestimmung von Menschen zu beachten sind und die eine verantwortliche menschliche Praxis in den unterschiedlichen Handlungsfeldern zu respektieren hat.[52] Dass für die praktische Ausgestaltung moralischer Selbstbestimmung und normativer Regelungen jedoch nicht der Rekurs auf naturale Unbeliebigkeit hinreichend ist, sondern ebenso der Bezug auf gewachsene Ethosvorstellungen, macht nochmals deutlich, weshalb Fragen des guten Lebens und Gerechtigkeitsfragen enger aneinander gerückt und überzogene bzw. verkürzte Vorstellungen von Autonomie auf der einen und vom Naturrecht auf der anderen Seite meist zurückgewiesen wurden.

3.2. … der Angewandten Ethik

Im Bereich der Angewandten Ethik[53] standen in den letzten 25 Jahren zum einen Fragen der Lebensethik[54], näherhin der Bioethik und der medizinischen Ethik[55] im Vordergrund:[56] Bedingt durch die Wiedervereinigung Deutschlands wurde u.a. eine Reform der Paragrafen § 218f. StGB zur rechtlichen Normie-

---

[51] S. Schallenberg, Peter: Naturrecht und Sozialtheorie. Die Entwicklung des theonomen Naturrechts der späten Neuscholastik im deutschen Sprachraum (1900–1960). Münster 1993.

[52] S. z.B. Bormann, Franz-Josef: Natur als Horizont sittlicher Praxis. Zur handlungstheoretischen Interpretation der Lehre vom sittlichen Naturgesetz bei Thomas von Aquin. Stuttgart u.a. 1999.

[53] S. etwa Laubach, Thomas (Hg.): Angewandte Ethik und Religion. Tübingen/Basel 2003; oder zu den Bereichen Bioethik, Sexualethik, Sozialethik und Ökologische Ethik: Arntz, Klaus/Heimbach-Steins, Marianne/Reiter, Johannes/Schlögel, Herbert: Orientierung finden. Ethik der Lebensbereiche. Freiburg i.Br./Basel/Wien 2008.

[54] S. etwa Holderegger, Adrian: Grundlagen der Moral und der Anspruch des Lebens. Themen der Lebensethik (SThE 55). Freiburg i.Ue./Freiburg i.Br./Wien 1995; Wolbert, Werner: Du sollst nicht töten. Systematische Überlegungen zum Tötungsverbot (SThE 123). Freiburg i.Ue./Freiburg i.Br./Wien 2009; Schockenhoff, Eberhard: Ethik des Lebens. Grundlagen und neue Herausforderungen. Freiburg/Basel/Wien ^{2}2013.

[55] S. etwa Schaupp, Walter: Der ethische Gehalt der Helsinki-Deklaration. Eine historisch-systematische Untersuchung der Richtlinien des Weltärztebundes über biomedizinische Forschung am Menschen (FIE 7). Frankfurt a.M. u.a. 1994; Beckmann, Dorothee: Hippokratischer Eid und ärztliche Verantwortung. Zur Genese eines anthropologischen Selbstverständnisses griechischer Heilkunst im Spannungsfeld zwischen ärztlichem Können und moralischer Wahrnehmung (FIE 10). Frankfurt a.M. u.a. 1995; oder Heike Baranzke, Gunnar Duttge (Hg.): Autonomie und Würde. Leitprinzipienin Bioethik und Medizinrecht, Würzburg 2013.

[56] S. z.B. Mieth, Dietmar: Was wollen wir können? Ethik im Zeitalter der Biotechnik. Freiburg i.Br./Basel/Wien 2002; Hilpert, Konrad/Mieth, Dietmar (Hg.): Kriterien biomedizinischer Ethik. Theologische Beiträge zum gesellschaftlichen Diskurs (QD 217). Freiburg i.Br./Basel/Wien 2006; Zimmermann-Acklin, Markus: Bioethik in theologischer Perspektive. Grundlagen, Methoden, Bereiche (SThE 126). Freiburg i.Ue./Freiburg i.Br. ^{2}2010; oder Brantl, Johannes: Entscheidung durch Unterscheidung? Existentialethik als inneres Moment einer medizinischen Ethik in christlicher Perspektive. Berlin 2007.

rung des Schwangerschaftsabbruchs und der Schwangerschaftskonfliktberatung erforderlich, was innerhalb von Theologie und Kirche trotz grundsätzlicher Anerkennung des Prinzips des Lebensschutzes zu Kontroversen führte. Darüber hinaus kamen im Zuge des im Jahre 1990 in Deutschland in Kraft getretenen Embryonenschutzgesetzes und des im Jahre 2002 in Kraft getretenen und 2008 novellierten Stammzellgesetzes theologisch-ethische Debatten zur Frage des Lebensschutzes, zum moralischen Status menschlicher Embryonen, der Stammzellforschung und der Forschungsfreiheit zu therapeutischen Zwecken auf. Hinsichtlich der ethischen Herausforderungen am Lebensanfang wurden ferner Reproduktionsmedizin, Pränataldiagnostik und Präimplantationsdiagnostik sowie Humangenetik diskutiert; hinsichtlich des Lebensendes die Themen Sterben[57], Sterbehilfe und Sterbebegleitung, inklusive Palliativ Care und Hospiz, Fragen der Selbstbestimmung am Lebensende[58] (Patientenverfügung, Suizid[59]), Pflege[60] und Lebensqualität[61] bis zur jüngsten Debatte um den assistierten Suizid[62]. Aber auch Fragen einer gerechten Organallokation[63] und das Hirntod-Kriterium[64] im Kontext der Organspende wurden wieder verstärkt diskutiert,[65] während dieses Anfang der 1990er Jahre schon als weitgehend geklärt schien. Aber auch neuroethische Fragestellungen, Möglichkeiten und Grenzen des Enhancements in seinen vielfältigen Ausprägungen sowie grundsätzlich das theologisch-ethische Verständnis von Gesundheit und Krankheit[66] wurden zunehmend erörtert.

Eigens erwähnt muss das weite Feld der Gentechnologie[67] erwähnt werden. An Humangenetik[68], Reproduktionsmedizin und humangenetischer prädiktiver

---

[57] S. etwa Bormann, Franz-Josef (Hg.): Sterben. Dimensionen eines anthropologischen Grundphänomens. Berlin 2012.

[58] S. Höver, Gerhard u.a. (Hg.): Sterbebegleitung: Vertrauenssache. Herausforderungen einer person- und bedürfnisorientierten Begleitung am Lebensende. Würzburg 2011.

[59] S. etwa Holderegger, Adrian: Suizid – Leben und Tod im Widerstreit. Freiburg i.Ue. 2002.

[60] S. Bobbert, Monika: Patientenautonomie und Pflege. Begründung und Anwendung eines moralischen Rechts. Frankfurt a.M. u.a. 2002; oder Gillen, Erny: Wie Ethik Moral voranbringt. Beiträge zu Moral und Ethik in Medizin und Pflege. Münster 2006.

[61] S. etwa Arntz, Klaus: Unbegrenzte Lebensqualität? Bioethische Herausforderungen der Moraltheologie (StdM 2). Münster 1996.

[62] Z.B. Hilpert, Konrad/Sautermeister, Jochen (Hg.): Selbstbestimmung – auch im Sterben? Streit um den assistierten Suizid. Freiburg i.Br. 2015.

[63] S. Kostka, Ulrike: Gerechtigkeit im Gesundheitswesen und in der Transplantationsmedizin. Mehrdimensionale Handlungsfelder als systematische und normative Herausforderung für die Bioethik und Theologische Ethik. Basel 2008.

[64] Z.B. Höver, Gerhard/Feinendegen, Norbert: Der Hirntod – ein „zweites Fenster" auf den Tod des Menschen?. Zum Neuansatz in der Debatte um das neurologische Kriterium durch den US-Bioethikrat. Würzburg 2013.

[65] Z.B. Hilpert, Konrad/Sautermeister, Jochen (Hg.): Organspende – Herausforderung für den Lebensschutz (QD 267). Freiburg i.Br./Basel/Wien 2014.

[66] S. Kostka, Ulrike: Der Mensch in Krankheit, Heilung und Gesundheit im Spiegel der modernen Medizin. Eine biblische und theologisch-ethische Reflexion (StdM 12). Münster 2000.

[67] S. etwa Reiter, Johannes/Theile, Ursel (Hg.): Genetik und Moral. Beiträge zu einer Ethik des Ungeborenen. Mainz 1985.

Diagnostik einerseits sowie an tiergenetischen Technologien und grüner Gentechnik andererseits, die tierethische[69] und naturethische Reflexionen wie auch rechtsethische Erörterungen der Biopatentierung nach sich zogen, entzündeten sich grundsätzliche Fragen nach der ethischen und theologischen Legitimation, als Mensch gezielt in die genetischen Strukturen einzugreifen.

Bei bioethischen und medizinethischen Themen haben lehramtliche Äußerungen vor allem dann den theologisch-ethischen Diskussionsverlauf mitbestimmt, wenn es um die fundamentale Frage des Lebensschutzes in allen Phasen des menschlichen Lebens und einer dem Humanum entsprechenden Fortpflanzung ging. Bestimmte Schwerpunktsetzungen bzw. Zurückhaltungen innerhalb der theologisch-ethischen Diskussion haben hierin ihre Ursachen.

Das zweite große Themenfeld, die Sexual- und Beziehungsethik,[70] die den überlieferten sexualmoralischen Zugang humanwissenschaftlich und anthropologisch vertieft und in einen weiteren, personal-ganzheitlichen Kontext stellt, erfuhr vor allem seit 2010 erneut sichtbaren Auftrieb.[71] Neben einer Sensibilisierung für moralische Probleme, die mit dem tradierten moraltheologischen Instrumentarium nicht angemessen erfasst werden konnten (v.a. sexualisierte Gewalt und Missbrauch, Geschlechterungerechtigkeiten und -diskriminierung, häuslicher Gewalt), kamen zunehmend auch jene Lebenskonstellationen zur theologisch-ethischen Wiedervorlage (z.B. Wiederverheiratet Geschiedene, nichteheliche Lebensgemeinschaften, Patchworkfamilien, gleichgeschlechtliche Partnerschaften),[72] die zum Teil bereits auf der Würzburger Synode Beachtung gefunden hatten, dann aber aufgrund konsequent verfolgter Eindeutigkeiten kirchlicher Verlautbarungen öffentlich nur unter Vorbehalt erörtert wurden.

Neben diesen Herausforderungen in den klassischen Traktaten der Speziellen Moraltheologie wurden im Rahmen der neuen Informationstechnologien und der weltweiten Vernetzung medienethische Fragestellungen[73] sowie die

---

68 S. etwa Hümmeler, Elke: Erfahrung in der genetischen Beratung. Eine theologisch-ethische Untersuchung (FIE 6). Frankfurt a.M. u.a. 1993.

69 S. Rosenberger, Michael: Der Traum vom Frieden zwischen Tier und Mensch. Eine christliche Tierethik. München 2015.

70 S. Fraling, Bernhard: Sexualethik. Ein Versuch aus christlicher Sicht. Paderborn/München/Wien/Zürich 1995.

71 S. z.B. Hilpert, Konrad (Hg.): Zukunftshorizonte katholischer Sexualethik (QD 233). Freiburg i.Br./Basel/Wien 2011; Lintner, Martin: Den Eros entgiften. Plädoyer für eine tragfähige Sexualmoral und Beziehungsethik. Brixen 2011; oder Goertz, Stephan (Hg.): „Wer bin ich, ihn zu verurteilen?". Homosexualität und katholische Kirche. Freiburg i.Br. 2015. Zuvor Grüber, Hans-Günter: Christliche Ehe in moderner Gesellschaft. Entwicklung – Chancen – Perspektiven. Freiburg i.Br./Basel/Wien 1994.

72 S. z.B. Hilpert, Konrad/Laux, Bernhard (Hg.): Leitbild am Ende? Der Streit um Ehe und Familie. Freiburg i. Br./Basel/Wien 2014.

73 S. Hausmanninger, Thomas: Kritik der medienethischen Vernunft. Die ethische Diskussion über den Film in Deutschland im 20. Jahrhundert. München 1993; Kos, Elmar: Verständigung oder Vermittlung? Die kommunikative Ambivalenz als Zugangsweg einer theologischen Medienethik

ethischen Herausforderungen des Datenschutzes und der Datensicherheit thematisiert, ebenso eine Differenzierung der Frage von Wahrheit, Wahrhaftigkeit, Desinformation und Lüge nicht nur in medialen und politischen Handlungsfeldern.[74]

Wenngleich angewandt-ethische Fragestellungen aus sachimmanenten Gründen in der Regel sowohl individualethische als auch sozialethische Zugänge, je nach Gebiet auch ökologisch-ethische Zugänge[75] erfordern, wurden mit strukturell-institutioneller Ausrichtung vor allem folgende Themen behandelt:[76] eine Ausdifferenzierung von Gerechtigkeitsfragen[77] bzw. Fragen sozialer Gerechtigkeit[78] im Bildungsbereich, im Gesundheitssystem[79] und in der Arbeitswelt mit ihren neuen prekären Beschäftigungsverhältnissen, Inklusion, Familienförderung oder intergenerationelle Gerechtigkeit[80] sowie Caritas[81], Pflege und Ausgestaltung eines gerechten und finanzierbaren Gesundheitssystems[82]. Ebenfalls wurden seit Anfang der 1990er Jahre die Frage der Geschlechtergerechtigkeit[83] und ausgewählte Themen der Reproduktionsmedizin und der pränatalen Diagnostik verstärkt unter einer feministischen Perspektive reflektiert.

Im Bereich der Wirtschaftsethik verdient vor allem das mehrbändige Handbuch der Wirtschaftsethik Erwähnung, das paradigmatisch in enger Kooperation mit allen relevanten Fachdisziplinen erarbeitet wurde.[84] Unter veränderten politischen Rahmenbedingungen wurden ferner Herausforderungen des Sozialstaats und der sozialen Marktwirtschaft im Zusammenhang mit der Begrün-

(FIE 17). Frankfurt a.M. u.a. 1997; oder Greis, Andreas/Hunold, Gerfried W./Koziol, Klaus (Hg.): Medienethik. Ein Arbeitsbuch. Tübingen/Basel 2003.

74 Z.B. Schockenhoff, Eberhard: Zur Lüge verdammt. Politik, Medien, Medizin, Justiz, Wissenschaft und die Ethik der Wahrheit. Freiburg i.Br./Basel/Wien 2000.

75 S. Höhn, Hans-Joachim: Ökologische Sozialethik. Grundlagen und Perspektiven. Paderborn/München/Wien/Zürich 2001.

76 S. auch Höhn, Hans-Joachim (Hg.): Christliche Sozialethik interdisziplinär. Paderborn/München/Wien/Zürich 1997.

77 S. hierzu den 25. Kongress der Internationalen Vereinigung für Moraltheologie und Sozialethik 1991 in Erfurt zum Thema „Gerechtigkeit in Gesellschaft, Wirtschaft und Politik": Ernst, Wilhelm (Hg.): Gerechtigkeit in Gesellschaft, Wirtschaft und Politik (SThE 46). Freiburg i.Br. 1992.

78 S. etwa Ursula Nothelle-Wildfeuer: Soziale Gerechtigkeit und Zivilgesellschaft. Paderborn/München/Wien/Zürich 1999.

79 S. etwa Halter, Hans/Zimmermann-Acklin, Markus (Hg.): Rationierung und Gerechtigkeit im Gesundheitswesen. Beiträge zur Debatte in der Schweiz. Basel 2007.

80 S. Veith, Werner: Intergenerationelle Gerechtigkeit. Ein Beitrag zur sozialethischen Theoriebildung. Stuttgart 2006.

81 S. Hilpert, Konrad: Caritas und Sozialethik. Elemente einer theologischen Ethik des Helfens. Paderborn/München/Wien/Zürich 1997.

82 Vgl. Bohrmann, Thomas: Organisierte Gesundheit. Das deutsche Gesundheitswesen als sozialethisches Problem. Berlin 2003.

83 Z.B. Heimbach-Steins, Marianne: „... nicht mehr Mann und Frau". Sozialethische Studien zu Geschlechterverhältnis und Geschlechtergerechtigkeit. Regensburg 2009; oder Ammicht-Quinn, Regina: Körper – Religion – Sexualität. Theologische Reflexionen zur Ethik der Geschlechter. Mainz 2000.

84 Handbuch der Wirtschaftsethik. 4 Bde. Hrsg. v. Wilhelm Korff. Gütersloh 1999.

dungsleistung der christlichen Sozialprinzipien[85] erörtert, aber auch kulturethische und ethisch-ästhetische Themen[86] behandelt.

In globaler Perspektive werden vor allem Fragen von Armut, Asyl[87] und Migration[88], der Regulierung des Welthandels und der Finanzmärkte sowie Fragen von Bildung und Empowerment diskutiert[89], wobei in umweltethischer Hinsicht durch das zunehmende weltöffentliche Bewusstsein um die schwerwiegenden Folgen des Klimawandels die Energiefrage[90] und das Thema Nachhaltigkeit[91] ins Zentrum rückte und in diesem Zusammenhang auch Biodiversität oder umweltfreundliche Energiegewinnung[92]. Angestoßen durch die Anschläge auf das World Trade Center in New York und das Pentagon in Washington D.C. am 11.09.2001, die darauf folgenden militärischen Operationen sowie weitere Terrorakte in der westlichen Welt in den darauffolgenden Jahren, wurden zunehmend Fragen von religiös motivierter Gewalt, Terrorismus[93] und Fundamentalismus[94] sowie Sicherheitsfragen relevant, Fragen des gerechten Friedens und militärischer bzw. humanitärer Interventionen ebenso wie diejenigen von sogenannten finalen Rettungsaktionen.[95]

Viele dieser Fragen standen unter der normativen Maßgabe der Durchsetzung, Förderung und Einhaltung der Menschenrechte[96] inklusive der Religi-

---

[85] S. etwa Prüller-Jagenteufel, Gunter M.: Solidarität – eine Option für die Opfer. Geschichtliche Entwicklung und aktuelle Bedeutung einer christlichen Tugend anhand der katholischen Sozialdokumente (FIE 20). Frankfurt a.M. u.a. 1998; oder Baumgartner, Alois/Putz, Gertraud (Hg.): Sozialprinzipien – Leitideen einer sich wandelnden Gesellschaft. Innsbruck/Wien 2001.

[86] S. etwa Wils, Jean-Pierre: „Ästhetische Güte". Philosophisch-theologische Studien zu Mythos und Leiblichkeit. München 1990.

[87] S. etwa Tremmel, Hans: Grundrecht Asyl. Die Antwort der Sozialethik. Freiburg i.Br./Basel/Wien 1992.

[88] S. etwa Jahrbuch für Christliche Sozialwissenschaften 35 (1994) zum Thema „Flucht – Asyl – Migration".

[89] S. z.B. Wiemeyer, Joachim: Keine Freiheit ohne Gerechtigkeit. Christliche Sozialethik angesichts globaler Herausforderungen. Freiburg i.Br. 2015.

[90] S. etwa Korff, Wilhelm: Die Energiefrage. Entdeckung ihrer ethischen Dimension. Unter Mitarbeit von Stephan Feldhaus. Trier 1992.

[91] S. z.B. Vogt, Markus: Prinzip Nachhaltigkeit. Ein Entwurf aus theologisch-ethischer Perspektive. München 2009; Lienkamp, Andreas: Klimawandel und Gerechtigkeit. Eine Ethik der Nachhaltigkeit in christlicher Perspektive. Paderborn u.a. 2009.

[92] S. Ostheimer, Jochen/Vogt, Markus (Hg.): Die Moral der Energiewende. Risikowahrnehmung im Wandel am Beispiel der Atomenergie. Stuttgart 2014.

[93] Z.B. Klöcker, Katharina: Zur Moral der Terrorbekämpfung. Eine theologisch-ethische Kritik. Ostfildern 2009.

[94] S. etwa in selbstreflexiver Perspektive: Goertz, Stefan/Hein, Rudolf B./Klöcker, Katharina (Hg.): Fluchtpunkt Fundamentalismus. Gegenwartsdiagnosen katholischer Moral. Freiburg i.Br./Basel/Wien 2013.

[95] Z.B. Bock, Veronika (Hg.): Christliche Friedensethik vor den Herausforderungen des 21. Jahrhunderts. Münster 2015.

[96] S. etwa Hilpert, Konrad: Menschenrechte und Theologie. Forschungsbeiträge zur ethischen Dimension der Menschenrechte (SThE 85). Freiburg i.Ue./Freiburg i.Br./Wien 2001; oder Bogner, Daniel: Das Recht des Politischen. Ein neuer Begriff der Menschenrechte. Bielefeld 2014.

onsfreiheit[97] als Ausdruck der Anerkennung der universellen Menschenwürde[98]. Dabei wurde jedoch auch angesichts der interkulturellen Problematik[99] die Diskussion um Wertorientierung, Wertentscheidung[100] und Wertegemeinschaften[101] und kollektiven Identitäten mit eigenen Leitkulturen dringlich, vor allem in der Konfrontation mit fundamentalistischen bzw. fanatisch agierenden Identitäten, aber auch grundsätzlich die theologischen Themen der Werte[102] und der Wertkommunikation[103].

3.3. … neue „alte" Themen

Abgesehen von diesen grundlagentheoretischen und bereichsspezifischen Themenstellungen lässt sich auch ein Wiedererstarken von Moralpsychologie,[104] Moralpädagogik und moralischer Bildung feststellen. Indem moralisches Handeln eben kein Automatismus ist, wurde unter den Vorzeichen einer pluralen Gesellschaft immer bedeutsamer, dass die Einzelnen die institutionell gesicherte Chance zu moralischer Bildung[105] erhalten, um sich orientieren und moralisch urteilen, entscheiden und handeln zu können.[106] Darüber hinaus griff ein moralpsychologischer Zugang auch traditionelle Ansätze aus Spiritu-

---

[97] S. Gabriel, Karl/Spieß, Christian/Winkler, Katja: Religionsfreiheit und Pluralismus. Entwicklungslinien eines katholischen Lernprozesses. Paderborn 2010.

[98] S. Schockenhoff, Eberhard: Naturrecht und Menschenwürde. Universale Ethik in einer geschichtlichen Welt. Mainz 1996.

[99] S. Merks, Karl-Wilhelm: Grundlinien einer interkulturellen Ethik (SThE 132). Freiburg i.Ue./Freiburg i.Br. 2012.

[100] S. Scheule, Rupert: Gut entscheiden. Eine Werterwartungstheorie theologischer Ethik (SThE 125). Freiburg i.Ue./Freiburg i.Br. 2009.

[101] S. etwa Mandry, Christof: Europa als Wertegemeinschaft. Eine theologisch-ethische Studie zum politischen Selbstverständnis der Europäischen Union. Baden-Baden 2009.

[102] S. etwa Breitsameter, Christof: Individualisierte Perfektion. Vom Wert der Werte. Paderborn/München/Wien/Zürich 2008.

[103] S. Schmitt, Hanspeter: Empathie und Wertkommunikation. Theorie des Einfühlungsvermögens in theologisch-ethischer Perspektive (SThE 93). Freiburg i.Ue./Freiburg i.Br./Wien 2003.

[104] S. etwa Maurer, Alfons V.: Homo Agens. Handlungstheoretische Untersuchungen zum theologisch-ethischen Verständnis des Sittlichen (FIE 8). Frankfurt a.M. u.a. 1994; Maßhof-Fischer, Manfred: Ethik und Vorurteil. Moralpsychologische Studien zu den Legitimationsstrategien soziokulturellen Handelns im Konfliktfeld von Mythos und Rationalität (FIE 25). Frankfurt a.M. u.a. 2000; Sautermeister, Jochen: Theologische Ethik und Moralpsychologie. Überlegungen zur systematischen Wiederaneignung einer vernachlässigten Perspektive, in: Schaupp, Walter (Hg.): Ethik und Empirie. Gegenwärtige Herausforderungen für Moraltheologie und Sozialethik (SThE 142). Freiburg i.Ue./Freiburg i.Br./Wien 2014, 337-348; sowie E. Müller, Stephan: Bausteine zur theologischen Ethik Bd. 2: Moralpsychologie. Regensburg 2015.

[105] S. etwa Eid, Volker/Elsässer, Antonellus/Hunold, Gerfried W. (Hg.): Moralische Kompetenz. Chancen der Moralpädagogik in einer pluralen Lebenswelt, Mainz 1995.

[106] S. hierzu den 33. Kongress der Internationalen Vereinigung für Moraltheologie und Sozialethik 2007 in Luzern zum Thema „Ethische Bildung in sich verändernder Gesellschaft": Münk, Hans J. (Hg.): Wann ist Bildung gerecht? Ethische und theologische Beiträge im interdisziplinären Kontext. Bielefeld 2008.

alität[107] und Aszetik auf, denen es um die persönlichkeitsbildenden Prozesse christlicher Selbstbildung und Existenzformung geht. Neben Arbeiten zum Themenfeld der Spiritualität gewann die Propriumsfrage theologischer Ethik[108] wieder an Bedeutung, wobei auch einige wenige Arbeiten zur Bedeutung der Bibel für die theologische Ethik[109] entstanden. Dabei war der Diskussionshintergrund diesmal stärker durch eine weltanschauliche und religiöse Pluralität in einem weltanschaulich neutralen bzw. säkularen staatlichen Umfeld gekennzeichnet. Die Beschäftigung mit Fragen eines christlich-ökumenischen Dialogs diente nun nicht nur der Auffindung von Konsens in gemeinsam geteilten und vertretenen moralischen Positionen, sondern verstärkt auch der je eigenen Profilierung.

Hinsichtlich geschichtlicher Selbstvergewisserungen des Fachs, seiner Problemanalysen und Perspektiven sind in den letzten Jahren einige wenige Studien erschienen;[110] das lohnende Anliegen einer zusammenhängenden Darstellung einer Geschichte der theologischen Ethik harrt noch der Einlösung und wäre wohl auch nur als Gemeinschaftsprojekt zu leisten. Die moralhistorischen Arbeiten wurden häufig mit der Absicht verbunden, mittels geschichtlich-systematischer Zugänge aktuelle theologisch-ethische Fragestellungen besser verstehen zu können, aber auch, um behauptete Eindeutigkeiten in der Tradition durch historische Aufklärung kritisieren und verschiedene Denkbewegungen aus der Tradition auf ihr „Humanisierungspotenzial“ hin zu befragen.

Die Einsicht in die Bedeutung der Biografie und der sich darin niederschlagenden Lebenserfahrungen und subjektiv bedeutsamen Ereignisse für moralisches Urteilen und Handeln veranlasste dazu, theologische Ethikerinnen und Ethiker in autobiografischen Selbstzeugnissen die jüngere Entwicklung des Fachs, das im 20. Jahrhundert mit dem Zweiten Vatikanischen Konzil einschneidende Weiterentwicklungen und Neuerungen erfahren hat, nachzu-

---

[107] S. etwa Schlögel, Herbert: Kirche – Moral – Spiritualität (StdM 18). Münster 2001.

[108] S. etwa Schockenhoff, Eberhard: Erlöste Freiheit. Worauf es im Christentum ankommt. Freiburg i.Br. 2012; Vogt, Markus (Hg.): Theologie der Sozialethik (QD 255). Freiburg i.Br. 2013; oder Mieth, Dietmar/Bobbert, Monika: Das Proprium der christlichen Ethik. Zur moralischen Perspektive der Religion. Luzern 2015.

[109] S. etwa Noichl, Franz: Ethische Schriftauslegung. Biblische Weisung und moraltheologische Argumentation. Freiburg i.Br./Basel/Wien 2002; Heimbach-Steins, Marianne/Steins, Georg (Hg.): Bibelhermeneutik und christliche Sozialethik. Stuttgart u.a. 2012; Breitsameter, Christof: Nur Zehn Worte. Moral und Gesellschaft des Dekalogs (SThE 134). Freiburg i.Ue./Freiburg i.Br./Wien 2012; oder Schockenhoff, Eberhard: Die Bergpredigt. Aufruf zum Christsein. Freiburg i.Br. 2014.

[110] S. z.B. Hilpert Konrad (Hg.): Christliche Ethik im Porträt. Leben und Werk bedeutender Moraltheologen. Freiburg i.Br./Basel/Wien 2012; sowie Ernst, Stephan: Ethische Vernunft und christlicher Glaube. Der Prozeß ihrer wechselseitigen Freisetzung. In der Zeit von Anselm von Canterbury bis Wilhelm von Auxerre. Münster 1996; Müller, Sigrid: Handeln in einer kontingenten Welt. Zu Begriff und Bedeutung der rechten Vernunft (recta ratio) bei Wilhelm von Ockham. Tübingen/Basel 2000; oder Grill, Rupert: Wegbereiter einer erneuerten Moraltheologie. Impulse aus der deutschen Moraltheologie zwischen 1900 und dem II. Vatikanischen Konzil (SThE 122). Freiburg i.Ue./Freiburg i.Br./Wien 2008.

zeichnen und auch retrospektiv Erfahrungen, Beobachtungen und Einschätzungen zur Sprache zu bringen, die ansonsten wohl eher in Vergessenheit zu geraten drohten. Hierbei wären eigene Studien wert, zu zeigen, wie sehr kirchliche und gesellschaftliche Erfahrungen und Beheimatungen das theologische Ethik-Treiben prägen und orientieren und wie die Gottesfrage und die handlungspraktischen Dimensionen des christlichen Glaubens Moraltheologen und Christliche Sozialethiker motivieren. Zugleich wäre aber auch wert, zu untersuchen, inwieweit manche lehramtlichen Impulse, Defintionen und Einhegungen zu Moralfragen (z.B. Donum vitae, Veritatis splendor, Evangelium vitae, Persona humana) das theologisch-ethische Denken beschäftigt haben. Autobiografische Zeugnisse geben auch hierzu verschiedentlich nachdenkliche Hinweise.[111]

4. Ausblick

Der kursorische thematische Überblick über die Zeitgeschichte von Moraltheologie und Christlicher Sozialethik im deutschsprachigen Raum der letzten 25 Jahre zeigt, dass theologische Ethik wie ein diagnostisches Instrumentarium auf die ethischen Herausforderungen der individuellen Lebensführung, des gesellschaftlichen Zusammenlebens in globalen Zusammenhängen und der ökologischen Dynamiken reagiert. Diesen Herausforderungen lässt sich denkerisch wie praktisch nur durch eine vernetzte und kooperative Betätigung innerhalb des Fachs und darüber hinaus angemessen begegnen. Dazu ist eine Fortführung des interdisziplinären Austauschs erforderlich, wobei auch auf die Anstrengung zu verweisen ist, die es mit sich bringt, wenn man sich in die fachwissenschaftlichen Diskurse und Sachstände der empirischen Bezugsdisziplin einarbeiten möchte. Hier hat die theologische Ethik sicherlich mit einer permanenten Überforderung zu kämpfen, die sich wohl am ehesten durch koordinierte Spezialisierungen im Fach bewältigen ließe, was aber zu Einbußen der individuellen Forschungsfreiheit führte und damit kaum zu realisieren ist.

Angesichts der zunehmenden weltanschaulichen Diversität in öffentlichen ethischen Debatten wird auch die Propriumsfrage und die Frage nach der Kirchlichkeit der theologischen Ethik weitergeführt und in ihrem theologischen und kulturwissenschaftlichen Potenzial[112] weiter vertieft werden. Hier sollte das Sprechen „ad intra“ und „ad extra“ nicht gegeneinander ausgespielt

---

[111] S. neben den Beiträgen in diesem Band auch die beiden anderen Publikationen: Hilpert, Konrad: Theologische Ethik – autobiografisch. Bd. 1. Paderborn/München/Wien/Zürich 2007; sowie Hilpert, Konrad: Theologische Ethik – autobiografisch. Bd. 2. Paderborn/München/Wien/Zürich 2009.

[112] Vgl. Römelt, Josef: Der kulturwissenschaftliche Anspruch der theologischen Ethik (QD 242). Freiburg i.Br./Basel/Wien 2011.

werden, was für die Kommunikabilität, Diskursivität und Argumentativität des Faches und der theologisch-ethischen Rationalität[113] von Gewinn wäre.

Eine zunehmende „Empirisierung" der Ethik[114] ist zwar angesichts der Bedeutung der materialen und sozialen Bedingungsfaktoren konkreter Normativität erforderlich. Als Antwort auf die weltanschaulich und moralisch vorfindliche Pluralität kommt sie jedoch dort an ihre Grenze, wo sie die normativen Reflexionen über Gebühr zurückdrängt. Innerhalb der theologischen Ethik wäre hier etwa eine Einsatzstelle, um gegenüber einem verengten neuscholastischen Verständnisses von Naturrecht bzw. sittlichem Naturgesetz, die in der (mittelalterlichen) Tradition entworfenen und in der jüngeren Thomas-Rezeption[115] aufgegriffenen naturrechtlichen Arbeiten weiterzudenken und in der Empirie jene funktionale Äquivalente zu naturalen und sozialen Rahmenbedingungen zu modellieren, die für eine normative theologische Ethik, in deren Zentrum die Autonomie des moralischen Subjekts steht, unerlässlich ist.

Damit ist aber auch jene Kontext- und Kultursensitivität aufzugreifen, die die theologische Ethik als interkulturelle Ethik durch ihre sinnintegrative Funktion auch unter globalen Bedingungen bedeutsam sein lässt. Würde sich die theologische Ethik dagegen nur auf rechtsethische Fragestellungen bescheiden – so wichtig diese in gesellschaftlichen und institutionellen Zusammenhängen auch sind –, würde sie ihre spezifische Qualität für Ethos- und moralische Selbstbildungsfragen der Lebensführung preisgeben. Hier wäre auch ein systematischer Anknüpfungspunkt, um moralpsychologische Zugänge weiter zu vertiefen.

Wenngleich aufgrund der sozialwissenschaftlich nachgewiesenen und persönlich erlebbaren Beschleunigung gesellschaftlicher und globaler Entwicklungen Prognosen für eine künftige Theologische Ethik nur von kurzer Dauer sein können, gibt es doch Anzeichen, dass ohne Anspruch auf Vollständigkeit folgende Themen vertiefte Aufmerksamkeit erhalten könnten:

- Sozialethische, familienethische und persönlichkeitsethische Herausforderungen einer älter werdenden Gesellschaft (z.B. Pflege, Demenz[116], technische Assistenz, Finanzierbarkeit der Sozialversicherungssysteme, Erben),[117]

---

[113] S. auch Bormann, Franz-Josef (Hg.): Religiöse Überzeugungen und öffentliche Vernunft. Zur Rolle des Christentums in der pluralistischen Gesellschaft (QD 288). Freiburg i.Br./Basel/Wien 2008.

[114] S. hierzu den 36. Kongress der Internationalen Vereinigung für Moraltheologie und Sozialethik 2013 in Graz zum Thema „Ethik und Empirie": Schaupp, Walter (Hg.): Ethik und Empirie. Gegenwärtige Herausforderungen für Moraltheologie und Sozialethik (SThE 142). Freiburg i.Ue./Freiburg i.Br., Wien 2014.

[115] Vgl. Korff, Wilhelm: Der Rückgriff auf die Natur. In: Philosophisches Jahrbuch 94 (1987), 285-296.

[116] S. hierzu Wetzstein, Verena: Diagnose Alzheimer. Grundlagen einer Ethik der Demenz. Frankfurt a.M./New York 2005.

[117] S. hierzu den 37. Kongress der Internationalen Vereinigung für Moraltheologie und Sozialethik 2015 in Würzburg zum Thema „Alter und Altern – Herausforderungen für die theologische Ethik";

- Moralische Persönlichkeits- und Identitätsbildung in einer pluralen Gesellschaft (z.B. Gewissen, Toleranz, Wertebewusstsein, Orientierungskompetenz),
- Familienethische Herausforderungen durch eine Pluralisierung gesellschaftlich anerkannter Lebensformen,
- Rechtliche Regelungen globaler Märkte und Informationsflüsse,
- Verantwortlicher Umgang mit neuen Medien in einer digitalisierten Welt,
- Fragen der menschlichen Selbstoptimierung (z.B. Enhancement, digitales Selbstmonitoring) einerseits und der Selbstsorge (z.B. Muße, Freizeit, Ernährung, Work-Life-Balance) andererseits,
- Migration und Integration,
- Verhältnis von Religion und Gesundheit,
- Verhältnis von Religion und Gewalt,
- Interkulturelle und interreligiöse Ethik,
- Friedenspolitik und Friedenspädagogik,
- Globale Gerechtigkeit (z.B. Armut, Wirtschaft, Bildung, Gesundheit),
- Umwelt und Klima.

Die Zukunft wird zeigen, welche theologisch-ethischen Herausforderungen (noch) zu bewältigen sein werden. Doch auch dann wird für die theologische Ethik noch gelten: Als wissenschaftliche Disziplin motiviert sie sich aus jenen sinntragenden Voraussetzungen, die sie selbst in den ethischen Diskurs einbringt und die der ethischen Reflexion vorausliegen. So bleibt die theologische Ethik selbst unter jenen sittlichen Anspruch gestellt, den sie aus dem vorgängigen definitiven Zuspruch Gottes an Mensch und Welt gewinnt und dem sie als letztem Grund der theologisch-ethischen Rationalität verpflichtet bleibt.

---

oder Breitsameter, Christof: Empirical turn? Zum Stellenwert der Erfahrung für die Ethik, in: Theologische Revue 110 (2014), 91-108.

Personenregister

Die Namen mit Kurzerläuterungen in Klammern bezeichnen katholische Ethiker (Die Abkürzung „MTh“ steht für Vertreter des Fachs Moraltheologie, „SE“ für Vertreter des Fachs Christliche Sozialethik bzw. Gesellschaftslehre).